NomosPraxis

Dr. Hans Heiß
Richter am Amtsgericht
Dipl. Psych. Dr. Helen A. Castellanos
Sachverständige für Psychologie

Gemeinsame Sorge und Kindeswohl nach neuem Recht

Nomos

Zitiervorschlag: Heiß/Castellanos, Gemeinsame Sorge und Kindeswohl, Rn ...

Die Deutsche Nationalbibliothek verzeichnet diese Publikation in
der Deutschen Nationalbibliografie; detaillierte bibliografische
Daten sind im Internet über http://dnb.d-nb.de abrufbar.

ISBN 978-3-8487-0134-6

1. Auflage 2013

„Seien Sie gut zu den Kindern – wir haben nichts Besseres." (Otfried Preußler)

Vorwort

Mit dem Gesetz zur Reform der elterlichen Sorge nicht miteinander verheirateter Eltern haben nunmehr auch beide nicht miteinander verheirateten Elternteile die Möglichkeit, den Vater in die elterliche Verantwortung mit einzubinden. Das Motiv der Sorgerechtsreform ist die Propagierung eines gesetzlichen Leitbildes: Das Familiengericht soll regelmäßig die Übertragung der gemeinsamen Sorge beschließen, wenn sie dem Kindeswohl nicht widerspricht. Dies kann auch ohne die Zustimmung und auch gegen den Willen der Mutter erfolgen. Die gemeinsame Sorge soll der Regelfall sein, außer wenn gewichtige Gründe vorliegen, die ihr entgegenstehen, weil die gesetzliche Vermutung gilt, dass die gemeinsame Sorge dem Kindeswohl nicht widerspricht.

Dieses Buch behandelt ausführlich alle Fragen, unter welchen Umständen die gemeinsame Sorge kontraindiziert ist, weil sie dem Kind schadet und wendet sich an alle mit Sorgerechtsfällen beschäftigen Praktiker, Rechtsanwälte, Familienrichter, Sachverständige, Jugendamtsmitarbeiter und Verfahrensbeistände, aber auch an interessierte Eltern. Es konzentriert sich auf einzelne in der Praxis regelmäßig vorkommende Schwerpunkte Es soll eine schnelle Hilfe bei „Alltagsfällen" sein, was zwangsläufig dazu führt, dass keine vertiefte Erörterung aller denkbaren Fragen stattfinden kann.

Das Buch bietet für diese Fälle eine am praktischen Fallaufbau orientierte Zusammenstellung der wesentlichen Argumente aus den Gesetzesmaterialien, der höchstrichterlichen Rechtsprechung und der psychologischen und juristischen Literatur. Zur Veranschaulichung werden Beispielsfälle aus der Praxis sowie Muster-Antragsschriften dargestellt. Jeweils zu den einzelnen Fallkonstellationen wird die dazugehörige Kindeswohlprüfung beschrieben.

Die eine Reaktionspflicht auslösenden Gefährdungssituationen bei Kindeswohlgefährdung werden ausführlich beschrieben. Ein weiterer Schwerpunkt liegt in der Darstellung der einzelnen Eingriffstatbestände sowie des ganzen Arsenals der ambulanten und stationären jugendhilferechtlichen Instrumentarien zur Wiederherstellung des Kindeswohls, das jeder Familienrechtler kennen muss.

Für Kritik, Anregungen und Verbesserungsvorschläge sind wir dankbar.

Dr. Hans Heiß/Dr. Helen Castellanos

Inhaltsverzeichnis

§ 1
Jede Familie ist auf ihre eigene Weise unglücklich – Fallbeispiele

§ 2
Rechtslage nach dem Reformgesetz

Literaturverzeichnis juristischer Teil

Abramowski, Staatliche Schutzmaßnahmen für Kinder ausländischer Eltern, Diss. Göttingen 1991

Balloff, Die Beauftragung des Sachverständigen in Kindschaftssachen, FPR 2011, 12.

Baumbach/Lauterbach/Albers/Hartmann, Zivilprozessordnung, 69. Auflage 2011

Belling/Ebert, Der Schwangerschaftsabbruch bei Minderjährigen, FuR 1995, 287

Coester, Das Kindeswohl als Rechtsbegriff, 1983

Coester, Sorgerecht nicht miteinander verheirateter Eltern, FamRZ 2012, 134

Coester, Kindesschutz – Übersicht zu den typischen Gefährdungslagen und aktuellen Problemen, FPR 2009, 549

Eckebrecht, Verfahrenshandbuch Familiensachen, 2. Auflage

Ehringfeld, Eltern-Kind-Konflikte in Ausländerfamilien, Diss. Bremen 1997

Gerhardt/v. Heintschel-Heinegg/Klein, Handbuch des Fachanwalts Familienrecht 8. Auflage 2011

Giers, Die Rechtsprechung zum Wechselmodell, FamRB 2012, 383

Häfele, Seelisch erkrankte Eltern und Kindeswohlgefährdung, FPR 2003, 307

Harm/Mix/Opitz/Pütz/Rotax/Rüting, Amtsvormundschaft und Familiengericht im Spannungsfeld der unterschiedlichen Aufgabenwahrnehmung, FamRZ 2012, 1849

Haußleiter, FamFG, 1. Auflage 2011

Heiß, Das Mandat im Familienrecht, 2. Auflage

Heiß/Born, Unterhaltsrecht, 43. Auflage, 2013

Horndasch/Viefhues, FamFG – Kommentar zum Familienverfahrensrecht, 2. Auflage 2011

Huber/Antomo, Die Neuregelung der elterlichen Sorge nicht miteinander verheirateter Eltern, FamRZ 2012, 1257

Johannsen/Henrich, Familienrecht, Kommentar, 5. Auflage 2010

Keidel, FamFG – Kommentar zum Gesetz über das Verfahren in Familiensachen und die Angelegenheiten der freiwilligen Gerichtsbarkeit, 16. Auflage 2009

Keuter, Vereinfachtes Verfahren zur Übertragung der gemeinsamen elterlichen Sorge, FamRZ 2012, 825

Klinkhammer, Beschneidung männlicher Kleinkinder und gesetzliche Vertretung durch die Eltern, FamRZ 2012, 1913

Knittel, Für die Praxis bedeutsame Neuregelungen der ZPO des FamFG, JAmt 2012, 622 ff.

Kunkel, Sozialgesetzbuch VIII, Kindes- und Jugendhilfe, Lehr- und Praxiskommentar, 4. Auflage 2011

Longino, Die Pflegekinderadoption, Heidelberg 1998

Löhnig/Heiß, Die Neuregelung des einstweiligen Rechtsschutzes nach dem FamFG, FamRZ 2009, 1101

Luthin, Zur Neuregelung des elterlichen Sorgerechts, FamRZ 1979, 986

Martiny, Elterliche Verantwortung und Sorgerecht im ausländischen Recht, insbes. beim Streit um den Kindesaufenthalt FamRZ 2012, 1765

Meyer-Götz, Familienrecht 2. Auflage 2011

Musielak/Borth, Familiengerichtliches Verfahren, Kommentar, 2. Auflage 2011

Münchner Kommentar (MüKo)/Olzen/Huber zum BGB, 6. Auflage 2012

Palandt, Bürgerliches Gesetzbuch, Kommentar, 71. Auflage 2012

Prütting/Wegen/Weinreich, BGB Kommentar, 7. Auflage 2012

Raack, Kinderschutz im gerichtlichen Verfahren, KindPrax 2002, 39

Rakete-Dombeck, Die familienrechtliche Betreuung von mißbrauchsverdächtigen Eltern, AnwBl. 1997, 469

Röchling, Vormundschaftsgerichtliches Eingriffsrecht und KJHG, Diss. Hagen 1997

Salzgeber, Familienpsychologische Gutachten, 5. Auflage 2011

Saenger, Zivilprozessordnung, Handkommentar, 4. Auflage 2011

Schulz/Hauß, Familienrecht, Handkommentar, 2. Auflage 2012

Schwab, Handbuch des Scheidungsrechts, 6. Auflage

Schwab, Elterliche Sorge bei Trennung und Scheidung der Eltern, FamRZ 1998, 457-467

Staudinger, Bürgerliches Gesetzbuch, Kommentar, 2009

Thomas Putzo, Zivilprozessordnung, Kommentar, 32. Auflage 2011

Undeutsch, Die Untersuchung mit dem Polygraphen („Lügendetektor") – eine wissenschaftliche Methode zum Nachweis der Unschuld, FamRZ 1996, 329

Völker/Clausius, Sorge- und Umgangsrecht in der Praxis, 5. Auflage

Vogel, Die Ersetzung von Erklärungen des Inhabers der elterlichen Sorge, FPR 2008, 617

Wanitzek, Die Rechtsprechung zum Recht der elterlichen Sorge und des Umgangs, FamRZ 2012, 1344

Wendl/Dose, Das Unterhaltsrecht in der familienrichterlichen Praxis, 8. Auflage 2012

Willutzki, Kindschaftssachen im neuen FamFG – Ein Überblick, FPR 2009, 327

Zenz, Kindesmisshandlung und Kindesrechte, 1979

Zimmermann, Das neue FamFG, 2009

Zöller, Zivilprozessordnung, Kommentar, 29. Auflage 2012

Zorn, Das Recht der elterlichen Sorge, 2. Auflage 2008

Literaturverzeichnis psychologischer Teil

Amendt, G. (2006). Scheidungsväter. Frankfurt am Main: Campus Verlag.

Balloff, R. (2005). Die Bedeutung des Vaters für die Entwicklung des Kindes. Familie, Partnerschaft, Recht, 5/2005, S. 210-213.

Bambey, A. & Gumbinger, H.-W. (2006). Neue Väter – andere Kinder? Forschung Frankfurt, 4/2006, S. 26-31.

Bambey, A. & Gumbinger, H.-W. (2007). Väterliches Engagement als Aspekt der Familiengesundheit. Vortrag auf der Fachtagung „Familien auf dem Weg". Hannover.

Barth-Richtarz, J. (2012). Gemeinsame Elternschaft nach der Scheidung. Wiesbaden: Springer VS.

Bauserman, R. (2002). Child adjustment in joint-custody versus sole-custody arrangements: A meta-analytic review. Journal of Family Psychology, 16 (1), 91-102.

Blesken, K. (1998). Der unerwünschte Vater: zur Psychodynamik der Beziehungsgestaltung nach Trennung und Scheidung. Praxis der Kinderpsychologie und Kinderpsychiatrie, 47, S. 344-354.

Booth & Amato (2001). Parental pre-divorce relations and offspring post-divorce well-being. Journal of Marriage and Family, 63, 197-212.

Bretherton, I. &. Page, T. (2004). Shared or conflicting working models? Relationships in postdivorce families seen through the eyes of mothers and their preschool children. Development and Psychopathology, 16, 551-575.

Bundesministerium für Familie, Senioren, Frauen und Jugend (2012). Alleinerziehende in Deutschland – Lebenssituationen und Lebenswirklichkeiten von Müttern und Kindern. Berlin.

Bundesministerium für Familie, Senioren, Frauen und Jugend: www.bmfsfj.de.

Bundeszentrale für politische Bildung: www.bpb.de

Castellanos, H.A. & Hertkorn, Chr. (in Druck). Sachverständigengutachten im Familienrecht. Baden-Baden: Nomos.

Clarke-Stewart, A. & Brentano, C. (2007). Divorce. New Haven: Yale University Press.

Dettenborn, H. (2000). Zum Verhältnis von außergerichtlicher und gerichtlicher Behandlung familiärer Konflikte. Praxis der Rechtspsychologie, 10 (1), 33-47.

Dettenborn, H. (2001). Kindeswohl und Kindeswille. München: Ernst Reinhardt Verlag.

Dettenborn, H. (2008). Die Regelung der elterlichen Sorge nach Trennung und Scheidung. In: R. Volbert & M. Steller (Hrsg.), Handbuch der Rechtspsychologie (S. 521-530). Göttingen: Hogrefe.

Dettenborn, H. & Walter, E. (2002). Familienrechtspsychologie. München: Ernst Reinhardt-Verlag.

Döge, P. (2007). Männer – auf dem Weg zu aktiver Vaterschaft? Bundeszentrale für politische Bildung (Hrsg.): Aus Politik und Zeitgeschichte, 7/2007, S. 27-32.

Dusolt, H. (2011). Zwischen Bequemlichkeit und Resignation. In: Bundesarbeitsgemeinschaft der Kinderschutzzentren (Hrsg.), Kinder im Spannungsfeld elterlicher Konflikte (S. 255-276). Köln.

Fidgor, H. (2011). Welche Gründe sprechen gegen die Obsorge beider Eltern? Interdisziplinäre Zeitschrift für Familienrecht iFamZ, 2011, 131-138.

Fischer, U. (2011). Der Kölner Weg. Zeitschrift für Konflikt-Management, 4/2011, 103-107.

Focus (25/2005). Bin ich ein guter Vater? S. 106ff.

Fthenakis, W. u. a. (1999). Engagierte Vaterschaft. Opladen: Leske & Budrich.

Füchsle-Voigt, T. (2004). Verordnete Kooperation im Familienkonflikt als Prozess der Einstellungsänderung. Familie, Partnerschaft, Recht, 2004/11, 600-603.

Gödde, M. &. Walper, S. (2001). Elterliche Konflikte aus der Sicht von Kindern und Jugendlichen. Diagnostica, 47/1, S. 18-26.

Gottman, J. M., Katz, L. F., & Hooven, C. (1997). Meta-emotion: How families communicate emotionally. Hillsdale: Lawrence Erlbaum.

Grossmann, K. & Grossmann, K. (2004). Bindungen. Stuttgart: Klett-Cotta

Heilemann, S. (2011). Gemeinsames Sorgerecht. Was Mütter wissen sollten. Norderstedt: Books on Demand.

Herschkowitz, N. & Herschkowitz, E. (2004). Klug, neugierig und fit für die Welt. Freiburg: Herder.

Hirsch, M. (2001). Schuld und Schuldgefühl im Zusammenhang mit Trennung und Scheidung. Praxis der Kinderpsychologie und Kinderpsychiatrie, 50, 45-58.

Huber, M. (2010). Streit um das Kind. Wien: Lexis Nexis Verlag.

Institut für Demoskopie Allensbach (2012). Monitor Familienleben 2012. Einstellungen und Lebensverhältnisse von Familien. www.ifd-allensbach.de.

Janzen, I. (2010). Männer im Konflikt. Marburg: Factum-Verlag.

Johnston, J.(1995). Children's adjustment in sole custody compared to joint custody families and principles for custody decision making. Family and Conciliation Courts Review, 33 (4), 415-425.

Johnston, J. & Roseby, V. (1997). In the name of the child. New York: Free Press.

Jurczyk, K. & Walper, S. (2010). Gemeinsames Sorgerecht nicht miteinander verheirateter Eltern. http://www.bmj.de/SharedDocs/Downloads/DE/pdfs/ Endbericht_Sorgerecht_final.html

Kaltenborn, K.-F. (2001). Aufwachsen mit familialen Übergängen. In: I. Behnke & J. Zinnecker (Hrsg.), Kinder, Kindheit, Lebensgeschichte (S. 502-521). Bonn: Kallmeyer.

Kauer, K. (Hrsg.), Familie – Kultureller Mythos und soziale Realität. Berlin: Frank & Timme.

Kindler, H. (2002). Väter und Kinder. Weinheim: Juventa.

Kindler, H. & Fichtner, J. (2008). Die gemeinsame elterliche Sorge aus der Sicht der Bindungs- und Scheidungsforschung. Familie, Partnerschaft, Recht, 4/2008, S. 139-143.

Kindler, H. &. Grossmann, K. (2008). Vater-Kind-Bindung und die Rollen von Vätern in den ersten Lebensjahren ihrer Kinder. In: L. Ahnert (Hrsg.). Frühe Bindung. München: Ernst-Reinhardt-Verlag.

Kostka, K. (2005). Elterliche Sorge und Umgang bei Trennung und Scheidung – unter besonderer Berücksichtigung der Perspektive des Kindes. Familie, Partnerschaft, Recht, 3/2005, S. 89-95.

Krause, M. (2003). Psychologischer Sachverstand zwischen Gutachten und Mediation. KindPrax, 3/2003, 88-92.

Laucht, M. (2003). Die Rolle der Väter in der Entwicklungspsychopathologie. Zeitschrift für Klinische Psychologie und Psychotherapie, 32(3), 235-242.

Le Camus, J. (2001). Väter. Weinheim: Beltz.

Lohmann, G. (2010). Liebe und Fürsorge für Kinder: Was für Probleme! In: K. Kauer (Hrsg.), Familie – Kultureller Mythos und soziale Realität. Berlin: Frank & Timme.

Möller, G. (2011). KG ordnet gemeinsame Sorge nicht ehelicher Eltern schon vor gesetzlicher Neuregelung an. Familienrecht kompakt, 5/2011, S. 83-85.

Papoušek, M., Schieche, M. & Wurmser, H. (Hrsg.) (2010). Regulationsstörungen der frühen Kindheit. Bern: Hans Huber.

Petermann, F.; Niebank, K. & Scheithauer, H. (Hrsg.) (2004). Entwicklungswissenschaft. Berlin: Springer.

Psychologische Rundschau (2011). Diskussionsforum Transfer psychologischer Erkenntnisse in Gesellschaft und Politik, 4/11, 237-243.

Rohmann, J. (1998). Zum Spannungsfeld von Diagnostik und Modifikation beim familienpsychologischen Gutachten. Praxis der Rechtspsychologie, 8(2), 218-232.

Salzgeber, J. (2005). Familienpsychologische Gutachten. München: C.H. Beck.

Schwab, D. (2007). Familie und Staat. FamRZ, 54 (1), 1-7.

Spangler, G. (2003). Beiträge der Bindungsforschung zur Situation von Kindern aus Trennungs- und Scheidungsfamilien. Praxis der Rechtspsychologie, 113(1), 76-90.

Spengler, P. (2011). Wieder auf die Kinder schau'n. In: Bundesarbeitsgemeinschaft der Kinderschutzzentren (Hrsg.), Kinder im Spannungsfeld elterlicher Konflikte (S. 277-286). Köln.

Spindler, M. (2008). Hochstrittige Trennung und Scheidung: Definition, Interpretation und Intervention. Zeitschrift für Kindschaftsrecht und Jugendhilfe, 3/2008, 98-106.

Statistisches Bundesamt (2012). Statistik der rechtskräftigen Beschlüsse in Eheauflösungssachen (Scheidungsstatistik) 2011. Wiesbaden.

Statistisches Bundesamt (2012). Statistiken der Kinder- und Jugendhilfe 2011. Wiesbaden.

Steinmetz, M. & Lewand, M. (2004). Zur Diagnostik der Erziehungsfähigkeit im Rahmen familienrechtlicher Begutachtung. Praxis der Rechtspsychologie, 14, 286-303.

Traub, A. (2005). Partnerschaftsqualität und Wohlbefinden bei Müttern mit Living-apart-together-Partnerschaften. Poster bei der 4. Münchner Tagung für Familienpsychologie.

Von der Lippe, H. &. Fuhrmans, F. (2010). Neue Vaterschaft: Mythos oder Realität? In: K. Kauer (Hrsg.), Familie – Kultureller Mythos und soziale Realität. Berlin: Frank & Timme.

Walper, S. (2005). Familien nach Trennung/Scheidung als Gegenstand familienpsychologischer Forschung. Familie, Partnerschaft, Recht, 3/2005, S. 86-89.

Walper, S. & Gerhard, A.-K. (2001). Scheidung der Eltern – ein Marker für die Biographie der Kinder? In: I. Behnke & J. Zinnecker (Hrsg.), Kinder, Kindheit, Lebensgeschichte (S. 522-535). Bonn: Kallmeyer.

Walper, S. & Gerhard, A.-K. (2003). Entwicklungsrisiken und Entwicklungschancen von Scheidungskindern. Praxis der Rechtspsychologie, 13 (1), 91-113.

Walper, S. & Langmeyer, A. (2008). Auswirkungen einer elterlichen Scheidung auf die Entwicklung der Kinder. Zeitschrift für Kindschaftsrecht und Jugendhilfe, 3/2008, 94-97.

Weber, A., Karle, M. & Klosinski, G. (2004). Trennung der Eltern: Wie wird sie den Kindern vermittelt und welchen Einfluss haben Art und Inhalt der Mitteilung auf das Trennungserleben der Kinder? Praxis der Kinderpsychologie und Kinderpsychiatrie, 53, 196-206.

Westhoff, K. & Kluck, M.-L. (2008). Psychologische Gutachten schreiben und beurteilen. Heidelberg: Springer.

Zuschlag, B. (2006). Richtlinien für die Erstellung psychologischer Gutachten. Bonn: Deutscher Psychologen Verlag.

Abkürzungsverzeichnis

aA	anderer Ansicht
aaO	am angegebenen Ort
abl.	ablehnend
Abs.	Absatz
Abschn.	Abschnitt
abw.	abweichend
aE	am Ende
aF	alte Fassung
AG	Amtsgericht
allg.	allgemein
allgA	allgemeine Ansicht
allgM	allgemeine Meinung
aM	anderer Meinung
Anh.	Anhang
Anm.	Anmerkung
Aufl.	Auflage
ausdr.	ausdrücklich
ausf.	ausführlich
Az	Aktenzeichen
Bd.	Band
Begr.	Begründung
Bek.	Bekanntmachung
ber.	berichtigt
bes.	besonders
Beschl.	Beschluss
bespr.	besprochen
bestr.	bestritten
bez.	bezüglich
Bl.	Blatt
bspw	beispielsweise
bzgl	bezüglich
bzw	beziehungsweise
ders.	derselbe
dh	das heißt
dies.	dieselbe
Dok.	Dokument
E.	Entwurf
e.V.	eingetragener Verein
ebd	ebenda
Einf.	Einführung
eingetr.	eingetragen
Einl.	Einleitung
einschl.	einschließlich
einschr.	einschränkend
Entsch.	Entscheidung
entspr.	entsprechend
Entw.	Entwurf
Erkl.	Erklärung
Erl.	Erlass; Erläuterung
etc.	et cetera
evtl	eventuell
f, ff	folgende, fortfolgende
Fn	Fußnote
geänd.	geändert
gem.	gemäß
ggf	gegebenenfalls
grds.	grundsätzlich

hA	herrschende Auffassung
Hdb	Handbuch
hL	herrschende Lehre
hM	herrschende Meinung
Hrsg.	Herausgeber
hrsg.	herausgegeben
Hs	Halbsatz
iA	im Auftrag
idF	in der Fassung
idR	in der Regel
idS	in diesem Sinne
iE	im Ergebnis
ieS	im engeren Sinne
iHv	in Höhe von
inkl.	inklusive
insb.	insbesondere
insg.	insgesamt
iS	im Sinne
iÜ	im Übrigen
iVm	in Verbindung mit
iwS	im weiteren Sinne
Kap.	Kapitel
krit.	kritisch
lit.	littera
Lit.	Literatur
LS	Leitsatz
m.Anm.	mit Anmerkung
mE	meines Erachtens
mind.	mindestens
Mitt.	Mitteilung(en)
mN	mit Nachweisen
mwN	mit weiteren Nachweisen
mWv	mit Wirkung von
n.r.	nicht rechtskräftig
n.v.	nicht veröffentlicht
Nachw.	Nachweise
nF	neue Fassung
Nov.	Novelle
Nr.	Nummer
oa	oben angegeben, angeführt
oä	oder ähnliches
og	oben genannt
resp.	respektive
Rn	Randnummer
Rspr	Rechtsprechung
S.	Satz/Seite
s.	siehe
s.a.	siehe auch
s.o.	siehe oben
s.u.	siehe unten
Slg	Sammlung
sog.	so genannt
str.	streitig/strittig
u.a.	unter anderem
u.a.m.	und anderes mehr
uÄ	und Ähnliches

uE	unseres Erachtens		VO	Verordnung
umstr.	umstritten		vorl.	vorläufig
unstr.	unstreitig		wN	weitere Nachweise
Urt.	Urteil		zB	zum Beispiel
usw	und so weiter		zit.	zitiert
uU	unter Umständen		zT	zum Teil
uVm	und Vieles mehr		zust.	zustimmend
v.	von		zutr.	zutreffend
vgl	vergleiche		zzgl	zuzüglich

§ 1
Jede Familie ist auf ihre eigene Weise unglücklich –
Fallbeispiele

Die zunächst vermeintlich einfache Frage nach einer gemeinsamen Sorgerechtsausübung stellt sich im gerichtlichen Alltag aufgrund der Vielzahl individueller familiärer Konstellationen und Vorgeschichten rasch als äußerst komplex heraus. In diesem Kapitel werden einige Beispiele für Sorgerechtsstreitigkeiten skizziert, um die in der Realität vorzufindende Variationsbreite zu verdeutlichen.

I. Flüchtige Bekanntschaft

Frau A und Herr B lernen sich im Flugzeug auf der Fahrt in den Urlaub kennen. Sie treffen 1 sich am Urlaubsort zufällig wieder, es entwickelt sich daraus ein Urlaubsflirt.

Nach Urlaubsende kehren beide wieder in ihre jeweiligen Wohnorte zurück, es besteht kein Kontakt mehr zwischen ihnen, eine längerfristige Partnerschaft wird von beiden nicht angestrebt. Nach einigen Wochen stellt Frau A fest, dass sie schwanger ist. Rechnerisch dürfte Herr B der leibliche Vater des Kindes sein. Da sie keinen Kontakt mehr zu ihm hat, teilt sie ihm die Schwangerschaft nicht mit.

Etwa zwei Jahre später erfolgt auf Drängen des Jugendamtes ein Vaterschaftstest. Bei diesem Termin sieht Herr B das Kind zum ersten Mal. Nach Vorliegen des positiven Testergebnisses besucht Herr B das Kind und Frau A einige Male. Er möchte eine gemeinsame Sorgerechtserklärung abgeben, was Frau A mit der Begründung verweigert, dass Herr B keinerlei Bezug zum Kind habe. Daraufhin beantragt Herr B gerichtlich das gemeinsame Sorgerecht.

II. Nach längerer Partnerschaft

Frau C und Herr D lernen sich kennen, verlieben sich und ziehen trotz familiärer Wider- 2 stände zusammen. Die Beziehung gestaltet sich von Anfang an eher distanziert. Nach etwa einem Jahr des Zusammenlebens wird der gemeinsame Sohn geboren. Es erfolgt eine Vaterschaftsanerkennung durch Herrn D. Beide Elternteile sind zu diesem Zeitpunkt der Überzeugung, dass damit auch ein gemeinsames Sorgerecht vorliegt. Die Betreuung des Kindes erfolgt hauptsächlich durch die nicht berufstätige Mutter.

Die Trennung der Eltern verläuft undramatisch, als das Kind fünf Jahre alt ist. Frau C zieht in ihren etwa 500 km entfernten Heimatort zurück. Umgangskontakte des Kindes mit Herrn D werden von den Eltern einvernehmlich geregelt und so organisiert, dass Frau C etwa jeden zweiten Monat zusammen mit dem Sohn für einige Tage zu Herrn D fährt.

Im Zusammenhang mit Auseinandersetzungen über die Höhe des Kindesunterhalts wird nach einigen Monaten festgestellt, dass Frau C die elterliche Sorge doch alleine innehat. Daraufhin beantragt Herr D das gemeinsame Sorgerecht, hilfsweise das alleinige Aufenthaltsbestimmungsrecht, mit der Begründung, er wolle verhindern, dass Frau C abermals mit dem Kind umziehe, möglicherweise sogar ins Ausland. Außerdem befürchte er, dass im Falle einer schweren Erkrankung oder des Ablebens der Kindesmutter das Kind in eine Pflegefamilie komme und nicht zum ihm Frau C stimmt einem gemeinsamen Sorgerecht nicht zu, da sie die damit verbundene Kommunikation als lästig empfinde, außerdem befürchte sie, dass Herr D sie dann bevormunde. Sie bietet ihrerseits an, notariell zuzustimmen, dass bei eigener Unfähigkeit Herr D als nächster leiblicher Verwandter des Kindes für dieses sorgen solle, was wiederum Herr D als nicht ausreichend ablehnt.

III. Chronische Streitbeziehung

3   Frau E und Herr F lernen sich zufällig kennen, wenige Tage nachdem Frau E aus einem außereuropäischen Staat nach Deutschland gekommen ist. Das Paar zieht sofort zusammen, eine Schwangerschaft tritt ebenfalls innerhalb kürzester Zeit ein.

Die Beziehung gestaltet sich von Anfang an höchst konflikthaft, die Differenzen werden trotz Weiterbestehens der Partnerschaft immer wieder vor Polizei oder Amtsgericht ausgetragen. So beantragt Herr F beispielsweise eine Verbleibensanordnung, durch die Frau E aufgrund der Risikoschwangerschaft dazu gezwungen werden soll, gegen ihren Willen einen mehrwöchigen pränatalen Klinikaufenthalt wahrzunehmen, der ärztlicherseits empfohlen wurde.

Weiter erfolgen seitens Herrn F noch vor der Geburt des Kindes Anträge bei Jugendamt und Amtsgericht hinsichtlich der Namensgebung (es soll seinen Nachnamen tragen), der Vaterschaftsanerkennung, eines gemeinsamen Sorgerechts und des Rechts, bei der Geburt des Kindes dabei zu sein.

Die Trennung der Eltern erfolgt in der Geburtsklinik.

Nach Geburt des Kindes folgen Anträge von Herrn F bezüglich der Umgangsregelung, der Installation eines Wechselmodells, der Wahl des Kinderarztes und Zahnarztes, des Zeitpunkts der Impfungen und der Wahl des Kindergartens. Weiter erfolgen Anzeigen von Herrn F zu Lasten von Frau E wegen Sozialleistungsbetrugs und Kindeswohlgefährdung, die sich als nicht zutreffend erweisen.

Umgangskontakte des Kindes mit Herrn F finden regelmäßig an jedem zweiten Wochenende statt, wobei die Übergaben jahrelang vor der Polizeiwache erfolgen, nachdem es sowohl durch Herrn F als auch durch den neuen Partner von Frau E in Gegenwart des Kindes zu Handgreiflichkeiten gekommen war.

Nachdem festgestellt wurde, dass für einige Wochen keine geeignete Krankenversicherung für das Kind bestand, beantragt Herr F erneut das gemeinsame Sorgerecht, hilfsweise die alleinige elterliche Sorge. Frau E lehnt dies mit der Begründung ab, dass dadurch noch mehr Konflikte entstehen könnten.

IV. Außereheliche Beziehung

4   Der verheiratete Herr G und Frau H lernen sich auf der Geburtstagsfeier eines gemeinsamen Bekannten kennen. Es entwickelt sich eine Liebesaffäre, die von Herrn G beendet wird, als er vom Eintreten der Schwangerschaft erfährt, da er sein Familienleben nicht gefährden wolle.

Eine Vaterschaftsanerkennung lehnt er ab, ebenso Umgangskontakte mit dem Kind.

Nach der Geburt des Kindes beantragt Frau H Kindesunterhalt, das gemeinsame Sorgerecht und Umgangskontakte von Herrn G mit dem Kind, da sie der Ansicht sei, dass das Kind für ein gesundes Aufwachsen den Vater benötige.

V. Kindeswohlgefährdung

Frau I und Herr J trennen sich nach einer flüchtigen Affäre. Auch nach Bekanntwerden der 5
Schwangerschaft wünschen beide keine Fortführung der Beziehung. Herr J möchte darüber hinaus nicht an der elterlichen Sorge beteiligt werden und keinen Kontakt zum Kind haben, obwohl sich beide Elternteile einig sind, das Kind über die leibliche Vaterschaft zu informieren.

Einige Jahre später heiratet Frau I. Die alleinige Sorge für das Kind bleibt weiterhin bei ihr.

Als die Tochter sechs Jahre alt ist, erkrankt Frau I an einer gravierenden psychischen Störung, mit Phasen akuter Suizidalität. Sie verbringt nahezu die Hälfte ihrer Zeit in stationärer psychiatrischer Behandlung und nimmt eine Dauermedikation ein, die ihre Reaktionsfähigkeit erheblich beeinträchtigt. Das örtlich zuständige Jugendamt meldet daraufhin Zweifel an ihrer Erziehungsfähigkeit an. Das zuständige Familiengericht überprüft die Erziehungsfähigkeit beider Elternteile im Hinblick darauf, das Sorgerecht oder Teile des Sorgerechts zumindest für die Dauer der Erkrankung von Frau I auf den leiblichen Vater des Kindes zu übertragen.

§ 2
Rechtslage nach dem Reformgesetz

A. Wichtigste Änderungen durch die gesetzliche Neuregelung der gemeinsamen Sorge (Überblick)

6 Das Gesetz legt in § 1626 BGB als **Regelfall** zugrunde, dass die Eltern des Kindes **miteinander verheiratet** sind und ihnen deshalb auch die Sorge für ihr Kind gemeinsam zusteht. Das Sorgerecht verpflichtet die Eltern dazu, ihr Kind zu pflegen und zu erziehen, insbes. ist es kein Machtanspruch der Eltern ggü. ihren Kindern, sondern den Eltern um des Kindes Willen verbürgt, so dass es treffender ist, von **elterlicher Verantwortung** zu sprechen. [1] Die Eltern haben das Recht und die Pflicht, das Kind zu einer Persönlichkeit zu entwickeln, die es zu einem eigenverantwortlichen, gemeinschaftsfähigen Leben in der Gesellschaft befähigt, sich um seiner selbst willen geachtet weiß und sich selbst wie andere zu achten lernt.[2]

7 § 1626a BGB regelt, wem die elterliche Sorge zusteht, wenn die Eltern bei der Geburt des Kindes **nicht miteinander verheiratet** sind. Das Familiengericht soll regelmäßig die Übertragung der gemeinsamen Sorge beschließen, wenn sie dem Kindeswohl nicht widerspricht. Weil dies ohne die Zustimmung und auch gegen den Willen der Mutter erfolgen kann, werden die Möglichkeiten des nicht mit der Kindesmutter verheirateten Vaters für das Erreichen der gemeinsamen elterlichen Sorge deutlich erweitert. Die gemeinsame Sorge soll der Regelfall sein, außer wenn gewichtige Gründe vorliegen, die ihr entgegenstehen.

8 Auch wenn von Gesetzes wegen nach wie vor die Mutter die alleinige Verantwortung für das gemeinsame Kind hat, erhält sie nunmehr (als kleinen Schritt in die richtige Richtung) zumindest die **Möglichkeit**, den Vater mit Hilfe des Familiengerichts in die gemeinsame Sorge einzubinden.

9 Es besteht **eine gesetzliche Vermutung**, dass die gemeinsame Sorge dem Kindeswohl nicht widerspricht, wenn der andere Elternteil **schweigt** oder **keine kindeswohlrelevanten Gründe** vorträgt und solche Gründe auch sonst nicht ersichtlich sind. In diesen Fällen soll die gemeinsame Sorge in einem **beschleunigten und vereinfachten** Verfahren ohne persönliche Anhörung der Eltern und ohne Anhörung des Jugendamtes[3] und ohne Sachverständigengutachten sowie ohne Amtsermittlungen durch das Gericht durchgesetzt werden. Trägt die Mutter **kindeswohlrelevante** Gründe gegen die gemeinsame Sorge vor, oder zeigt in besonders gelagerten Ausnahmefällen der bisherige Vortrag der Mutter, dass ihr sprachliches Ausdrucksvermögen stark eingeschränkt ist, findet dagegen ein „normales" beschleunigtes Hauptverfahren nach §§ 151 ff. FamFG mit Anhörung aller Beteiligten (Eltern/Kind/Jugendamt/Verfahrensbeistand) und erforderlichenfalls mit Erholung eines kinderpsychologischen Sachver-

---

1 BVerfG FamRZ 1993, 1420; 2008, 845.
2 BVerfG FamRZ 2008, 845; 2002, 1021.
3 Es verbleibt aber bei der grundsätzlichen persönlichen Anhörungspflicht nach § 159 Abs. 1 FamFG bzgl des Kindes und bei der Bestellung des Verfahrensbeistandes nach § 158 Abs. 2 Nr. 1 FamFG.

Heiß

ständigengutachten statt, wobei zu prüfen ist, ob die Übertragung der gemeinsamen Sorge dem **Kindeswohl widerspricht.**

Wenn eine gemeinsame Sorge nicht in Betracht kommt, wird darüber hinaus durch **10** § 1671 Abs. 2 BGB dem nichtehelichen Vater der Zugang zur **Alleinsorge** (auch ohne Zustimmung der Kindesmutter) eröffnet, wenn nach einer umfassenden Kindeswohl-prüfung unter Einbeziehung aller Kindeswohlkriterien die Übertragung auf den Vater dem Wohl des Kindes am besten entspricht, weil er der am besten geeignete Elternteil ist. Bei einem Antrag des Vaters auf Alleinsorge wird regelmäßig die Einholung eines umfassenden kinderpsychologischen komparativen Sachverständigengutachtens ge-boten sein, weil die antragsgemäße Entscheidung einen völligen Austausch der Sorge-berechtigten (von der Alleinsorge der Mutter zur Alleinsorge des Vaters) zur Folge hätte.[4]

§ 1626 a BGB Elterliche Sorge nicht miteinander verheirateter Eltern; Sorgeerklärungen

(1) Sind die Eltern bei der Geburt des Kindes nicht miteinander verheiratet, so steht ihnen die elter-liche Sorge gemeinsam zu,

1. wenn sie erklären, dass sie die Sorge gemeinsam übernehmen wollen (Sorgeerklärungen),

2. wenn sie einander heiraten oder

3. soweit ihnen das Familiengericht die elterliche Sorge gemeinsam überträgt.

(2) Das Familiengericht überträgt gem. Abs. 1 Nr. 3 auf Antrag eines Elternteils die elterliche Sorge oder einen Teil der elterlichen Sorge beiden Eltern gemeinsam, wenn die Übertragung dem Kindes-wohl nicht widerspricht. Trägt der andere Elternteil keine Gründe vor, die der Übertragung der ge-meinsamen elterlichen Sorge entgegenstehen können, und sind solche Gründe auch sonst nicht er-sichtlich, wird vermutet, dass die gemeinsame elterliche Sorge dem Kindeswohl nicht widerspricht.

(3) Im Übrigen hat die Mutter die elterliche Sorge

Die gemeinsame Sorge kann somit durch **übereinstimmende Sorgeerklärungen** oder **11** durch **Heirat** der Eltern entstehen sowie zusätzlich durch eine **gerichtliche Übertra-gung** der gemeinsamen Sorge. Diese kann sowohl für Kinder beantragt werden, die nach Inkrafttreten des Reformgesetzes geboren wurden als auch für Kinder, die zum Zeitpunkt des Inkrafttretens des Reformgesetzes bereits geboren waren.

Der Vater hat somit die **Wahl,** ob er (zunächst) eine Sorgeerklärung beim Jugendamt **12** abgibt in der Hoffnung, dass die Mutter seiner Sorgeerklärung zustimmt, so dass auf diese Weise die gemeinsame Sorge entsteht, oder ob er, ohne vorher eine Sorgeerklä-rung abzugeben, direkt das Gericht anruft. Welchen Weg er wählt, wird davon ab-hängen, welche Chancen er sich ausrechnet, auf dem eingeschlagenen Weg das Ziel der gemeinsamen Sorge zu erreichen.[5]

Da die gemeinsame elterliche Sorge grundsätzlich den Bedürfnissen des Kindes nach **13** Beziehung zu beiden Elternteilen entspricht[6] überträgt das Familiengericht die ge-meinsame Sorge, wenn und soweit dies dem **Kindeswohl nicht widerspricht.** An die Stelle der bisher erforderlichen „positiven Kindeswohlprüfung" findet nur noch eine „**negative Kindeswohlprüfung**" statt. Auch in Fällen, in denen es an einem entspre-

---

4 Ausf. hierzu unten Rn 195 ff.
5 ReformgesetzE BT-Drucks. 17/11048, 13.
6 BVerfG FamRZ 2003, 285; RegE S. 22.

chenden Konsens zwischen den Eltern fehlt, ist die gemeinsame elterliche Sorge der nichtehelichen Eltern der Regelfall. Auch ohne Zustimmung der Mutter ist dem Vater der Zugang zur elterlichen (Mit-)verantwortung im Wege der Einzelzulassung durch das Familiengericht eröffnet. Nur wenn die Mutter gegen den väterlichen Antrag auf Mitsorge innerhalb einer gesetzten Frist schriftlich kindeswohlrelevante Bedenken vorträgt, findet ein normales Sorgerechtsverfahren nach den Grundsätzen der §§ 151 ff. FamFG statt. Trägt die Mutter keine oder keine kindeswohlrelevanten Einwände gegen den väterlichen Antrag vor, wird die staatliche Richterfunktion substanziell ausgedünnt, und zwar sowohl materiell – wie auch verfahrensrechtlich.[7]

14 Liegen zwischen den Eltern kindeswohlabträgliche Differenzen in einem sorgerechtlich relevanten Bereich, etwa bei der Aufenthaltsbestimmung, der Gesundheitsfürsorge, bei Kindergarten- oder Schulangelegenheiten vor, muss die Mitsorge nicht vollumfänglich abgelehnt werden, weil nach der gesetzlichen Regelung den Eltern lediglich auch **Teilbereiche** der elterlichen Sorge gemeinsam übertragen werden können.

15 Eine umfassende gerichtliche Prüfung kommt nur dort in Gang, wo sie zum Schutz des Kindes wirklich notwendig ist.[8]

B. Die drei Fälle der gemeinsamen elterlichen Sorge

16 Auch dem Vater eines nichtehelichen Kindes steht das Grundrecht aus Art. 6 Abs. 2 GG zu.[9] Dabei ist der Vater unmittelbar seinem nichtehelichen Kind gegenüber zu Pflege und Erziehung verpflichtet und muss dieser Pflicht nachkommen.[10] Einschränkungen unterliegt diese Pflicht insoweit wie es dem Kindeswohl entspricht.[11] Daher ist es nicht grundsätzlich geboten, beiden Eltern die elterliche Sorge gemeinsam zuzuweisen. Eine Alleinsorge der Mutter für das nichteheliche Kind muss aber eine Folge einer am Kindeswohl orientierten Regelung durch das Gesetz sein.[12] In vielen Fällen wird eine gemeinsame Sorgetragung aus Gründen verweigert, die keinen Bezug zum Kindeswohl haben. Wissenschaftliche Untersuchungen zeigen,[13] dass selten **klare Risikofaktoren** für das Kindeswohl, wie zB **Sucht- und Gewaltprobleme,** für die Ablehnung der gemeinsamen elterlichen Sorge genannt werden, aber häufiger Probleme in der Elternbeziehung, die potenziell kindeswohlrelevant sein könnten. Die gemeinsame elterliche Sorge entspricht grundsätzlich den Bedürfnissen des Kindes nach Beziehungen zu beiden Elternteilen und verdeutlicht dem Kind, dass beide Eltern gleichermaßen bereit sind **Verantwortung** zu tragen. Immer mehr nicht verheiratete Väter wollen eine echte Vaterrolle übernehmen und in diesem Zusammenhang auch mit sorgeberechtigt sein.[14] Der Vater soll in allen Fällen, in denen eine gemeinsame Sorge dem Kindeswohl nicht widerspricht, zu einem frühen Zeitpunkt die Mitsorge erhal-

---

7 Coester FamRZ 2012, 1337; §§ 1626a Abs. 2 BGB § 155a FamFG.
8 RegE S. 15.
9 BVerfGE 92, 158 ff (178); 107, 150 ff (169).
10 BVerfGE 121, 69 (92).
11 BVerfGE 121, 99.
12 RegE S. 13.
13 RegE S. 14.
14 Vgl BVerfGE 107, 150 (155).

Heiß

ten, weil Kinder grundsätzlich beide Eltern benötigen. Es entspricht dem Kindeswohl, seine Eltern in bedeutenden Entscheidungen betreffend sein persönliches Leben nach Möglichkeit als gleichberechtigt zu erleben.[15] Für die elterliche Sorge ist an erster Stelle das Wohl des betroffenen Kindes maßgeblich.[16]

In 3 Fällen steht danach den Eltern die elterliche Sorge gemeinsam zu:

I. Übereinstimmende Sorgeerklärungen, § 1626 a Abs. 1 Nr. 1

Die gemeinsame elterliche Sorge für ein Kind kann durch beiderseitige Sorgeerklärun- 17
gen der Eltern nur dann wirksam herbeigeführt werden, wenn die **Abstammung** des Kindes von der Frau und die **Vaterschaft** des Mannes feststeht. Dazu muss der Vater seine Vaterschaft nach §§ 1592 Nr. 2, 1594, 1599 Abs. 2 anerkannt haben oder seine Vaterschaft muss nach § 1600 d gerichtlich festgestellt worden sein, § 1592 Nr. 3. Die Sorgeerklärung eines Mannes, der im Rechtssinne (noch) nicht Vater des betreffenden Kindes ist (oder nicht als Vater des noch nicht geborenen Kindes feststeht), ist unwirksam. Auch die Sorgeerklärung, die für ein Kind abgegeben wird, das im Rechtssinne (§ 1592 Nr. 1 oder 2) noch als Kind eines anderen Mannes gilt, ist unwirksam.[17] Die gemeinsame elterliche Sorgerechtserklärung wirkt unmittelbar rechtsgestaltend; sobald beide Sorgerechtserklärungen wirksam abgegeben worden sind, ist ein einseitiger Widerruf nicht möglich und es erfolgt **keine zusätzliche Kindeswohlprüfung**. Eine Abänderung der dann begründeten gemeinsamen elterlichen Sorge kann nur über ein gerichtliches Verfahren erreicht werden.

Ist die Mutter des Kindes mit einem anderen Mann **verheiratet**, tritt gemäß § 1692 18
Nr. 1 BGB die gesetzliche Vaterschaft des Ehemannes ein.[18] In diesem Fall ist neben der Vaterschaftsanerkennung auch eine **Vaterschaftsanfechtung** Voraussetzung für die Abgabe einer wirksamen Sorgerechtserklärung und der Begründung des gemeinsamen Sorgerechts.[19] Eine **Ausnahme** besteht für den Fall des sog **scheidungsakzessorischen Statuswechsels** gemäß § 1599 Abs. 2 BGB, wenn das Kind nach Anhängigkeit des Scheidungsantrags und vor Rechtskraft des Scheidungsbeschlusses geboren wird und der leibliche Vater innerhalb eines Jahres nach Rechtskraft der Scheidung seine Vaterschaft anerkennt. Eine bei Geburt des Kindes abgegebene Sorgerechtserklärung ist dann zunächst bis zur Rechtskraft des Scheidungsbeschlusses schwebend unwirksam.

1. Inhalt der Sorgeerklärung

In den Sorgerechtserklärungen müssen die Eltern jeweils ihren Willen erklären, künf- 19
tig die Sorge für ihr Kind gemeinsam zu übernehmen. Es muss der Wille der Erklärenden zur Übernahme der Sorge in gemeinsamer Verantwortung mit dem anderen Elternteil zum Ausdruck gebracht werden. Die beiderseitigen Sorgeerklärungen kön-

---

15 RegE S. 18; KG FamRZ 2011, 1659.
16 RegE S. 18.
17 Vgl Johannsen/Henrich/Jaeger Familienrecht § 1626 a Rn 2.
18 Meyer-Götz Familienrecht § 6 Rn 5.
19 Gerhardt/von Heintschel-Heinegg-Klein 4. Kap. Rn 134 c.

nen sowohl in einer einzigen Urkunde als auch in zwei getrennten Urkunden abgegeben werden. Die zweite Sorgeerklärung lässt dann unabhängig von einem etwaigen zeitlichen Abstand die gemeinsame elterliche Sorge entstehen, sofern die zuerst abgegebene Sorgeerklärung nicht in der Zwischenzeit widerrufen worden ist. Da es sich um keine empfangsbedürftigen Willenserklärungen handelt, werden die Sorgeerklärungen mit ihrer Abgabe sofort wirksam, sofern alle Wirksamkeitsvoraussetzungen nach §§ 1626a-1626 d erfüllt sind.[20] Eine Sorgeerklärung unter einer Bedingung oder einer Zeitbestimmung ist unwirksam, § 1626 b Abs. 1.

20   Nach § 1626 a Abs. 1 Nr. 1 können die nichtehelichen Eltern nur „erklären, dass sie die Sorge gemeinsam übernehmen wollen". Eine Sorgeerklärung, mit der der Wille zur Übernahme nur eines Teils der elterlichen Sorge zum Ausdruck gebracht wird, ist unwirksam, § 1626 e iVm § 1626 Abs. 1 Nr. 1. Andererseits können die Eltern aber ohne weiteres gerichtliche Sorgerechtsregelungen für nur einen Teil des Sorgerechts nach § 1671 Abs. 1 BGB beantragen und die Gerichte können auch ohne Antrag entsprechend entscheiden, § 1696 Abs. 1 BGB. Bei übereinstimmendem Elternantrag können die Eltern gemäß § 1671 Abs. 2 Nr. 1 BGB das Familiengericht sogar zwingen, die bisher gemeinsame elterliche Sorge aufzuteilen. Wenn die Eltern die Übertragung eines Teils des Sorgerechts auf beide gemeinsam durch Gerichtsentscheidung beantragen können, ist es nicht nachvollziehbar, warum ihre autonome Gestaltungskompetenz durch Sorgeerklärungen diese Variante nicht umfassen soll.[21]

2. Form der Sorgerechtserklärung

21   Sorgeerklärungen und Zustimmungen müssen öffentlich beurkundet werden, § 1626 d Abs. 1 BGB. Die Beurkundung kann gem. § 59 Abs. 1 S. 1 Nr. 8, Abs. 3 SGB VIII vom Jugendamt kostenfrei vorgenommen werden oder von einem Notar gem. § 20 Abs. 1 BNotO (anfallende Kosten richten sich dann nach §§ 16 f. KostO).

22   Die Eltern können die Sorgeerklärungen, als höchst persönliche Willenserklärungen, nur selbst abgeben, § 1626 c Abs. 1. Die Sorgeerklärung eines **beschränkt geschäftsfähigen Elternteils** bedarf der Zustimmung seines gesetzlichen Vertreters, die nur von diesem selbst abgegeben werden kann. Schließlich können auch im Rahmen eines **gerichtlichen Vergleichs** in einem Verfahren in Kindschafts- oder Abstammungssachen die Sorgerechtserklärungen gem. § 127 a BGB **protokolliert** werden.[22] Die eine Sorgerechtserklärung beurkundende Stelle teilt die Abgabe von Sorgeerklärungen und Zustimmungen dem für den des Geburtsort des Kindes örtlich zuständigen Jugendamt gem. § 1626 d Abs. 2 BGB mit.

23   Zum Nachweis der Alleinsorge kann die Mutter von dem für den Geburtsort des Kindes zuständigen Jugendamt eine Bescheinigung über das Nichtvorliegen von Eintragungen im Sorgeregister als sog **Negativattest** gem. §§ 58 a SGB VIII, 1626 d Abs. 2 BGB verlangen.

---

20 Johannsen/Henrich/Jaeger § 1626 a Rn 3.
21 Coester FamRZ 2012, 1337; Johannsen/Henrich/Jaeger § 1626 a Rn 4.
22 BGH NJW 1999, 2806.

3. Sorgeerklärung eines minderjährigen Elternteils

Die Sorgeerklärung (ebenso die Zustimmung hierzu) eines minderjährigen Elternteils 24
bedarf gem. § 1626 c Abs. 2 BGB der Zustimmung seines gesetzlichen Vertreters; sie
muss ebenfalls öffentlich beurkundet werden. Verweigert der gesetzliche Vertreter die
Zustimmung, so kann der beschränkt geschäftsfähige Elternteil selbst beim Familiengericht die Ersetzung der Zustimmung beantragen. Dieses muss die Zustimmung ersetzen, wenn die Sorgeerklärung dem Wohl dieses Elternteils nicht widerspricht. Die
Ersetzung der Zustimmung ist der Regelfall.[23] Ist die **Mutter** bei der Abgabe der Sorgerechtserklärung minderjährig, der **Vater volljährig**, übt sie von nun an die elterliche
Sorge gemeinsam mit dem Vater aus, der volljährige Vater erwirbt das gesamte Sorgerecht, ein bestellter Vormund wird verdrängt. Da die Ausübungsberechtigung jedoch für die Zeit der Minderjährigkeit gem. §§ 1673 Abs. 2, 1675 BGB ruht, übt die
gesetzliche Vertretung des Kindes der Vater alleine gem. §§ 1676 Abs. 1, 1673 Abs. 2
BGB aus.[24] Sind **beide Eltern minderjährig**, so erwerben beide zwar die sorgerechtliche Stellung gem. § 1673 Abs. 2 BGB, gesetzlicher Vertreter des Kindes ist jedoch in
diesem Fall ein Pfleger.[25]

4. Sorgeerklärung des geschäftsunfähigen oder betreuten Elternteils

Die Sorgeerklärung eines geschäftsunfähigen Elternteils (oder die Zustimmung hier- 25
zu) ist in Analogie zu § 1626 c Abs. 2 BGB zu beurteilen.[26]

Ist ein Elternteil **nicht geschäftsunfähig**, steht aber unter **Betreuung**, ergeben sich kei- 26
ne Besonderheiten zu Sorgeerklärungen nicht betreuter volljähriger Elternteile, dh der
betreute Elternteil kann wirksam Sorgeerklärungen und die Zustimmung hierzu abgeben; der Betreuer hat in diesem Bereich dann keine Kompetenz. Das gilt auch
dann, wenn das Betreuungsgericht einen Einwilligungsvorbehalt gem. § 1903 BGB
angeordnet hat, weil dieser Sorgeerklärungen nicht umfassen kann.[27]

5. Abgabe der Sorgeerklärung vor Geburt des Kindes

Die Sorgeerklärung kann schon vor der Geburt des Kindes abgegeben werden, 27
§ 1626 b Abs. 2 BGB. Dadurch wird die Regelung in §§ 1592 Nr. 2, 1594 Abs. 4,
1595 Abs. 3 ergänzt, wonach schon vor der Geburt des Kindes der Vater die Vaterschaft anerkennen und die Mutter ihre notwendige Zustimmung erteilen kann.[28] Die
vorgeburtliche Vaterschaftsanerkennung muss der Sorgeerklärung vorangehen.[29] Ist
die Mutter noch mit einem anderen Mann verheiratet, muss zunächst die Vaterschaft

---

23 Johannsen/Henrich/Jaeger § 1626 c Rn 3.
24 Meyer-Götz Familienrecht § 6 Rn 16.
25 Rakete-Dombek NK-BGB § 1626 a Rn 22; Johannsen/Henrich/Jaeger § 1626 c Rn 4.
26 AA zufolge ist die Sorgeerklärung geschäftsunfähiger Elternteile gem. § 105 Abs. 1 BGB unheilbar nichtig,
    vgl MüKo/Huber § 1626 e Rn 7-20 mwN; nach wieder anderer Ansicht ist die Sorgeerklärung eines ge-
    schäftsunfähigen Elternteils ohne weiteres, also auch ohne Zustimmung seines gesetzlichen Vertreters wirk-
    sam vgl Erman/Michalski § 1626 e Rn 2; Dickerhof-Borello FuR 1998, 157 (163).
27 So Johannsen/Henrich/Jaeger § 1626 c Rn 6; Staudinger/Coester Rn 21; Veit in Bamberger/Roth Rn 6 zu
    § 1626 c.
28 BT-Drucks. 13/4899 S. 94.
29 So Staudinger/Coester Rn 8; Johannsen/Henrich/Jaeger § 1626 b Rn 3.

ihres Ehemannes erfolgreich angefochten werden (§§ 1592 Nr. 1, 1594 Abs. 2, 1599 Abs. 1 bzw § 1599 Abs. 2).

28 Bis zur erfolgreichen Anfechtung der Vaterschaft des Ehemannes ist die Sorgeerklärung des biologischen Vaters unwirksam. Da gem. § 1626 b Abs. 1 eine Sorgeerklärung unter einer Bedingung oder einer Zeitbestimmung **unwirksam** ist, kann sie auch nicht unter der Bedingung späterer erfolgreicher Ehelichkeitsanfechtung und Feststellung der eigenen Vaterschaft des Erklärenden abgegeben werden.[30]

29 Eine **Ausnahme** besteht für den sog scheidungsakzessorischen Statuswechsel gem. § 1599 Abs. 2 BGB: wenn das Kind erst nach Anhängigkeit eines Antrags auf Scheidung der Ehe seiner Mutter mit ihrem Ehemann geboren wird und der leibliche Vater die Vaterschaft gem. § 1599 Abs. 2 mit Zustimmung der Mutter (§ 1595 Abs. 1) und des mit der Mutter im Geburtszeitpunkt noch verheirateten Ehemannes (§ 1599 Abs. 2 S. 2) anerkennt, wird mit der Rechtskraft der Scheidung die Anerkennung wirksam (§ 1599 Abs. 2 S. 3). Für die Sorgeerklärung nach § 1626 b fehlt zwar eine dem § 1599 Abs. 2 entsprechende Vorschrift, aber wegen des engen Sachzusammenhangs wird in diesem Fall ausnahmsweise die Sorgeerklärung nur als schwebend unwirksam und mit der Rechtskraft der Scheidung dann als wirksam angesehen.[31] Voraussetzung ist aber, dass das Kind erst **nach der Anhängigkeit des Scheidungsantrags** geboren wird. Ist das Kind vorher geboren worden, ist eine Vaterschaftsanerkennung in der erleichterten Form gem. § 1599 Abs. 2 **nicht möglich**. Das hat gleichzeitig zur Folge, dass eine Sorgeerklärung, die vor einer rechtlich unwirksamen Vaterschaftsanerkennung abgegeben wird, nichtig ist.[32]

6. Sorgeerklärung nach gerichtlicher Sorgerechtsentscheidung

30 Eine Sorgeerklärung ist **unwirksam**, soweit eine gerichtliche Entscheidung über die elterliche Sorge nach § 1626 a Abs. 1 Nr. 3 oder § 1671 getroffen wurde oder eine solche Entscheidung nach § 1696 Abs. 1 S. 1 geändert wurde (§ 1626 b Abs. 3 BGB). Soweit also vom Gericht die elterliche Sorge bereits ganz oder teilweise geregelt wurde, sind Sorgeerklärungen unwirksam. In diesem Fall können die Eltern ein gemeinsames Sorgerecht nur mit Hilfe einer erneuten gerichtlichen Entscheidung gem. §§ 1696 Abs. 1, 1671, 1626 a Abs. 1 Nr. 3 BGB erlangen. Jedoch bleiben Sorgeerklärungen bei vorangegangenen gerichtlichen **Teilregelungen** (zB zum Aufenthaltsbestimmungsrecht) bzgl des von der gerichtlichen Regelung nicht erfassten Sorgerechts wirksam. Gerichtliche Sorgerechtsentscheidungen, die auf andere Vorschriften, insbes. § **1666 BGB** (Kindeswohlgefährdung) beruhen, werden von § 1626 b Abs. 3 nicht erfasst,[33] sind also unwirksam. Bei vorangegangenen gerichtlichen Sorgerechtsentscheidungen nach § 1666 BGB bleiben die Sorgeerklärungen **wirksam, ohne dass sie die gerichtlichen Entscheidungen außer Kraft setzen** können.[34]

---

30 Palandt/Diederichsen Rn 1; aA MüKo/Huber Rn 15; Staudinger/Coester Rn 11.
31 BGH FamRZ 2004, 802, 803; Johannsen/Henrich/Jaeger § 1626 b Rn 3 mwN.
32 Staudinger/Coester Rn 13; Johannsen/Henrich/Jaeger § 1626 b Rn 3.
33 So ausdr. BT-Drucks. 13/4899 S. 94; Johannsen/Henrich/Jaeger § 1626 c Rn 4.
34 Vgl MüKo/Huber Rn 19; Johannsen/Henrich/Jaeger § 1626 c Rn 4 mwN.

Heiß

War der Mutter die elterliche Sorge vor der Sorgeerklärung gem. § 1666 BGB teilwei- 31
se (zB hinsichtlich des Aufenthaltsbestimmungsrechts) **entzogen** worden, erlangt auch
der Vater die gemeinsame Sorge **ohne diesen entzogenen Bereich**, also nur im Umfang des bei der Mutter **verbliebenen Sorgerestes**[35] Zu beachten ist, dass § 1626 b
Abs. 3 nicht für den Fall der Erlangung **gemeinsamer Sorge durch Heirat** gilt. Vielmehr tritt die gem. §§ 1671, 1626 a Abs. 1 Nr. 3 getroffene und eventuell gem.
§ 1696 Abs. 1 geänderte Sorgerechtsentscheidung mit der Heirat **außer Kraft**.[36] Der
Vater kann nunmehr aber, zumindest für seine Person, die Aufhebung oder Änderung der aufgrund des § 1666 getroffenen gerichtlichen Maßnahmen gem. §§ 1696,
1680 Abs. 3 beim Familiengericht beantragen, wobei die Tatsache, dass er die Verantwortung elterlicher Sorge mit übernommen hat, die Prüfung, ob die Übertragung
der elterlichen Sorge hinsichtlich des der Mutter entzogenen Bereichs dem Wohl des
Kindes dient, in neuem Licht erscheinen lassen kann.[37] Wenn der Vater in einem solchen Fall die elterliche Sorge für das Kind in tatsächlicher Hinsicht über einen längeren Zeitraum wahrgenommen hatte oder noch wahrnimmt, ist § 1680 Abs. 3 iVm
Abs. 2 S. 2 mit Blick auf das durch Art. 6 Abs. 2 S. 1 GG geschützte Elternrecht des
Vaters verfassungskonform dahin auszulegen, dass die Übertragung des der Mutter
entzogenen Teils der elterlichen Sorge auf den Vater allein regelmäßig dem Kindeswohl dient, solange nicht konkret festzustellende Kindesinteressen der Übertragung
widersprechen.[38]

Hat das Familiengericht der Mutter **die elterliche Sorge** vor den Sorgeerklärungen 32
gem. §§ 1666, 1666 a **vollständig entzogen**, wird überwiegend angenommen, dass die
Sorgeerklärung der Mutter in diesem Fall **unwirksam** ist, sodass deshalb überhaupt
keine Rechtsfolgen gem. § 1626 a Abs. 1 Nr. 1 eintreten können.[39] Nach aA[40] erhält
in diesem Fall der Vater zwar nicht allein durch die Sorgeerklärungen eigene Sorge-
rechtsbefugnisse, weil infolge des Totalentzugs keine gegenwärtigen Befugnisse vorhanden sind, die vergemeinschaftet werden können, aber er kann dadurch Mitinhaber des Sorge- „Stammrechts" werden, um dessentwillen das Familiengericht auch
immer wieder Überprüfungen gem. § 1696 Abs. 2 BGB iVm § 1666 Abs. 2 FamFG
vorzunehmen hat. Dies sei aber nur möglich, wenn man insoweit der Sorgeerklärung
der Mutter die Wirksamkeit belässt, was gem. § 1626 e geboten und mit § 1666 vereinbar sei. Auch hier gelte, dass der Vater, der die Verantwortung elterlicher Sorge
nunmehr mit übernommen habe, das Ziel der Übertragung der elterlichen Sorge gem.
§§ 1696, 1680 Abs. 3 und Abs. 2 S. 2 verfolgen könne, wobei die Tatsache, dass der
Vater die Verantwortung mit übernommen habe, die Förderung des Kindeswohls in
einem besseren Licht erscheinen ließe. Diese Möglichkeit dürfe dem Vater und dem

---

35 BGH FamRZ 2005, 1469 (1470); Staudinger/Coester Rn 73; Johannsen/Henrich/Jaeger § 1626 a Rn 7.
36 Vgl MüKo/Huber Rn 19, Johannsen/Henrich/Jaeger § 1626 c Rn 4.
37 Johannsen/Henrich-Jaeger § 1626 a Rn 7.
38 BVerfG FamRZ 2008, 2185 (2187); BVerfG FamRZ 2006, 385 mAnm. Jaeger 2007, 101; Johannsen/
    Henrich/Jaeger § 1626 a Rn 7.
39 BGH FamRZ 2005, 1469 (1470); MüKo/Huber § 1626 b Rn 24 und § 1626 e Rn 5; Staudinger/Coester
    Rn 73.
40 Johannsen/Henrich/Jaeger § 1626 a Rn 7.

Kind nicht vorenthalten werden, zumal das BVerfG zu dem gleichen Ergebnis sogar ohne Sorgerechtserklärung von Seiten der Mutter komme.[41]

II. Heirat der nichtehelichen Eltern

33 Sind die Eltern bei der Geburt des Kindes nicht miteinander verheiratet, so steht ihnen gem. § 1626a Nr. 2 BGB die elterliche Sorge gemeinsam zu, wenn sie einander heiraten, vorausgesetzt, sowohl die Abstammung des Kindes von der Frau[42] und die Vaterschaft des Mannes ist rechtlich festgestellt.[43] Solange die Vaterschaft nicht festgestellt ist, ändert sich durch die Heirat der biologischen Eltern des Kindes noch nichts; jedoch wirkt eine spätere Vaterschaftsfeststellung grundsätzlich auf den Zeitpunkt der Eheschließung zurück.[44] Die gemeinsame elterliche Sorge steht ihnen jedoch auch bei Heirat nur in dem Umfang zu, wie sie der Mutter vorher zustand.[45] War der Mutter vor der Heirat das Sorgerecht **teilweise** gem. § 1666 **entzogen**, ändert sich an dem Sorgerechtsentzug durch die Heirat allein nichts. Jedoch kann das Familiengericht dem Vater den entzogenen Teil gem. §§ 1696, 1680 Abs. 3 iVm Abs. 2 S. 2 zur Alleinsorge übertragen, wenn dies dem Wohl des Kindes dient.[46] Auch wenn der Mutter das Sorgerecht vor der Heirat gem. §§ 1666, 1666a BGB **vollständig entzogen** worden war, kann das Familiengericht dem Vater gem. §§ 1696, 1680 Abs. 3, Abs. 2 die Alleinsorge übertragen.[47]

III. Übertragung der gemeinsamen elterlichen Sorge durch das Familiengericht

34 Sind die Eltern bei der Geburt des Kindes nicht miteinander verheiratet, so steht ihnen die elterliche Sorge gemeinsam zu, soweit ihnen das Familiengericht die elterliche Sorge gemeinsam überträgt, § 1626a Abs. 1 Nr. 3.

35 Das Familiengericht überträgt auf Antrag eines Elternteils die **elterliche Sorge** oder einen **Teil der elterlichen Sorge** beiden Eltern gemeinsam, wenn die Übertragung **dem Kindeswohl nicht widerspricht.** Trägt der andere Elternteil keine Gründe vor, die der Übertragung der gemeinsamen elterlichen Sorge entgegenstehen können, und sind solche Gründe auch sonst nicht ersichtlich, **wird vermutet,** dass die gemeinsame elterliche Sorge dem Kindeswohl nicht widerspricht.[48]

36 Das Verfahren zur Übertragung der gemeinsamen elterlichen Sorge steht ohne Einschränkungen auch solchen nicht miteinander verheirateten Eltern zur Verfügung, deren Kinder **vor Inkrafttreten** der Neuregelung geboren wurden.[49] Aus der im Gesetz verwendeten Formulierung „Elternteil" wird deutlich, dass **auch die Mutter** einen Antrag auf Übertragung der elterlichen Sorge auf beide Elternteile stellen kann.

---

41 FamRZ 2008, 2185-2187; Johannsen/Henrich/Jaeger § 1626a Rn 7.
42 Gem. § 1691 BGB.
43 Gem. § 1592 Nr. 3 BGB.
44 Staudinger/Coester § 1626a Rn 16.
45 Vgl BGH FamRZ 2005, 1469 (1470); OLG Nürnberg FamRZ 2000, 1035; OLG Nürnberg NJW 2000, 3220.
46 BGH FamRZ 2005, 1469; OLG Nürnberg FamRZ 2000, 1035.
47 Vgl Johannsen/Henrich/Jaeger § 1626a Rn 8 mwN; Staudinger/Coester Rn 26.
48 § 1626a Abs. 2 BGB.
49 RegE S. 21.

Dadurch ist sichergestellt, dass sie den „vordergründig sorgeunwilligen" Vater durch einen eigenen Antrag beim Familiengericht in die gemeinsame Sorge einbinden kann, wobei aber letztlich die **Wahrnehmung von Verantwortung** nicht erzwungen werden kann. Das Gesetz geht aber zu Recht davon aus, dass es Fälle gibt, in denen eine Verantwortungsbereitschaft des Vaters im Ansatz vorhanden ist und diese sich auch entwickeln kann.[50] Im Rahmen der Kindeswohlprüfung ist es in diesen Fällen letztlich Sache der Gerichte, die sachgerechte Entscheidung im Einzelfall zu treffen.

IV. Rechtsfolgen der gemeinsamen Sorge

Wichtig ist, dass beide Elternteile möglichst frühzeitig Verantwortung für ihr gemeinsames Kind übernehmen. Das schafft eine wechselseitige Verbindlichkeit sowohl im Eltern-Kind- als auch im Elternverhältnis. Es geht vor allem darum, dass die gemeinsame elterliche Sorgeverantwortung von beiden Eltern übernommen wird, dass beide Eltern sich also gemeinsam um das Kind kümmern. Gerade in der frühkindlichen Phase, in der viele Entscheidungen getroffen werden, benötigt das Kind beide Eltern für eine gedeihliche Entwicklung. Die gemeinsame Sorge setzt bei beiden Elternteilen tatsächliche Bereitschaft voraus, nicht nur Rechte herleiten zu wollen, sondern in erster Linie auch Pflichten gegenüber dem Kind zu übernehmen, also elterliche Verantwortung zu tragen. Wichtig ist, dass dem Vater, der die gemeinsame Sorge wünscht, bewusst ist, dass er damit in erster Linie nicht eine Rechtsposition erhält, sondern dass aus dem Sorgerecht **überwiegend Pflichten** erwachsen, nämlich sich an einer gedeihlichen Entwicklung des Kindes zu beteiligen und ihm eine verlässliche Bezugsperson, die Verantwortung übernimmt, zu sein, wobei die Zahlung von Unterhalt und die Ausübung des Umgangsrechts nur 2 Beispiele für die Verantwortungsübernahme sind. Der Vater, der die gemeinsame Sorge begehrt, sollte sich bewusst sein, was einerseits mit der Übernahme des Sorgerechts verbunden ist und wie man die gemeinsame Sorge im Alltag gestalten kann, insbes. dass der mitsorgeberechtigte Elternteil stets **zur Verfügung stehen** muss, um zB eine Unterschrift zu leisten, gemeinsam zu beraten und zu entscheiden, was für die Entwicklung des Kindes richtig ist. Dabei sollte man sich dessen bewusst sein, dass es bei Entscheidungen durchaus Probleme geben kann zB bei der Schulwahl oder der medizinischen Versorgung.

Durch eine wirksame Sorgeerklärung oder durch die Übertragung der gemeinsamen elterlichen Sorge durch das Familiengericht erlangen die Eltern, wie durch die Heirat, das gemeinsame Recht

- zur Personensorge, die die tatsächliche Sorge für alle persönlichen Angelegenheiten des Kindes betrifft,

- zur Vermögenssorge, die das gesamte Vermögen des Kindes betrifft und zu der auch die Verwaltung des Kindesvermögens gehört,

- zur Vertretungsmacht in allen persönlichen Angelegenheiten des Kindes und bei der Vermögenssorge, § 1629 Abs. 1 S. 1, wobei eine echte Stellvertretung nur vor-

37

38

---

50 RegE S. 21.

liegt, wenn Erklärungen im Namen des Kindes abzugeben sind; anderes Handeln im Interessenbereich des Kindes mit Außenwirkung sind Zustimmungen, also Erklärungen der Eltern im eigenen Namen.

39 Die einzelnen Bestandteile der Personen- und Vermögenssorge, auf die sich auch die Vertretung in diesem Bereich bezieht sind unten Rn 55 ff. (Übertragung eines Teils der elterlichen Sorge auf beide Eltern gemeinsam) dargestellt.

- ■ Das Recht zur Neubestimmung des Namens gem. § 1617 b,

- ■ bei einer **gerichtlichen Übertragung** der gemeinsamen Sorge kann die Übertragung auf **Teilbereiche** der elterlichen Sorge beschränkt, zB der Mutter das Aufenthaltsbestimmungsrecht oder die Gesundheitsfürsorge alleine belassen werden. Dann beschränkt sich die gemeinsame Sorge und Verantwortung auf die gemeinsam übertragenen Teile,

- ■ durch **gemeinsame Sorgeerklärung** kann die gemeinsame elterliche Sorge nur umfassend, nicht aufgeteilt nach Teilbereichen eingeräumt werden; war der Mutter im Zeitpunkt der Abgabe der Sorgeerklärung oder Heirat die Personen- oder Vermögenssorge nach § 1666 **teilweise entzogen**, so steht den Eltern die elterliche Sorge nur in dem Umfang gemeinsam zu, wie sie vorher der Mutter zustand. Das volle Sorgerecht erlangt der Vater abgesehen von § 1680 Abs. 2 dann nur noch nach § 1696 BGB.

C. Voraussetzungen für die Übertragung der gemeinsamen Sorge nach § 1626 a Abs. 1 Nr. 3

40 § 1626a Abs. 2 S. 1 regelt die Voraussetzungen, unter denen das Familiengericht den Eltern die elterliche Sorge gemeinsam überträgt. Für die gerichtliche Ausgestaltung der elterlichen Sorge ist an erster Stelle das Wohl des betroffenen Kindes bedeutsam und stellt den Mittelpunkt der gerichtlichen Entscheidung dar. Daher knüpft das Gesetz die Übertragung der elterlichen Sorge nicht explizit an das Vorliegen sonstiger Voraussetzungen.[51] So wird im Gesetz insbesondere von dem Erfordernis der häuslichen Gemeinschaft oder des Zusammenlebens der Eltern als **Zeichen der Kooperationsfähigkeit** abgesehen, auch wenn es nicht unerhebliche kindeswohlrelevante Unterschiede zwischen zusammenlebenden und nicht zusammenlebenden Eltern gibt.[52] Die verlässliche Feststellung einer häuslichen Gemeinschaft oder des Zusammenlebens würde in der Rechtspraxis auf erhebliche Schwierigkeiten stoßen.[53] Die Meldeanschrift allein als zusätzlicher Anknüpfungspunkt würde Väter aus solchen Paaren benachteiligen, die bewusst eine andere Lebensform gewählt haben als das Zusammenleben in einer gemeinsamen Wohnung. Zudem würde die Voraussetzung einer gemeinsamen Meldeanschrift Manipulationsmöglichkeiten eröffnen. Wenn **Eltern zusammenleben** wird dies aber regelmäßig ein gewichtiges **Indiz** für eine gelingende Ko-

---

51 RegE S. 18.
52 RegE S. 18.
53 RegE S. 18.

Heiß

operation der Eltern sein.[54] Die gemeinsame Sorge ist auch nicht vom **Anerkenntnis einer Unterhaltspflicht** des Vaters abhängig, zumal Streitigkeiten betreffend die elterliche Sorge nicht mit häufig komplexen unterhaltsrechtlichen Fragen belastet werden sollen.[55]

I. Antrag

Das Verfahren zur Übertragung der gemeinsamen elterlichen Sorge ist als Antragsverfahren ausgestaltet. Es steht allen nicht miteinander verheirateten Eltern minderjähriger Kinder unter 18 Jahren zur Verfügung.

41

1. Antragsberechtigung des Vaters

Der mit der Mutter nicht verheiratete Vater, der elterliche Verantwortung für das gemeinsame Kind übernehmen will, ist antragsberechtigt, wobei für die Zulässigkeit des Antrags es nicht erforderlich ist, dass er zuvor eine Sorgeerklärung abgegeben hat. Dem Vater steht es frei, zunächst eine Sorgeerklärung beim Jugendamt oder Notar abzugeben oder direkt einen Antrag bei Gericht zu stellen.[56] In Fällen, in denen aufgrund zwischen den Eltern geführter Gespräche bereits feststeht, dass es zu einer gemeinsamen Verantwortung durch Sorgeerklärung nicht kommen wird, würde es eine unnötige bürokratische Hürde darstellen, sollte man zunächst die Abgabe einer Sorgeerklärung verlangen.[57] Durch den Antrag bei Gericht erklärt der Antragsteller hinreichend seinen Willen zur Übernahme der Sorge in gemeinsamer Verantwortung mit dem anderen Elternteil.

42

Da die gemeinsame elterliche Sorge für das Kind nicht miteinander verheirateter Eltern rechtlich wirksam nur herbeigeführt werden kann, wenn auch die Vaterschaft des Mannes feststeht, ist **Zulässigkeitsvoraussetzung** für den Antrag nach § 1626 a Abs. 1 Nr. 3, dass die Vaterschaft anerkannt wurde (§ 1592 Nr. 2) – was bereits vor der Geburt des Kindes möglich ist (§ 1594 Abs. 4 BGB) – oder dass die Vaterschaft nach § 1600 d BGB oder § 182 Abs. 1 FamFG gerichtlich festgestellt ist (§ 1592 Nr. 3 BGB).

43

Der Vater kann die gemeinsame elterliche Sorge für das Kind als **Ganzes** oder von vornherein beschränkt auf **Teilbereiche** beantragen. Überträgt dann das Familiengericht antragsgemäß dem Vater das Mit-Sorgerecht zum Teil, kann die Mutter bis zur Volljährigkeit des Kindes alle Fragen in den Bereichen, in denen der Vater nicht mit sorgeberechtigt ist, alleine entscheiden. Diese Möglichkeit bietet sich vor allem an, wenn der Vater die Entscheidungsbefugnis bzgl des Aufenthaltsbestimmungsrechts, der Entscheidung in Angelegenheiten des täglichen Lebens iSd § 1687, die medizinische Versorgung des Kindes oder die Kindergarten- und Schulangelegenheiten des Kindes **der Mutter alleine** überlassen möchte. Häufig wird die Kindesmutter dem Antrag des Vaters auf Übertragung der gemeinsamen Sorge nicht entgegentreten, wenn

44

---

54 RegE S. 18.
55 RegE S. 18.
56 RegE S. 22.
57 RegE S. 22.

von vorneherein sich aus dem Antrag des Vaters ergibt, dass ihr (der Mutter) das Aufenthaltsbestimmungsrecht, die Alltagsalleinsorge oder die Gesundheitsfürsorge auch künftig zur alleinigen Entscheidungsbefugnis verbleiben sollen.[58] **Schweigt** die Mutter auf den Antrag des Vaters hin oder trägt sie keine Gründe vor, die gegen die gemeinsame Sorge sprechen können, und sind dem Gericht solche Gründe auch nicht anderweitig bekannt, besteht eine **gesetzliche Vermutung**, dass die gemeinsame Sorge dem Kindeswohl nicht widerspricht. In diesem Fall soll die Entscheidung außerdem in einem **vereinfachten Verfahren** getroffen werden.[59]

2. Antragsberechtigung der Mutter

45 Auch die Mutter kann gem. § 1626 a Abs. 2 einen Antrag auf Übertragung der elterlichen Sorge auf beide Elternteile stellen und damit durch einen eigenen Antrag den Vater in die gemeinsame Verantwortung einbinden. Das kann vor allem dann sinnvoll sein, wenn eine grundsätzliche Verantwortungsbereitschaft des Vaters gegeben ist und die Hoffnung besteht, dass diese sich bei Übertragung der gemeinsamen Verantwortung noch entwickeln wird. Auch die Mutter kann zunächst entweder versuchen, den Vater zur Abgabe einer Sorgeerklärung gegenüber dem Jugendamt zu bewegen oder direkt einen Antrag auf gerichtliche Übertragung der gemeinsamen Sorge stellen.[60] Steht aufgrund zwischen den Eltern geführter Gespräche bereits fest, dass es zu einer gemeinsamen Übernahme der Verantwortung durch Sorgeerklärung nicht kommen wird, ist es überflüssig zunächst die Abgabe einer Sorgeerklärung zu verlangen. Durch den Antrag bei Gericht erklärt die Mutter hinreichend ihren Willen, den Vater in die gemeinsame Verantwortung für das Kind einbeziehen zu wollen.

46 Voraussetzung für die Zulässigkeit des Antrags der Mutter ist auch hier, dass die Vaterschaft des Mannes entweder durch Anerkenntnis gem. § 1592 Nr. 2 oder durch gerichtliche Feststellung nach § 1592 Nr. 3 BGB, § 182 Abs. 1 FamFG feststeht.

47 Auch die Mutter kann ihren Antrag darauf richten, dass den Eltern die elterliche Sorge als **Ganzes** oder beschränkt auf **Teilbereiche** gemeinsam übertragen wird.[61] Vor allem dann, wenn hinsichtlich bestimmter Teilbereiche der elterlichen Sorge eine gemeinsame Sorgetragung ohne negative Auswirkungen für das Kind zu erwarten ist, in anderen Teilbereichen hingegen nicht, ist es sinnvoll, die gemeinsame Sorge auf Teilbereiche zu erstrecken, so dass die Mutter iÜ bis zur Volljährigkeit des Kindes allein entscheidungsbefugt ist, zB in Kindergarten- und Schulangelegenheiten, bei der Gesundheitsfürsorge oder beim Aufenthaltsbestimmungsrecht.

48 § 1626 a Abs. 2 S. 2 enthält die **gesetzliche Vermutung**, dass die gemeinsame Sorge dem Kindeswohl nicht widerspricht, wenn der andere Elternteil keine Gründe vorträgt, die der gemeinsamen Sorge entgegenstehen können, und solche Gründe dem Gericht auch nicht anderweitig bekannt sind. Die gemeinsame Sorge ist dann im Regelfall ohne weitere Amtsermittlung allein auf der Grundlage des Vortrags der Betei-

---

58 Ausf. zur Übertragung von Teilbereichen der elterlichen Sorge unten Rn 55 ff.
59 RegE S. 15.
60 RegE S. 22.
61 Ausf. zur Übertragung von Teilbereichen s.u. C. I. 4. Rn 55 ff.

ligten und unter Berücksichtigung der dem Gericht auf sonstige Weise bereits bekannten Tatsachen zuzusprechen. Diese Vermutung greift auch in den Fällen ein, in denen die Mutter einen Antrag auf Übertragung der elterlichen Sorge stellt und der Vater keine Stellungnahme abgibt.[62]

3. Keine Antragsberechtigung Dritter

Nach § 1626a Abs. 2 S. 1 überträgt das Familiengericht „auf Antrag eines Elternteils" also des nicht sorgeberechtigten Vaters oder der allein sorgeberechtigten Mutter die elterliche Sorge oder einen Teil der elterlichen Sorge beiden Eltern gemeinsam. **Nur die Elternteile** sind danach antragsberechtigt, nicht etwa das Kind, das Jugendamt oder gar Dritte.   49

4. Die einzelnen Teilbereiche der elterlichen Sorge/Übertragung von Teilbereichen auf beide Eltern gemeinsam

Das Gericht kann den Eltern die elterliche Sorge als Ganzes oder beschränkt auf Teilbereiche gemeinsam übertragen. Eine Teilübertragung erfolgt immer dann, wenn hinsichtlich bestimmter Teilbereiche der elterlichen Sorge eine gemeinsame Sorgetragung **ohne negative Auswirkungen für das Kind** zu erwarten ist, in anderen Teilbereichen hingegen nicht.[63]   50

Gem. § 1626 Abs. 1 BGB **umfasst die elterliche Sorge** die Sorge für die Person des Kindes (**Personensorge**) und das Vermögen des Kindes (**Vermögenssorge**). Anders als bei der Sorgeerklärung kann bei der Übertragung der gemeinsamen Sorge durch das Familiengericht die elterliche Sorge durch entsprechende Modifizierung aufgeteilt werden.   51

Die **Personensorge** ist in §§ 1631–1633 näher ausgestaltet, die entsprechende Vertretungsbefugnis in § 1629 Abs. 1 S. 1 BGB. Die **Vermögenssorge** ist in §§ 1638–1649 und 1698–1698b BGB geregelt. Man unterscheidet sowohl bei der Personen- als auch bei der Vermögenssorge zwischen dem Bereich der **tatsächlichen Sorge** und dem Bereich der **Vertretung**. Die **Vertretungsmacht** umfasst alle Teilbereiche der elterlichen Sorge und ist grds. unbeschränkt,[64] dh mit anderen Worten: Soweit das minderjährige Kind mangels Geschäftsfähigkeit oder (in persönlichen Angelegenheiten) mangels Einsichtsfähigkeit nicht selbst entscheiden kann, sind allein die Eltern als gesetzliche Vertreter zuständig. Diese Handlungszuständigkeit hängt nicht davon ab, dass die Eltern sie iSd Kindeswohls ausüben. Klinkhammer [65] nennt zur Verdeutlichung des Unterschieds zwischen Innen- und Außenwirkung folgendes Beispiel: „Wenn ich als (alleiniger) gesetzlicher Vertreter meines minderjährigen Kindes 2000 EUR von dessen Sparbuch abhebe und das Geld anschließend im Spielcasino verspiele, dann habe ich nicht zum Wohl meines Kindes gehandelt. Dennoch habe ich mein Kind ggü. der Bank wirksam vertreten. Mein Kind kann mich auf Schadenser-   52

---

62 RegE S. 25.
63 RegE S. 22.
64 Klinkhammer FamRZ 2012, 1913.
65 FamRZ 2012, 1914.

satz in Anspruch nehmen, nicht aber die Bank auf Auszahlung des unverminderten früheren Guthabens. Die elterliche Vertretungsmacht deckt grds. auch den Abschluss riskanter, ja schädlicher Geschäfte, soweit die Vertretungsmacht nicht ausdrücklich ausgeschlossen oder eingeschränkt ist." So ist auch die Beschneidung von Jungen, insbes. die religiös motivierte **Beschneidung** grds. erlaubt, unabhängig von dem Gesetz über die Beschneidung männlicher Kleinkinder.[66]

53 Sowohl die Personen- als auch die Vermögenssorge bestehen aus zahlreichen einzelnen Bestandteilen,[67] was insbesondere beim Sorgerechtsentzug nach § 1666 ff praktische Bedeutung erlangen kann, aber auch für die Aufteilung nach § 1626 a Abs. 2 BGB.

54 Die Möglichkeit, den Eltern **Teilbereiche** der elterlichen Sorge gemeinsam zu übertragen vermeidet, wegen Kindeswohl abträglicher Differenzen in einem sorgerechtlich relevanten Bereich die Mitsorge vollumfänglich ablehnen zu müssen.[68]

55 Wichtige einzelne **Bestandteile** der tatsächlichen **Personensorge** sind u.a.:

- **Pflege, Erziehung und Beaufsichtigung**, Fragen der Ernährung, Bestimmung der Schlafenszeit, Fragen des Fernsehkonsums, Ausübung einer Sportart, Erlernen eines Musikinstrumentes

- **Aufenthaltsbestimmungsrecht** und Wohnsitzbestimmung (§ 11 BGB); Auswanderung des Kindes, Ferienaufenthalt im Ausland, Schüleraustausch, Wechsel des Kindes in ein Heim/Internat

- **Umgang** des Kindes mit dem anderen Elternteil und Dritten

- Angelegenheiten der **schulischen Ausbildung**, Kindergartenangelegenheiten, Abschluss eines Lehrvertrages, Auswahl der Schule sowie elterliche Mitwirkung im schulischen Bereich, Besuch einer Kindertagesstätte

- **Gesundheitsfürsorge**, insbesondere Veranlassung und Zustimmung in ärztliche Maßnahmen sowie Einwilligungen in ärztliche Eingriffe und Operationen, Entscheidung über Impfungen, Sterilisation des Kindes, Schwangerschaftsabbruch, Beschneidung, Einbeziehung von Kindern in Forschungsvorhaben, Einwilligung in den Abbruch lebenserhaltender Maßnahmen

- Bestimmung des Vornamens und des Familiennamens (§ 1617 ff), einschließlich der Einbenennung oder sonstigen Namensänderung

- Geltendmachung von Unterhalt für das Kind

- Antrag auf Unterbringung des Kindes gem. § 1631 b

- Bestimmung über die religiöse Erziehung. Die Frage der Teilnahme am **Religionsunterricht** und der Teilnahme an Schulgottesdiensten stellt eine Regelung von erheblicher Bedeutung für die Kinder gem. §§ 1628 BGB iVm 2 und 1 KErzG dar.

---

66 Klinkhammer FamRZ 2012, 1915.
67 Überblick bei Palandt/Diederichsen § 1626 Rn 8 ff.
68 RegE S. 15.

Heiß

Die Entscheidung über den Besuch des Religionsunterrichts und der Schulgottesdienste kann auf einen Elternteil übertragen werden.[69]

Das Recht der elterlichen Sorge ist ein **absolutes Recht** iSv § 823 Abs. 1 BGB.[70] Dass es sich um ein absolutes Recht handelt, kommt im Gesetz selbst darin zum Ausdruck, dass gem. § 1632 BGB die Personensorge das Recht umfasst, die **Herausgabe des Kindes** von jedem zu verlangen, der es den Eltern oder einem Elternteil widerrechtlich vorenthält, und den **Umgang des Kindes** auch mit Wirkung für und gegen Dritte zu bestimmen (Abs. 2). Ohne die Anerkennung als absolutes und damit den Schutz des § 823 Abs. 1 genießendes Recht wäre im Übrigen die Personensorge ggü. **Störungen durch Dritte** einschl. des nichtsorgeberechtigten Elternteils nur unvollkommen zu verwirklichen.[71] Freilich ist der Sorgeberechtigte bei der Ausübung des Sorgerechts seinerseits dem Wohl des Kindes verpflichtet. Diese Pflichtenstellung betrifft allein das Verhältnis zwischen ihm und dem Kind und eröffnet, wenn er ihr nicht gerecht wird, ein Eingreifen des Staates, welcher gem. Art. 6 Abs. 2 S. 1 GG über die Betätigung der den Eltern obliegenden Pflichten zu **wachen** hat. Wer das Sorgerecht zB durch **Kindesentziehung** verletzt, macht sich nach § 235 StGB strafbar.[72] Er ist zum Ersatz aller dadurch adäquat verursachten Aufwendungen verpflichtet und in **Entführungsfällen** ist ein großzügiger Maßstab bzgl der Erstattungsfähigkeit der durch Einschaltung eines **Privatdetektivs**/der Reisekosten nebst Begleitperson anzuwenden.[73]   **56**

Die elterliche Sorge als absolutes Recht beinhaltet aber **keinen Machtanspruch** der Eltern ggü. ihren Kindern,[74] sondern ist den Eltern ausschl. um des Kindes Willen verbürgt.[75]   **57**

Die Personensorge ist durch den Anspruch des Kindes auf **gewaltfreie Erziehung** sowie durch das Verbot **entwürdigender Erziehungsmaßnahmen** in § 1631 II BGB eingeschränkt, ebenso durch § 1631 b BGB bei einer **freiheitsentziehenden Unterbringung** sowie durch das Verbot der **Sterilisation** eines Kindes gem. § 1631 c BGB.[76] Die **Vertretung im Bereich der Personensorge** umfasst jedes Handeln mit Rechtswirkung für und gegen das Kind. Dazu gehören zB   **58**

- Stellung von **Anträgen nach dem SGB**
- Vertretung in Rechtsstreitigkeiten (zB Abstammungsverfahren oder Unterhaltsverfahren)
- Beantragung eines Reisepasses
- Einwilligung zur Veröffentlichung von Fotos des Kindes (insbes. im Internet)
- Einwilligung für ein Gutachten zur Glaubwürdigkeit des Kindes

---

69 AG Monschau FamRZ 2012, 1883.
70 BGH FamRZ 1990, 966.
71 BGH FamRZ 1990, 966, (967).
72 BGH FamRZ 1999, 651.
73 BGH FamRZ 1990, 966.
74 BVerfG FamRZ 1993, 1420.
75 BVerfG FamRZ 2008, 845.
76 Vgl Heiß Das Mandat im Familienrecht Kap. 4 Rn 33.

- Zeugnisverweigerung, wenn dem Kind die Verstandesreife für deren Bedeutung noch abgeht

- Stellung eines Strafantrages gemäß StGB

- Abschluss eines **Ausbildungsvertrages**

- Einwilligung zur Eheschließung

- Mitwirkung bei Adoption, Einbenennung, Ehelichkeitserklärung

59 Die **Vermögenssorge** umfasst alle tatsächlichen und rechtlichen Maßnahmen, die darauf gerichtet sind, das Kindesvermögen zu erhalten, zu verwerten und zu vermehren, gleichgültig ob die Eltern im eigenen Namen oder im Namen des Kindes, in dessen oder im eigenen Interesse handeln. Zur Erhaltung des Vermögens gehört auch die **Vermeidung von Schulden**.[77] Die Eltern haben das Recht die zum Kindesvermögen gehörenden Sachen in Besitz zu nehmen und entsprechende Herausgabeansprüche des Kindes Dritten gegenüber durchzusetzen. Zum Kindesvermögen gehören Grundbesitz, Wertpapiere, Kontoguthaben, auch Renten sowie Einkünfte daraus und was das Kind aus Arbeit bzw selbständigem Geschäftsbetrieb erwirbt.[78] Dem Sorgerechtsinhaber steht die Sorge für das gesamte Vermögen des Kindes zu, soweit sie nicht zB im Rahmen einer dem Kind gemachten Zuwendung ausgeschlossen ist. Zuwiderhandlungen gegen eine ordnungsgemäße Verwaltung führen ggf zu Erstattungs- und Schadensersatzansprüchen des Kindes.

60 Auch die Eröffnung eines **Schülergirokontos**, auf dem das Kind das ihm zur Verfügung stehende Taschengeld verwaltet, ist Teil der Vermögenssorge, auch Verwaltung von **Geldgeschenken** auf einem Sparkonto, die Entscheidung über Anlage und Verwendung des Kindesvermögens, somit auch die Eröffnung von Sparbüchern und die Annahme und Ausschlagung einer **Erbschaft**.[79]

II. Nur negative Kindeswohlprüfung

61 Das Familiengericht überträgt die gemeinsame Sorge, wenn und soweit dies dem Kindeswohl **nicht widerspricht**[80] (negative Kindeswohlprüfung). Es ist **nicht die positive Feststellung** erforderlich, dass die gemeinsame Sorge dem Kindeswohl entspricht. Der Grund hierfür ist, dass die gemeinsame elterliche Sorge grundsätzlich den Bedürfnissen des Kindes nach Beziehungen zu beiden Elternteilen entspricht.[81] Die Anforderungen an die Wahrnehmung gemeinsamer Erziehungsverantwortung sind nach dem Willen des Gesetzgebers niederschwellig zu halten. Die negative Kindeswohlprüfung entspricht dem Grundgedanken, dass Kinder ein Bedürfnis nach entsprechender Beziehung zu beiden Elternteilen haben. An dieser Stelle wird das Familiengericht **genau zu prüfen haben**, ob zwischen den Eltern eine tragfähige, soziale Beziehung vorhanden ist, die ein Mindestmaß an Kooperationsfähigkeit und Kooperationswilligkeit

---

77 Palandt/Diederichsen § 1626 Rn 20.
78 Palandt/Diederichsen § 1626 Rn 18.
79 Ausf. hierzu Gerhardt/von Heintschel-Heinegg/Maier FA-FamR Kap. 4 Rn 21 ff.
80 RegE S. 15.
81 BVerfGE 107, 150, 155.

Heiß

voraussetzt. Problematisch kann dies bei Paaren sein, deren Beziehung sich auf einen sexuellen Kontakt reduziert, denn wie sollen Eltern gemeinsame Erziehungsverantwortung für ein Kind übernehmen, wenn sie sich gegenseitig nicht kennen und auch gar nicht kennenlernen wollen? Die Bereitschaft dieser Paare Beratungsstellen zum Erlernen von Kommunikationsfähigkeit aufzusuchen, wird sich als gering erweisen.

Nach dem Grundgedanken des Gesetzes sollen grundsätzlich beide Eltern gemeinsam **62** die Verantwortung für das Kind tragen. Die nur negative Kindeswohlprüfung bringt zum Ausdruck, dass die gemeinsame elterliche Sorge grundsätzlich den Bedürfnissen des Kindes nach Beziehungen zu beiden Elternteilen entspricht und ihm verdeutlicht, dass beide Eltern gleichermaßen bereit sind, für das Kind **Verantwortung** zu tragen.[82]

Es entspricht dem Kindeswohl, wenn ein Kind in dem Bewusstsein lebt, dass beide **63** Eltern für es Verantwortung tragen, und wenn es seine Eltern in wichtigen Entscheidungen für sein Leben als gleichberechtigt erlebt. Diese Erfahrung ist aufgrund der **Vorbildfunktion** der Eltern wichtig und für das Kind und für seine Entwicklung zu einer eigenverantwortlichen und gemeinschaftsfähigen Persönlichkeit prägend.[83] Hinzu kommt, dass in Diskussionen regelmäßig mehr Argumente erhoben werden als bei Alleinentscheidungen.[84]

Andererseits sind in Fällen geringer oder fehlender familienorientierter Motivlage, **64** vor allem nach Zeugung in flüchtigen Beziehungen, „One-Night-Stands" oder Vergewaltigung **Hochkonfliktlagen** vorprogrammiert, die das **größte Risiko** für das Kindeswohl darstellen[85]

Gründe, deren Vorliegen der gemeinsamen Sorge entgegenstehen: **65**

- Fehlende Kooperationsfähigkeit und Kooperationsbereitschaft
- Fehlende Übereinstimmung der Eltern
- Massive Streitigkeiten in Alltagsangelegenheiten, wenn nicht einmal ein Grundkonsens der Eltern in den das Kind zentral betreffenden Angelegenheiten erreicht werden kann
- Streit um den Lebensmittelpunkt
- Streit in Grundsatzfragen der Erziehung
- Person und Verhalten des Vaters (Desinteresse/Gleichgültigkeit/Gewaltanwendung/Erziehungsunvermögen/ sexueller Missbrauch)
- Unterhaltspflichtverletzung
- Massive Abneigung des Kindes

---

82 BVerfGE 107, 150 (155).
83 RegE S. 22.
84 KG FamRZ 2011, 1659.
85 Hoese www.bdp-verband.de.

1. Definition des Begriffs Kindeswohl

66 Nach dem Willen des Gesetzgebers[86] ist bei der Anwendung des Gesetzes ein besonderes Augenmerk auf die Bedeutung des zentralen Begriffs des Kindeswohls[87] zu legen. Im Gesetz wird der Begriff nicht näher definiert; aus § 1666 Abs. 1 ist erkennbar, dass er denkbar weit zu verstehen ist, dass er nämlich „das körperliche, geistige und seelische Wohl des Kindes" umfasst.[88] Das Kindeswohl als alleiniges Maßstabselement bedeutet zunächst, dass sich die Sorgerechtsregelung ausschließlich nach den umfassend zu verstehenden **Kindesinteressen** zu richten hat; das Elternwohl bzw die Elterninteressen können die Sorgerechtsentscheidung nur dann maßgeblich beeinflussen, wenn und soweit sie sich auf das Wohl des individuellen Kindes auswirken bzw diesem nicht widersprechen.[89] Der **Richter** hat auch im Rahmen der negativen Kindeswohlprüfung die Aufgabe, die Lebenssituation des Kindes in körperlicher, geistiger und seelischer Hinsicht einschließlich aller Beziehungen zu den Eltern und zum Umfeld so umfassend wie möglich zu berücksichtigen, soweit ihm von einem Elternteil Gründe vorgetragen werden oder solche Gründe (ohne amtswegige Ermittlungen) bekannt werden. Auch **außerjuristische Kriterien**, allgemeine Grundüberzeugungen, die zum Leben in unserem Kulturkreis gehören, sowie Erkenntnisse allgemein menschlicher Erfahrung sowie der Human- und Sozialwissenschaften müssen einbezogen werden.[90] Zum Kindeswohl gehört unbezweifelbar das Recht jedes Kindes[91] auf Förderung seiner Entwicklung und auf Erziehung zu einer eigenverantwortlichen, gemeinschaftsfähigen und einer der Selbstbestimmung fähigen Persönlichkeit. Daraus ergeben sich **Kriterien** für die Abwägung, ob die gemeinsame Sorge dem Kindeswohl widerspricht.

a) Förderungsprinzip

67 Als einer der wichtigsten Aspekte für das Kindeswohl ist das sog Förderungsprinzip anerkannt, das die Eignung der Eltern zur Mit-Übernahme der für das Kindeswohl wichtigen Erziehungs- und Betreuungsaufgabe zum Entscheidungskriterium erhebt. Derjenige Elternteil, der am gemeinsamen Sorgerecht beteiligt wird, muss zur Erziehung und Betreuung des Kindes geeignet erscheinen und darf voraussichtlich die Entwicklungschancen des Kindes nicht schmälern, insbes. darf ein Elternteil aufgrund seiner Persönlichkeit (einschließlich seines Charakters), seiner erzieherischen Eignung, seiner Einstellung zum Kind und der inneren Bereitschaft Verantwortung für seine Erziehung und Versorgung – notfalls unter Aufopferung eigener Interessen – zu tragen, nicht ungeeignet erscheinen. Es widerspricht dem Kindeswohl, ein Elternteil, dem die innere Bereitschaft fehlt, selbst die Mitverantwortung für die Erziehung und Versorgung zu tragen, am Sorgerecht zu beteiligen.

---

86 BT-Drucks. 17/11048, 46.
87 Vgl BT-Drucks. 13/4899, 111.
88 Johannsen/Henrich/Jaeger § 1671 Rn 45.
89 BVerfG FamRZ 1989, 143; 1996, 1267; 1999, 85; Johannsen/Henrich/Jaeger § 1671 Rn 46.
90 Johannsen/Henrich/Jaeger § 1671 Rn 47.
91 Vgl § 1 Abs. 1 SGB VIII.

Heiß

Kindeswohlschädlich ist es regelmäßig, wenn ein Elternteil **alkohol-, drogen- oder ta-** 68
blettenabhängig ist[92] oder sonst in einer die Erziehungsfähigkeit berührenden Weise
auf Dauer erkrankt[93] oder in neurotischer Bindung befangen oder seine Intelligenz in
einem sehr erheblichen Grad der Abweichung vom Durchschnitt erkennbar unterent-
wickelt ist, ferner wenn ein Elternteil zu **Gewalttätigkeiten** neigt, gar in die **Kriminali-**
tät abgeglitten ist oder wegen wiederholter **Straftaten** ungeeignet oder wenig geeignet
erscheint, eine Erziehung zu einer eigenverantwortlichen Persönlichkeit zu gewährleisten.[94] Wird von der Mutter der **Verdacht eines sexuellen Missbrauchs des Kindes**
behauptet, ist die Gefährdung des Kindes bei zutreffendem Verdacht gravierend, falls
dem Vater die sorgerechtliche Mitverantwortung eingeräumt wird. Andererseits darf
nicht unberücksichtigt bleiben, dass der Anteil (zumindest objektiv) falscher Anschul-
digungen in diesem Bereich sehr hoch ist, wobei die Schätzungen derzeit zwischen
25 % und 50 % pendeln.[95] Wenn trotz Ausschöpfung aller Beweismittel der Verdacht nicht bewiesen, aber auch nicht ausgeräumt werden kann, hängt es im Einzelfall vom verbleibenden Grad der Wahrscheinlichkeit der Richtigkeit des Verdachtes
ab, ob der Vater am Sorgerecht beteiligt werden kann oder nicht; im Zweifel wird die
Kindeswohlentscheidung dahin lauten müssen, den Antrag des Vaters auf gemeinsame Sorge zurückzuweisen.[96]

Die engagierte Zugehörigkeit des Elternteils zur Religionsgemeinschaft der **Zeugen** 69
Jehovas schließt für sich allein die Beteiligung an der gemeinsamen Sorge nicht aus.[97]
Vielmehr hat das Gericht eine konkrete Einzelfallprüfung insbes. dazu vorzunehmen,
wie nachdrücklich die Grundsätze der Zeugen Jehovas von dem Elternteil angewandt
werden und die Kindererziehung beeinflussen und inwieweit für das Kind dies mit
der Gefahr verbunden ist, in eine gesellschaftliche Außenseiterrolle zu geraten.[98] Gleiches gilt bei der Zugehörigkeit eines Elternteils zur **Scientology-Organisation**.[99]

Im Rahmen der negativen Kindeswohlprüfung kann einem Elternteil die gemeinsame 70
elterliche Sorge nicht zugesprochen werden, wenn er im Gegensatz zum anderen Elternteil nicht ohne Gewaltanwendung in Form von **Züchtigungsmitteln** auskommt[100]
oder wenn ein Elternteil das Kind zu einer Ablehnung oder gar zu einer **hasserfüllten**
Einstellung gegen den anderen Elternteil beeinflusst.[101]

b) Kontinuitätsprinzip

Die Einheitlichkeit, Gleichmäßigkeit und Stabilität der Erziehungsverhältnisse dürfen 71
durch die Beteiligung des anderen Elternteils an der gemeinsamen Sorge nicht erheb-

---

92 Vgl OLG Brandenburg FamRZ 2002, 120; OLG Naumburg FamRZ 2009, 433.
93 Wobei eine Aids-Infektion die Eignung noch nicht entfallen lässt, OLG Stuttgart NJW 1988, 2620.
94 KG FamRZ 2008, 2054; Johannsen/Henrich/Jaeger § 1671 Rn 58.
95 Carl FamRZ 1995, 1185.
96 Vgl hierzu Johannsen/Henrich/Jaeger § 1671 Rn 58; als Spezialliteratur Salzgeber/Vogel/Partale/Schrader,
    Zur Frage der Erziehungsfähigkeit aus medizinisch-psychologischer Sicht bei gerichtlichen Fragen zu Sor-
    ge- und Umgangsregelungen FamRZ 1995, 1311.
97 Vgl EuGHMR FamRZ 2004, 765; 1994, 1275.
98 Vgl OLG Frankfurt FamRZ 1994, 920; Oelkers/Kraeft FuR 1997, 161.
99 Vgl OLG Frankfurt FamRZ 1997, 573.
100 Vgl OLG Hamm, FamRZ 1977, 744 (747); Johannsen/Henrich/Jaeger § 1671 Rn 61.
101 BGH FamRZ 1985, 169 (171).

lich gestört werden, weil das Aufbauen von Verhaltenskonstanten für die Erziehung eines Kindes ein wichtiger Bestandteil ist. Die materielle Berechtigung dieses Kindeswohlkriteriums besteht vor allem darin, dass der betreuende Elternteil dem Kind eine gleichmäßige Entwicklung, Geborgenheit und konsequente Erziehung vermittelt hat und enge gefühlsmäßige Bindungen im Kind hat entstehen lassen und dass Entwicklung, Erziehung und Bindungen schon wegen ihrer Stetigkeit für das Kindeswohl förderlich sind und deshalb möglichst bestehen bleiben sollen.[102] Das Kontinuitätsprinzip, insbes. die Bindungen des Kindes zum anderen Elternteil dürfen durch die Mitbeteiligung am Sorgerecht nicht gefährdet werden.

c) Bindungen des Kindes

72 Das Entstehen individueller emotionaler Bindungen an eine oder mehrere Personen entspricht einem menschlichen Bedürfnis und ist besonders für die gedeihliche Entwicklung des Kindes von essentieller Bedeutung.[103] Es ist deshalb ein Recht des Kindes, dass eine staatliche Sorgerechtsregelung im Kind gewachsene Bindungen möglichst wenig beeinträchtigt. Falls erkennbar die Bindungen des Kindes an die Mutter durch die Einräumung der gemeinsamen Sorge konkret gefährdet werden könnten, müsste die gemeinsame Sorge abgelehnt werden. Die gedeihliche Entwicklung eines Kindes erfordert aber nicht, dass es nur eine einzige Hauptbezugsperson gibt, zu der dann die engsten emotionalen Beziehungen erwachsen; gleichwertig sind das Entstehen und der Bestand gleich starker gefühlsmäßiger Bindungen zu mehreren Personen. Das Hinzutreten einer weiteren Bezugsperson durch die Einräumung der gemeinsamen Sorge beeinträchtigt die bestehenden Bindungen des Kindes nicht. Abzulehnen ist jedenfalls eine **generelle Mutterpräferenz**.[104] Gegen das gemeinsame Sorgerecht kann sprechen, wenn der Vater die Bindungen des Kindes zur Mutter durch illoyales, nicht billigenswertes Verhalten zu beeinträchtigen versucht. Dies sollte aber zunächst durch ein psychologisches Sachverständigengutachten abgeklärt werden.

d) Wille des Kindes

73 Dass der Kindeswille auch für die negative Kindeswohlprüfung sehr bedeutsam ist, ergibt sich aus § 159 Abs. 2 FamFG. Je älter das Kind ist, umso mehr ist der geäußerte Wille ein Akt der **Selbstbestimmung** des Kindes als zur Selbständigkeit erzogene und strebende Person. Bei Sorgerechtsentscheidungen ist es ein **verfassungsrechtliches Gebot**, den Willen des Kindes zu berücksichtigen.[105] Auch der ablehnende Wille des Kindes gegen die gemeinsame Sorge kann daher einen kindeswohlrelevanten Grund gegen die gemeinsame Sorge darstellen. Dabei kann auch der erklärte Wille jüngerer Kinder als Selbstbestimmungsakt nicht völlig unbeachtet bleiben. IdR ist der Kindeswille aber schon ab der Vollendung des **12. Lebensjahres** eine relativ zuverlässige Entscheidungsgrundlage.[106] Vorher ist er durch Sachverständigengutachten zu ermitteln.

---

102 OLG Köln FamRZ 1982, 1232 (1234).
103 Vgl Johannsen/Henrich/Jaeger § 1671 Rn 69.
104 Vgl Fthenakis FamRZ 1985, 662; OLG Hamm FamRZ 1980, 487.
105 BVerfG FamRZ 2009, 1389; 2009, 189; 1981, 124 (125).
106 Vgl OLG Brandenburg FamRZ 2008, 1472 (1474); Johannsen/Henrich/Jaeger § 1671 Rn 81.

Es gibt keine feste allgemeine Rangordnung der Kindeswohlkriterien.[107] Juristen neigen häufig dazu, das Schwergewicht im Förderungsprinzip und bei der Erziehungskontinuität zu sehen, während Psychologen überwiegend dem Willen des Kindes oder seinen **emotionalen Bindungen** den Vorrang einräumen, häufig wegen der Bedeutung der Bindungskontinuität. Der Richter muss jedenfalls bei seiner Prognoseentscheidung abwägen, ob die Mitbeteiligung des anderen Elternteils am Sorgerecht die Zukunft des Kindes negativ beeinflussen wird und dabei muss er die gesamten Umstände – soweit sie ihm durch den Vortrag der Kindesmutter oder auf andere Weise (ohne eigene Ermittlungen vorzunehmen) bekannt werden – abwägen, um festzustellen, ob die Übertragung dem Kindeswohl widerspricht.[108]

74

2. Kindeswohlgefährdung

Der Antrag auf gemeinsame Sorge ist jedenfalls dann abzulehnen, wenn in der Person des antragstellenden Elternteils dem Gericht (ohne eigene Ermittlungen) – zB aus anderen Verfahren – Gründe bekannt werden, die einen Entzug des Sorgerechts wegen Kindeswohlgefährdung nach §§ 1666-1667 BGB erfordern würden. Jedes Kind hat ein Recht auf Lebensbedingungen, die ihm ein gesundes und ungefährdetes Aufwachsen ermöglichen. Das Recht des Kindes auf **gewaltfreie Erziehung** nach § 1631 Abs. 2 BGB gilt für jedes Lebensalter und für **jede Nationalität**.

75

Körperliche Züchtigungen von Kindern sind generell als Kindeswohlgefährdung anzusehen.[109] Wird das Wohl des Kindes oder seines Vermögens gefährdet und sind die Eltern nicht gewillt oder nicht in der Lage, die Gefahr abzuwenden, so hat das Familiengericht die Maßnahmen zu treffen, die zur Abwendung der Gefahr erforderlich sind. Das bedeutet gleichzeitig, dass einem solchen Elternteil der Weg in die gemeinsame Sorge nicht eröffnet werden kann. Auch wenn ein Elternteil einer Gewaltanwendung gegen das Kind nicht entgegentritt, liegt eine Kindeswohlgefährdung vor. **Regelfälle**, die zur Ablehnung der gemeinsamen Sorge führen, sind Gewalttätigkeiten, sexueller Missbrauch, seelische Grausamkeit, insbes. auch **Vernachlässigung des Kindes**, die sich vor allem durch nachhaltige Gleichgültigkeit gegenüber dem Kind, Unzulänglichkeiten in der Pflege, Ernährung, Begleitung, bei den Wohnverhältnissen, der Aufsicht und Fürsorge für das Kind zeigt.[110] Die Grundsätze der **Angemessenheit und Verhältnismäßigkeit** müssen gewahrt sein. Erst wenn definitiv feststeht, dass eine Kindeswohlgefährdung **konkret** zu befürchten ist, kommt der vollständige Ausschluss von der gemeinsamen Personensorge in Betracht.[111] In erster Linie muss immer versucht werden, durch **Hilfen nach §§ 28 ff SGB VIII** für eine Besserung der Situation zu sorgen, vor allem ist zu prüfen, ob der Gefährdung bereits durch Übertragung lediglich von Teilbereichen der gemeinsamen Sorge begegnet werden kann. Nicht jedes Versagen oder jede Nachlässigkeit des Elternteils berechtigt den Staat diesen von der

76

---

107 Vgl BGH FamRZ 1990, 392.
108 Vgl BGH FamRZ 2008, 592 (594).
109 Vgl Heiß Kap. 4 Rn 61.
110 Vgl Heiß Kap. 4 Rn 61.
111 Vgl OLG Köln FamRZ 2006, 877.

Pflege oder Erziehung seines Kindes auszuschalten oder gar diese Aufgabe selbst zu übernehmen.[112]

3. Fehlende Kooperation zwischen den Eltern

77   Im Rahmen der negativen Kindeswohlprüfung hat das Gericht zu entscheiden, ob die gemeinsame Sorge dem Kindeswohl widerspricht, weil die Eltern nicht über die für die gemeinsame Sorgetragung erforderliche **Kooperationswilligkeit oder Kooperationsfähigkeit** verfügen.[113] Voraussetzung hierfür ist, dass eine tragfähige, soziale Beziehung vorhanden ist. Bei Paaren, die nur eine lose Bekanntschaft führen oder ungeplant Eltern geworden sind oder bei denen sich die Beziehung lediglich auf einen sexuellen Kontakt reduziert, wird es häufig schwierig sein zu unterstellen, dass sie in der Lage sind gemeinsam Erziehungsverantwortung für ein Kind zu übernehmen, vor allem wenn sich die Eltern gegenseitig kaum kennen und auch nicht kennenlernen wollen und auch nicht bereit sind zum Erlernen von Kommunikationsfähigkeit Beratungsstellen aufzusuchen.

4. Ablehnung der gemeinsamen Sorge wegen fehlender Bindungstoleranz

78   Im Rahmen der negativen Kindeswohlprüfung ist auch die Bindungstoleranz von erheblicher Bedeutung, somit die Frage, ob ein Elternteil seine Mitbeteiligung am Sorgerecht dazu missbraucht, das Kind dem anderen Elternteil zu entfremden, oder ob er fähig ist, den spannungsfreien Kontakt des Kindes zum anderen Elternteil zu ermöglichen und zu unterstützen.[114] Wer gegenüber dem Kind den anderen Elternteil durch gezielte Bemerkungen **abwertet**, weist eine erhebliche Einschränkung seiner Erziehungsgeeignetheit nach. Dadurch verletzt er seine Wohlverhaltenspflicht nach § 1684 Abs. 2 BGB, wonach beide Elternteile alles zu unterlassen haben, was das Verhältnis des Kindes zum jeweils anderen Elternteil beeinträchtigt oder die Erziehung erschwert und insbes. weist dieser Elternteil auch eine erhebliche Einschränkung seiner Erziehungsgeeignetheit nach, womit ihm die erforderliche **Förderungskompetenz** fehlt.[115]

III. Tragfähige soziale Bindung/Mindestmaß an Übereinstimmung

79   Die gemeinsame Ausübung der Elternverantwortung setzt eine tragfähige soziale Beziehung zwischen den Eltern voraus und erfordert ein Mindestmaß an Übereinstimmung zwischen ihnen.[116] Problematisch kann dies bei Paaren sein, deren Beziehung sich auf einen sexuellen Kontakt reduziert, die nur eine lose Bekanntschaft führen oder ungeplant in einer flüchtigen Beziehung oder nach einem „One-night-stand" oder nach einer Vergewaltigung Eltern geworden sind. Damit diese Eltern gemeinsame Erziehungsverantwortung für ein Kind übernehmen können muss zumindest die

---

112 Vgl Heiß Kap. 4 Rn 62.
113 RegE S. 22 s.u. A. III. 1, 2, 3.
114 Vgl Schulz/Hüßtege Rn 14 zu § 1671.
115 Vgl Heiß Kap. 4 Rn 57.
116 BVerfGE 107, 150 (169); deutlich zur Pflicht der Eltern, sich um Konsens und Kooperation zu bemühen: OLG Hamm FamRZ 2012, 880; KG FamRZ 2011, 1659, 1660.

Heiß

Bereitschaft bestehen, sich kennenlernen zu wollen und Beratungsstellen zum Erlernen von Kommunikationsfähigkeit aufzusuchen.

1. Kommunikationsprobleme/Ablehnung durch Kindesmutter

Nur wenn potenziell **kindeswohlrelevante Gründe** gegen eine **gemeinsame Verant-** 80 **wortungsübernahme** ersichtlich sind, soll eine umfassende gerichtliche Prüfung in Gang kommen,[117] also nur wo dies zum **Schutz des Kindes** wirklich nötig ist. Die Ablehnung der gemeinsamen Sorge durch die Kindesmutter kann nicht bereits die Annahme begründen, dass in einem solchen Fall die gemeinsame Sorge dem Kindeswohl widerspricht, denn dann hätte es die Mutter alleine in der Hand, ob es zu einer gemeinsamen Sorgetragung kommt oder nicht. Da das gesetzliche Leitbild die in gemeinsamer Verantwortung ausgeübte Sorge beider Elternteile vorsieht, ist zu verlangen, dass **konkrete Anhaltspunkte** dafür dargelegt werden, dass eine gemeinsame Sorge sich nachteilig auf das Kind auswirken würde.[118] Dies gilt umso mehr, als beide Elternteile aufgerufen sind, zu **lernen**, ihre persönlichen Konflikte, die auf der Paarebene zwischen ihnen bestehen mögen, beiseite zu lassen und um des Wohls ihres Kindes willens sachlich und soweit das Kind betroffen ist, konstruktiv miteinander umzugehen.

Sind die Eltern hierzu nicht in der Lage, sind sie im Interesse des Kindeswohls ver- 81 pflichtet, sich notfalls unter Inanspruchnahme **fachkundiger Hilfe** von außen – zB einer Erziehungsberatungsstelle oder des Jugendamtes – um das Erlernen einer angemessenen Kommunikation zu bemühen.[119] Da von den Eltern zu erwarten ist, dass sie Mühen und Anstrengungen auf sich nehmen, um im Bereich der elterlichen Sorge zu **gemeinsamen Lösungen** im Interesse des Kindes zu gelangen, rechtfertigen auch bereits manifest gewordene Kommunikationsschwierigkeiten für sich genommen per se noch keine Ablehnung der gemeinsamen Sorge, zumal diese elterliche Pflicht die beiden nicht miteinander verheirateten Elternteile gleichermaßen trifft.[120] Zum Schutz des Kindes müssen ernsthafte Zweifel des Gerichts am Willen der Eltern oder eines Elternteils zur Zusammenarbeit für das Beste des Kindes genügen. Dies kann sich in häufigen, feindlich oder gar gehässig geführten Streitigkeiten in Kindesangelegenheiten äußern.[121] Gegen ein gemeinsames Sorgerecht spricht der Umstand, dass sich die Eltern nicht auf den gewöhnlichen **Aufenthalt des Kindes** einigen können; auch anhaltende Streitigkeiten um die Art und Häufigkeit des **Umgangs** sprechen gegen eine gemeinsam ausgeübte Sorge, vor allem, wenn der Kontakt unter den Eltern von latenter Feindseligkeit geprägt ist[122]

Ebenso ist das Argument einer Mutter bedeutungslos, die lediglich die **Kürze ihrer** 82 **Beziehung** zum Vater als Grund für ihren Wunsch nach dem alleinigen Sorgerecht anführt; auch dass sie den **Kontakt abbrechen** und lieber alleine entscheiden wolle, ist

---

117 BT-Drucks. 17/11048, 46.
118 RegE S. 23.
119 BT-Drucks. 17/11048, 23.
120 BT-Drucks. 17/11048, 23.
121 BT-Drucks. 13/4899, 99: Kind als „dauernder Zankapfel zwischen den Eltern".
122 Schwab FamRZ 1998, 457 (463).

keine ausreichende Begründung, auch nicht, wenn der Kontakt zwischenzeitlich **tatsächlich abgebrochen** ist. Da der Vater ein **verfassungsrechtliches Recht** hat, sich um sein Kind zu kümmern und Verantwortung für das Kind zu übernehmen, dürfen die **Zugangsvoraussetzungen zur gemeinsamen Sorge** nicht zu hoch angesetzt werden,[123] insbes. soll vermieden werden, dass nur in Ausnahmefällen eine gemeinsame elterliche Sorge erreicht werden kann.[124] Im Zusammenhang mit einer Trennung der Elternteile treten zunächst häufig vielfach Kommunikationsprobleme auf, die nicht ohne weiteres zu einer ablehnenden Entscheidung bzgl der gemeinsamen Sorge führen sollen. Nur wenn auf der Kommunikationsebene eine **schwerwiegende und nachhaltige Störung** vorliegt, die sich nicht durch die Inanspruchnahme fachkundiger Hilfe von außen (Erziehungsberatung/Jugendamt etc.) beseitigen oder abmildern lässt, ist zu befürchten, dass den Eltern eine gemeinsame Entscheidungsfindung nicht möglich sein wird und das Kind folglich erheblich belastet würde, wenn die Eltern gezwungen würden, die Sorge gemeinsam zu tragen. Der **pauschale Vortrag** der Kindesmutter, sie könne nicht mit dem Kindesvater sprechen und sie beide hätten auch völlig unterschiedliche Wertvorstellungen, kann für sich genommen mithin noch nicht dazu führen, die gemeinsame elterliche Sorge zu versagen.[125] Beim Streit um das Sorgerecht werden häufig Gründe vorgebracht, die mit dem Kindeswohl nichts zu tun haben, sondern **aus der Trennung** der Eltern resultieren. Es genügt keinesfalls, lediglich **formelhafte Wendungen** hierzu vorzutragen, wenn der sorgeberechtigte Elternteil seine Verweigerung der gemeinsamen Verantwortung auf **fehlende Kooperationsbereitschaft oder -fähigkeit** stützt. Vielmehr müssen sich aus einem konkreten Sachvortrag **konkrete Anhaltspunkte** dafür entnehmen lassen, dass eine tragfähige Basis für eine gemeinsame elterliche Sorge nicht besteht und **Bemühungen** der Eltern um eine gelingende Kommunikation **gescheitert** sind.[126] Sind die Eltern jedoch nicht willens oder nicht in der Lage, sich über die Angelegenheiten des Kindes zu verständigen, und ist nicht wenigstens ein Mindestmaß an Konsensbereitschaft in wesentlichen Bereichen der elterlichen Sorge erkennbar, können ständige, das Kind betreffende Streitigkeiten zu Belastungen für das Kind führen, die mit dem Wohl des Kindes nicht vereinbar sind, weil es den Eltern nicht gelingt, zu Entscheidungen im Interesse des Kindes zu gelangen. Auch wenn nach der Trennung jeglicher Kontakt zu dem anderen Elternteil abgebrochen wird oder nach der Geburt des Kindes überhaupt kein Kontakt aufgenommen wurde und ein Elternteil nur noch bereit ist, mit dem anderen über Rechtsanwälte zu verkehren, deutet dies auf die fehlende Kooperationsbereitschaft hin, so dass der Alleinsorge eines Elternteils der Vorzug zu geben ist.[127] Der Elternteil, der sich auf einen Verstoß gegen die Konsensverpflichtung beruft, muss im Verfahren im Einzelnen darlegen und ggf nachweisen, wann, bei welchem Anlass und auf welche Weise Bemühungen um eine gemeinsame Elternentscheidung zu welcher Frage erfolg-

---

123 BVerfG 1 BvR 420/09 Rn 75.
124 BT-Drucks. 17/11048, 23.
125 RegE S. 23.
126 AG München Az 551 F 1533/11 (nicht veröffentlicht); OLG München NJW 2000, 368; OLG Hamm FamRZ 2005, 537; RegE S. 23.
127 BGH FamRZ 2005, 1167 mAnm. Luthin.

Heiß

los stattgefunden haben und diese an der Verweigerungshaltung des anderen Elternteils gescheitert sind.[128] Demjenigen Elternteil, dem jegliche Kooperationsbereitschaft ohne nachvollziehbare Gründe fehlt, kann das Sorgerecht nicht mitübertragen werden. Fehlt die Kooperationsbereitschaft/-fähigkeit **beiden Eltern**, rechtfertigen es die für das Kindeswohl abträglichen Auswirkungen, einem Elternteil die Alleinsorge zu belassen[129] nur in **Extremfällen**, nämlich dann, wenn einem Elternteil objektiv die **Kooperationsfähigkeit** und subjektiv jegliche **Kooperationsbereitschaft** fehlt oder wenn bei einem Elternteil Gründe vorliegen, die wegen Kindeswohlgefährdung zum Entzug des Sorgerechts führen müssen. Dann soll es bei der Alleinsorge eines Elternteils verbleiben.[130]

Eine **Ausnahme** davon besteht dann, wenn das Verhältnis zwischen den Elternteilen durch **Gewaltanwendung** eines Elternteils belastet ist. Diese spricht gegen die Herbeiführung der gemeinsamen Sorge, weil zu befürchten ist, dass sich das gewalttätige Verhalten fortsetzt, was weder kindeswohlverträglich noch dem anderen Elternteil zumutbar ist. Es ist einer Mutter nicht vorwerfbar, wenn sie aufgrund der Misshandlungen durch den anderen Elternteil ihre Fähigkeit, mit ihm zu kommunizieren, eingebüßt hat;[131] das gilt aber nicht schon bei einem einmaligen „Aussetzer" in der virulenten Trennungsphase. **83**

Generell gilt, dass die Eltern nicht schon aufgrund ihres Dissenses aus der gemeinsamen Sorgeverantwortung entlassen werden können, sondern von ihnen wird die grundsätzliche Bereitschaft und das zumutbare Bemühen um **Überwindung** ihrer Kooperationsprobleme verlangt.[132] Erst unüberbrückbare und **kindeswohlschädliche Konflikte** rechtfertigen den Übergang zur Alleinsorge eines Elternteils[133] **84**

2. Blockadehaltung der Kindesmutter

Nimmt die Mutter eine Blockadehaltung erst im Zusammenhang mit dem Begehren des Vaters, an der Sorge beteiligt zu werden, ein und gibt es Anhaltspunkte dafür, dass Anlass hierfür vor allem der Wunsch ist, die **Alleinentscheidungsbefugnis zu behalten,** so wird sich diese Haltung durch eine praktizierte gemeinsame Sorge oftmals auflösen lassen.[134] Es ist dabei zu prüfen, ob die gemeinsame Sorge im Kindeswohlinteresse von der Mutter abgelehnt wird oder in ihrem eigenen Interesse. Dazu muss im Einzelnen von der Mutter dargelegt und nachgewiesen werden, welche konkreten Gründe, die das Kindeswohl betreffen, gegen eine gemeinsame Sorge sprechen. Dem Elternteil, der erziehungsungeeignet ist, darf die Mitsorge nicht übertragen werden. Vor allem bei **massiven Gewalttätigkeiten** oder sonstigen Misshandlungen oder bei schwerwiegender Vernachlässigung des Kindes sowie in allen Fällen, die zum Entzug des Sorgerechts wegen Kindeswohlgefährdung von Amts wegen nach § 1666 BGB **85**

---

128 Vgl Schulz/Hüßtege, Rn 9 zu § 1671 BGB.
129 Vgl Schulz/Hüßtege, Rn 9 zu § 1671 BGB.
130 Vgl Heiß Das Mandat im Familienrecht Kap. 4 Rn 41.
131 BVerfG FamRZ 2004, 354.
132 So deutlich BGH FamRZ 1999, 1646 (1647); FamRZ 2005, 1167; FamRZ 2008, 592 Rn 10; OLG Hamm FamRZ 2012, 880; KG FamRZ 2011, 1659 (1660); Vgl Coester FamRZ 2012, 1337 (1339).
133 Vgl BGH FamRZ 2008, 592 Rn 10.
134 RegE BT-Drucks. 17/11048, 23.

führen würden, muss die Erziehungsungeeignetheit zur Ablehnung der gemeinsamen Sorge führen. Ein erziehungsungeeigneter Elternteil kann weder die Alleinsorge erhalten noch Sorgerechtsmitinhaber werden.[135]

86   In Fällen, in denen sich womöglich über einen längeren Zeitraum zwischen den Elternteilen eine ablehnende Haltung beiderseits verfestigt hat und eine **Verschärfung der Konflikte** zwischen den Eltern zu erwarten ist, wenn man sie durch die Übertragung der gemeinsamen Sorge zwingt, sich über Angelegenheiten der gemeinsamen Sorge zu verständigen, kann dies zu einer erheblichen Belastung des Kindes führen, die die Ablehnung der gemeinsamen Sorge erfordert.[136]

87   **Leben** die Eltern seit längerer Zeit **zusammen**, ist dies regelmäßig ein Indiz für eine gelingende Kooperation der Eltern und es bedarf des Vortrags gewichtiger Gründe, warum trotz Zusammenlebens der Eltern eine gemeinsame Sorge dem Kindeswohl widersprechen würde.[137]

3. Alleinentscheidungsbefugnis in Alltagsangelegenheiten und bei Gefahr im Verzug

88   Das Familiengericht soll regelmäßig die Übertragung der gemeinsamen Sorge beschließen, wenn sie dem Kindeswohl nicht widerspricht, wobei die Zugangsvoraussetzungen zur gemeinsamen Sorge nicht zu hoch angesetzt werden dürfen. Dabei ist auch zu berücksichtigen, dass **im Falle des Getrenntlebens** der Eltern derjenige Elternteil, bei dem sich das Kind gewöhnlich aufhält, gem. § 1687 Abs. 1 S. 2 BGB die Befugnis hat, in Angelegenheiten des täglichen Lebens für das Kind allein zu entscheiden. Auch bei **Gefahr in Verzug** ist dieser Elternteil berechtigt, alle Rechtshandlungen vorzunehmen, die zum Wohl des Kindes notwendig sind, und insoweit allein handlungs- und entscheidungsbefugt, § 1629 Abs. 1 S. 4 BGB.[138] Die klassische gemeinsame Sorge **verwandelt sich** mit der Trennung der Eltern gem. § 1687 BGB um in eine **Alleinsorge mit Mitbestimmungsrecht des anderen Elternteils** in wichtigen Angelegenheiten.[139] Während der Elternteil, der die Obhut ausübt und das Kind betreut, die **Alleinentscheidungsbefugnis** „in Angelegenheiten des täglichen Lebens" iSd § 1687 Abs. 1 S. 2, 3 BGB hat, ist der andere Elternteil nur noch in **Angelegenheiten von erheblicher Bedeutung** mitentscheidungsbefugt. Dabei wird der Begriff der Alltagsalleinsorge **weit ausgelegt**, um im Interesse des Kindeswohls wie auch des Rechtsverkehrs dem betreuenden Elternteil einen möglichst großen Entscheidungs- und Handlungsspielraum zu gewähren. Gem. § 1686 BGB hat der Elternteil, bei dem das Kind lebt, den anderen zu **informieren**.[140]

89   Die Alleinentscheidungsbefugnis umfasst die **Angelegenheiten des täglichen Lebens**. Das sind Entscheidungen, deren Auswirkungen auf die Entwicklung des Kindes ohne

---

135 Zahlreiche Einzelentscheidungen zur Erziehungsungeeignetheit s. Palandt/Diederichsen Rn 30 zu § 1671; vgl Heiß Kap. 4 Rn 51.
136 RegE BT-Drucks. 17/11048, 23.
137 RegE BT-Drucks. 17/11048, 24.
138 RegE BT-Drucks. 17/11048, 23.
139 Vgl Schwab FamRZ 1998, 457.
140 Heiß Kap. 4. Rn 37.

        Heiß

größeren Aufwand wieder **abänderbar** sind. Voraussetzung für die Alleinentscheidungsbefugnis des Elternteils, bei dem sich das Kind gewöhnlich aufhält, ist, dass der Aufenthalt des Kindes bei diesem Elternteil **rechtmäßig** ist, weil er entweder auf der Zustimmung des anderen oder auf einer gerichtlichen Entscheidung beruht.[141] Alltagsangelegenheiten sind nach § 1687 Abs. 1 S. 3: „... idR solche, die häufig vorkommen und die keine schwer abzuändernden Auswirkungen auf die Entwicklung des Kindes haben".

Zu den **Alltagsangelegenheiten** gehören:　　　　　　　　　　　　　　　　　90

- Fragen der Betreuung im Alltag, einschließlich derjenigen, die das schulische Leben, die Berufsausbildung und gewöhnliche ärztliche Behandlungen der Kinderkrankheiten betreffen,

- Erlaubnisse im realen Alltag, wie Freizeitaktivitäten, Sport, soweit diese nicht mit außergewöhnlichen Gefahren verbunden sind, Besuche bei Freunden, Discobesuche,

- Fragen des Schulalltags einschließlich der Auswahl der Nachhilfelehrer,

- Entschuldigung bei der Schule im Krankheitsfall,

- Teilnahme an Klassenfahrten oder an Tagesausflügen,

- Mitgliedschaften in Vereinen,

- medizinische Versorgung, soweit es um Routinebesuche und Vorsorgeuntersuchungen geht, **Schutzimpfungen**, die schon seit längerer Zeit von der Ständigen Impfkommission empfohlen werden einschließlich der Grippeimpfungen;[142] bei Impfungen mit noch nicht mehrjährig in ihren (Neben-) Wirkungen erforschten Impfstoffen dürfen von den Eltern nur einvernehmlich beschlossen werden oder es ist nach § 1628 BGB die Alleinentscheidungsbefugnis eines Elternteils herbeizuführen,[143]

- Fragen der Ernährung, Bestimmung der Schlafenszeit, Fragen des Fernsehkonsums,

- Verwaltung des Taschengeldes und kleinerer Geldgeschenke,

- Eröffnung von Schülergirokonten, auf denen das Kind/der Jugendliche das ihm zur Verfügung stehende Taschengeld verwaltet und welche eine Überziehung nicht ermöglichen,

- Anträge in Pass- und Ausweisangelegenheiten,[144] die Praxis einiger Passämtern bei bestehender gemeinsamer elterlicher Sorge für die Beantragung von Kinderoder Personalausweis die Unterschrift beider Eltern zu verlangen, entspricht keiner Rechtsgrundlage.

141　Schwab/Motzer Teil III Rn 41.
142　Vgl OLG Frankfurt FamRZ 2011, 47 für die Impfung gegen die „Schweinegrippe".
143　Völker/Clausius § 1 Rn 248; Johannsen/Henrich/Jaeger § 1687 Rn 4.
144　OLG Brandenburg FamRZ 2003, 111, OLG Bremen FamRZ 2008, 810; OLG Brandenburg FamRZ 2003, 111.

91 Demgegenüber sind Angelegenheiten von **erheblicher Bedeutung**, solche, deren Entscheidung nur schwer oder gar nicht abzuändernde Auswirkungen auf die Entwicklung des Kindes haben. Über sie sollen die Eltern nur gemeinsam entscheiden. Angelegenheiten von erheblicher Bedeutung sind zB:

- Aufenthaltsbestimmung,

- Wohnsitzverlegung,

- Auswanderung, wobei bereits das **Aufenthaltsbestimmungsrecht** die Befugnis zur rechtmäßigen Auswanderung beinhaltet,[145]

- religiöse Erziehung,

- Ausbildung insbes. Auswahl der Schule, Schulwechsel,

- Berufswahl,

- Wechsel des Kindes in ein Heim oder Internat,

- medizinische Eingriffe, soweit sie mit der Gefahr erheblicher Komplikationen und Nebenwirkungen verbunden sind, also Operationen, mit Ausnahme von Notfällen,

- Reisen kleiner Kinder in einen ihnen nicht vertrauten Kulturkreis bzw mit mehrstündigen Flügen,

- Entscheidung über Anlage und Verwendung von Kindesvermögen,

- Annahme oder Ausschlagung einer Erbschaft,[146]

- Wahl der Erziehungsgrundsätze,

- mehrmonatiger Schüleraustausch,

- Impfungen mit noch nicht mehrjährig in ihren Nebenwirkungen erforschten Impfstoffen,

- Umgang des Kindes mit dem anderen Elternteil und andere Personen,

- genehmigungspflichtige Geschäfte nach § 1643 BGB.

92 Können sich die Eltern in einer einzelnen Angelegenheit oder in einer bestimmen Art von Angelegenheiten der elterlichen Sorge, deren Regelung für das Kind von erheblicher Bedeutung ist, nicht einigen, so kann das Familiengericht auf Antrag eines Elternteils die **Entscheidung einem Elternteil** übertragen. Die Übertragung kann mit Beschränkungen oder mit Auflagen verbunden werden, § 1628 BGB.

IV. Gesetzliche Vermutung: Gemeinsame Sorge widerspricht nicht dem Kindeswohl

93 Die gemeinsame Verantwortungsübernahme durch beide Elternteile liegt grundsätzlich im Interesse des Kindes. Diese Vermutung ermöglicht eine zügige Entscheidung in Fällen, in denen **potenziell kindeswohlrelevante Gründe** gegen eine gemeinsame Sorge nicht ersichtlich sind. Eine **umfassende gerichtliche Prüfung** soll nur in Gang

---

145 BGH FamRZ 2010, 1061 mAnm. Völker S. 1065.
146 Zu den Einzelheiten aus der Rechtsprechung vgl Palandt/Diederichsen Rn 5 ff zu § 1687 BGB.

Heiß

gebracht werden, wo dies zum Schutz des Kindes wirklich nötig ist.[147] § 1626 a Abs. 2 S. 2 enthält die gesetzliche Vermutung, dass die gemeinsame Sorge dem Kindeswohl nicht widerspricht, wenn der andere Elternteil **keine Gründe vorträgt**, die der gemeinsamen Sorge entgegenstehen können, und solche Gründe dem Gericht auch nicht anderweitig bekannt sind.

Diese gesetzliche Vermutung schränkt den sonst in Kindschaftssachen geltenden **94** Amtsermittlungsgrundsatz ein, um dem Familiengericht eine Entscheidung im **vereinfachten Verfahren** nach § 155 a Abs. 3 FamFG zu ermöglichen. In diesen Fällen wird die gemeinsame Sorge **ohne weitere Amtsermittlung** allein auf Grundlage des Beteiligtenvortrags und unter Berücksichtigung der dem Gericht auf sonstige Weise – zB aufgrund früherer Verfahren – bereits bekannten Tatsachen zugesprochen. Die Belange des Kindeswohls werden vor der Entscheidung des Gerichts nicht umfassend und sorgfältig festgestellt und abgewogen. Die gesetzliche Vermutung knüpft lediglich an das Schweigen der Eltern und an das Fehlen offensichtlicher Versagungsgründe an. Greift die gesetzliche Vermutung ein, **soll das Familiengericht in einem vereinfachten schriftlichen Verfahren, ohne Anhörung oder Mitwirkung des Jugendamtes** und **ohne persönliche Anhörung der Eltern**, die gemeinsame Sorge zuzusprechen.[148] Es erfolgt hier somit eine „Entscheidung nach Aktenlage". Diese Entscheidung nach Aktenlage ist im Übrigen im familienrechtlichen Verfahren völlig fremd. Letztlich liegt es in der Verantwortung des Familiengerichts, welche Erkenntnisquellen genutzt werden, um eine Entscheidung von dieser Tragweite treffen zu können.

1. Voraussetzungen der gesetzlichen Vermutung

Die Vermutung, dass die gemeinsame Sorge dem Kindeswohl nicht widerspricht, **95** greift ein, wenn der andere Elternteil zum Antrag auf Mitsorge keine Stellungnahme abgibt oder er zwar Stellung nimmt, aber **keine Gründe** vorträgt, die der gemeinsamen Sorge entgegenstehen können – etwa weil der Vortrag ohne nachhaltige Relevanz im Hinblick auf das Kindeswohl ist.[149]

Das ist zB der Fall, wenn die Mutter lediglich vorträgt, sie wolle lieber auch in Zukunft allein entscheiden, schließlich wisse sie ja nicht, ob sie sich mit dem Kindesvater später noch genauso gut verstehe.[150]

Auch bei dem Vortrag, bereits bei dem Vater eines früher geborenen Kindes **schlechte** **97** **Erfahrungen** mit dem gemeinsamen Sorgerecht gemacht zu haben, würde die gesetzliche Vermutung greifen. Gleiches gilt, wenn die Mutter eine gemeinsame Sorgetragung allein mit der Begründung ablehnt, es bestehe **keine Notwendigkeit** für ein gemeinsames Sorgerecht, weil der Vater von ihr **mit Vollmachten** ausgestattet sei und in naher Zukunft ohnehin keine wichtigen Entscheidungen anstünden.[151]

---

147 RegE BT-Drucks. 17/11048, 46.
148 RegE BT-Drucks. 17/11048, 24.
149 RegE BT-Drucks. 17/11048, 24.
150 RegE BT-Drucks. 17/11048, 24.
151 So die Abgrenzungsbeispiele in der Begründung zum RegE BT-Drucks. 17/11048, 24.

98 Trotz der Abgrenzungsbeispiele in der Begründung zum Gesetzesentwurf ist es in der Praxis schwierig festzustellen, was „kindeswohlbezogene" Einwände sind und was lediglich **floskelhafter**, unbeachtlicher Sachvortrag. Wendet sich eine Mutter gegen das gemeinsame Sorgerecht beispielsweise mit dem Argument, sie könne „nicht mit dem Vater sprechen und sie hätten auch beide **unterschiedliche Wertvorstellungen**" und hält das Gericht den Vortrag der Mutter für **unzureichend substantiiert** und lediglich floskelhaft, muss es im schriftlichen Verfahren entscheiden.[152] Im Zweifel wird der erstinstanzliche Richter dazu neigen, jeglichen Sachvortrag des anderen Elternteils als ausreichend anzusehen, um auf das „normale" Hauptverfahren nach §§ 151 ff. FamFG umzuschwenken, um Zurückverweisungen wegen Verletzung wesentlicher Verfahrensvorschriften (persönliche Anhörung der Eltern/Mitwirkung des Jugendamtes) zu vermeiden.[153] Dies gilt umso mehr, als die Einschätzung des Widerspruchs als begründet oder unbegründet nicht von der Wortgewandtheit und Fähigkeit unmissverständlich Kriterien für die negative Kindeswohlprüfung vorzutragen abhängen kann, zumal viele Beteiligte erst in der mündlichen Verhandlung in der Lage sind, den Sachverhalt ausreichend und mit Unterstützung des Gerichts vorzutragen. Ist das Gericht von den Erkenntnisquellen, insbes. der Anhörung der Eltern und des JA abgeschnitten, läuft die Bestimmung des § 1626 a, wonach das Gericht sonstige Gründe, die der Übertragung der gemeinsamen elterlichen Sorge entgegenstehen, zu berücksichtigen hat, leer.

99 Die Formulierung in § 1626 a „... trägt der andere Elternteil keine Gründe vor ..." ist insoweit problematisch, als im deutschen Rechtssystem vom **Prinzip des Schweigens** als Willenserklärung nur vorsichtig Gebrauch zu machen ist. **Erklärt sich** der andere Elternteil **überhaupt nicht** so kann dies auch auf Umstände zurückzuführen sein, die kaum als Zustimmung gewertet werden können, denn viele Mütter sind nach der Geburt mit der Situation an sich emotional und intellektuell überfordert. Dies hat oft auch zur Folge, dass diese Mütter dazu neigen Post nicht zu öffnen, erstrecht keine Gerichtspost, Briefe nicht zu beantworten und enorme Probleme haben, ihren täglichen Lebensrhythmus zu strukturieren. In diesem Fall kann das Schweigen auf solche Anträge ein **Alarmsignal** sein, die Situation in die das Kind geboren wurde näher zu überprüfen.[154]

2. Einschränkung des Amtsermittlungsgrundsatzes

100 Die gesetzliche Vermutung, dass die gemeinsame Sorge dem Kindeswohl nicht widerspricht, schränkt den in Kindschaftssachen geltenden Amtsermittlungsgrundsatz ein und ermöglicht es dem Familiengericht in den Fällen, die gemeinsame Sorge ohne weitere Amtsermittlung allein auf Grundlage des Beteiligtenvortrags und unter Berücksichtigung der dem Gericht auf sonstige Weise bereits bekannten Tatsachen in einem vereinfachten schriftlichen Verfahren zuzusprechen. Die Vermutung kann aber **nur eingreifen**, wenn Gründe, die gegen die gemeinsame Sorge sprechen, dem Gericht

---

152 Keuter FamRZ 2012, 825.
153 Keuter FamRZ 2012, 825 (827).
154 Carmen Hensgen in Stellungnahme zum Gesetzentwurf der Bundesregierung 17/11048.

auch nicht anderweitig bekannt sind. Diese kann insbes. durch vorangegangene Verfahren in Kindschaftssachen der Fall sein. Hat das Gericht Anhaltspunkte dafür, dass die Übertragung der gemeinsamen Sorge dem **Kindeswohl widersprechen** könnte, ist es im Interesse des Kindeswohls erforderlich, dass das Gericht diesen Anhaltspunkten nachgeht. Nach der Vorstellung des Gesetzgebers[155] kann ein Ausnahmefall, der ein Hauptverfahren erfordert auch gegeben sein, wenn der bisherige Vortrag der Mutter zeigt, dass ihr sprachliches Ausdrucksvermögen stark eingeschränkt ist. Die Frage, ob die Übertragung der gemeinsamen Sorge dem Kindeswohl entspricht, muss **dann im normalen Verfahren** unter **uneingeschränkter Geltung des Amtsermittlungsgrundsatzes** entschieden werden.[156] Die Rechtfertigung für die Einschränkung des Amtsermittlungsgrundsatzes liegt für den Gesetzgeber darin, dass die gemeinsame Verantwortungsübernahme durch beide Elternteile grds. im Interesse des Kindes liegt und beruht auf der Annahme, dass eine Mutter, die tatsächlich kindeswohltragende Gründe gegen die gemeinsame Sorge hat, diese auch vorbringt, während in einem Fall, in dem die Mutter schweigt, idR angenommen werden kann, dass auch in ihren Augen eine gemeinsame Sorge dem Kindeswohl nicht widerspricht. Der Gesetzgeber nimmt an, dass Mütter das Wohl ihrer Kinder im Auge haben und daher Gründe, die im wohlverstandenen Interesse des Kindes gegen eine gemeinsame Sorge sprechen, auch vortragen, wenn sie insoweit um eine Stellungnahme gebeten werden.[157] Nur dann sei es gerechtfertigt, im Rahmen einer umfassenden gerichtlichen Ermittlung und Prüfung festzustellen, ob die gemeinsame Sorge dem Kindeswohl entspricht, wenn dies zum Schutz des Kindes wirklich nötig ist, weil dem Gericht durch den Vortrag der Beteiligten oder auf sonstige Weise Gründe bekannt werden, die der gemeinsamen Sorge entgegenstehen können.[158]

Die Einschränkung des Amtsermittlungsgrundsatzes ist nicht ganz unproblematisch, **101** weil durch den Amtsermittlungsgrundsatz in Kindschaftssachen sichergestellt werden soll, dass die Belange des Kindeswohls vor der Entscheidung des Gerichts möglichst umfassend und sorgfältig festgestellt und abgewogen werden. Eine gesetzliche Vermutung, die lediglich am **Schweigen** der Eltern und am Fehlen offensichtlicher Versagungsgründe anknüpft, wird der Aufgabe der Gerichte, dem Kindeswohl in Kindschaftssachen bestmöglich Geltung zu verschaffen, nicht gerecht.[159] Dies gilt umso mehr, als in Fällen, in denen die Eltern uneinig über die Erteilung des Sorgerechts sind, häufig eine mögliche Kindeswohlgefährdung eine Rolle spielt. In diesen Fällen auch auf die **Kompetenzen der Jugendämter** zu verzichten, kann den Familiengerichten nur schwerlich angesonnen werden. Abgemildert wird dieses Ansinnen dadurch, dass im Rahmen der Evaluierung des Gesetzes (Art. 6 GG) ein besonderes Augenmerk auf die Bedeutung des Kindeswohls bei der Anwendung des Gesetzes gelegt werden wird. § 1626a Abs. 2 S. 2 ist stets auch im Lichte des in § 1697a BGB normierten **Kindeswohlprinzips** zu verstehen. Im Zweifel wird das Familiengericht daher

---

155 BT-Drucks. 17/12198, 9.
156 RegE BT-Drucks. 17/11048, 24.
157 RegE BT-Drucks. 17/11048, 24.
158 RegE BT-Drucks. 17/11048, 48.
159 Vgl RegE BT-Drucks. 17/11048, 41.

bei der Prüfung, ob die gemeinsame Sorge dem Kindeswohl schadet, auf die Mitwirkung des Jugendamtes und auf die persönliche Anhörung der Eltern nicht verzichten können. Die **persönliche Anhörung des** (mindestens 3-jährigen) **Kindes** gem. § 159 FamFG ist ohnehin obligatorisch; dies betrifft vor allem alle Altfälle, für die das neue Recht einschränkungslos gelten soll und in denen die Kinder regelmäßig älter als 3 Jahre sein werden.[160]

3. Antrag der Mutter auf Übertragung der gemeinsamen Sorge

102 Das Gesetz sieht für beide Elternteile, also nicht nur für den nichtsorgeberechtigten Vater, sondern auch für die alleinsorgeberechtigte **Mutter**, eine Korrekturmöglichkeit der Alleinsorge der Mutter vor.[161] Die Vermutung, dass die gemeinsame Sorge dem Kindeswohl nicht widerspricht, kann grundsätzlich auch in den Fällen eingreifen, in denen die Mutter einen Antrag auf Übertragung der elterlichen Sorge stellt und der Vater keine Stellungnahme abgibt,[162] denn dem Vater obliegt in gleichem Maße wie der Mutter die Sorgeverantwortung.

103 Eine Mutter, der die elterliche Sorge allein zusteht, wird regelmäßig nur dann versuchen, den Vater in die elterliche Sorge einzubeziehen, wenn sie sich davon für ihr Kind und für sich Vorteile verspricht.[163] Ist der Vater zur Übernahme der elterlichen Verantwortung und zur Kooperation mit der Mutter nicht bereit oder in der Lage, ist davon auszugehen, dass er dies im Rahmen seiner Stellungnahme vorträgt, um die Sorge nicht mit übernehmen zu müssen.

104 Ist der Vater aufgrund seiner individuellen Fähigkeiten nicht in der Lage, Gründe gegen die gemeinsame elterliche Sorge adäquat zu formulieren, kann er sich – wie auch die Mutter – zur **Formulierung seiner Einwendungen** der Hilfe anderer Personen, insbes. eines Rechtsanwalts bedienen; er kann seine Erklärung nach § 25 FamFG auch zur **Niederschrift der Geschäftsstelle** des Gerichts abgeben. Dadurch, dass das Gericht dem anderen Elternteil den Antrag auf Übertragung der gemeinsamen Sorge **zuzustellen** und ihm hierbei – klar erkennbar – eine **Frist zur Stellungnahme** zu setzen hat, ist es für den anderen Elternteil ohne weiteres erkennbar, dass von ihm ein Tätigwerden verlangt wird.[164] Vertraut die Mutter auf die Fähigkeit des Vaters zur verantwortungsbewussten Mitübernahme der elterlichen Sorge und unterbleibt der Widerspruch des Vaters, dann besteht die Annahme, dass sich der Vater auf Drängen der Mutter hin seiner Verantwortung für das Kind doch stellt und die Eltern zur gemeinsamen Ausübung der ihnen in Art. 6 GG übertragenen elterlichen Verantwortung in der Lage sind.[165] Auch dann wird also im schriftlichen Verfahren ohne Anhörung des Jugendamtes und ohne persönliche Anhörung der Eltern gem. § 155 a Abs. 3 S. 1 FamFG ohne weitere Ermittlungen die gemeinsamen Sorge durch das Gericht übertragen, weil die Vermutung gilt, dass die gemeinsame elterliche Sorge dem Kin-

---

160 Vgl Coester FamRZ 2012, 1337 (1342); Keuter FamRZ 2012, 825.
161 RegE BT-Drucks. 17/11048, 15.
162 Vgl BVerfG FamRZ 2010, 1403 Rn 69.
163 RegE BT-Drucks. 17/11048, 25.
164 RegE BT-Drucks. 17/11048, 46.
165 RegE BT-Drucks. 17/11048, 25.

Heiß

deswohl nicht widerspricht. Manche Väter sind nicht bereit Erziehungsverantwortung zu tragen und müssen auf die Wahrnehmung von Erziehungspflichten und -rechten mit erheblichem Druck durch das Familiengericht hingewiesen werden. Auch nach erfolgter Trennung oder Scheidung nimmt die tatsächliche Fürsorge der Elternteile, die die Kinder nicht in ihren Haushalt aufgenommen haben, langfristig häufig deutlich ab.

V. Übertragung von Teilbereichen der gemeinsamen Sorge

Nach § 1626 a Abs. 1 Nr. 3 BGB kann durch **gerichtliche Entscheidung** auch in Teilbereichen die gemeinsame Sorge hergestellt werden.[166] Durch die Formulierung „soweit" wird deutlich, dass das Gericht den Eltern auch bestimmte Teilbereiche der elterlichen Sorge gemeinsam übertragen kann. Das Gericht kann also den Eltern die elterliche Sorge entweder als Ganzes oder **beschränkt auf Teilbereiche** gemeinsam übertragen.[167] Die Übertragung von Teilbereichen der elterlichen Sorge kommt immer dann in Betracht, wenn hinsichtlich bestimmter Teilbereiche der elterlichen Sorge eine gemeinsame Sorgetragung ohne **negative Auswirkungen für das Kind** zu erwarten ist, in anderen Teilbereichen hingegen nicht.[168] Die Teilübertragung der elterlichen Sorge kann auch **Bedenken der Kindesmutter** gegen eine gemeinsame Sorge häufig zerstreuen. In vielen Fällen wird die Mutter dem Antrag des Vaters dann nicht widersprechen, wenn von Anfang an klargestellt ist, dass ihr der Bereich des **Aufenthaltsbestimmungsrechts** und die damit gem. § 1687 Abs. 1 verbundene **Alltagsalleinsorge** belassen werden soll. In Fällen von öfteren längeren beruflichen Abwesenheiten oder von Differenzen auf diesen Gebieten kann es auch sinnvoll sein, den Bereich der Kindergarten- und Schulangelegenheiten, der Gesundheitsfürsorge oder für das Stellen von Anträgen nach dem SGB der Mutter alleine zu belassen. Häufig wird dann auch im gerichtlichen Verfahren ein **Einvernehmen der Eltern** nach § 156 FamFG hergestellt werden können. Dies gilt vor allem dann, wenn zwischen den Eltern ohnehin unstreitig ist, dass der Bereich des Aufenthaltsbestimmungsrechts bei der Kindesmutter belassen werden soll. Außerdem wird dadurch verdeutlicht, dass zwischen den Eltern jedenfalls ein Mindestmaß an Übereinstimmung besteht.[169]

105

Um keine Rechtsunsicherheit aufkommen zu lassen, ist es bei einer Beschränkung der gemeinsamen Sorge auf Teilbereiche wichtig, bei der Antragstellung und insbesondere bei der gerichtlichen Entscheidung klarzustellen, in welchem Umfang die Mutter weiterhin **alleinsorgeberechtigt** ist. Dies ist auch wichtig, um den Nachweis des Umfangs der Alleinsorge im **Rechtsverkehr** führen zu können. Auch für ein späteres **Abänderungsverfahren** oder bei einem Verfahren wegen Kindeswohlgefährdung nach § 1666 BGB ist es wichtig, dass klar definiert ist, in welchem Umfang die Mutter weiterhin allein sorgeberechtigt ist. Schließlich muss klar sein, nach welchem Maßstab

106

---

166 Die einzelnen Teilbereiche sind oben unter Rn 55 dargestellt.
167 RegE BT-Drucks. 17/11048, 22.
168 RegE BT-Drucks. 17/11048, 22.
169 Vgl BVerfGE 107, 150 (159).

ein Gericht zu entscheiden hat, wenn ein Vater nach partieller gemeinsamer Sorge die Alleinsorge begehrt.[170]

VI. Vereinfachtes Verfahren nach § 155 a FamFG zur Übertragung der gemeinsamen Sorge

107   Ein Problem des vereinfachten Verfahrens liegt darin, dass dem nichtehelichen Vater ein Zugang zur gemeinsamen Sorge durch Gerichtsentscheidung ermöglicht wird. Mit einer solchen Entscheidung übernimmt der Staat normalerweise die volle Wächterverantwortung gem. § Art. 6 Abs. 2 S. 2 GG gegenüber Kind und Eltern.[171] Aus Beschleunigungsgründen werden in dem Verfahren die Eltern aber nicht persönlich angehört und der Sachverhalt nur kursorisch geprüft, ob „kindeswohlbezogene" Einwände bestehen, das Beratungspotential des Jugendamtes kann nicht ausgenutzt werden, der Amtsermittlungsgrundsatz wird außer Kraft gesetzt. Das Gericht kann daher seiner Verantwortung für den Einzelfall nicht gerecht werden, weil wesentliche Qualitäten und Garantien der gerichtlichen Einzelfallprüfung aufgegeben werden.

§ 155 a FamFG Verfahren zur Übertragung der gemeinsamen elterlichen Sorge

(1) Die nachfolgenden Bestimmungen dieses Paragraphen gelten für das Verfahren nach § 1626 a Abs. 2 BGB. Im Antrag auf Übertragung der gemeinsamen Sorge sind Geburtsdatum und Geburtsort des Kindes anzugeben.

(2) § 155 Abs. 2 ist entsprechend anwendbar. Das Gericht stellt dem anderen Elternteil den Antrag auf Übertragung der gemeinsamen Sorge nach den §§ 166-195 ZPO zu und setzt ihm eine Frist zur Stellungnahme, die für die Mutter frühestens sechs Wochen nach der Geburt des Kindes endet.

(3) In den Fällen des § 1626 a Abs. 2 S. 2 BGB soll das Gericht im schriftlichen Verfahren ohne Anhörung des Jugendamtes und ohne persönliche Anhörung der Eltern entscheiden. § 162 ist nicht anzuwenden. Das Gericht teilt dem nach § 87 c Abs. 6 S. 2 SGB VIII zuständigen Jugendamtes seine Entscheidung unter Angabe des Geburtsdatums und des Geburtsortes des Kindes sowie des Namens, den das Kind zur Zeit der Beurkundung seiner Geburt geführt hat, zu den in § 58 a SGB VIII genannten Zwecken formlos mit.

(4) Werden dem Gericht durch den Vortrag der Beteiligten oder auf sonstige Weise Gründe bekannt, die der gemeinsamen elterlichen Sorge entgegen stehen können, gilt § 155 Abs. 2 mit der Maßgabe entsprechend, dass der Termin nach Satz 2 spätestens einen Monat nach Bekanntwerden der Gründe stattfinden soll, jedoch nicht vor Ablauf der Stellungnahmefrist der Mutter nach Abs. 2 S. 2. § 155 Abs. 3 und § 156 Abs. 1 gelten entsprechend.

(5) Sorgeerklärungen und Zustimmungen des gesetzlichen Vertreters eines beschränkt geschäftsfähigen Elternteils können auch im Erörterungstermin zur Niederschrift des Gerichts erklärt werden. § 1625 d Abs. 2 BGB gilt entsprechend.

108   In den Fällen, in denen keine Anhaltspunkte vorgetragen werden, die gegen eine gemeinsame Sorge sprechen und in denen dem Gericht solche Anhaltspunkte auch sonst nicht bekannt sind, ist es angemessen, dass der Vater über ein sehr vereinfachtes Verfahren schnell Zugang zur Mitsorge erhält.[172] Die **Ermittlungsmöglichkeiten des Gerichts** sind in diesen Fällen beschränkt, damit eine zügige Entscheidung getroffen wird.[173]

---

170   RegE BT-Drucks. 17/11048, 45.
171   Coester FamRZ 2012, 1337 (1342).
172   RegE BT-Drucks. 17/11048, 47.
173   RegE BT-Drucks. 17/11048, 25.

Beantragt ein Elternteil,[174] dass das Familiengericht das Sorgerecht den Eltern gemeinsam überträgt, so werden die **richterlichen Sachverhaltsermittlungen** nicht nur materiell rechtlich auf eine **negative Kontrolle** verengt, sondern der Weg ins gemeinsame Sorgerecht wird durch ein vereinfachtes Verfahren erleichtert.[175] Das Beschleunigungsgebot des § 155 Abs. 1 S. 1 FamFG gilt generell auch für dieses Verfahren, also auch dann, wenn weder Aufenthaltswechsel noch Kindeswohlgefährdung in Frage stehen. Der Beschleunigungseffekt wird lediglich dadurch beeinträchtigt, dass der Mutter als Antragsgegnerin für ihre Stellungnahme zum Antrag des Vaters eine „Schonfrist" von 6 Wochen nach der Geburt eingeräumt wird, § 155 a Abs. 2 S. 2 FamFG.[176]

109

Werden kindeswohlrelevante Gründe nicht vorgetragen und sind dem Gericht auch sonst nicht bekannt, soll dieses „**im schriftlichen Verfahren ohne Anhörung des Jugendamtes und ohne persönliche Anhörung der Eltern**", entscheiden, § 155 a Abs. 3 S. 1 FamFG. Für das Verfahren gilt gem. § 14 Abs. 1 Nr. 3 RpflG der **Richtervorbehalt**.

110

Das **Jugendamt** kann auch nicht gem. § 162 FamFG seine Beteiligung beantragen; dies ergibt sich aus § 155 a Abs. 3 S. 3 FamFG. Das Jugendamt bekommt allenfalls eine **formlose Mitteilung** des Gerichts von der getroffenen Entscheidung. Der grundsätzlich umfassende **Ermittlungsgrundsatz gem.** § 26 FamFG wird also erheblich eingeschränkt und zwar aufgrund der materiell rechtlichen Vermutung, „dass die gemeinsame elterliche Sorge dem Kindeswohl nicht widerspricht".

111

Diese Verfahrens- und Entscheidungsvereinfachung **gilt aber nicht**, wenn dem Gericht „durch den Vortrag der Beteiligten oder auf sonstige Weise Gründe bekannt (werden), die der gemeinsamen elterlichen Sorge entgegenstehen können",[177] oder wenn in bes. gelagerten Ausnahmefällen der bisherige Vortrag der Mutter zeigt, dass ihr **sprachliches Ausdrucksvermögen** stark eingeschränkt ist.[178]

112

Werden dem Gericht kindeswohlrelevante Gründe, die gegen die gemeinsame Sorge sprechen, bekannt, findet ein reguläres, aber vorrangig und beschleunigt durchzuführendes **Kindschaftsverfahren** nach § 155 a Abs. 4 FamFG statt. Der frühe Termin gem. § 155 Abs. 2 FamFG soll spätestens einen Monat nach Bekanntwerden der kindeswohlrelevanten Gründe gegen ein gemeinsames Sorgerecht stattfinden, jedoch nicht vor Ablauf der nachgeburtlichen 6-wöchigen Schonfrist für die Mutter.[179]

113

Trägt die Kindesmutter Gründe vor, deren Kindeswohl-Relevanz fraglich ist, wird das Gericht im Zweifelsfalle ein „normales" Verfahren einleiten, um in diesem Rahmen das **Beratungspotenzial des Jugendamtes** insbes. wegen seiner möglichen Kenntnis der Familienverhältnisse und seiner fachlichen Kompetenzen nutzen zu können

114

---

174 Dies kann auch die Mutter sein; vgl BVerfG FamRZ 2010, 1403 Rn 69; § 1626 a Abs. 2 S. 1 BGB: Antrag „eines Elternteils".
175 Vgl Coester FamRZ 2012, 1337 (1341).
176 Coester FamRZ 2012, 1337 (1341).
177 § 155 a Abs. 4 FamFG; § 1626 a Abs. 2 S. 2 BGB.
178 BT-Drucks. 17/12198, 9.
179 § 155 a Abs. 4 FamFG; Coester FamRZ 2012, 1337 (1341).

oder durch eine **persönliche Anhörung der Eltern** den Sachverhalt aufklären zu können, wobei auch die Anhörung eine Ausprägung der Elternrechte aus Art. 6 Abs. 2 S. 1 GG ist.[180]

115 Dadurch wird auch der Weg zu einem richterlichen „**Hinwirken auf Einvernehmen**" gem. § 156 FamFG eröffnet, das sonst mangels Anhörung der Eltern nicht stattfinden kann, weil § 155 a Abs. 4 S. 2 FamFG die Vorschrift des § 156 Abs. 1 FamFG nur für „entsprechend" anwendbar erklärt, wenn ein **reguläres Sorgerechtsverfahren** durchgeführt wird.[181] Der Weg ins gemeinsame Sorgerecht wird nicht nur materiell rechtlich auf eine negative Kontrolle verengt, sondern durch eine Sonderregelung „vereinfachtes Verfahren" erleichtert.[182] Dabei gelten folgende verfahrensrechtliche **Besonderheiten:**

1. Antrag

116 Im Antrag auf Übertragung der gemeinsamen Sorge sind Geburtsdatum und Geburtsort des Kindes anzugeben. Damit wird sichergestellt, dass das Gericht die ab Geburt des Kindes laufende Karenzfrist von 6 Wochen berechnen kann. Die Mitteilung des Geburtsortes ist für die Benachrichtigung des für die Führung des Sorgeregisters zuständigen Jugendamts notwendig.

2. Vorrang- und Beschleunigungsgebot

117 § 155 Abs. 1 FamFG ist entsprechend anwendbar, dh es gilt das dort normierte Vorrang- und Beschleunigungsgebot für die Verfahren nach § 1626 a Abs. 2. Die Vorschriften des § 155 Abs. 2 und 3 FamFG sollen nicht gelten, da ein Erörterungstermin entbehrlich ist, wenn keine Gründe ersichtlich sind, die der Übertragung der gemeinsamen elterlichen Sorge entgegenstehen können.[183] Werden dem Gericht durch den Vortrag der Beteiligten oder auf sonstige Weise Gründe bekannt, die der gemeinsamen elterlichen Sorge entgegenstehen können, gilt jedoch 155 Abs. 2 mit der Maßgabe entsprechend, dass der **Termin spätestens 1 Monat** nach Bekanntwerden der Gründe stattfinden soll, jedoch nicht vor Ablauf der Stellungnahmefrist der Mutter, die frühestens 6 Wochen nach der Geburt des Kindes endet. § 155 Abs. 3 und § 156 Abs. 1 FamFG gelten dann entsprechend, § 155 a Abs. 4 FamFG.

3. Zustellung

118 Der Antrag der Übertragung der gemeinsamen Sorge ist dem anderen Elternteil vom Gericht nach den §§ 166-195 ZPO zuzustellen. Durch das Zustellungserfordernis erhöht sich in den Fällen, in denen die beteiligten Eltern zusammen wohnen, die Gewähr, dass der Antrag den anderen Elternteil tatsächlich erreicht. Hält er sich in der Wohnung auf, hat der Zusteller ihm den **Antrag persönlich zu übergeben**. Diese Re-

---

180 Vgl Keuter FamRZ 2012, 825, 826; Stellungnahme der Bundesrechtsanwaltskammer Nr. 23 vom Mai 2012.
181 Coester FamRZ 2012, 1337 (1341).
182 Kritisch hierzu Keuter FamRZ 2012, 825; Coester FamRZ 2012, 1337 (1341).
183 BT-Drucks. 17/11048, 32.

gelung schränkt das dem Gericht nach § 15 Abs. 2 S. 1 FamFG eingeräumte Ermessen ein.[184]

4. Stellungnahmefrist/Karenz- bzw Schutzfrist für die Mutter

Das Gericht setzt dem anderen Elternteil eine Frist zur Stellungnahme, die für die   119
Mutter **frühestens 6 Wochen nach der Geburt** des Kindes endet. Die Mutter soll sich unmittelbar nach der Geburt zu dem Sorgeantrag des Vaters nicht äußern müssen und regelt eine Karenz- bzw Schutzfrist für die Mutter. Die Schutzfrist, die von der Stellungnahmefrist **zu unterscheiden ist,** verkürzt sich um den seit der Geburt des Kindes bereits vergangenen Zeitraum. Eine **Verlängerung der Stellungnahmefrist** ist nach § 16 Abs. 2 FamFG iVm § 224 Abs. 2 ZPO möglich.[185]

Die Eltern hatten bereits vor der Entbindung ausreichend Zeit, sich mit dem Thema   120
der Wahrnehmung der gemeinsamen elterlichen Sorge auseinanderzusetzen. Darüber hinaus ist zu berücksichtigen, dass bereits innerhalb dieser sechs Wochen die Mutter als Inhaberin der alleinigen elterlichen Sorge **weitreichende Entscheidungen** treffen kann, die für das Leben des Kindes von Bedeutung sind. Das betrifft insbes. die **Wahl des Namens,** der **Religionszugehörigkeit** und des **Wohnortes** sowie Eingriffe in die körperliche Integrität des Kindes. Die schnelle Herbeiführung von **Rechtsklarheit** dient im Übrigen dem Kindeswohl.

5. Verfahrensrechtliche Vereinfachungen, wenn keine kindeswohlrelevanten Einwände vorliegen

Die verfahrensrechtlichen Vereinfachungen gelten dann, wenn keine Gründe vorge-   121
tragen werden, die der Übertragung der gemeinsamen elterlichen Sorge entgegenste-hen können und wenn auch sonst keine Anhaltspunkte gegeben sind, die gegen die gemeinsamen Sorge sprechen könnten.

a) Keine persönliche Anhörung der Eltern

Das Gericht hat ohne mündliche Erörterung zu entscheiden; an die Stelle der persön-   122
lichen Anhörung der Eltern tritt ihre schriftliche Anhörung. Das richterliche „Hin-wirken auf Einvernehmen" nach § 156 FamFG kann mangels Anhörung nicht statt-finden, ebenso wenig eine richterliche Sachverhaltsaufklärung durch die persönliche Anhörung der Eltern.

b) Keine Beteiligung des Jugendamtes

Das Gericht entscheidet ohne Anhörung des Jugendamtes. Das Jugendamt kann auch   123
nicht gem. § 162 FamFG seine Beteiligung beantragen, § 155 a Abs. 3 S. 2 FamFG; es bekommt allenfalls eine **formlose Mitteilung** des Gerichts von der getroffenen Ent-scheidung. Das Gericht teilt dem nach § 87 c Abs. 6 S. 2 SGB VIII zuständigen Ju-gendamtes seine Entscheidung unter Angaben der Geburtsdatums und des Geburtsor-tes des Kindes sowie des Namens, den das Kind zur Zeit der Beurkundung seiner Ge-burt geführt hat, zu den in § 58 SGB VIII genannten Zwecken formlos mit. Die Mit-

---

184 BT-Drucks. 17/11048, 33.
185 BT-Drucks. 17/11048, 33.

teilungsverpflichtung des Gerichtes soll sicherstellen, dass das Jugendamt, welches das **Sorgeregister** führt, informiert wird, wenn die nicht verheiratete Mutter nicht mehr Inhaberin der alleinigen Sorge ist, weil das Gericht den Eltern im vereinfachten Verfahren die gemeinsame elterliche Sorge ganz oder teilweise übertragen hat. Das Jugendamt kann sich nicht nur am Verfahren nicht beteiligen, sondern hat auch kein Beschwerderecht gegen die Entscheidung.

c) Einschränkung des Amtsermittlungsgrundsatzes

124   Gem. § 155 a Abs. 3 S. 1 FamFG „**soll** das Gericht im schriftlichen Verfahren ohne Anhörung des JA und ohne persönliche Anhörung der Eltern entscheiden", das bedeutet, dass im Regelfall bei Vorliegen der Voraussetzungen des § 1626 a Abs. 2 S. 2 BGB es bei einer Entscheidung im schriftlichen Verfahren bleibt. Dem Familiengericht ist es aber möglich, in bes. gelagerten Ausnahmefällen im normalen, aber vorrangig und beschleunigt durchzuführenden Verfahren nach § 155 a Abs. 4 FamFG zu entscheiden. Dies kann etwa dann in Betracht kommen, wenn der bisherige Vortrag der Mutter zeigt, dass ihr sprachliches Ausdrucksvermögen stark eingeschränkt ist.[186] Verfahren in Kindschaftssachen unterliegen grds. der **Amtsermittlungspflicht**. Das bedeutet, dass das Gericht von sich aus alle Erkenntnisquellen nutzen muss, um sich ein möglichst vollständiges Bild von dem zugrundeliegenden Sachverhalt zu machen. Durch den Verzicht auf die persönliche Anhörung der Eltern und den Verzicht auf die Inanspruchnahme des Beratungspotenzials des Jugendamtes im Vorfeld des Gerichtsverfahrens sowie im Verfahren hinsichtlich seiner möglichen Kenntnis der Familienverhältnisse und seiner fachlichen Kompetenzen wird der sonst in Kindschaftssachen grundsätzlich umfassende Amtsermittlungsgrundsatz nach § 26 FamFG erheblich eingeschränkt,[187] zumal auch die Erkenntnisse des Erziehungspersonals in Kindergärten und Schulen sowie der Schulsozialarbeiter nicht herangezogen werden können. Der Grund hierfür ist, dass § 1626 a Abs. 2 S. 2 von der materiell rechtlichen Vermutung ausgeht, „dass die gemeinsame elterliche Sorge dem Kindeswohl nicht widerspricht".

d) Anhörung des Kindes

125   Auch im vereinfachten Verfahren ist die persönliche Anhörung des mindestens 3-jährigen Kindes unter den Voraussetzungen des § 159 FamFG obligatorisch. Da im vereinfachten Verfahren „ohne persönliche Anhörung der Eltern" im Regelfall entschieden werden soll, darf der persönlich nicht anzuhörende Elternteil, der das Kind begleitet nicht mitangehört werden. Wird er angehört, verletzt dies darüber hinaus das Interesse der Chancengleichheit bezgl. des nicht mitanwesenden Elternteils.

126   Das Kind ist persönlich anzuhören, wenn die Neigungen, Bindungen oder der Wille des Kindes für die Entscheidung von Bedeutung sind oder wenn eine persönliche Anhörung aus sonstigen Gründen angezeigt ist, § 159 Abs. 2 FamFG. Das Kind soll über den Gegenstand, Ablauf und möglichen Ausgang des Verfahrens in einer geeigneten und seinem Alter entsprechenden Weise informiert werden, soweit nicht Nach-

---

186   So BT-Drucks. 17/12198, 9.
187   Vgl Keuter, FamRZ 2012, 825 (826); Coester FamRZ 2012, 1337 (1341).

teile für seine Entwicklung, Erziehung oder Gesundheit zu befürchten sind. Die persönliche Anhörung des Kindes soll **in Anwesenheit des Verfahrensbeistandes** stattfinden. § 159 Abs. 4 S. 3 FamFG sieht für die Anhörung des Kindes vor, dass diese in Anwesenheit des bestellten **Verfahrensbeistandes** stattfinden soll. Hiervon kann nur ausnahmsweise abgesehen werden, wenn dies im Einzelfall aus Gründen eines besseren Sachaufklärung geboten ist. [188]

e) Verfahrensbeistand

Der Stellung des Verfahrensbeistandes wurde bei Einführung des FamFG besondere 127 Bedeutung zugewiesen und die Rechtsprechung legt auf die Bestellung eines Verfahrensbeistandes ausweislich der ober- und höchstrichterlichen Rechtsprechung sehr viel Wert und unterstreicht die Richtigkeit der frühzeitigen Bestellung eines Verfahrensbeistandes zur Wahrnehmung der Interessen des Kindes. Dem Gericht soll es dadurch ermöglicht werden, sich einen umfassenden, objektiven Überblick über die familiäre Situation zu verschaffen, der wiederum für die Frage, ob es dem Wohl des Kindes widerspricht, die elterliche Sorge gemeinsam wahrzunehmen, wichtig ist. Der Gesetzgeber hat dabei die damit **verbundenen Kosten** für einen Verfahrensbeistand zwischen 350,00 EUR und 550,00 EUR und damit die erhöhten Kosten im Rahmen der bewilligten VKH **bewusst in Kauf genommen.** Nach den Vorstellungen des Gesetzgebers soll aber nunmehr die Bestellung eines Verfahrensbeistandes zur Wahrnehmung der Interessen des Kindes im vereinfachten schriftlichen Verfahren regelmäßig nicht erforderlich sein, § 158 Abs. 1 FamFG, da die Übertragung der gemeinsamen elterlichen Sorge in diesem Verfahren nur in Betracht kommt, wenn dem Gericht keine Gründe bekannt sind, die der gemeinsamen elterlichen Sorge entgegenstehen können.[189] Problematisch wird dies dann, wenn die Mutter sich gegen das gemeinsame Sorgerecht wehrt, aber keine ausreichenden kindeswohlrelevanten Gründe iSd § 1626a Abs. 2 S. 2 vorbringt, weil dann möglicherweise die Interessen des Kindes und die seiner Mutter in „erheblichem Gegensatz" stehen können.[190] § 159 Abs. 4 S. 3 sieht für die Anhörung eines Kindes vor, dass diese in Anwesenheit des Verfahrensbeistands stattfinden soll. Der BGH[191] betont, dass von der Anwesenheit des Verfahrensbeistandes bei der Anhörung eines Kindes nur ausnahmsweise abgesehen werden kann, wenn dies im Einzelfall aus Gründen einer besseren Sachaufklärung geboten ist, worüber das Gericht nach pflichtgemäßem Ermessen zu befinden hat. In jedem Fall ist aber zu beachten, dass es dem Verfahrensbeistand möglich sein muss, seine gesetzliche Aufgabe, dem Willen und den Interessen des Kindes Geltung zu verschaffen, sinnvoll zu erfüllen. Jedenfalls in den Fällen, in denen sich ein Elternteil gegen das gemeinsame Sorgerecht wehrt, wird die Bestellung eines Verfahrensbeistandes notwendig sein, § 158 FamFG, um zu gewährleisten, dass bei der persönlichen Anhörung des Kindes dem Willen und den Interessen des Kindes Geltung verschafft wird.

---

188 Vgl BGH FamRZ 2012, 1556 Rn 14.
189 BT-Drucks. 17/11048, 33.
190 Keuter FamRZ 2012, 825 (827); Coester FamRZ 2012, 1337 (1342).
191 FamRZ 2012, 1556 Rn 14.

6. Ausschluss des vereinfachten Verfahrens/ Übergang zum Hauptverfahren

128   Das vereinfachte Verfahren nach § 155 a Abs. 3 FamFG kommt nicht in Betracht, wenn die vorgetragenen und dem Gericht auf andere Weise bekannt gewordenen Gründe der gemeinsamen Sorge potenziell entgegenstehen können.[192] Die radikale Verfahrens- und Entscheidungsvereinfachung gilt naturgemäß nicht, wenn dem Gericht „durch den Vortrag der Beteiligten oder auf sonstige Weise Gründe bekannt (werden), die der gemeinsamen elterlichen Sorge entgegenstehen können", § 155 a Abs. 4 FamFG; § 1626 a Abs. 2 S. 2 BGB.[193] Auch nicht in bes. gelagerten Ausnahmefällen, etwa dann, wenn der bisherige Vortrag der Mutter zeigt, dass ihr sprachliches Ausdrucksvermögen stark eingeschränkt ist.[194]

129   Dann muss die Frage, ob die gemeinsame Sorge im konkreten Einzelfall **dem Kindeswohl tatsächlich widerspricht** durch das Gericht – wie in sonstigen Sorgerechtsverfahren – geprüft werden. Ist dies nicht der Fall, bedarf es keiner weiteren Ermittlungen durch das Gericht.[195] Werden dem Gericht nach § 155 a Abs. 4 Gründe bekannt, die der gemeinsamen elterliche Sorge entgegenstehen können, kommt das vereinfachte Verfahren nach Abs. 3 nicht in Betracht und die Entscheidung muss im **normalen Hauptverfahren** ergehen. Es gelten dann die unter D) VI. Rn 269 ff. dargestellten wesentlichen Verfahrensgrundsätze, einschließlich des Amtsermittlungsgrundsatzes gem. § 26 FamFG.

a) Erörterungstermin

130   Der frühe Erörterungstermin gem. § 155 Abs. 2 FamFG soll **spätestens 1 Monat nach Bekanntwerden der kindeswohlrelevanten Gründe** gegen eine gemeinsame Sorge stattfinden, aber nicht vor Ablauf der nachgeburtlichen 6-wöchigen Schonfrist für die Mutter, § 155 a Abs. 4 FamFG.[196] Damit wird dem Umstand Rechnung getragen, dass das Gericht, sofern sich dies nicht bereits aus Angaben im Antrag des Vaters ergibt, erst durch Angaben in der Stellungnahme der Mutter die **Notwendigkeit zur Terminierung** erkennen kann. Ergibt sie sich erst aufgrund der Stellungnahme der Mutter, hat dies eine entsprechende Verlängerung der Verfahrensdauer zur Folge.

b) Persönliche Anhörung der Eltern

131   Das Gericht soll gem. dem entsprechend anwendbaren § 155 Abs. 3 FamFG das **persönliche Erscheinen** der verfahrensfähigen Beteiligten zu dem Termin anordnen und die Eltern gem. § 160 FamFG anhören sowie die Sache mit den Beteiligten im Termin erörtern, § 155 Abs. 2 FamFG.

---

192   BT-Drucks. 17/11048, 33.
193   Coester FamRZ 2012, 1337 (1341).
194   BT-Drucks. 17/12198, 9.
195   So. BT-Drucks. 17/11048, 33.
196   Coester FamRZ 2012, 1337 (1341).

c) Hinwirken auf Einvernehmen gem. § 156 FamFG

Die entsprechende Anwendbarkeit von § 156 Abs. 1 FamFG eröffnet dem Gericht   132
Möglichkeiten, auf ein Einvernehmen der Beteiligten hinzuwirken.[197] Sie sind auf die
Beratungs- Mediations- und Unterstützungsangebote hinzuweisen.

d) Verfahrensbeistand

Das Gericht hat dem minderjährigen Kind in Kindschaftssachen, die seine Person be-   133
treffen, einen geeigneten Verfahrensbeistand zu bestellen, soweit dies zur Wahrnehmung seiner Interessen erforderlich ist, § 158 Abs. 1 FamFG. Im streitigen Sorgerechtsverfahren wird dies regelmäßig der Fall sein, weil nach dem gesetzlichen Leitbild davon auszugehen ist, dass die elterliche Sorge- und Verantwortungsgemeinschaft dem Kindeswohl nicht widerspricht. Da in jedem Fall zu beachten ist, dass es
dem Verfahrensbeistand möglich sein muss, seine gesetzliche Aufgabe, dem Willen
und den Interessen des Kindes Geltung zu verschaffen, sinnvoll zu erfüllen, ist es eine
zwingende Verfahrensvorschrift, dass der Verfahrensbeistand bei der Anhörung des
Kindes **anwesend** ist.[198] Gerade auch durch den Verfahrensbeistand ist es dem Gericht möglich, sich einen umfassenden, objektiven Überblick über die familiäre Situation zu verschaffen, der wiederum für die Frage, ob es dem Wohl des Kindes widerspricht, die elterliche Sorge gemeinsam wahrzunehmen, wichtig ist.

e) Anhörung des Kindes

Das über 3-jährige Kind ist nach den Vorgaben des § 159 FamFG regelmäßig anzu-   134
hören.

f) Mitwirkung des Jugendamtes

Das Gericht hat gem. § 162 FamFG das Jugendamt anzuhören und kann schon im   135
Vorfeld des Gerichtsverfahrens sowie im Rahmen des Verfahrens die möglichen
Kenntnisse der Familienverhältnisse und die fachlichen Kompetenzen des Jugendamtes miteinbeziehen. Im Rahmen der Amtsermittlungspflicht muss das Gericht von
sich aus alle Erkenntnisquellen nutzen, um sich ein möglichst vollständiges Bild von
dem zugrundeliegenden Sachverhalt zu machen. Dazu ist es insbes. auf Informationen angewiesen, die durch das staatliche Wächteramt des JA erzielt werden können,
aber auch auf Erkenntnisse des **Erziehungspersonals** in Kindergärten und Schulen sowie auf Schulsozialarbeiter.

g) Grundsätze des normalen, nicht vereinfachten Verfahrens

Im Übrigen gelten für das normale, nicht vereinfachte Verfahren die gleichen Vorga-   136
ben, die für Verfahren in Kindschaftssachen gelten. Insoweit wird Bezug genommen
auf die Ausführungen zu den wesentlichen Verfahrensgrundsätzen im Hauptverfahren unten Rn 269 ff.

---

197 BT-Drucks. 17/11048, 34.
198 BGH FamRZ 2012, 1556 Rn 12, 14.

7. Mitteilung gegenüber dem Geburtsjugendamt

137 Kommt das vereinfachte Verfahren nicht zur Anwendung, hat das **Jugendamt**, dem die Entscheidung des Gerichts nach § 162 Abs. 3 S. 1 FamFG bekannt zu machen ist, die Mitteilung gem. § 50 Abs. 3 SGB VIII gegenüber dem Geburtsjugendamt vorzunehmen.

8. Sorgeerklärungen zur Niederschrift des Gerichts

138 Nach § 155 a Abs. 5 FamFG können Sorgeerklärungen und Zustimmungen des gesetzlichen Vertreters eines beschränkt geschäftsfähigen Elternteils auch im Erörterungstermin zur Niederschrift des Gerichts erklärt werden. Die Abgabe der Erklärungen zur Niederschrift des Gerichts ersetzt die nach § 1626 d Abs. 1 BGB erforderliche **öffentliche Beurkundung**.

139 Durch § 1616 d Abs. 2 BGB ist sichergestellt, dass das für die Führung des **Sorgeregisters** zuständige Jugendamt informiert wird, wenn die nicht verheiratete Mutter nicht mehr Inhaberin der alleinigen elterlichen Sorge ist. Die Bestimmung stellt klar, dass § 1626 d Abs. 2 BGB das **Gericht** zur **Vornahme der Mitteilung gegenüber dem Geburtsjugendamt verpflichtet ist**, wenn die Eltern im Erörterungstermin Sorgeerklärungen zur Niederschrift des Gerichts abgeben.[199]

9. Keine Abhilfemöglichkeit

140 Gegen eine Endentscheidung in einer Familiensache ist gem. § 68 Abs. 1 S. 2 FamFG im Fall der Beschwerde eine Abhilfeprüfung des Ausgangsgerichts nicht vorgesehen. Wird eine solche Entscheidung, die im vereinfachten Verfahren gem. § 155 a Abs. 3 FamFG und unter Zugrundelegung der Vermutung nach § 1626 a Abs. 2 S. 2 BGB erlassen worden ist, angefochten, hat dies zur Folge, dass die **erste echte Sachprüfung** erst beim **Oberlandesgericht** stattfindet. Die Tatsachenermittlung wird in diesem Fall in Abweichung von dem Verfahren in anderen Kindschaftssachen nahezu vollständig in die **2. Instanz verlagert**. Das Gesetz begründet dies damit,[200] dass das Beschwerderecht nicht nur eine bloße Nachprüfung der angefochtenen Entscheidung, sondern eine **volle Tatsacheninstanz** vorsieht. Demzufolge hat das OLG den Sachverhalt eigenständig zu ermitteln und festzustellen und dabei auch Tatsachen zu berücksichtigen, die in der **1. Instanz nicht vorgebracht** wurden. Der Ausschluss der Abhilfe bezweckt vor allem eine zügige Erledigung des Beschwerdeverfahrens, weil eine Abhilfemöglichkeit zu einer wesentlichen Verfahrensverzögerung führen würde. Andererseits wird wegen der fehlenden Abhilfemöglichkeit der Familienrichter im Beschwerdeverfahren das Gericht abwägen müssen, ob es eine dem familienrechtlichen Verfahren völlig fremde Entscheidung nach Aktenlage trifft, oder doch von der Möglichkeit Gebrauch macht in einem Hauptverfahren die vorhandenen Erkenntnisquellen zu nutzen um eine Entscheidung von dieser Tragweite treffen zu können.

---

199 BT-Drucks. 17/11048, 34.
200 RegE BT-Drucks. 17/11048, 48.

Heiß

VII. Abänderung nach § 1696 Abs. 1 S. 2 BGB

Gem. § 1696 Abs. 1 S. 2 BGB können Entscheidungen nach § 1626 a Abs. 2 gem. **141**
§ 1671 Abs. 1 geändert werden; § 1671 Abs. 4 gilt entsprechend. § 1696 Abs. 1 S. 2
enthält eine **Sonderregelung** für die Abänderung gerichtlicher Entscheidungen, mit
denen den Eltern gem. § 1626 a Abs. 1 Nr. 3, Abs. 2 BGB die elterliche Sorge gemeinsam übertragen wurde. Abweichend von Satz 1 sollen solche die gemeinsame Sorge
herbeiführende Entscheidungen bereits dann geändert werden können, wenn die Voraussetzungen des § 1671 Abs. 1 vorliegen. Hierdurch soll erreicht werden, dass die
erstmalige gerichtliche Abänderung der gem. § 1626 a Abs. 1 Nr. 3, Abs. 2 übertragenen gemeinsamen Sorge denselben Abänderungsregeln folgt, wie sie bei verheirateten
Eltern gelten, denen die gemeinsame Sorge von Gesetzes wegen zusteht.[201] Da auch
nicht verheiratete Eltern die Sorge für ihr Kind **grundsätzlich gemeinsam ausüben sollen**, wäre es nicht gerechtfertigt, eine spätere erste gerichtliche Abänderung der gemeinsamen Sorge nur zuzulassen, wenn den hohen Anforderungen des § 1696 genüge
getan ist.[202] Nach einer formell bestandskräftigen Sorgerechtsregelung nach § 1626 a
Abs. 2 sind also Änderungen im Rahmen eines Verfahrens nach § 1696 Abs. 1 S. 2
möglich, wenn Abänderungsgründe nach der Erstentscheidung eingetreten oder nachträglich bekannt geworden sind.[203] Es gilt nicht der strenge Prüfungsmaßstab des
Satz 1, dh das Familiengericht muss nicht die positive Überzeugung gewinnen, dass
die Abänderung aus triftigen, das Wohl des Kindes nachhaltig berührenden Gründen
angezeigt ist, sondern es genügt für die **Aufhebung** der gemeinsamen elterlichen Sorge
und die Rückkehr zur Alleinsorge eines Elternteils die Erwartung, dass die Aufhebung der gemeinsamen Sorge und die Übertragung auf den Antragsteller dem Wohl
des Kindes am besten entspricht. Die vom Gericht vorzunehmende Kindeswohlprüfung richtet sich nach den gleichen Kriterien wie sie unter D. I. 2. Rn 216 ff. dargestellt sind. Ebenso genügt es für die Abänderung der gemeinsamen Sorge nach einer
Entscheidung gem. § 1676 a Abs. 2, wenn „der andere Elternteil zustimmt, es sei
denn, das Kind hat das 14. Lebensjahr vollendet und widerspricht der Übertragung".
Dann gelten die oben unter Rn 198 ff. dargestellten Kriterien. Eine Kindeswohlprüfung findet – wie bei einer Erstentscheidung – nicht statt. Die Einigung der Eltern
über die künftige Gestaltung des Sorgerechtsverhältnisses ist auch im Rahmen dieses
Abänderungsverfahrens nach § 1696 Abs. 1 S. 2 für das Gericht bedeutsam. Eine
sachliche Rechtfertigung dafür, in diesem Abänderungsverfahren bei bestehendem Elternkonsens andere rechtliche Maßstäbe bei der Sorgerechtsentscheidung zugrunde
zu legen als im Erstverfahren, ist nicht erkennbar. Auch für die Rückkehr von der gemeinsamen Sorge zur Alleinsorge eines Elternteils auf übereinstimmenden Wunsch
beider Eltern hat der **Elternkonsens** grundsätzliche Maßgeblichkeit bei der Gestaltung des Sorgerechts im Abänderungsverfahren.[204]

---

201 BT-Drucks. 17/11048, 31.
202 BG-Drucks. 17/11048, 31.
203 Vgl OLG Thüringen FamRZ 2005, 52 für den Fall der Verletzung des Rechts des Kindes auf gewaltfreie
    Erziehung gem. § 1631 Abs. 2.
204 Vgl Schwab/Motzer III Rn 90.

142 Würde jedoch die angestrebte Änderung eine **Gefährdung** des körperlichen, geistigen oder seelischen Wohls des Kindes oder seines Vermögens mit sich bringen, hat das Familiengericht es trotz eines übereinstimmenden Abänderungsbegehrens der Eltern bei der bisherigen Regelung zu belassen.

143 Das bloße spätere **Abrücken** eines Elternteils von der gemeinsamen Sorge infolge eines nachträglichen Sinneswandels, lässt jedoch die Grundlage der Gerichtsentscheidung nicht entfallen. Die Aufhebung der gemeinsamen Sorge kommt nicht schon deshalb in Betracht, weil ein Elternteil sein Einverständnis mit der gemeinsamen Sorge aufkündigt, sondern es müssen die Voraussetzungen des § 1671 Abs. 1 vorgetragen werden und vorliegen.

144 Der Abänderung nach § 1696 unterliegen nur **gerichtliche Entscheidungen** über die elterliche Sorge, nicht jedoch Vereinbarungen der Eltern hierüber, die nicht vom Familiengericht umgesetzt worden sind.[205] § 1696 Abs. 1 S. 2 greift ihrem Wortlaut nach auch ein, wenn das Familiengericht bereits einen **Antrag** des Vaters nach § 1626a Abs. 2 **zurückgewiesen** hat. Angemessener erscheint in diesem Fall allerdings die Änderungsschwelle des § 1696 Abs. 1 S. 1.[206]

VIII. Antragsmuster

1. Übertragung der gemeinsamen Sorge insgesamt

145 **Antrag auf Übertragung der gemeinsamen Sorge nach § 1626a Abs. 1 Nr. 3 iVm Abs. 2 BGB**

An das

Amtsgericht ...

– Familiengericht –

In der Familiensache des

... geb. am ... wohnhaft ...

– Antragsteller/Vater –

Verfahrensbevollmächtigter: ...

gegen

... geb. am ... wohnhaft ...

– Antragsgegnerin/Mutter –

Verfahrensbevollmächtigter: ...

betreffend das minderjährige Kind ..., geb. am ..., geb. in ... wohnhaft ...

wird für den Vater und Antragsteller **beantragt:**

---

205 OLG Thüringen FamRZ 2008, 806; Schwab/Motzer III Rn 85.
206 Palandt/Götz, Einführung vor § 1626 Rn 26.

Heiß

Die elterliche Sorge für das Kind ..., geb. am ..., geb. in ... wird den Eltern ... und ... gemeinsam übertragen.

Begründung[207]

Das Kind ..., geb. am ..., Geburtsort: ... ist das leibliche Kind des Antragstellers ...

Der Antragsteller hat die **Vaterschaft** zu dem Kind ... durch Urkunde des Jugendamtes ... Urkundenregister-Nummer: ... am ...

anerkannt.

Beweis: Vaterschaftsanerkennungsurkunde in Ablichtung als Anlage beigefügt.

Die Kindesmutter und der Antragsteller haben in der Zeit von ... bis ... nichtehelich zusammengelebt.

Aus dieser Beziehung ist das minderjährige Kind ... hervorgegangen.

Das Kind lebt seit der Trennung seiner Eltern am... im Haushalt der Kindesmutter in ...

Eine **Sorgeerklärung** wurde nicht abgegeben. Der Kindesvater und die Kindesmutter sind nicht und waren auch nicht miteinander verheiratet.

Der Kindesunterhalt für das Kind ... wird regelmäßig in Höhe von monatlich ... an die Kindesmutter bezahlt.

Der Kindesvater möchte die **elterliche Mitverantwortung** für das gemeinsame Kind in gemeinsamer Verantwortung mit der Kindesmutter übernehmen.

Kindeswohlrelevante Gründe die gegen eine gemeinsame Verantwortungsübernahme der Eltern sprechen könnten, liegen nicht vor. Die für die gemeinsame Sorge erforderliche **Kooperationsfähigkeit und Kooperationswilligkeit** zwischen den Eltern ist gegeben, ebenso eine tragfähige soziale Beziehung. Für den Fall, dass es zwischen den Eltern zu Kommunikationsproblemen kommen sollte, erklärt sich der Antragsteller schon jetzt bereit, diese durch die Inanspruchnahme fachkundiger Hilfe von außen (Erziehungsberatung/Jugendamt etc.) zu beseitigen oder abzumildern. Jedenfalls ist der Antragsteller bereit, alle Mühen und Anstrengungen auf sich zu nehmen, um im Bereich der elterlichen Sorge zu gemeinsamen Lösungen im Interesse des Kindes zu gelangen. Des Weiteren erklärt sich der Antragsteller bereits jetzt dazu bereit, Beratungsangebote des JA und erforderliche öffentliche Hilfen in Anspruch zu nehmen. Der Antragsteller neigt weder zu Gewalttätigkeiten noch ist es alkohol-, tabletten- oder drogenabhängig; er ist auch nicht spielsüchtig oder sonst erziehungsungeeignet.

Da die gemeinsame Sorge nach dem Gesetz dem Kindeswohl nicht widerspricht, wird beantragt im vereinfachten schriftlichen Verfahren die gemeinsame Sorge nach Aktenlage zuzusprechen, hilfsweise ein Hauptsacheverfahren durchzuführen.

...

---

207 Die einzelnen zutreffenden Argumente sollen jeweils mit möglichst konkreten Beispielen ausführlich untermauert werden.

2. Übertragung von Teilen der elterlichen Sorge zur gemeinsamen Sorge

146 **Antrag auf Übertragung von Teilbereichen der elterlichen Sorge auf beide Eltern gem. § 1626 a Abs. 1 Nr. 3 iVm Abs. 2 BGB**

Das Aufenthaltsbestimmungsrecht und die damit verbundene Alleinentscheidungsbefugnis in Angelegenheiten des täglichen Lebens für das Kind ..., geb. am ..., geb. in ... wird der Kindesmutter ..., geboren am ... alleine übertragen.

Im Übrigen wird die elterliche Sorge für das Kind ... den Eltern ... und ..., geb. am ... gemeinsam übertragen.

Begründung[208]

Die Begründung des Antrags kann in gleicher Weise erfolgen wie im Muster Rn 145

Jedoch sollte die Begründung in Ziff. 7 wie folgt ergänzt werden:

Das Kind wird von der Mutter gut betreut und versorgt. Der Antragsteller möchte von Anfang an klarstellen, dass der Mutter weiterhin der Bereich des Aufenthaltsbestimmungsrechts und die damit verbundene Alltagsalleinsorge belassen werden soll. Es steht außer Frage, dass das Kind bei der Mutter lebt. Zwischen den Eltern besteht Übereinstimmung, dass die Mutter bzgl des Aufenthaltsbestimmungsrechts weiterhin alleinsorgeberechtigt ist. Daraus wird auch verdeutlicht, dass zwischen den Eltern das erforderliche Maß an Überstimmung besteht.

D. Übertragung der Alleinsorge

147 Die fehlende Kooperationsbereitschaft und -fähigkeit der Eltern ist „ein gewichtiger Grund, eine gemeinsame elterliche Sorge nicht zu eröffnen oder aufrecht zu erhalten, sondern einem Elternteil die Sorge für das Kind allein zu übertragen".[209] Der Ausschluss des Zugangs der Vaters zur elterlichen Sorge bei mangelnder Zustimmung der Mutter stellt einen schwerwiegenden, unverhältnismäßigen und nicht gerechtfertigten Eingriff in das Elternrecht des Vaters aus Art. 6 Abs. 2 GG dar.[210] Die Übertragung auf den Vater ist aber wegen des damit verbundenen **Sorgerechtsentzugs** auf Seiten der Mutter nur dann gerechtfertigt, wenn es zur Wahrung des väterlichen Elternrechts keine andere Möglichkeit gibt, die weniger in das mütterliche Elternrecht eingreift, und wenn gewichtige Kindeswohlgründe vorliegen, die den Sorgerechtsentzug nahelegen.[211]

148 § 1671 BGB eröffnet auch dem nicht mit der Mutter verheirateten Vater eines Kindes die Möglichkeit einer gerichtlichen Überprüfung, ob es aus Gründen des Kindeswohls angezeigt ist, ihm anstelle der Mutter die Alleinsorge für das Kind auch bei fehlender Zustimmung der Mutter und gegen den Willen der Mutter zu übertragen. Dabei geht es um die Übertragung der Alleinsorge auf einen Elternteil bei **Getrenntleben** der Eltern.

---

208 Die einzelnen zutreffenden Argumente sollen jeweils mit möglichst konkreten Beispielen ausführlich untermauert werden.
209 BVerfG FamRZ 2010, 1403 (1410).
210 BVerfG FamRZ 2010, 1403.
211 BVerfG FamRZ 2010, 1403; RegE BT-Drucks. 17/11048, 13.

Das Kindeswohl, nicht die Elternrechte, ist der letztlich ausschlaggebende Gesichts- 149
punkt sowohl bei der Frage, ob der Vater zum Sorgerecht der Mutter hinzutreten soll
oder ob ein **Wechsel der Alleinsorge**, die originär nach § 1626 a Abs. 3 BGB zunächst
der Mutter zusteht, stattfinden soll.[212] In den Fällen, in denen eine gemeinsame Sorgeverantwortung beider Eltern nicht in Betracht kommt, soll der besser geeignete Elternteil das Alleinsorgerecht zugewiesen bekommen.[213] Daher überträgt das Familiengericht dem Vater auf Antrag eines Elternteils die elterliche Sorge oder einen Teil
der elterlichen Sorge, soweit eine gemeinsame Sorge nicht in Betracht kommt und zu
erwarten ist, dass dies dem Kindeswohl am besten entspricht.[214]

Alle Fälle, in denen Eltern nicht nur vorübergehend getrennt leben und ein Elternteil 150
die Übertragung der elterlichen Sorge auf sich allein begehrt, werden von der Vorschrift des § 1671 BGB erfasst.[215]

§ 1671 regelt sowohl den Fall, 151

(1) dass gemeinsam sorgeberechtigte Eltern nicht nur vorübergehend getrennt leben
    und ein Elternteil die Übertragung der Alleinsorge beantragt, oder dass

(2) bei Alleinsorge der Mutter nach § 1626 a Abs. 3 BGB und Getrenntleben der El-
    tern der Vater die Übertragung der Alleinsorge auf sich beantragt.

§ 1671 BGB Übertragung der Alleinsorge bei Getrenntleben der Eltern
(1) Leben Eltern nicht nur vorübergehend getrennt und steht ihnen die elterliche Sorge gemeinsam
zu, so kann jeder Elternteil beantragen, dass ihm das Familiengericht die elterliche Sorge oder einen
Teil der elterlichen Sorge allein überträgt. Dem Antrag ist stattzugeben, soweit
1. der andere Elternteil zustimmt, es sei denn, das Kind hat das 14. Lebensjahr vollendet und widerspricht der Übertragung, oder
2. zu erwarten ist, dass die Aufhebung der gemeinsamen Sorge und die Übertragung auf den Antragsteller dem Wohl des Kindes am besten entspricht.
(2) ...
(3) Ruht die elterliche Sorge der Mutter nach § 1751 Abs. 1 S. 2, so gilt der Antrag des Vaters auf
Übertragung der gemeinsamen elterlichen Sorge nach § 1626 a Abs. 2 als Antrag nach Abs. 2. Dem
Antrag ist stattzugeben, soweit die Übertragung der elterlichen Sorge auf den Vater dem Wohl des
Kindes nicht widerspricht.
(4) Den Anträgen nach den Absätzen 1 und 2 ist nicht stattzugeben, soweit die elterliche Sorge auf
Grund anderer Vorschriften abweichend geregelt werden muss.

§ 1671 BGB regelt sowohl die Beendigung des bisher gemeinsamen Sorgerechts als 152
auch den Wechsel von der Alleinsorge der Mutter zur Alleinsorge des Vaters.[216]

Während § 1671 Abs. 1 Nr. 1 den Übergang von **gemeinsamer Sorge zur Alleinsorge** 153
eines bereits bislang sorgeberechtigten Elternteils regelt und damit zumindest ein Elternteil, der bereits mitsorgeberechtigt war, für das Kind als Sorgeberechtigter erhalten bleibt, regelt § 1671 Abs. 2 Nr. 1 den Fall eines vollständigen **Austausches des
Sorgeberechtigten**. Der bisher nicht an der Sorge beteiligte Vater übernimmt alleine

---

212 Coester FamRZ 2012, 1337 (1339).
213 S. Coester JZ 1992, 809, 814; Coester FamRZ 1995, 1245 (1246, 1248).
214 So schon BVerfG FamRZ 2010, 1403 (1410) Rn 76.
215 RegE BT-Drucks. 17/11048, 25.
216 Vgl hierzu DFGT, ZKJ 2012, 263 (265).

die Sorgeverantwortung; die bisher allein sorgeberechtigte Mutter scheidet vollständig aus der Sorgeverantwortung aus.

154   Die weitere Umgestaltung des Sorgerechtsverhältnisses nach vorheriger Übertragung der Alleinsorge auf den Vater nach § 1671 Abs. 2 unterfällt der allgemeinen **Abänderungsregelung** § 1696 BGB und den hierzu entwickelten Grundsätzen. Dies gilt sowohl für die Rückübertragung des Sorgerechts auf die Mutter als auch für den Übergang in das gemeinsame Sorgerecht.[217]

I. Übergang von der gemeinsamen Sorge zur Alleinsorge

155   Beim Übergang von der gemeinsamen Sorge zur Alleinsorge eines Elternteils erfolgt eine **doppelte Kindeswohlprüfung**, wonach die Auflösung der gemeinsamen Sorge im Interesse des Kindeswohls geboten sein muss und die Übertragung auf den Antragsteller dem Wohl des Kindes am besten entsprechen muss. Das hat zur Folge, dass einer Mutter, die unmittelbar nach erfolgreichem Antrag des Vaters gem. § 1626 a Abs. 1 Nr. 3, Abs. 2 einen Antrag auf Alleinsorge nach § 1671 Abs. 1 Nr. 2 stellt, kein Erfolg beschieden sein kann, wenn ein Scheitern der gemeinsamen Elternverantwortung nicht festzustellen ist.[218]

1. Übertragung der Alleinsorge mit Zustimmung des anderen Elternteils, § 1671 Abs. 1 Nr. 1

156   Trennen sich die Eltern, bleibt die gemeinsame Sorge als beiderseitiges und gemeinschaftliches Recht und gemeinsame Pflicht ohne jede gerichtliche Prüfung grds. unverändert und unbeschränkt bestehen, jedoch mit den Modifikationen nach §§ 1687, 1629 Abs. 2 S. 2 BGB – unabhängig davon, ob die Eltern miteinander verheiratet sind oder nicht. Voraussetzung ist nur, dass ihnen die elterliche Sorge gemeinsam zusteht. § 1671 BGB ist immer dann anwendbar, wenn sich die Eltern nicht nur vorübergehend getrennt haben, wobei sich das **Getrenntleben** nach der Vorschrift des § 1567 Abs. 1 BGB definiert. Auch dann, wenn die Eltern mit ihrem Kind noch in derselben Wohnung leben, die Eltern untereinander aber getrennt iSd § 1567 Abs. 1 S. 2 BGB leben, ist eine Sorgerechtsentscheidung auf Antrag eines Elternteils möglich. Nicht ausreichend ist, dass ein Elternteil lediglich **beabsichtigt**, sich demnächst von dem anderen zu trennen und zB die gemeinsame Wohnung zusammen mit dem Kind zu verlassen.[219]

a) Antragsberechtigung

157   Ein förmliches Antragsrecht haben nur die Eltern selbst, nicht aber das Kind oder das Jugendamt. Unbenommen ist es jedoch dem Kind und dem Jugendamt, beim Familiengericht Anregung zur Abwehr einer drohenden Kindeswohlgefährdung vorzutragen.[220] Der Antrag nach § 1671 setzt voraus, dass die Eltern bereits „nicht nur vorübergehend" getrennt leben. Will ein Elternteil, der noch mit dem anderen zusam-

---

217 RegE BT-Drucks. 17/11048, 26.
218 RegE BT-Drucks. 17/11048, 26.
219 Palandt/Diederichsen Rn 8 zu § 1567.
220 BT-Drucks. 13/4899, 98.

Heiß

menlebt, das Familienheim mit den Kindern verlassen oder will er sich die Ehewohnung nach § 1361 b BGB alleine zuweisen lassen, um mit den Kindern dort zu verbleiben, liegen die Voraussetzungen des § 1671 Abs. 1 BGB nicht vor. In diesen Fällen kann lediglich der Weg über § 1628 BGB versucht werden (zB Übertragung der Aufenthaltsbestimmung an denjenigen Elternteil, der sich unter Mitnahme der Kinder vom anderen Elternteil trennen will).

b) Antrag auf Übertragung von Teilbereichen

Der Antrag auf Übertragung der Alleinsorge kann auf einen Teil der Sorge be- 158
schränkt werden. Dann ist eine Entscheidung des Familiengerichts nur über den vom Antrag erfassten Teil der elterlichen Sorge zulässig, während es iÜ bei der gemeinsamen Sorge verbleibt[221] – außer wenn eine Entscheidungsnotwendigkeit gem. §§ 1666-1667 besteht. Die Aufteilung der elterlichen Sorge ist grds. unbeschränkt möglich[222] und nicht auf die in § 1626 Abs. 1 S. 2 genannten Bereiche der Personen- und Vermögenssorge begrenzt. Insbes. ist eine Beschränkung zB auf das Aufenthaltsbestimmungsrecht, die Gesundheitsfürsorge, auf Kindergarten- und Schulangelegenheiten, die Berufsausbildung, die Regelung des Umgangs mit anderen Personen oder die Vermögensangelegenheiten zulässig.[223]

Ein künstliches Zerschneiden der kindlichen Lebenswelt soll aber soweit wie möglich 159
vermieden werden. Eingriffe in die elterliche Sorge dürfen nach dem Erforderlichkeitsprinzip nur erfolgen, soweit sie notwendig sind. Dabei muss stets das Beste des Kindeswohls berücksichtigt werden. Aufteilungen, die das Leben des Kindes rechtlich unnötig zergliedern und in kritischen Fällen dem Kindeswohl entgegenstehende Komplikationen verursachen, sind zu vermeiden.[224] Nicht zulässig ist die Aufteilung der elterlichen Sorge auf beide Elternteile nach periodischen Zeitabschnitten in Form eines **Wechselmodells**, bei dem das Kind in abwechselnden, ungefähr gleich langen Phasen in den jeweiligen Haushalten der Eltern wohnt, denn § 1671 macht die gerichtliche Sorgerechtsregelung davon abhängig, dass die Übertragung der elterlichen Sorge (ganz oder teilweise) auf den Antragsteller allein beantragt wird. Die Anordnung eines fortlaufend periodischen Wechsels des Alleinsorgerechts zwischen den Eltern erfüllt diese Voraussetzung nicht.[225] Zulässig ist demgegenüber ein für die **Zukunft** vorgesehener einmaliger Wechsel der Sorgerechtszuständigkeit.[226]

c) Zustimmung des anderen Elternteils

Da für die Zustimmung **keine Form** vorgeschrieben ist, kann sie dem Gericht formlos 160
oder auch im Rahmen der Anhörung gem. § 160 FamFG mitgeteilt werden. Sie kann auch auf einen Teil des Sorgerechts, zB des Aufenthaltsbestimmungsrechts, beschrankt erteilt werden. Hinsichtlich dieses Teilbereichs ist dann über den Sorgerechtsantrag gem. § 1671 Abs. 1 Nr. 1 zu entscheiden und iÜ nach Nr. 2. Ein **minder-**

---

221 OLG Brandenburg FamRZ 2003, 1953.
222 Coester FamRZ 1996, 1181 (1185).
223 MüKo/Huber § 1628 Rn 11; BT-Drucks. 13/4899, 99.
224 Schwab FamRZ 1998, 457 (465).
225 Johannsen/Henrich/Jaeger § 1671 Rn 19; OLG Celle FamRZ 2008, 2053.
226 Vgl Johannsen/Henrich/Jaeger § 1671 Rn 19.

jähriger Elternteil kann seine Zustimmung ohne Mitwirkung des gesetzlichen Vertreters erklären (abgeleitet aus § 125 Abs. 1 FamFG, § 1750 Abs. 3 S. 2 BGB). Ein **geschäftsunfähiger** Elternteil kann weder selbst noch durch seinen gesetzlichen Vertreter eine wirksame Zustimmungserklärung abgeben.[227]

161 Die Zustimmung ist **frei widerruflich** bis zur Entscheidung in der letzten Tatsacheninstanz, bedarf keiner Begründung und ist formlos möglich (auch im Scheidungsverbundverfahren besteht insoweit kein Anwaltszwang). Das Gericht hat sodann die volle Kindeswohlprüfung nach Nr. 2 vorzunehmen, wobei die frühere Einigung der Eltern bei der umfassenden gerichtlichen Prüfung nach Nr. 2 nicht unbeachtlich ist.[228] Auch wenn die Einigung über das Sorgerecht in einer Gesamtvereinbarung zu den Scheidungsfolgen erfolgte, kann die Zustimmung einseitig widerrufen werden; zu überprüfen sind dann die Auswirkungen auf die übrigen Absprachen nach den Grundsätzen über die Veränderung der Geschäftsgrundlage.

d) Widerspruch des Kindes

162 Das über 14 Jahre alte Kind kann gem. § 1671 Abs. 1 Nr. 2 die Bindungswirkung der Elterneinigung für das Gericht aufheben und verhindern, dass die Sorgerechtsregelung ohne Sachprüfung erfolgt; einen eigenen Sachantrag kann das Kind aber nicht stellen. Der Widerspruch des Kindes ist während des gesamten Sorgerechtsverfahrens bis zur Entscheidung in der letzten Tatsacheninstanz **formlos** möglich und kann auch im Rahmen der gem. § 159 FamFG erforderlichen persönlichen Anhörung des Kindes erfolgen.[229] Abgeklärt werden muss, ob das Kind sich bewusst gegen die von den Eltern einvernehmlich vorgesehene Sorgerechtsübertragung stellen und die Entscheidung der Eltern letztlich blockieren will oder ob es nur allgemein seine Unzufriedenheit über die Trennung der Eltern zum Ausdruck bringen will. Ein abweichender Vorschlag des Kindes ist nicht erforderlich, um die Notwendigkeit der gerichtlichen Kindeswohlprüfung herbeizuführen, sondern es reicht der bloße Widerspruch. Nach einer Kindeswohlprüfung gem. Nr. 2 kann das Gericht dem elterlichen Antrag auch gegen den Widerspruch des Kindes stattgeben.[230] Bei der Divergenz von Elterneinigung und dem Wunsch des Kindes muss iRd der dann notwendigen gerichtlichen Kindeswohlprüfung eine Erörterung der konträren Standpunkte mit den Beteiligten stattfinden, insbes. muss abgeklärt werden, ob der Elternteil, der auf die elterliche Sorge verzichtet hatte im Hinblick auf den gegenteiligen Kindesvorschlag bereit ist, die elterliche Sorge zu übernehmen, weil ihm andernfalls die elterliche Sorge nicht übertragen werden kann.[231]

163 **Sinn und Zweck** des Widerspruchsrechts des Kindes ist vor allem, die Eltern anzuhalten, frühzeitig die Einstellung des Kindes zur Sorgerechtsfrage zu erforschen und mit

---

227 Johannsen/Henrich/Jaeger § 1671 Rn 23.
228 Vgl Kropholler NJW 1984, 271 (273).
229 OLG Celle FamRZ 2007, 756, wonach der Zweck der Anhörung ist, festzustellen ob das Kind der beantragten Sorgeregelung nicht widerspricht.
230 BT-Drucks. 13/4899, 99; MüKo/Finger Rn 68; Palandt/Diederichsen Rn 13 zu § 1671; Johannsen/Henrich/Jaeger § 1671 Rn 27.
231 Vgl Johannsen/Henrich/Jaeger § 1671 Rn 54.

ihm bei dem eigenen Willensbildungsprozess vor einem gemeinsamen Vorschlag zu besprechen und zu berücksichtigen.[232]

e) Gerichtliche Entscheidung

Das Gericht **muss ohne Kindeswohlprüfung** dem Antrag eines Elternteils auf Allein-   164
sorge im Ganzen oder in Teilbereichen stattgeben, wenn der andere Elternteil zustimmt und das über 14 Jahre alte Kind nicht widerspricht – auch wenn eine Übereinstimmung nur in Teilbereichen, wie zB dem Aufenthaltsbestimmungsrecht vorliegt.[233] Dies gilt auch dann, wenn das Gericht erkannt hat, dass die Entscheidung
dem Kindeswohl nicht dient oder dass der andere Elternteil der bessere Erzieher und
Betreuer ist und dass das Kind zu ihm die erheblich stärkeren Bindungen hat oder
wenn ein unter 14 Jahre altes Kind dem Antrag widerspricht und sich den anderen
Elternteil als alleinigen Sorgeberechtigten wünscht.[234]

Nur wenn konkrete Anhaltspunkte für eine **Kindeswohlgefährdung** bestehen, kann   165
das Gericht gem. § 1671 Abs. 4 iVm § 1666 von Amts wegen einen staatlichen Eingriff in das Sorgerechtsverhältnis vornehmen.

Nr. 2 betrifft den Fall, dass von zwei bisher gemeinsam Sorgeberechtigten einer aus-   166
scheidet; das Gesetz geht davon aus, dass der Konsens der in gemeinsamer Sorge bereits erprobten Eltern im Hinblick auf das Kindeswohl eine verlässliche Basis hat und
ihm daher ein großes Gewicht beizumessen ist.[235]

f) Abänderung nach § 1696 Abs. 1 S. 1

Gem. § 1696 Abs. 1 S. 1 hat das Familiengericht seine Entscheidung zu ändern,   167
„wenn dies aus triftigen das Wohl des Kindes nachhaltig berührenden Gründen angezeigt ist". Bei der **Zweitentscheidung** über die elterliche Sorge ist eine **umfassende
Kindeswohlprüfung** vorzunehmen und zwar mit einem **strengeren Entscheidungsmaßstab** als bei der Erstentscheidung (Ausnahme: § 1696 Abs. 1 S. 2). Da im Interesse des Kindeswohls das **Kontinuitätsprinzip** ein großes Gewicht hat,[236] müssen die
Gründe für eine Abänderung so erheblich sein, dass ihnen gegenüber dem Grundsatz
der Kontinuität der Vorrang beizumessen ist.[237] Auch im Abänderungsverfahren
nach § 1696 Abs. 1 S. 1 kommt dem **Elternkonsens** über die Gestaltung des Sorgerechts im Abänderungsverfahren grundsätzliche Bedeutung zu; dies folgt aus Art. 6
Abs. 2 S. 1 GG.

Einigen sich die Eltern nach Übertragung der Alleinsorge auf einen Elternteil dahin,   168
dass die Alleinsorge nunmehr auf den anderen Elternteil übertragen wird oder wollen
sie auf übereinstimmenden Wunsch beider Eltern zur gemeinsamen Sorge zurückkehren, besteht keine Rechtfertigung, an den strengeren Anforderungen des § 1696
Abs. 1 S. 1 festzuhalten als sie für den Wechsel von der Alleinsorge der Mutter zur

---

232 Johannsen/Henrich/Jaeger § 1671 Rn 29.
233 OLG Hamm FamRZ 1998, 1315; OLG Dresden FamRZ 2000, 501.
234 Johannsen/Heinrich/Jaeger § 1671 Rn 30.
235 BT-Drucks. 17/11048, 27.
236 Vgl Schwab FamRZ 1998, 457 (471).
237 Schwab/Motzer III Rn 85; OLG Köln OLGR 2007, 176.

Alleinsorge des Vaters nach § 1671 Abs. 2 BGB ohnehin schon vorgegeben sind.[238] Etwas anderes gilt dann, wenn Anhaltspunkte dafür vorliegen, dass die angestrebte Änderung eine **Kindeswohlgefährdung** iSd § 1666 BGB mit sich bringen würde; dann kann trotz übereinstimmendem Abänderungsbegehren der Eltern die bisherige Regelung nicht abgeändert werden.

169 Allein das spätere **Abrücken eines Elternteils** vom Antrag oder der Zustimmung zur Alleinsorge infolge eines nachträglichen Sinneswandels lässt aber die Grundlage der Gerichtsentscheidung nicht entfallen. Liegt ein Konsens der Eltern zur Abänderung vor, muss dennoch die gleiche Kindeswohlprüfung wie beim Wechsel von der Alleinsorge der Mutter zur Alleinsorge des Vaters nach § 1671 Abs. 2 BGB erfolgen;[239] lediglich der strengere Entscheidungsmaßstab des § 1696 Abs. 1 S. 1 ist dann wegen des Konsenses der Eltern nicht anzuwenden.

170 Liegt **kein Konsens** der Eltern vor und soll im Abänderungsverfahren ein Wechsel in der Person des Alleinsorgeberechtigten oder eine Rückkehr zur gemeinsamen Sorge erreicht werden, darf demgegenüber die Abänderung nur erfolgen, wenn dies aus triftigen, das Wohl des Kindes nachhaltig berührenden Gründen angezeigt ist, wobei eine **umfassende Kindeswohlprüfung** vorzunehmen ist und zwar nach dem strengeren Entscheidungsmaßstab des § 1696 Abs. 1. S. 1. Die Gründe für die Abänderung müssen so erheblich sein, dass ihnen gegenüber dem Grundsatz der Erziehungskontinuität der Vorrang beizumessen ist.[240] Gem. § 1696 Abs. 1 BGB ist **Voraussetzung** für die Abänderung, dass diese zum Wohl des Kindes **erforderlich** ist. Hierfür müssen **triftige, das Kindeswohl nachhaltig berührende Gründe** vorliegen. Allein der Formulierung der Vorschrift ist schon zu entnehmen, dass zwar Änderungen gerichtlicher Anordnungen, in denen für Kinder so wichtigen Sorgerechtsstreitigkeiten nicht grds. ausgeschlossen sein sollen, der Gesetzgeber dem Gedanken der **Kontinuität** aber eine entscheidende Bedeutung beimisst. Eine Änderung der tatsächlichen Verhältnisse führt daher **nur dann** zu einer Abänderung der getroffenen Regelung, wenn die Entscheidung angesichts der geänderten Verhältnisse unter dem Gesichtspunkt des Kindeswohls **nicht mehr zu verantworten** ist.

g) Antragsmuster für Übertragung der Alleinsorge gem. § 1671 Abs. 1 Nr. 1 BGB

171 **Antrag auf Übertragung der Alleinsorge gem. § 1671 Abs. 1 Nr. 1 BGB**

Die elterliche Sorge für das minderjährige Kind ..., geb. am ... wird der Antragstellerin ... zur alleinigen Ausübung übertragen.

Begründung[241]

Die Eltern, beide deutsche Staatsangehörige, haben am ... die Ehe miteinander geschlossen. Sie leben seit ... dauerhaft voneinander getrennt. Ein Ehescheidungsverfahren ist bislang nicht anhängig.

---

238 Ausf. hierzu D. II. Rn 207 ff.
239 S. u. D. II. Rn. 214 ff.
240 OLG Köln OLGR 2007, 176; Schwab/Motzer III. Rn 85.
241 Die einzelnen zutreffenden Argumente sollen jeweils mit möglichst konkreten Beispielen ausführlich untermauert werden.

Aus der Ehe der Beteiligten ist die minderjährige Tochter ..., geb. am ... hervorgegangen, die seit der Trennung ihrer Eltern im Haushalt der Antragstellerin lebt.

Die Eltern haben sich einvernehmlich dahingehend geeinigt, dass sie die gemeinsame elterliche Sorge nicht beibehalten möchten. Der Grund hierfür ist vor allem, dass der Antragsgegner wegen seiner Berufstätigkeit nicht in der Lage sein wird, die elterliche Sorge angemessen wahrzunehmen, zumal er sich voraussichtlich viel im Ausland aufhalten wird.

Die Eltern sind sich darüber einig, dass dem Antragsgegner ein umfassendes Umgangsrecht zustehen soll, das im Termin zur mündlichen Verhandlung protokolliert und familiengerichtlich gebilligt werden möge.

Der Antragsgegner wird der Übertragung der elterlichen Sorge auf die Antragstellerin im Termin zustimmen.

Die bereits 14-jährige gemeinsame Tochter hat sich mit der beabsichtigten Regelung ausdrücklich einverstanden erklärt. Sie ist mit der zwischen den Eltern und ihr abgestimmten Entscheidung einverstanden.

<u>Beweis:</u> Anhörung des Kindes gem. § 159 Abs. 1 FamFG.

...

2. Alleinsorge ohne Zustimmung des anderen Elternteils oder nach Kindeswiderspruch, § 1671 Abs. 1 Nr. 2

Die Übertragung der Alleinsorge (ganz oder teilweise) auf den Antragsteller erfordert die Erwartung, dass 172

(1) die Aufhebung der gemeinsamen Sorge dem Wohl des Kindes am besten entspricht und

(2) die Übertragung auf den Antragsteller dem Wohl des Kindes am besten entspricht.

Es muss somit eine **doppelte Kindeswohlprüfung** stattfinden. Daneben hat das Familiengericht nach dem Grundsatz des geringstmöglichen Eingriffs stets die Frage mit zu prüfen, ob einem Antrag auf vollständige Übertragung der Alleinsorge im Hinblick auf das Kindeswohl gänzlich oder nur für einen Teilbereich, wie etwa für das Aufenthaltsbestimmungsrecht, die Gesundheitsfürsorge oder für schulische Angelegenheiten stattzugeben ist.[242] 173

a) Kindeswohlprüfung zur Aufhebung der gemeinsamen Sorge

Außer in den Fällen, in denen die Eltern die Sorgerechtsverantwortung übereinstimmend weiterhin gemeinsam tragen wollen, gibt es **keinen generellen verfassungsrechtlichen Vorrang** der gemeinsamen Sorge gegenüber der Alleinsorge eines Elternteils,[243] auch wenn nach dem Willen des Gesetzgebers die gemeinsame Sorge der Regelfall sein soll (soweit möglich). 174

---

242 Vgl BVerfG FamRZ 2004, 1015; BGH FamRZ 2008, 592; OLG München FamRZ 1999, 1006; OLG München FamRZ 1999, 111 (112).
243 Vgl BVerfG FamRZ 1982, 1179; FA-FamR Maier Kap. 4 Rn 199; Johannsen/Henrich/Jaeger § 1671 Rn 34.

175 **Grundvoraussetzung**[244] für die Aufrechterhaltung der gemeinsamen elterlichen Sorge ist die

- uneingeschränkte Erziehungsgeeignetheit beider Eltern sowie

- die Kooperationsfähigkeit und Kooperationsbereitschaft beider Eltern,

- außerdem dürfen keine Gründe vorliegen, die unter dem Gesichtspunkt des Kindeswohls erforderlich machen, das Sorgerecht nur einem Elternteil zu übertragen.[245]

aa) Erziehungsgeeignetheit

176 Einem zur Pflege und Erziehung des Kindes ungeeigneten Elternteil darf die gemeinsame elterliche Sorge nicht belassen werden. Erziehungsungeeignetheit liegt idR vor bei

- schweren Gewaltanwendungen gegenüber dem anderen Elternteil,[246]

- sonstigen Misshandlungen unter Verletzung des Rechtes des Kindes auf **gewaltfreie Erziehung**, also bei körperlichen Bestrafungen, seelischen Verletzungen und anderen entwürdigenden Maßnahmen iSd § 1631 Abs. 2 BGB,

- Vernachlässigung des Kindes,

- Alkohol-, Drogen-, oder Tablettenmissbrauch infolge einer Suchterkrankung eines Elternteils, wobei gelegentlicher Konsum nicht ausreichend ist,[247]

- Spielsucht,

- allgemeines Erziehungsunvermögen wie unzureichende Betreuung, mangelhafte Ernährung, Bekleidung oder Hygiene des Kindes, wobei häufige Erkrankungen oder ein erheblicher Entwicklungsrückstand auf eine Vernachlässigung hindeuten,

- nachhaltige Ablehnung und Abneigung des Kindes gegen einen Elternteil.

bb) Fehlende Kooperationsbereitschaft

177 Für eine gesunde gedeihliche Entwicklung des Kindes erscheint eine enge vertrauensvolle Beziehung zu beiden Elternteilen wichtig. Wünschenswert ist es daher, dass sich bei dem betroffenen Kind das Bewusstsein entwickeln kann, beide Elternteile seien über die Trennung hinaus an seiner geistig-seelischen Entwicklung gleichermaßen interessiert, würden Verständnis für seine Bedürfnisse zeigen und seien gewillt, Verantwortung für eine kindgerechte Umsetzung seiner Bedürfnisse zu übernehmen. Liegen diese Voraussetzungen vor, ist die Aufrechterhaltung der gemeinsamen elterlichen Sorge im wohlverstandenen Kindeswohlinteresse.[248] Die gemeinsame Ausübung der Elternverantwortung, die sich als oberste Richtschnur an dem so verstandenen Kindeswohl auszurichten hat, setzt jedoch eine tragfähige soziale Beziehung zwischen

---

244 So schon BVerfG FamRZ 1982, 1179; BVerfG FamRZ 2003, 285 (289).
245 KG FamRZ 1994, 316.
246 BVerfG FamRZ 2004, 354 (355); OLG Karlsruhe FamRZ 2002, 1209 (1220).
247 OLG Nürnberg FamRZ 1999, 1160.
248 OLG Köln FamRZ 2013, 47.

Heiß

den Eltern voraus und erfordert daher ein Mindestmaß an Übereinstimmung zwischen ihnen. Zentrale Bedeutung gewinnen damit – objektive – Kooperationsfähigkeit und – subjektive – Kooperationsbereitschaft der Eltern.[249] Vermögen die Eltern nach der Trennung eine gemeinsame „Kommunikations- und Problemlösungsebene" nicht aufzubauen und steht dies – prognostisch – auch für die Zukunft nicht zu erwarten, ist die gemeinsame elterliche Sorge **aufzulösen** und die Sorge demjenigen Elternteil zuzuweisen, bei dem das Wohl des Kindes am besten gewahrt zu werden verspricht. Denn in diesem Fall steht die vom Kind wahrgenommene Zerstrittenheit der Eltern bzw das anerkannte Desinteresse eines Elternteils an seiner Entwicklung dem Kindeswohl entgegen. Vielmehr erscheint die „gemeinsame Sorge" eher das Kindeswohl gefährdend, wenn sich das Kind immer wieder vergegenwärtigen muss, dass es für die Eltern mit seinen Belangen als **„Zankapfel"** herhalten muss.[250] Die Eltern haben gem. § 1627 BGB die elterliche Sorge in **gegenseitigem Einvernehmen** zum Wohl des Kindes auszuüben. Bei Meinungsverschiedenheiten müssen sie versuchen, sich zu einigen. Kooperationsfähigkeit ist die Fähigkeit der Eltern, sich nur auf das Kindeswohl zu konzentrieren und den anderen Elternteil als Erzieher und gleichwertigen Bindungspartner des Kindes zu respektieren und persönliche Interessen und Differenzen zu übergehen.[251] Solange die Eltern in Angelegenheiten von erheblicher Bedeutung für das Kind sich einigen können, kann vom Vorliegen einer Kooperationsbereitschaft ausgegangen werden.[252] Kann eine Kooperationsfähigkeit bejaht werden und ist auch nicht erkennbar, dass die Eltern einigungsfähig sind, führt dies zur Aufhebung der gemeinsamen Sorge.[253] Es ist zu befürchten, dass das Kind von den zu erwartenden Streitigkeiten und Konflikten der Eltern mitbetroffen oder gar in den Streit hineingezogen wird.[254] Es ist zu befürchten, dass den Eltern eine gemeinsame Entscheidungsfindung nicht möglich sein wird und das Kind folglich erheblich belastet würde, wenn die Eltern gezwungen würden, die Sorge gemeinsam zu tragen. Auch der **BGH** betont immer wieder, dass der **Alleinsorge der Vorzug** vor der gemeinsamen Sorge zu geben ist, wenn diese praktisch nicht „funktioniert".[255] Allerdings kann der **pauschale Vortrag** eines Elternteils, er könne nicht mit dem anderen Elternteil sprechen und sie hätten auch völlig unterschiedliche Wertvorstellungen für sich genommen noch nicht dazu führen, die gemeinsame elterliche Sorge aufzuheben. Keinesfalls genügt es, lediglich **formelhafte Wendungen** hierzu vorzutragen, wenn ein Elternteil die Alleinsorge auf fehlende Kooperationsbereitschaft oder -fähigkeit stützt. Vielmehr müssen sich aus einem konkreten Sachvortrag **konkrete Anhaltspunkte** dafür entnehmen lassen, dass eine tragfähige Basis für eine gemeinsame elterliche Sorge nicht besteht und **Bemühungen** der Eltern um eine gelingende Kommunikation gescheitert sind. Sind die Eltern jedoch nicht willens oder nicht in der Lage, sich über

---

249 OLG Köln FamRZ 2013, 47.
250 OLG Köln FamRZ 2013, 47.
251 OLG München FamRZ 2002, 189; Johannsen/Henrich/Jager § 1671 Rn 36; AG Ratzeburg FamRZ 2000, 505 (506).
252 KG FamRZ 1999, 737; 2000, 504; OLG Hamm FamRZ 2002, 1208; 2001, 183.
253 Vgl auch OLG Karlsruhe FamRZ 1999, 801, OLG Köln FamRZ 2005, 1275.
254 Vgl BGH FamRZ 1999, 1646 (1647).
255 BGH FamRZ 2005, 1167.

Heiß

die Angelegenheiten des Kindes zu verständigen, und ist nicht **wenigstens ein Mindestmaß** an Konsensbereitschaft in wesentlichen Bereichen der elterlichen Sorge erkennbar, können ständige, das Kind betreffende Streitigkeiten zu Belastungen für das Kind führen, die mit dem Wohl des Kindes nicht vereinbar sind, weil es den Eltern nicht gelingt, zu Entscheidungen im Interesse des Kindes zu gelangen. Es müssen dann **konkrete Vorkommnisse** dargelegt werden: wann, bei welchem Anlass und auf welche Weise Bemühungen um eine gemeinsame Elternentscheidung stattgefunden haben und diese an der Verweigerungshaltung des anderen Elternteils gescheitert sind.[256] Wechselseitige Strafanzeigen oder wenn die Eltern ausschließlich über ihre Rechtsanwälte miteinander verkehren oder wenn das Verhältnis zwischen den Eltern durch **Gewaltanwendung** eines Elternteils belastet ist, sprechen gegen die Belassung des gemeinsamen Sorgerechts. Bei Gewaltanwendung ist zu befürchten, dass sich das gewalttätige Verhalten fortsetzt, was weder kindeswohlverträglich noch dem anderen Elternteil zumutbar ist. Es kann einer Mutter nicht zum Nachteil gereichen, wenn sie aufgrund der Misshandlungen durch den Vater ihre Fähigkeit, mit ihm zu kommunizieren, eingebüßt hat.[257] Schon der Antrag der Alleinsorge ist ein Indiz für das Fehlen der Kooperationsbereitschaft,[258] weil er zeigt, dass der Antragsteller zur Fortführung der gemeinsamen Sorge nicht gewillt ist. Es ist dann Aufgabe des Gerichts, zu erkunden, ob Chancen bestehen, dass die Eltern zur Kooperation zurückfinden können. Dabei sind die Eltern auf die Beratungs- und Unterstützungsangebote des Jugendamtes und der Beratungsstellen gem. §§ 17 Abs. 2, 28, 50 Abs. 2 SGB VIII hinzuweisen, § 156 Abs. 1 S. 2 FamFG. Das Gericht soll darüber hinaus gem. § 156 Abs. 1 S. 1 FamFG auf ein Einvernehmen der Eltern hinwirken. Das Gericht soll die Eltern in geeigneten Fällen auf die Möglichkeit der **Mediation** und der sonstigen außergerichtlichen Streitbeilegung hinweisen, § 156 Abs. 1 S. 3 FamFG, ohne dabei die Eltern zu einem derartigen Versuch verpflichten zu können. Das Gericht kann aber verbindlich anordnen, dass die Eltern an einer Beratung durch die Beratungsdienste der Kinder- und Jugendhilfe (§ 156 Abs. 1 S. 2 FamFG) teilnehmen. Die Befolgung der Anordnung kann allerdings nicht erzwungen werden. Sind alle Möglichkeiten erfolglos erschöpft, entspricht die Aufhebung der gemeinsamen Sorge dem Kindeswohl am besten.[259] **Eine Pflicht zur Kooperation** der Eltern wäre lebensfremd und widerspricht dem Wohl des Kindes, da sich Gemeinsamkeit nicht verordnen lässt.[260]

cc) Weitere Gründe für die Aufhebung der gemeinsamen Sorge

178 ■ Eine **große Entfernung** zwischen den Wohnungen der Eltern schließt die Ausübung der gemeinsamen elterlichen Sorge im Hinblick auf die modernen Kommunikationsmittel sowie auf die gesetzliche Regelung in § 1687 Abs. 1 S. 2, 3 nicht grds. aus.[261]

---

256 OLG Hamm FamRZ 2005, 537.
257 Vgl BVerfG FamRZ 2004, 354; s. auch o. A III. 1.
258 OLG Hamm FamRZ 1999, 38 (39).
259 OLG Celle FamRZ 2005, 52; OLG Braunschweig FamRZ 2001, 1637; MüKo/Finger § 1671 Rn 73.
260 Vgl BT-Drucks. 13/4899, 63; FA-FamR Maier Kap. 4 Rn 207.
261 BVerfG FamRZ 2004, 1015; OLG Köln FamRZ 2003, 1036.

Heiß

- **Gleichgültigkeit** eines Elternteils[262] am Kind, das sich zB in einem Desinteresse am Umgang zeigt oder an fehlender Entrichtung von Barunterhalt sowie an der fehlenden Mitwirkung bei der Erziehung, zB Nichterscheinen zu Elterngesprächen in Kindergarten und Schule oder zum Gespräch beim Jugendamt.[263]

- Nachhaltige Verletzungen der Unterhaltspflicht können eine Übertragung der Vermögenssorge auf einen Elternteil allein erfordern.[264]

- Die von einem schon älteren Kind selbst entschieden erklärte, nachvollziehbar begründete Ablehnung der Ausübung der elterlichen Sorge eines Elternteils.[265]

- Meinungsverschiedenheiten der Eltern über die **religiöse Erziehung** des Kindes sind idR kein ausreichender Grund für die Aufhebung der gemeinsamen Sorge.[266]

- Die Zugehörigkeit eines Elternteils zur Glaubensgemeinschaft der **Zeugen Jehovas** rechtfertigt die Aufhebung der gemeinsamen Sorge nicht, wenn der Elternteil glaubhaft erklärt, uneingeschränkt bei der Erhaltung der Gesundheit des Kindes mitzuwirken und bei Notwendigkeit auch Bluttransfusionen zuzustimmen.[267]

- Die **Verweigerung** der Annahme von **Beratung** kann als kindeswohlfeindliche Unterlassung zu beurteilen sein.[268] Durch § 17 SGB VIII ist sichergestellt, dass durch frühzeitig ansetzende Beratungsangebote die Entscheidung der Eltern begleitet wird; Familiengericht und Jugendhilfe müssen kooperieren. Dadurch wird sichergestellt, dass das Beratungsangebot den Eltern bekannt und von ihnen wahrgenommen wird. Die Jugendämter schreiben die Eltern an und informieren über das Beratungsangebot sowie über den Beratungsanspruch. Es ist Teil der Elternpflicht, gem. §§ 1628, 1687 BGB, § 18 SGB VIII, die gewährte Hilfen anzunehmen.[269]

- Wenn zu befürchten ist, dass das Fortbestehen der gemeinsamen Sorge als Mittel zur Fortsetzung von Unterdrückung und Qual des Vaters gegen die Mutter oder umgekehrt missbraucht wird.

- Häufige feindliche oder gehässige Streitigkeiten in Kindesangelegenheiten.

dd) Teilaufhebung der gemeinsamen Sorge

Ergibt die Kindeswohlprüfung, dass nur eine partielle Störung der Ausübung der gemeinsamen Sorge zB bzgl des Aufenthaltsbestimmungsrechts oder der Schulangelegenheiten vorliegt, hat das Familiengericht von Amts wegen zu prüfen, ob zum Schutz des Elternrechts des Antragsgegners sich der Antragsteller nach dem Verhältnismäßigkeitsgrundsatz (Prinzip des geringstmöglichen Eingriffs) mit einer Teilüber- **179**

---

262 Vgl Oelkers FPR 1999, 132 (137).
263 Vgl OLG Dresden FamRZ 2002, 973.
264 OLG Köln FamRZ 2008, 636; Schwab/Motzer III Rn 140; FA-FamR Maier Kap. 4 Rn 211.
265 KG FamRZ 2005, 1768 (1769) – für ein fast 14 Jahre altes Kind.
266 BGH FamRZ 2005, 1167.
267 AG Helmstedt FamRZ 2007, 1837 m. zust. Anm. Hessler S. 1838 u. Pickel FamRZ 2008, 1469, abl. Anm. Weychardt FamRZ 2008, 632, vgl auch EuGHMR FamRZ 2004, 765.
268 OLG Zweibrücken FamRZ 2000, 627.
269 OLG Zweibrücken, FamRZ 2000, 627.

tragung begnügen muss, wobei es dann iÜ bei der gemeinsamen Sorge verbleibt.[270] Das ist vor allem dann von Bedeutung, wenn sich die Eltern nur über eine Frage, wie zB das Aufenthaltsbestimmungsrecht, die Ausbildung des Kindes oder die Gesundheitsfürsorge nicht einigen können.[271] Dann können die Eltern bei entsprechender Kooperationsbereitschaft die elterliche Sorge in allen anderen Bereichen weiterhin gemeinsam ausüben. Soweit das Familiengericht einen Teil der elterlichen Sorge einem Elternteil alleine überträgt, kann dieser bis zur Volljährigkeit des Kindes alle Fragen, die diesen Bereich betreffen, alleine entscheiden. Aus dem gerichtlichen Beschluss muss klar erkennbar sein, welche Teile der elterlichen Sorge einem Elternteil zur Alleinsorge zustehen und inwieweit eine gemeinsame Sorge weiter besteht.

180 Die Notwendigkeit, den **Unterhalt** geltend zu machen, rechtfertigt nach § 1629 Abs. 2 BGB keine Sorgerechtsregelung. **Umgangsprobleme** sind ausschließlich im Verfahren nach § 1684 BGB zu regeln, **Einzelprobleme**[272] nach § 1628 BGB. Kann lediglich keine Einigung der Eltern über den **Lebensmittelpunkt** des Kindes erreicht werden, muss diese Frage aber als notwendige **Vorfrage** für Unterhalt oder Krankenversicherung geklärt werden, hat das Familiengericht das **Aufenthaltsbestimmungsrecht** zu regeln.[273] Streiten sich die Eltern um das Aufenthaltsbestimmungsrecht, ist es sehr wahrscheinlich, dass das Interesse des Kindes zumindest zu dem Interesse eines seiner gesetzlichen Vertreter in erheblichem Gegensatz steht, sodass in aller Regel gem. § 158 Abs. 2 Nr. 1 FamFG unverzüglich ein Verfahrensbeistand zu bestellen ist, auch wenn das Kind gerade 3 Jahre alt ist. In geeigneten Fällen sollte bereits der Verfahrensbeistand mit dem **Ziel** bestellt werden, am Zustandekommen einer einvernehmlichen Regelung über den zukünftigen **Aufenthalt des Kindes** mitzuwirken. Das Interesse des Kindes wird häufig dahin gehen, zu beiden Eltern eine tragfähige Bindung aufrecht zu erhalten, sodass längere Trennungen jeweils vermieden werden sollten. Dies muss den Eltern so früh wie möglich verdeutlicht werden.[274]

b) Kindeswohlprüfung zur Übertragung der Alleinsorge auf den Antragsteller

181 Ist die Aufhebung der gemeinsamen Sorge für das Kindeswohl die beste Lösung, ist dann zu prüfen, ob die Übertragung der Alleinsorge gerade auf den Antragsteller dem Wohl des Kindes am besten entspricht; zentraler Entscheidungsmaßstab ist dabei das Kindeswohlprinzip nach § 1697a BGB. Die Interessen und Rechte der Eltern sind dabei grundsätzlich nachrangig.[275] Bei der gerichtlichen **Prognose**, bei welchem Elternteil eine gedeihliche Entwicklung des Kindes am besten gewährleistet ist, sind folgende Gesichtspunkte miteinzubeziehen:[276]

- Bindungen des Kindes an seine Eltern und Geschwister

- Kontinuitätsprinzip

---

270 BVerfG FamRZ 2004, 1015.
271 Vgl BGH DAVorm 2000, 704, 707; OLG Zweibrücken FamRZ 2000, 1042.
272 Vgl BGH FamRZ 2005, 1167.
273 Schulz/Hüßtege § 1671 Rn 1.
274 OLG Köln FamRZ 2013, 46.
275 BVerfG FamRZ 1996, 1267.
276 S. auch o. A II. 2.

Heiß

- Förderungsprinzip

- Wille des Kindes

- Bindungstoleranz

Alle diese Gesichtspunkte sind in die Kindeswohlprüfung miteinzubeziehen, wobei   182
der Tatrichter an eine bestimmte Gewichtung der Kriterien nicht gebunden ist.[277]

aa) Bindungen des Kindes an seine Eltern, Geschwister und andere Bezugspersonen

Dem Kind sollen die gewachsenen emotionalen und sozialen Bindungen soweit wie   183
möglich erhalten bleiben. Die gefühlsmäßigen Bindungen können bei kleineren Kindern bis zu etwa 9 Jahren idR zuverlässig nur durch ein kinderpsychologisches **Sachverständigengutachten** ermittelt werden. Es ist Aufgabe des Anwalts und des Gerichtes, darauf hinzuwirken, dass die Bindungen des Kindes kompetent und treffsicher
festgestellt werden. Hat das Kind zu einem Elternteil ein besonders enges Verhältnis,
kann dieser Gesichtspunkt im Rahmen der Gesamtbetrachtung streitentscheidende
Bedeutung erlangen. Wenn die Geschwisterbeziehung nicht von besonderer Rivalität
oder andauernder Aggressivität geprägt ist, können vorhandene Bindungen eines Kindes an seine Geschwister vor allem dann ein ganz entscheidungserhebliches Gewicht
haben, wenn die Elternbeziehung zerrüttet ist.[278] Hat das Kind zu beiden Elternteilen
etwa gleich starke Bindungen, kann zu berücksichtigen sein, wenn die Mutter für das
Kind emotional umfassender zur Verfügung steht, insbes. wenn der Vater mit seiner
neuen Lebensgefährtin ein weiteres Kind hat.[279]

bb) Kontinuitätsprinzip

Der abrupte Wechsel in wichtigen Lebensbezügen soll möglichst vermieden wer-   184
den.[280] Der Elternteil, dem die elterliche Sorge allein übertragen werden soll, muss
die **Einheitlichkeit, Gleichmäßigkeit und Stabilität** des Erziehungsverhältnisses sowie
deren äußere Umstände gewährleisten und fortführen.[281] Die Stabilität hinsichtlich
der Betreuungsperson, der Erziehungsgrundsätze und des sozialen Umfelds, wie Kindergarten, Schule, Freunde, Sportverein, Musikgruppe und die Beibehaltung bestehender Bindungen zu Verwandten und Nachbarn sind wichtige Gesichtspunkte, weil
Kinder ein Bedürfnis nach **dauerhaften** Gefühlsbindungen, gleichbleibenden Umwelteinflüssen und stabilen äußeren Verhältnissen haben, wenn sie durch die Trennung
der Eltern die Erfahrung machen müssen, dass auf den Fortbestand der bisherigen
Betreuungssituation kein Verlass ist. Entscheidend ist, dass der betreuende Elternteil
dem Kind eine **gleichmäßige Entwicklung, Geborgenheit und konsequente Erziehung**
vermittelt hat und enge gefühlsmäßige Bindungen im Kind hat entstehen lassen.

---

277 BGH FamRZ 1990, 392 (393); 1985, 169.
278 Heiß Kap. 4 Rn 54.
279 Vgl OLG Düsseldorf FamRZ 1995, 1511 (1513).
280 Vgl Schwab FamRZ 1998, 457, 464.
281 Schulz/Hüßtege § 1671 Rn 15.

cc) Förderungsprinzip

185 Der antragstellende Elternteil muss Förderungswillen und Förderungsfähigkeit besitzen, denn eine gedeihliche Entwicklung des Kindes ist bei dem Elternteil zu erwarten, der ihm die besseren Entwicklungsmöglichkeiten vermittelt und ihm die meiste Unterstützung für den Aufbau seiner Persönlichkeit und eine gleichmäßige und stete Erziehung geben kann.[282] Vor- und Ausbildung eines Elternteils, Verantwortungsbereitschaft und -fähigkeit, Wohnverhältnisse und die wirtschaftliche Situation sowie Kooperationsbereitschaft, insbes. aber die Bereitschaft, sich unter Zurückstellung eigener Belange des Kindes anzunehmen, sind dabei wichtige Kriterien. Dem Förderungsprinzip wird ein Elternteil nur dann gerecht, wenn er bereit ist, den persönlichen Umgang des Kindes mit dem anderen Elternteil nicht nur angstfrei zuzulassen, sondern wenn er in der Lage ist, das Kind in pädagogisch geeigneter Form zu motivieren.[283] Wer gegenüber dem Kind den anderen Elternteil durch gezielte Bemerkungen **abwertet**, weist eine erhebliche Einschränkung seiner Erziehungsgeeignetheit nach. Dadurch bringt er die fehlende Förderungskompetenz zum Ausdruck.

186 Ein **wiederholt vorbestrafter Elternteil** ist grundsätzlich nicht geeignet, die elterliche Sorge für ein minderjähriges Kind auszuüben, weil angesichts seines Vorverhaltens davon auszugehen ist, dass er nicht in der Lage ist, das in der Verfassung verankerte Erziehungsziel für sein Kind zu gewährleisten.[284] Allein der Umstand, dass der eine Elternteil **ausländischer Staatsangehöriger** ist, rechtfertigt nicht die Übertragung des alleinigen Sorgerechts auf den anderen Elternteil.[285] Auch **schlechte deutsche Sprachkenntnisse** stellen grundsätzlich keinen Grund dar, die Erziehungsfähigkeit eines ausländischen Elternteils in Frage zu stellen, wenn die schulische Förderung des Kindes auf andere Weise sichergestellt ist.

dd) Wille des Kindes als Ausdruck seines Selbstbestimmungsrechts

187 Dem Willen des Kindes ist als Ausdruck einer **verfassungsrechtlich** zu achtenden Selbstbestimmung erhebliche Bedeutung beizumessen.[286] Das Kind ist nicht Objekt der Machtansprüche seiner Eltern, sondern Grundrechtsträger mit dem Recht auf freie Entfaltung seiner Persönlichkeit und mit eigener Menschwürde. Bei Entscheidungen, die seine gesamte künftige Lebensweise und Entwicklung betreffen, muss daher der Kindeswille berücksichtigt werden.[287] Die Berücksichtigung des Kindeswillens erfolgt altersabhängig: je älter ein Kind ist, umso mehr ist sein Wille als Akte der Selbstbestimmung zu beachten.[288] Das Gewicht des Kindeswillens verliert an Bedeutung, wenn er auf **massiver Beeinflussung** eines Elternteils beruht (möglicherweise durch Geschenke oder Versprechungen herbeigeführt) oder von unrealistischen Vorstellungen einer Übertragbarkeit von **Sonntagsbedingungen** auf den Alltag getragen ist. Es ist stets zu prüfen, ob der vom Kind geäußerte Wille stabil ist und sich objektiv

---

282 BGH FamRZ 1990, 392 (394); Schwab FamRZ 1998, 457 (464).
283 Oelkers, Sorge- und Umgangsrecht § 1 Rn 313.
284 OLG Bamberg, FamRZ 1991, 1341 (1342).
285 BGH DAVorm 2000, 704 (707).
286 Schnitzler/Knittel § 13 Rn 157; Schwab FamRZ 1998, 457 (465).
287 BVerfG FamRZ 1968, 578 (583); OLG Celle FamRZ 1992, 465; BayObLG FamRZ 1997, 954.
288 BVerfG FamRZ 2008, 1737.

Heiß

mit seinem Wohl vereinbaren lässt.[289] Mit zunehmendem Alter und Einsichtsfähigkeit kommt dem Kindeswillen vermehrte Bedeutung zu.[290] Für sich gesehen ist der Kindeswille allein regelmäßig **nicht streitentscheidend** – außer wenn er so stark ist, dass er nicht übergangen werden kann, ohne das Kind in seiner Existenz zu gefährden.[291] Will das Gericht von einem entschieden geäußerten Willen eines Kindes abweichen und damit dem Selbstbestimmungsrecht des Kindes keine entscheidungserhebliche Bedeutung beimessen (zB bei einem angenommenen Loyalitätskonflikt) ist es in jedem Fall geboten (aber nicht nur dann), dem Kind einen **Verfahrensbeistand** gem. § 158 FamFG zu bestellen; idR ist es auch erforderlich ein kinderpsychologisches **Sachverständigengutachten** einzuholen.[292] Der klar geäußerte Wille des Kindes kann nur aus schwerwiegenden Gründen übergangen werden. Ist der geäußerte Wille zwar nachvollziehbar, aber dem Wohl des Kindes unter keinen Umständen entsprechend, kann eine Sorgerechtsentscheidung auch gegen den Kindeswillen getroffen werden, wenn das eingeholte Sachverständigengutachten zu dem Ergebnis kommt, dass die „wohlverstandenen Kindesinteressen" es rechtfertigen, vom Kindeswillen abzuweichen.[293] Ab einem Lebensalter **von ca. 12 Jahren** wird es kaum mit dem Kindeswohl vereinbar sein, einen entschieden geäußerten Willen des Kindes „zu brechen".[294] Aber auch der Wunsch eines 10-jährigen Kindes wird allgemein als im Rahmen der maßgeblichen Kriterien beachtlich anzusehen sein, auch wenn gefühlsmäßige Bindungen nicht immer rational erfasst und begründet werden können.[295]

ee) Bindungstoleranz

Ein wesentliches Kindeswohlkriterium ist auch die Bindungstoleranz, somit die Frage, ob ein Elternteil seine Erziehungsrolle dazu missbraucht, das Kind dem anderen Elternteil zu entfremden, oder ob er fähig ist, den spannungsfreien Kontakt des Kindes zum anderen Elternteil zu ermöglichen und zu unterstützen.[296] Dem Förderungsprinzip wird ein Elternteil nur dann gerecht, wenn er bereit und in der Lage ist, den persönlichen Umgang des Kindes mit dem anderen Elternteil nicht nur angstfrei zuzulassen, sondern wenn er in der Lage ist, das Kind in pädagogisch geeigneter Form zu motivieren.[297] Wer gegenüber dem Kind den anderen Elternteil durch gezielte Bemerkungen **abwertet**, weist eine erhebliche Einschränkung seiner Erziehungsgeeignetheit nach, insbes. fehlt ihm die erforderliche Förderungskompetenz. | 188

c) Gerichtliche Entscheidung

Kommt das Gericht bei bestehender gemeinsamer Sorge nach der doppelten Kindeswohlprüfung zu dem Ergebnis, dass die Auflösung der gemeinsamen Sorge im Interesse des Kindeswohls geboten ist und die Übertragung auf den Antragsteller dem | 189

---

289 OLG Bamberg ZfJ 1996, 194 (195); OLG Zweibrücken FamRZ 2001, 186.
290 BVerfG FamRZ 2007, 1078; 2007, 105.
291 OLG Hamm FamRZ 1996, 1096 (1097); OLG Frankfurt FamRZ 1997, 573, 574.
292 BVerfG FamRZ 2007, 1797.
293 OLG Hamm FamRZ 1996, 1096; OLG Köln FamRB 2005, 40.
294 OLG Frankfurt FamRZ 2005, 1700 mAnm. Luthin.
295 BVerfG FamRZ 2008, 1737.
296 Schulz/Hüßtege § 1671 Rn 14.
297 Oelkers, Sorge- und Umgangsrecht § 1 Rn 313.

Wohl des Kindes am besten entspricht, hat es die elterliche Sorge oder einen Teil der elterlichen Sorge dem antragstellenden Elternteil allein zu übertragen und es kommt zum Übergang von der gemeinsamen Sorge zur Alleinsorge eines Elternteils. Einer Mutter, die unmittelbar nach erfolgreichem Antrag des Vaters gem. § 1626a Abs. 1 Nr. 3, Abs. 2 BGB (Einräumung des Mitsorgerechts) einen Antrag auf Alleinsorge nach § 1671 Abs. 1 Nr. 2 BGB stellt, kann kein Erfolg beschieden sein, wenn ein Scheitern der gemeinsamen Elternverantwortung nicht festzustellen ist[298]

3. Anderweitige Regelung der elterlichen Sorge

190 Führt das Verfahren zu der Erkenntnis, dass das Wohl des Kindes die Aufhebung der gemeinsamen Sorge erfordert und dass die Übertragung der **Alleinsorge** auf einen der beiden Elternteile dem **Kindeswohl widerspricht**, muss das Gericht gem. § 1671 Abs. 4 BGB die elterliche Sorge anderweitig regeln: „Den Anträgen nach den Abs. 1 und 2 ist nicht stattzugeben, soweit die elterliche Sorge aufgrund anderer Vorschriften abweichend geregelt werden muss". In Betracht kommen insbes. der Entzug der elterlichen Sorge gegenüber beiden Elternteilen und die Einsetzung eines Vormunds bzw eines Pflegers, wenn dies zur Abwendung einer **Gefährdung des Kindeswohls** iSv §§ 1666-1667 BGB erforderlich ist.[299] Jedes Kind hat ein Recht auf Lebensbedingungen, die ihm ein gesundes und ungefährdetes Aufwachsen ermöglichen. Das Recht des Kindes auf **gewaltfreie Erziehung** nach § 1631 Abs. 2 BGB gilt für jedes Lebensalter und für jede Nationalität. **Körperliche Züchtigungen** von Kindern sind generell als Kindeswohlgefährdung anzusehen.[300] Wird das Wohl des Kindes oder seines Vermögens gefährdet und sind die Eltern nicht gewillt oder in der Lage, die Gefahr abzuwenden, so hat das Familiengericht die Maßnahmen zu treffen, die zur Abwendung der Gefahr erforderlich sind. Wenn der Sorgerechtsinhaber einer **Gewaltanwendung gegen das Kind nicht entgegentritt**, liegt eine Kindeswohlgefährdung vor. **Regelfälle des Sorgerechtsmissbrauchs** sind Gewalttätigkeiten, sexueller Missbrauch, seelische Grausamkeit, insbes. aber **Vernachlässigung des Kindes**, die sich gerade durch nachhaltige Gleichgültigkeit gegenüber dem Kind, Unzulänglichkeiten in der Pflege, Ernährung, Begleitung, bei den Wohnverhältnissen, der Aufsicht und Fürsorge für das Kind zeigt. Einem Elternteil, bei dem eine Kindeswohlgefährdung zu erwarten ist, darf die Alleinsorge nicht übertragen werden. In erster Linie muss aber immer versucht werden, durch **Hilfen nach §§ 28 ff SGB VIII** für eine Besserung der familiären Situation zu sorgen. Eine sofortige Herausnahme der Kinder aus ihren Schulen, dem Kindergarten und ihrer Familie verbunden mit der Unterbringung in anonymen Pflegefamilien und einem Verbot des Kontakts mit den Eltern kann grds. nach der Rechtsprechung des EuGH nicht als verfassungsmäßig angesehen werden.[301] Nicht jedes Versagen und jede Nachlässigkeit der Eltern berechtigt den Staat, diese von der Pflege und Erziehung ihres Kindes auszuschalten oder gar selbst diese Aufgabe zu übernehmen.

---

298 RegE BT-Drucks. 17/11048, 26.
299 Vgl Heiß Kap. 4 Rn 61 ff.
300 MüKo/Olzen § 1666 Rn 63.
301 EuGHMR FamRZ 2005, 585.

Heiß

4. Abänderung nach § 1696 Abs. 1 S. 1

Die Abänderung der gerichtlichen Erstentscheidung mit der die Alleinsorge ohne Zu- **191** stimmung des anderen Elternteils oder nach Kindeswiderspruch gem. § 1671 Abs. 1 Nr. 2 geregelt wurde, kann im Abänderungsverfahren gem. § 1696 Abs. 1 S. 1 nach den gleichen Kriterien erfolgen wie sie für die Erstentscheidung maßgeblich waren.[302] Der **Prüfungsmaßstab** ist jedoch deutlich **strenger,**[303] weil die Abänderung aus **triftigen, das Wohl des Kindes nachhaltig berührenden Gründen** angezeigt sein muss. Eine Abänderung der getroffenen gerichtlichen Sorgerechtsentscheidung darf nur erfolgen, wenn die Vorteile einer Änderung die Nachteile deutlich überwiegen, insbes. wenn das Kind selbst einen Wechsel des Betreuungsverhältnisses nachhaltig und begründet wünscht[304] oder bei einem grenzenlosen Omnipotenzverhalten der alleinsorgeberechtigten Mutter.[305] Das Gericht muss zu der positiven Überzeugung gelangen, dass die Abänderung dem Kindeswohl dient oder die Ablehnung der Abänderung zu Lasten des Kindeswohls geht. Es können nur solche Abänderungsgründe berücksichtigt werden, die nach der Erstentscheidung eingetreten oder nachträglich bekannt geworden sind.[306]

5. Antragsmuster für streitige Sorgerechtsregelung

Antrag auf Übertragung des Alleinsorgerechts gem. § 1671 Abs. 1 Nr. 2 **192**

Der Antragstellerin ... wird die elterliche Sorge für das Kind ..., geb. am ... zur alleinigen Ausübung übertragen.

Begründung[307]

1. Die Eltern des Kindes ..., geb. am ... haben am ... die Ehe miteinander geschlossen und leben seit ... dauerhaft voneinander getrennt.

2. Das aus der Ehe der Eltern hervorgegangene minderjährige Kind ... lebt seit der Trennung seiner Eltern im Haushalt der Mutter/Antragstellerin.

3. Die Antragstellerin hat den Beruf der ... erlernt. Seit der Geburt des Kindes ... ist sie jedoch nicht mehr berufstätig und hat das Kind ... ausschließlich betreut, so dass sie für das Kind auch die wesentliche Bezugsperson ist und das Kind die engsten Bindungen an seine Mutter hat.

4. Der Kindesvater ist als ... bei ... beschäftigt und hat unregelmäßige Arbeitszeiten.

5. Die Antragstellerin erstrebt die Alleinsorge für das Kind in der Überzeugung, dass die **Aufhebung der gemeinsamen Sorge** dem Wohl des Kindes am besten entspricht und die **Übertragung der Alleinsorge** auf sie die beste Lösung für das Kind darstellt.

   Die doppelte Kindeswohlprüfung wird zu dem Ergebnis führen, dass die Auflösung der gemeinsamen Sorge im Interesse des Kindeswohls geboten ist und die Übertragung auf die Antragstellerin dem Wohl des Kindes am besten entspricht. Die Tochter ... ist mit der Übertragung der Alleinsorge auf die Antragstellerin ausdrücklich einverstanden.

6. Für die Aufhebung der bisher gemeinsamen Sorge sprechen folgende Gesichtspunkte:

---

302 S.o. D. I. 2. Rn 216 ff.
303 OLG Hamm FamRZ 1999, 394; OLG Karlsruhe FamRZ 2000, 1595; OLG Düsseldorf FamRZ 2000, 1596; Ewers FamRZ 1999, 477 (478).
304 OLG Hamm FamRZ 2005, 746.
305 OLG Frankfurt FamRZ 2005, 1700.
306 Vgl OLG Thüringen FamRZ 2005, 52 bei Verletzung des Rechts des Kindes auf gewaltfreie Erziehung.
307 Die einzelnen zutreffenden Argumente sollen jeweils mit möglichst konkreten Beispielen ausführlich untermauert werden.

- Es kam wiederholt zu erheblichen Gewaltanwendungen des Kindesvaters gegenüber der Mutter, mit der Folge, dass sie zweimal wegen der erlittenen Verletzungen den Arzt aufsuchen musste.

- Der Vater respektiert nicht immer den Anspruch des Kindes auf gewaltfreie Erziehung und hat der Tochter wiederholt eine Ohrfeige gegeben und sie durch ungerechtfertigte Beschimpfungen seelisch verletzt.

- Der Vater hat das Kind auch vernachlässigt und sich wiederholt wochenlang nicht um das Kind gekümmert indem er es vorgezogen hat, seine Freizeit mit diversen Sportaktivitäten auszufüllen.

- Der Vater hat auch ein Drogenproblem und raucht regelmäßig Haschisch.

- Die Tochter lehnt es nachhaltig ab mit dem Vater längere Zeit allein zu sein, insbes. hat sie eine massive Abneigung dagegen, beim Vater zu übernachten.

- Es besteht zwischen den Eltern keine ausreichende Kooperationsfähigkeit und auch keine Kooperationswilligkeit, was zu häufigen Streitigkeiten in Kindesangelegenheiten führt; der Antragsgegner ist auch nicht bereit, die Kommunikationsprobleme durch Inanspruchnahme einer Hilfe von außen zu beseitigen.

- Es gibt laufend Schwierigkeiten wegen des Umgangs, weil der Vater auf die Interessen der Tochter keinerlei Rücksicht nimmt und den Umgang nur nach eigenem Gutdünken ausüben will, ohne sich an einen Plan zu halten.

- Die Gleichgültigkeit des Vaters am Kind zeigt sich sowohl an seinem Desinteresse am Umgang, aber auch an der fehlenden Entrichtung von Barunterhalt; er zahlt Kindesunterhalt nicht regelmäßig, sondern nur wenn es ihm gerade passt. Zu Elterngesprächen in der Schule ist er ebenso wenig erschienen wie zum Gespräch beim JA. Er verweigert nachhaltig die Annahme jeglicher Beratung.

- Solange der Vater Mitinhaber des Sorgerechts ist, taucht er nach Belieben unter dem Vorwand Kindesangelegenheiten besprechen zu wollen auf und benutzt dieses dann als Mittel zur Fortsetzung von Unterdrückung und Qual gegen die Mutter.

- Bei nahezu jedem Kontakt kommt es zur offenen Feindseligkeit und gehässigen Bemerkungen des Vaters gegenüber der Mutter aber auch gegenüber dem Kind.

- Es fehlt auch eine Einigungsmöglichkeit bzgl des gewöhnlichen Aufenthalts des Kindes, weil der Vater möchte, dass das Kind in einem Internat erzogen wird, was die Tochter aber keinesfalls will.

7. Der Kindesvater ist für die Tochter und für die Kindesmutter oft wochenlang nicht erreichbar (auch nicht telefonisch) und begründet dies mit beruflicher Tätigkeit in arabischen Ländern.

8. Die Erziehungsungeeignetheit des Kindesvaters ergibt sich neben seinen gewalttätigen Übergriffen auch daraus, dass er bereits wegen Körperverletzung, Widerstand gegen die Staatsgewalt und Drogendelikten vorbestraft ist; er verkehrt auch im Prostituierten-Milieu.

9. Auch der eindeutig geäußerte Wille der Tochter, wie er sich im Rahmen der durchzuführenden richterlichen Anhörung bestätigen wird, ist zu berücksichtigen. Da ... ein sehr schüchternes Kind ist, wird beantragt ihr eine Verfahrensbeiständin gem. § 158 FamFG beizuordnen.

10. Für die Übertragung der alleinigen elterlichen Sorge gerade auf die Kindesmutter sprechen u.a. insbes. folgende Gründe:

    - ... hat die engsten Bindungen an die Mutter, weil diese von Geburt an sie betreut und versorgt hat; auch die gewachsenen emotionalen und sozialen Bindungen des Kindes an die Großeltern und den weiteren verwandten Bezugspersonen werden bei einer Alleinsorge der Mutter soweit wie möglich erhalten und ausgebaut.

    - durch die beantragte Sorgerechtsgestaltung bleibt dem Kind im Einklang mit dem Kontinuitätsprinzip die Einheitlichkeit, Gleichmäßigkeit und Stabilität des Erziehungsverhältnisses sowie deren äußere Umstände erhalten. Die Stabilität hinsichtlich der Betreuungsperson, der Erziehungsgrundsätze und des sozialen Umfelds wie Schule, Freunde, Musikgruppe und die Beibehaltung bestehender Bindungen zu Verwandten und Nachbarn sind für das Kind ganz wichtige Gesichtspunkte, weil sie in der Vergangenheit die Erfahrung machen musste, dass auf die Betreuung durch den Vater kein Verlass ist. Die Mutter vermittelt dem Kind eine gleichmäßige Entwicklung, Geborgenheit und konsequente Erziehung und hat enge gefühlsmäßige Bindungen im Kind entstehen lassen.

– Die Kindesmutter besitzt Förderungswillen und Förderungsfähigkeit, so dass eine gedeihliche Entwicklung des Kindes zu erwarten ist, weil die Mutter ihm die besseren Entwicklungsmöglichkeiten vermittelt und ihm die meiste Unterstützung für den Aufbau seiner Persönlichkeit und eine gleichmäßige und stete Erziehung geben kann. Anders als der Kindesvater ist die Antragstellerin bereit, sich unter Zurückstellung eigener Belange des Kindes anzunehmen, während bei dem wiederholt vorbestraften Vater davon auszugehen ist, dass er nicht in der Lage ist, das in der Verfassung verankerte Erziehungsziel für sein Kind zu gewährleisten.

– Dem Willen des Kindes ist als Ausdruck einer verfassungsrechtlichen zu achtenden Selbstbestimmung erhebliche Bedeutung beizumessen. Bei der Entscheidung, die seine gesamte künftige Lebensweise und Entwicklung betreffen, muss daher der Kindeswille berücksichtigt werden. Der Wille des Kindes ist – wie die Anhörung zeigen wird – dass alleinige Sorgerechtsinhaberin die Mutter wird, schon weil dadurch sichergestellt ist, dass keine Unterbringung im Internat erfolgt.

– Im Hinblick auf die Bindungstoleranz ist durch die Antragstellerin gewährleistet, dass das Kind zum Vater weiterhin Kontakt haben kann. Die Mutter wird dies nicht nur zulassen sondern auch fördern. Auch bisher hat die Antragstellerin in Abstimmung mit dem JA versucht, einen möglichst kontinuierlichen Umgangskontakt herzustellen, was jedoch daran gescheitert ist, dass der Vater die vereinbarten Termine nur sehr selten wahrgenommen hat.

11. Da der Kindesvater bereits einmal das Sparkonto des Kindes, auf dem sich überwiegend Geldgeschenke der Großeltern befanden mit einem Guthabensbetrag von ca. 10.000 EUR geplündert hat, um sich ein neues Motorrad zu kaufen und er auch nur sehr sporadisch den Kindesunterhalt bezahlt, ist es erforderlich ihm auch die **Vermögenssorge** zu entziehen und auf die Kindesmutter zu übertragen.

12. Zum Beweis dafür, dass das Kindeswohl die Aufhebung der gemeinsamen Sorge und die Übertragung der Alleinsorge auf die Mutter erfordert und dies **alternativlos** ist, wird beantragt, ein **kinderpsychologisches Sachverständigengutachten** zu erholen, ebenso einen **Bericht des JA**. Bzgl. der Bestellung des Verfahrensbeistandes nach § 158 FamFG wird noch einmal die Bitte wiederholt, wegen der Schüchternheit des Kindes möglichst eine Verfahrensbeiständin beizuordnen.

...

II. Wechsel von der Alleinsorge der Mutter zur Alleinsorge des Vaters nach § 1671 Abs. 2 BGB

Steht die elterliche Sorge der mit dem Vater **nicht verheirateten** Mutter nach § 1626 a 193
Abs. 3 alleine zu, steht dem Vater nach Maßgabe des § 1671 Abs. 2 der Zugang zur Alleinsorge offen. Die Vorschrift regelt die Übertragung der alleinigen elterlichen Sorge von der Mutter auf den Vater, auch ohne dass eine Zustimmung der Mutter vorliegt. Das Gesetz sieht **zwei Möglichkeiten** zur Übertragung der Alleinsorge von der Mutter auf den nicht mit ihr verheirateten Vater vor:

§ 1671 Abs. 2 BGB Übertragung der Alleinsorge bei Getrenntleben der Eltern

(2) Leben Eltern nicht nur vorübergehend getrennt und steht die elterliche Sorge nach § 1626a Abs. 3 der Mutter zu, so kann der Vater beantragen, dass ihm das Familiengericht die elterliche Sorge oder einen Teil der elterlichen Sorge allein überträgt. Dem Antrag ist stattzugeben, soweit

1. die Mutter zustimmt, es sei denn, die Übertragung widerspricht dem Wohl des Kindes oder das Kind hat das 14. Lebensjahr vollendet und widerspricht der Übertragung, oder

2. eine gemeinsame Sorge nicht in Betracht kommt und zu erwarten ist, dass die Übertragung auf den Vater dem Wohl des Kindes am besten entspricht.

194   Während im Falle des § 1671 Abs. 1 Nr. 1 ein Übergang von gemeinsamer Sorge zur Alleinsorge eines bereits bislang sorgeberechtigten Elternteils erfolgt und damit zumindest ein Elternteil, der bereits mit sorgeberechtigt war, für das Kind als Sorgeberechtigter erhalten bleibt, kommt es im Fall des § 1671 Abs. 2 Nr. 1 zu einem **vollständigen Austausch der Sorgeberechtigten**. Der bisher an der Sorge nicht beteiligte Vater übernimmt alleine die Sorgeverantwortung; die bisher allein sorgeberechtigte Mutter scheidet vollständig aus der Sorgeverantwortung aus.

1. Übertragung der Alleinsorge von der Mutter auf den Vater mit Zustimmung der Mutter und bei fehlendem Widerspruch des über 14 Jahre alten Kindes nach § 1671 Abs. 2 Nr. 1

a) Antragsbefugnis

195   Den Übergang von der Alleinsorge der Mutter zur Alleinsorge des Vaters kann **nur der Vater** beantragen, nicht die Mutter, nicht das Kind und auch nicht das Jugendamt. Der Vater kann die elterliche Sorge **insgesamt** oder einen **Teil** der elterlichen Sorge beantragen. Es ist also allein Sache des Vaters, ob er das Sorgerecht insgesamt oder einen Teil davon auf sich allein übertragen lassen möchte. Das Gericht ist an diese Vorgabe des Vaters gebunden; vorbehaltlich des Vorliegens der weiteren Voraussetzungen der Nr. 1 (Zustimmung der Mutter/Kindeswohlprüfung/kein Widerspruch des Kindes), es sei denn, es stellt sich heraus, dass ausnahmsweise §§ 1666-1667 BGB zur Anwendung kommen müssen. Ein besonderes Rechtsschutzbedürfnis ist für die Zulässigkeit des Antrags nicht erforderlich, weil keinem Elternteil das Recht genommen werden kann, die selbst für richtig gehaltene Übertragung der Alleinsorge (ganz oder teilweise) gerichtlich überprüfen und festlegen zu lassen.[308] Der Antrag nach § 1671 Abs. 2 setzt voraus, dass die Eltern „**nicht nur vorübergehend getrennt**" leben. Lebt ein Elternteil noch mit dem anderen zusammen und will das Familienheim mit den Kindern verlassen, kann nur der Weg über § 1628 BGB versucht werden (zB Übertragung der Aufenthaltsbestimmung an denjenigen Elternteil, der sich unter Mitnahme der Kinder vom anderen Elternteil trennen will).

b) Zustimmung der Mutter

196   Für die Zustimmungserklärung der Mutter ist **keine Form** vorgeschrieben und kann auch im Rahmen der Anhörung nach § 160 FamFG erfolgen. Auch eine außergerichtliche Einigung der Eltern oder zustimmende Erklärung des anderen Elternteils ist eine vom Gericht zu beachtende Zustimmung, wenn sie ihm mitgeteilt wird. Wird die Al-

---

308   Staudinger/Coester § 1671 Rn 45; Johannsen/Henrich/Jaeger § 1671 Rn 21.

leinsorge im Ganzen beantragt, kann die Zustimmung auch auf einen Teil der elterlichen Sorge, zB das Aufenthaltsbestimmungsrecht beschränkt werden. Eine Entscheidung nach Abs. 2 Nr. 1 ist dann nur hinsichtlich dieses Teilbereichs möglich, iÜ muss eine Prüfung und Entscheidung nach Nr. 2 erfolgen.

Die Zustimmung ist **frei widerruflich** bis zur Entscheidung in der letzten Tatsacheninstanz, auch wenn die Zustimmung Bestandteil eines Vertrages über weitere Regelungen zwischen den Eltern ist; möglicherweise entfällt dann aber die Geschäftsgrundlage bzgl der übrigen Absprachen. Die vormalige Zustimmung der Kindesmutter kann auch im Rahmen der Prüfung nach Nr. 2 gewürdigt werden, ebenso wie die Gründe für den Widerruf nebst den Begleitumständen.[309] Anders als bei gemeinsam sorgeberechtigten getrenntlebenden Eltern soll im Falle der Übertragung der Alleinsorge auf den nicht mit der Mutter des Kindes verheirateten Vater der **elterliche Konsens nicht ohne weiteres die Sorgerechtsverhältnisse** zu Gunsten der Alleinsorge eines Elternteils umgestalten können. Der vollständige Austausch der Sorgeberechtigten wird für das Kind regelmäßig mit größeren Veränderungen verbunden sein, als dies lediglich beim Ausscheiden eines von zwei bisher gemeinsam Sorgeberechtigten der Fall ist. Hinzu kommt, dass der Konsens der in gemeinsamer Sorge bereits erprobten Eltern im Hinblick auf das Kindeswohl eine verlässlichere Basis haben wird und ihm daher mehr Gewicht beizumessen sein wird als dem Konsens bisher nicht gemeinsam sorgetragender Eltern.[310] Es bedarf daher trotz des Konsenses der Eltern einer **gerichtlichen Kontrolle**, allerdings nur in Form einer **negativen Kindeswohlprüfung**.

197

c) Negative Kindeswohlprüfung

Die Übertragung der Alleinsorge auf den Vater darf dem Wohl des Kindes nicht widersprechen. Im Hinblick auf die Zustimmung der Kindesmutter zum Antrag des Vaters und dem damit vorliegenden elterlichen Konsens muss die Kindeswohldienlichkeit der Alleinsorge des Vaters im Rahmen der gerichtlichen Kontrolle nicht positiv festgestellt werden, sondern anstelle der „positiven Kindeswohlprüfung" erfolgt nur noch eine „negative Prüfung".[311] Im Rahmen des in diesem Verfahren zur Anwendung kommenden **Amtsermittlungsgrundsatzes**, der uneingeschränkt gilt, muss festgestellt werden, ob kindeswohlrelevante Gründe oder gar eine Kindeswohlgefährdung der Übertragung der Alleinsorge auf den Vater entgegenstehen. Der Richter hat auch im Rahmen der negativen Kindeswohlprüfung nach Abs. 2 Nr. 1 die Aufgabe, die Lebenssituation des Kindes in körperlicher, geistiger und seelischer Hinsicht einschließlich aller Beziehungen zu den Eltern und zum Umfeld so umfassend wie möglich aufzuklären. Zum Kindeswohl gehört unbezweifelbar das Recht jedes Kindes auf gewaltfreie Erziehung, Förderung seiner Entwicklung und auf Erziehung zu einer eigenverantwortlichen, gemeinschaftsfähigen und einer der Selbstbestimmung fähigen Persönlichkeit. Daraus ergeben sich Kriterien für die Abwägung, ob die Übertragung der elterlichen Sorge auf den Vater dem Kindeswohl widerspricht:

198

---

309 Vgl Kropholler NJW 1984, 271 (273).
310 RegE BT-Drucks. 17/11048, 27.
311 Coester FamRZ 2012, 1337 (1339).

aa) Erziehungsungeeignetheit des Vaters

199   Einem Vater, der ungeeignet zur Pflege und Erziehung des Kindes ist, darf die Alleinsorge nicht übertragen werden. Das ist der Fall, wenn dem Gericht bekannt wird:

- dass der Vater das Recht des Kindes auf **gewaltfreie Erziehung** nicht respektiert, insbes. wenn in der Vergangenheit körperliche Bestrafungen, seelische Verletzungen oder andere entwürdigende Maßnahmen von Seiten des Vaters erfolgten,

- dass der Vater gegenüber der Mutter wiederholt gewalttätig wurde und diese körperlich verletzt hat,

- dass der Vater das Kind in der Vergangenheit vernachlässigt hat,

- unzureichende Betreuung oder Beaufsichtigung des Kindes, mangelhafte Ernährung, Bekleidung und Hygiene des Kindes; ein erheblicher Entwicklungsrückstand deutet auf eine Vernachlässigung des Kindes hin,

- Unfähigkeit, den Schulbesuch sicherzustellen oder gar die **Weigerung,** ein schulpflichtiges Kind zur **Schule zu schicken.** In einem solchen Fall wird es zur Gefahrenabwehr regelmäßig angemessen sein, das Aufenthaltsbestimmungsrecht und das Recht zur Regelung von Schulangelegenheiten auf einen Pfleger zu übertragen,[312]

- unkontrolliertes Verhalten,[313]

- Verleitung des Kindes zur Kriminalität oder Prostitution,

- sexueller Missbrauch der Kindes,[314]

- Verweigerung notwendiger **medizinscher Behandlung** des Kindes,[315]

- Absicht des Vaters, ein Kind gegen seinen Willen zu verheiraten,[316]

- Absicht des Vaters, das Mädchen in einem afrikanischen Land einer **Beschneidungszeremonie** auszusetzen,[317]

- Alkohol-, Drogen- oder Tablettensucht; Spielsucht,

- psychische Erkrankungen (zB Labilität, Antriebsarmut, Depressionen), auch wenn diese nur schubweise auftreten,[318]

- chaotische häusliche Lebens- und Wohnverhältnisse.[319]

bb) Gründe zum Entzug des Sorgerechts

200   Liegen beim Vater Gründe vor, die nach §§ 1666-1667 BGB zum Entzug des Sorgerechts führen würden, kann ihm die Alleinsorge nicht übertragen werden.[320] Die Ab-

---

312   BGH FamRZ 2008, 45 m.Anm. Leipold FPR 2008, 115 u. Anm. Wellenhofer JuS 2008, 380.
313   BayObLG FamRZ 1999, 178 (179).
314   BayObLG NJW 1992, 1971; OLG Frankfurt FamRZ 2001, 1086; Schwab/Motzer III Rn 191 u. 277 ff.
315   BayObLG FamRZ 1995,1437.
316   OLG Köln FamRZ 2001, 1087, 1088.
317   BGH FamRZ 2005, 344; OLG Dresden FamRZ 2003, 1862; Zur Problematik von Jungen aus religiösen Gründen vgl Putzke NJW 2008, 1568.
318   OLG München FamRZ 2004, 1597.
319   OLG Hamm FamRZ 2002, 692.
320   Vgl Schwab FamRZ 1998, 457 (463).

lehnung der Übertragung der Alleinsorge muss aber nicht den Grad der Kindeswohlgefährdung nach § 1666 BGB erreicht haben. Ausreichend für die Ablehnung des Antrags ist, dass die Übertragung dem Wohl des Kindes widerspricht.

d) Kein Widerspruch des Kindes, das das 14. Lebensjahr vollendet hat

Das Familiengericht ist zu einer vollen Kindeswohlprüfung nach § 1671 Abs. 2 Nr. 2   201
verpflichtet, wenn das über 14 Jahre alte Kind dem gemeinsamen Willen der Eltern widerspricht. Dann darf das Gericht die Alleinsorge auf den Vater nur übertragen, wenn es im Rahmen der umfassenden großen Kindeswohlprüfung zu dem Ergebnis kommt, dass trotz des entgegenstehenden Willens des Kindes „zu erwarten ist, dass die Übertragung auf den Vater dem Wohl des Kindes am besten entspricht". Durch den **Widerspruch des Kindes** wird die **Bindungswirkung** des Konsenses der Eltern für das Gericht aufgehoben[321] und führt zu der großen positiven Kindeswohlprüfung. Das Widerspruchsrecht des Kindes ist also **kein echtes Vetorecht**, weil das Kind dem Konsens seiner Eltern nur dann mit Erfolg widersprechen kann, wenn die umfassende Kindeswohlprüfung ergibt, dass die Übertragung der Alleinsorge auf den Vater nicht dem Wohl des Kindes am besten entspricht.[322] Es versteht sich von selbst, dass insbes. wegen des Widerspruchsrechts auch in zwischen den Eltern „unstreitigen" Fällen die **persönliche gerichtliche Anhörung** nach § 159 FamFG **zwingend geboten** ist,[323] ebenso

- die Bestellung eines Verfahrensbeistandes für das Kind nach § 158 FamFG,

- die Anhörung der Eltern nach § 160 FamFG, sowie

- die Anhörung des Jugendamtes gem. § 162 FamFG.

Widerspricht das Kind dem übereinstimmenden Elternwillen auf Übertragung der Al-   202
leinsorge auf den Vater nicht und widerspricht die Übertragung dem Wohl des Kindes nicht, wird der übereinstimmende Elternwille vom Gesetz als verbindlich angesehen.[324]

e) Übertragung eines Teils der elterlichen Sorge auf den Vater zur Alleinsorge

Nach § 1671 Abs. 2 kann durch gerichtliche Entscheidung auch in Teilbereichen die   203
Alleinsorge des Vaters hergestellt werden. Das Gericht kann also dem Vater die elterliche Sorge entweder als Ganzes oder beschränkt auf Teilbereiche übertragen. Die Übertragung von Teilbereichen der Alleinsorge kommt immer dann in Betracht, wenn hinsichtlich bestimmter Teilbereiche der elterlichen Sorge eine Alleinsorge dem Wohl des Kindes widerspricht, in anderen Teilbereichen hingegen nicht. So kann dem Vater mit Zustimmung der Mutter zB der Bereich des **Aufenthaltsbestimmungsrechts** und die damit gem. § 1687 Abs. 1 verbundene Alltagsalleinsorge übertragen werden oder im Bereich von **Schulangelegenheiten** oder der **Gesundheitsfürsorge** während es bzgl der übrigen Teilbereiche der elterlichen Sorge bei der Alleinsorge der Mutter

---

321 Grün, Das neue Kindschafts- und Unterhaltsrecht Rn 68.
322 Vgl FA-FamR Kap. 4 Rn 197.
323 Motzer FamRZ 1999, 1101 (1102).
324 Vgl OLG Rostock ZfJ 1999, 351 (352).

nach § 1626 a Abs. 3 verbleibt. Besteht der Konsens der Eltern zur Übertragung der Alleinsorge nur in Teilbereichen, während die Mutter den anderen Teilbereichen nicht zustimmt oder das über 14 Jahre alte Kind widerspricht, kann insoweit die Übertragung auf den Vater nur nach Abs. 2 **Nr. 2** erfolgen, soweit dessen Voraussetzungen erfüllt sind, dh die Übertragung auf den Vater dem Wohl des Kindes am besten entspricht.

204 Zur Vermeidung von Rechtsunsicherheit und für ein späteres Abänderungsverfahren oder für ein späteres Verfahren wegen Kindeswohlgefährdung ist es bei einer Beschränkung der Alleinsorge auf Teilbereiche wichtig klarzustellen, in welchen Teilbereichen der Vater alleinsorgeberechtigt ist.

f) Antragsmuster

205 **Antrag des nichtehelichen Vaters auf Übertragung der Alleinsorge nach § 1671 Abs. 2 Nr. 1 (mit Zustimmung der Mutter)**

In der Familiensache

des ...

– Vater/Antragsteller –

gegen

...

– Mutter/Antragsgegnerin –

betreffend das minderjährige Kind ..., geb. am ...

wird **beantragt**:

> **Die elterliche Sorge der Kindesmutter für das Kind ..., geb. am ... wird aufgehoben.**

Die elterliche Sorge für das Kind ... geb. am ..., geb. in ... wird dem Kindesvater ..., geb. am ... zur alleinigen Ausübung übertragen.

Begründung[325]

1. Die Kindeseltern haben von ... bis ... in einer nichtehelichen Lebensgemeinschaft zusammengelebt und haben sich am ... getrennt. Der Antragsteller ist deutscher Staatsangehöriger, die Antragsgegnerin ist russische Staatsangehörige.
2. Das Kind ... ist am ... in ... geboren.
   Beweis: **Anliegende Geburtsurkunde in Ablichtung.**
3. Der Antragsteller hat als Vater des Kindes die Vaterschaft zur Urkunde des JA ... Urkundenregister-Nummer: ... am ... anerkannt.
   Beweis: **Anliegende Ablichtung der Vaterschaftsanerkennungsurkunde.**
4. Nachdem der Antragsteller und die Antragsgegnerin sich getrennt haben, ist in der Antragsgegnerin der Entschluss herangereift, dass sie wieder in ihre Heimat zurückkehren will, um dort ein neues Leben zu beginnen.
5. Da es dem Wohl des Kindes am besten entspricht, wenn das Kind beim Vater in Deutschland aufwächst und hier in die Schule geht, unterbreiten die Eltern gemeinsam, mit ausdrücklicher Zustimmung der Kindesmutter den Vorschlag, dass ein Wechsel von der Alleinsorge der Mutter zur Alleinsorge des Vaters stattfinden soll. Eine gemeinsame Sorgeerklä-

---

325 Die einzelnen zutreffenden Argumente sollen jeweils mit möglichst konkreten Beispielen ausführlich untermauert werden.

Heiß

rung wurde niemals abgegeben und die Kindeseltern sind nicht miteinander verheiratet und waren es auch nicht. Die elterliche Sorge steht nach § 1626 a Abs. 3 allein der Mutter zu.

Beweis: **Zustimmungserklärung der Kindesmutter zur Übertragung der** Alleinsorge auf den Vater,

Anhörung der Kindesmutter im Termin, wo die Zustimmungserklärung zu Protokoll abgegeben wird.

6. Anhaltspunkte dafür, dass der gemeinsame Vorschlag der Eltern dem Wohl des Kindes widersprechen könnte, liegen nicht vor. Ganz im Gegenteil hat der Antragsteller ein inniges Verhältnis zu dem Kind und hat sich auch in der Vergangenheit schon umfassend um die Betreuung und Versorgung des Kindes gekümmert. Er wird dafür Sorge tragen, dass alle Entwicklungsmöglichkeiten des Kindes ausgeschöpft werden, und dass er das Kind bei dem Aufbau seiner Persönlichkeit voll unterstützt. Er ist bereit das Kind zu sich zu nehmen und die Verantwortung für seine Versorgung und Erziehung – notfalls unter Aufopferung eigener Interessen – zu tragen, sowie für eine ordnungsgemäße Unterbringung und Betreuung des Kindes zu sorgen. Der Antragsteller ist weder vorbestraft noch erziehungsungeeignet, insbes. nicht drogen-, tabletten- oder alkoholabhängig und auch nicht spielsüchtig. Er gewährleistet einen liebevollen und gewaltfreien Erziehungsstil.

Beweis: **Bericht des JA,**

Bericht des Verfahrensbeistandes, falls das Gericht die Beiordnung eines solchen für erforderlich hält

2. Alleinsorge des Vaters gegen den Willen der Mutter Abs. 2 Nr. 2

Unter den Voraussetzungen des Abs. 2 Nr. 2 kann der Vater künftig auch ohne Zustimmung der Mutter die Alleinsorge erhalten. Die Übertragung der Alleinsorge von der Mutter auf den Vater ist auch gegen den Willen der Mutter möglich. Der Vater eines nichtehelichen Kindes hat somit die Möglichkeit gerichtlich überprüfen zu lassen, ob es aus Gründen des Kindeswohl angezeigt ist, ihm anstelle der Mutter die Alleinsorge für das Kind zu übertragen.[326] Da das Kind seine **bisherige Sorgeberechtigte verliert** (und dafür den Vater als neuen Sorgeberechtigten erhält), ist bei **fehlendem Konsens** der Eltern über die Frage, **wer der bessere Sorgeberechtigte ist,** im Interesse eines am Kindeswohl orientierten Ausgleichs des Elternrechte ein komparatives Element gesetzlich verankert.[327] Durch die gesetzliche Regelung soll gewährleistet werden, dass in den Fällen, in denen die Ausübung der gemeinsamen elterlichen Sorge im Hinblick auf das Kindeswohl ausscheidet, der am besten geeignete Elternteil die elterliche Sorge erhält.[328] Insoweit erfüllt der Staat eine **Gewährleistungspflicht,** die sich gegenüber dem Kind aus Art. 6 Abs. 2 S. 2 GG iVm Art. 2 Abs. 1, Art. 1 Abs. 1 GG ergibt.[329]

Eine Übertragung der Alleinsorge auf den Vater setzt voraus, dass eine gemeinsame Sorge der Eltern nicht in Betracht kommt.[330] Die gerichtliche Übertragung der Alleinsorge auf den Vater greift schwerwiegend in das **Elternrecht der Mutter** ein, wobei

206

207

---

326 Im Anschluss an BVerfG, Beschl. v. 21.7.2010, 1 BVR 420/09 Rn 46.
327 RegE BT-Drucks. 17/11048, 27.
328 RegE BT-Drucks. 17/11048, 27.
329 BVerfGE 55, 171, 181; 57, 361, 382 f; 99, 145, 157; RegE BT-Drucks. 17/11048, 27.
330 Dies entspricht den Vorgaben des BVerfG im Beschluss vom 21.7.2012, 1 BVR 420/09.

sich ein Wechsel der elterlichen Sorge von der Mutter auf den Vater regelmäßig auf die bestehende **Mutter-Kind-Beziehung** auswirkt und das **Bedürfnis des Kindes** nach Stabilität und Kontinuität berührt.[331]

208 Auch wenn eine gemeinsame Sorge wegen der **Blockadehaltung** eines Elternteils nicht in Betracht kommt, ist bei der sodann vorzunehmenden Prüfung, wem die Alleinsorge zugesprochen werden soll, weil dies dem **Kindeswohl am besten entspricht**, wie sonst auch das Kindeswohl maßgeblich, wobei **umfassend unter Einbeziehung aller Lebensumstände** zu bewerten ist, was dem Kindeswohl am besten entspricht.[332]

a) Antragsberechtigung des Vaters

209 Nur der Vater ist berechtigt zu beantragen, dass ihm das Familiengericht die elterliche Sorge oder einen Teil der elterlichen Sorge allein überträgt, nicht die Mutter, das Kind, das Jugendamt oder andere Dritte. Es ist allein Sache des Vaters, ob er die elterliche Sorge oder einen Teil der elterlichen Sorge allein für sich beantragen will; eine Sorgerechtsentscheidung nach § 1671 Abs. 2 Nr. 2 ergeht ausschließlich auf Antrag des Vaters; etwas anderes kann nur gelten, wenn die Voraussetzungen der §§ 1666-1667 BGB (Kindeswohlgefährdung) gegeben sind. In diesem Fall kann ausnahmsweise auch ohne Antrag und sogar gegen den Willen des Vaters das Sorgerecht auf diesen übertragen werden, wenn dadurch die Kindeswohlgefährdung abgewendet werden kann.

b) Gemeinsame Sorge kommt nicht in Betracht

210 **Grundvoraussetzung** für die Übertragung der elterlichen Sorge allein auf den nicht mit der Kindesmutter verheirateten Vater ist, „dass eine gemeinsame Sorge der Eltern nicht in Betracht kommt". Erst wenn dies feststeht, ist die Prüfung vorzunehmen, wem die Alleinsorge zugesprochen werden soll, wobei in einer umfassenden großen Kindeswohlprüfung unter Einbeziehung aller Lebensumstände zu ermitteln ist, welcher Elternteil dem Kind die besseren Lebens- und Entwicklungsbedingungen gewährleisten kann. Es muss also zunächst geprüft werden, ob einer der drei Fälle der gemeinsamen elterlichen Sorge[333] bzw die Voraussetzungen hierfür vorliegen, insbes. ob übereinstimmende Sorgeerklärungen nach § 1626a Abs. 1 Nr. 1 abgegeben wurden[334] oder ob eine Übertragung der gemeinsamen elterlichen Sorge oder eines Teils der elterlichen Sorge auf beide Eltern gemeinsam möglich ist.[335] Steht fest, dass eine Übertragung der elterlichen Sorge als Ganzes oder beschränkt auf Teilbereiche negative Auswirkungen für das Kind erwarten lässt, widerspricht die Übertragung dem Kindeswohl und ist nicht zulässig. Das ist vor allem dann der Fall, wenn die Eltern nicht über die für die gemeinsame Sorgetragung erforderliche Kooperationswilligkeit oder Kooperationsfähigkeit verfügen[336] oder wenn auf der Kommunikationsebene eine so schwerwiegende und nachhaltige Störung festzustellen ist, dass sie auch nicht

---

331 Vgl BVerfGE 127, 132 ff (160 ff); RegE BT-Drucks. 17/11048, 28.
332 RegE BT-Drucks. 17/11048, 28.
333 S. o. Teil II. B. Rn 16 ff.
334 S. o. B. I. Rn 17 ff.
335 S. o. B. 3. Rn 34 ff., C. Rn 40 ff.
336 RegE BT-Drucks. 17/11048, 22; s. auch o. Teil 1 A III. 1, 2, 3.

Heiß

durch die Inanspruchnahme fachkundiger Hilfe von außen (Erziehungsberatung/ Jugendamt/Mediator etc.) beseitigt oder abgemildert werden kann, sodass zu befürchten ist, dass den Eltern eine gemeinsame Entscheidungsfindung nicht möglich sein wird und demzufolge das Kind erheblich belastet würde, wenn die Eltern gezwungen würden, die Sorge gemeinsam zu tragen. Es müssen dann aber **konkrete Anhaltspunkte** dafür bekannt sein, dass eine tragfähige Basis für eine gemeinsame elterliche Sorge nicht besteht und **Bemühungen** der Eltern um eine gelingende Kommunikation gescheitert sind. Stellt das Gericht fest, dass einem Elternteil objektiv die Kooperationsfähigkeit und subjektiv jegliche Kooperationsbereitschaft fehlt oder dass bei einem Elternteil Gründe ersichtlich sind, die wegen Kindeswohlgefährdung zum Entzug des Sorgerechts führen müssen, soll ein Elternteil die Alleinsorge erhalten.[337]

Gegen ein gemeinsames Sorgerecht spricht der Umstand, dass sich die Eltern nicht auf den gewöhnlichen **Aufenthalt des Kindes** einigen können, auch wenn der Streit nicht im Rahmen des § 1671, sondern des § 1628 BGB ausgetragen wird. Auch anhaltende Streitigkeiten um die Art und Häufigkeit des **Umgangs** können ein Indiz für den Ausschluss der gemeinsamen Sorge sein. Ebenso ist es, wenn der Kontakt unter den Eltern von latenter Feindseligkeit geprägt ist.[338] **Blockiert die Mutter** die gemeinsame Sorge, um die **Alleinentscheidungsbefugnis** zu behalten, ist zu prüfen, ob die gemeinsame Sorge von der Mutter im Kindeswohlinteresse oder aus ihrem **eigenen Interesse** abgelehnt wird. Hierzu ist es erforderlich, die Mutter dazu anzuhören, welche konkreten Gründe, die das Kindeswohl betreffen, gegen die gemeinsame Sorge sprechen. Liegen der Blockadehaltung der Kindesmutter massive Gewalttätigkeiten oder sonstige Misshandlungen durch den Vater zugrunde, kann der Mutter kein Vorwurf gemacht werden, wenn sie aufgrund der Misshandlungen durch den Vater ihre Fähigkeit, mit ihm zu kommunizieren, eingebüßt hat.[339] Beruht die Blockadehaltung auf der konkret dargelegten Erziehungsungeeignetheit des Vaters, scheidet eine gemeinsame Sorge ebenfalls aus, weil ein erziehungsungeeigneter Elternteil weder Sorgerechtsmitinhaber werden kann, noch die Alleinsorge erhalten kann.[340]

211

Die Ablehnung der gemeinsamen Sorge kann zur Abwendung einer erheblichen Belastung des Kindes notwendig sein, wenn die Eltern über einen längeren Zeitraum hinweg sich in ihrer wechselseitigen ablehnenden Haltung verfestigt haben, eine Verschärfung der Konflikte zwischen den Eltern zu erwarten ist, oder wenn man sie durch die Übertragung der gemeinsamen Sorge zwingt, sich über Angelegenheiten der gemeinsamen Sorge zu verständigen.[341]

212

Bei der Prüfung, ob die gemeinsame Sorge in Betracht kommt; ist stets die **gesetzliche Vermutung** des § 1626a Abs. 2 S. 2 zu berücksichtigen, dass die gemeinsame elterliche Sorge dem Kindeswohl nicht widerspricht, wenn kindeswohlrelevante Gründe dem Gericht nicht bekannt sind.[342] Der Mangel an elterlicher Kooperationsfähigkeit

213

---

337 Vgl Heiß Kap. 4 Rn 41.
338 Schwab FamRZ 1998, 457 (463).
339 BVerfG FamRZ 2004, 354.
340 Bsp. zur Erziehungsungeeignetheit bei Palandt/Diederichsen § 1671 Rn 30.
341 RegE BT-Drucks. 17/11048, 23.
342 S.o. Teil 1 C IV.

oder -bereitschaft ist zwar in der Praxis der häufigste und wichtigste Grund dafür, dass eine gemeinsame Sorge nicht in Betracht kommt, jedoch nicht der einzige. Weitere Gründe, die die Ablehnung der gemeinsamen Sorge erfordern, sind die Erziehungsunfähigkeit eines Elternteils, zB wegen Drogen-, Tabletten- oder Alkoholabhängigkeit, Geisteskrankheit oder erheblicher krimineller Neigungen; Gewalttätigkeiten eines Elternteils gegen den anderen oder gegen das Kind, soweit es sich nicht um ein einmaliges Ausrasten des betreffenden Elternteils handelt,[343] Desinteresse am Kind, das sich zB am Fehlen der Bereitschaft zum Umgang mit dem Kind oder zur Entrichtung von Barunterhalt zeigt oder eine vom Kind selbst entschieden erklärte, nachvollziehbar begründete Ablehnung des Umgangs mit einem Elternteil.[344]

c) Erwartung, dass die Übertragung auf den Vater dem Wohl des Kindes am besten entspricht (umfassende, große Kindeswohlprüfung unter Einbeziehung aller Lebensumstände)

214 Es muss sichergestellt sein, dass die Belange des Kindeswohls vor der Entscheidung des Gerichts möglichst umfassend und sorgfältig festgestellt und abgewogen werden. Fälle, in denen die Eltern uneinig über die Erteilung des Sorgerechts sind, beinhalten immer eine mögliche Kindeswohlgefährdung. Darum ist es auch wichtig, dass in diesen Fällen die Kompetenzen der Jugendämter und des Verfahrensbeistandes in Anspruch genommen werden; idR wird auch ein kinderpsychologisches Sachverständigengutachten erforderlich sein. Die Formulierung „zu erwarten ist" lässt keinen Spielraum für eine Relativierung des normativen Vorrangs der gemeinsamen Sorge. Die „Erwartung" bezieht sich darauf, dass es um die Gestaltung künftiger Lebensverhältnisse geht; die Wertung hat notwendig ein prognostisches Element. Ein erfolgreicher Antrag auf Wechsel der Alleinsorge von der Mutter zum Vater setzt folglich voraus, dass das Gericht nach sorgfältiger Ermittlung zur Überzeugung gelangt, dass die begehrte Regelung die beste Lösung für das Kind und seine künftige Entwicklung darstellt. Andererseits muss nicht zugewartet werden, bis der bisherige Zustand des alleinigen Sorgerechts der Mutter sich in einer „konkreten Kindeswohlgefährdung manifestiert" hat.[345]

215 Um feststellen zu können, ob zu erwarten ist, dass die „Übertragung auf den Vater dem Wohl des Kindes am besten entspricht" ist es erforderlich, dass sämtliche Kindeswohlkriterien in Bezug auf **beide Elternteile** durchgeprüft werden und sodann **vergleichend gegenüber gestellt werden**. Im Gesetz ist das **komparative Element** verankert, um zuverlässig feststellen zu können, wer der bessere Sorgeberechtigte ist, sowie im Interesse eines kindeswohlorientierten Ausgleichs der Elternrechte.[346] Dadurch wird gewährleistet, dass der am **besten geeignete Elternteil** die elterliche Sorge für das Kind erhält. Außerdem soll dadurch eine Gleichbehandlung von Kindern nicht miteinander verheirateter – und deshalb nicht gemeinsam sorgeberechtigter – Eltern gegenüber Kindern von getrennten Ehegatten sichergestellt sein.[347]

---

343 OLG Karlsruhe FamRZ 2002, 1209.
344 Vgl KG FamRZ 2005, 1768 (1769) bei einem fast 14 Jahre alten Kind.
345 Vgl BT-Drucks. 13/4899, 99 zu § 1671 Abs. 1 aF.
346 RegE BT-Drucks. 17/11048, 27.
347 RegE BT-Drucks. 17/11048, 27.

Heiß

Vergleichende Kindeswohlprüfung in Bezug auf beide Elternteile, wobei das Fami- 216
liengericht prüfen muss, ob das Kind im Vergleich zur derzeitigen Sorgerechtslage
beim Kindesvater besser aufgehoben ist. Hält das Familiengericht nach Abwägung aller Kindeswohlkriterien den Verbleib der Alleinsorge bei der Mutter für die bessere
Alternative, muss der Antrag des Vaters auf Alleinsorge zurückgewiesen werden –
ebenso wenn nach Überzeugung des Gerichts eine gemeinsame Sorge in Betracht
kommt:

aa) Förderungsprinzip

Derjenige Elternteil, der zur Erziehung und Betreuung des Kindes am besten geeignet 217
erscheint und der als Alleinsorgeberechtigter dem Kind voraussichtlich die besseren
Entwicklungschancen vermitteln und mehr an Unterstützung für den Aufbau seiner
Persönlichkeit geben kann, soll die Alleinsorge erhalten.[348] Dazu müssen die Lebensverhältnisse beider Eltern umfassend geprüft und gegeneinander abgewogen werden,
wobei insbes. ihre Persönlichkeit einschließlich ihres Charakters, ihre erzieherische
Eignung, ihre Einstellung zum Kind und der Grad ihrer inneren Bereitschaft, das
Kind zu sich zu nehmen und die Verantwortung für seine Versorgung und Erziehung
– notfalls unter Aufopferung eigener Interessen zu tragen, ferner auch die wirtschaftliche Situation einschließlich der Wohnverhältnisse sowie die objektive Möglichkeit
der Unterbringung und Betreuung des Kindes in Betracht zu ziehen sind.[349] Letztlich
ist dabei vor allem abzuklären, welcher Elternteil die **stabilere und verlässlichere Betreuungsperson** sein wird.[350]

(1) Erziehungsgeeignetheit

Einem erziehungsungeeigneten Elternteil darf die Alleinsorge nicht belassen und auch 218
nicht übertragen werden. Bei einer erheblichen Einschränkung der Erziehungsgeeignetheit muss geprüft werden, ob die Einschränkungen kompensiert werden können.
Erziehungsungeeignetheit liegt insbes. vor bei

- Gewalttätigkeiten und sonstigen Misshandlungen iSd § 1631 Abs. 2 BGB gegenüber dem Kind oder dem anderen Elternteil,

- Vernachlässigungen des Kindes,

- allgemeinem Erziehungsunvermögen, wie etwa der Weigerung, schulpflichtige
  Kinder zur Schule zu schicken, Verleitung zur Kriminalität oder Prostitution, kör-
  perliche Züchtigung, Verweigerung notwendiger medizinischer Behandlung des
  Kindes, sexueller Missbrauch des Kindes, unbelehrbarer Starrsinn,

- Gleichgültigkeit eines Elternteils wie zB Desinteresse am Umgang, keine Mitwirkung bei der Erziehung oder Nichterscheinen zu Elterngesprächen in der Schule
  oder beim Jugendamt,[351]

---

348 BVerfG FamRZ 1981, 124 (126); BGH FamRZ 1985, 169; OLG München FamRZ 2008, 1774; MüKo/
     Finger § 1671 Rn 28.
349 BayObLG FamRZ 1977, 650 (652); 1980, 482; MüKo/Finger § 1671 Rn 28; Johannsen/Henrich/Jaeger
     § 1671 Rn 52.
350 BVerfG FamRZ 1981, 124 (126).
351 Vgl OLG Dresden, FamRZ 2002, 973.

- repressiver Erziehungsstil,[352] vor allem, wenn zu befürchten ist, dass künftig Gewalt als Erziehungsmittel eingesetzt wird,

- wenn ein Kind einem Erziehungskonzept ausgesetzt ist, welches auf einer fundamentalistischen Interpretation einer Religion beruht und im anderen Elternteil ein freiheitlich orientierter Elternteil zur Verfügung steht,[353]

- Erregung und Vertiefung von Existenzängsten, wenn dadurch durch die Trennung der Eltern eingetretene Schädigungen des Kindes verstärkt werden,

- schwere psychische Erkrankungen, Selbstmordgefahr oder Sucht sprechen idR gegen eine Übertragung des Alleinsorgerecht, wobei aber zu prüfen ist, ob der betreffende Elternteil sich seiner Krankheit bewusst ist und die entsprechende Behandlungsbereitschaft zeigt und ggf Hilfsangebote für sich und das Kind wahrnimmt,[354]

- ein **wiederholt Vorbestrafter** ist grundsätzlich nicht geeignet, die elterliche Sorge für ein minderjähriges Kind auszuüben,[355]

- bei **nachgewiesenem sexuellen Missbrauch** des Kindes ist die Erziehungseignung dieses Elternteils ausgeschlossen, ebenso bei einem Elternteil, der den Missbrauch des Kindes durch den anderen Elternteil **toleriert** und sich nicht schützend vor das Kind stellt,

- **schlechte** deutsche **Sprachkenntnisse** von ausländischen Staatsangehörigen stellten grundsätzlich keinen Grund dar, die Erziehungsfähigkeit dieses Elternteils in Frage zu stellen, soweit eine (sprachliche) Integration des Kindes nicht blockiert und die sprachliche Förderung des Kindes anderweitig unterstützt wird.

(2) Bindungstoleranz/Förderung des Umgangs zum anderen Elternteil und zu weiteren Bezugspersonen

219 Für die gedeihliche Entwicklung eines Kindes ist es von großer Wichtigkeit, dass nach der Trennung seiner Eltern zu beiden Elternteilen Bindungen aufrechterhalten bleiben.[356] Ein Elternteil muss daher in der Lage sein, auch bei einem Streit um das Sorgerecht den spannungsfreien Kontakt des Kindes zum anderen Elternteil **vorbehaltlos und angstfrei für das Kind** zuzulassen, sowie das Kind hierzu erforderlichenfalls auch in pädagogisch geeigneter Form zu **motivieren**.[357] Die Erziehungseignung eines **intoleranten Elternteils** ist idR mangels Bindungstoleranz zu verneinen.[358] Auch ein Elternteil, der den anderen Elternteil durch gezielte Bemerkungen vor dem Kind **abwertet** oder dessen Post an das Kind zensiert, Geschenke des anderen Elternteils nicht an das Kind weiterleitet, zeigt deutlich, dass ihm die erforderliche Bindungstoleranz fehlt,[359] da solche Verhaltensweisen zu einer Erkrankung des Kindes an dem **PAS-**

---

352 Motzer FamRZ 2001, 1034 (1039).
353 Staudinger/Coester § 1671 Rn 192 f; § 1666 Rn 143 ff; Weychardt FamRZ 2005, 1533.
354 Schwab/Motzer III Rn 158.
355 OLG Bamberg FamRZ 1991, 1341 (1342).
356 OLG Frankfurt FamRZ 1997, 573 (574).
357 BVerfG FuR 1993, 97; OLG München FamRZ 1997, 45; 1991, 1343.
358 OLG Dresden FamRZ 2003, 397; OLG München FamRZ 1997, 45; 2003, 1957.
359 Vgl OLG München FamRZ 1991, 1343 (1345).

Syndrom[360] führen können. Auch wenn beim Vater ansonsten ungünstigere Rahmenbedingungen zur Übertragung der Alleinsorge bestehen, kann ein großes Maß an Bindungstoleranz zur Übertragung der Alleinsorge führen,[361] vorausgesetzt, dass generelle Erziehungsgeeignetheit gegeben ist. Daraus, dass die Förderung des Umgangs des Kindes mit dem anderen Elternteil und zu weiteren für das Kind wichtigen Bezugspersonen für die Entwicklung des Kindes von entscheidender Bedeutung ist, wird deutlich, dass ein Elternteil, der die Alleinsorge übertragen erhalten will, zumindest über ein **Mindestmaß an Kooperationsfähigkeit und -bereitschaft** verfügen muss, damit ein ungezwungener Umgang des Kindes mit den anderen Bezugspersonen praktiziert werden kann.

(3) Bereitschaft Beratungsangebote des Jugendamtes und erforderliche öffentliche Hilfen in Anspruch zu nehmen

Durch § 17 SGB VIII ist sichergestellt, dass die Eltern bei einer Trennung frühzeitig   220
sozialpflegerische Beratung erhalten, wenn minderjährige Kinder vorhanden sind. Zur ordnungsgemäßen Durchführung eines Sorgerechtsverfahrens gehört die Kooperation von Familiengericht und Jugendhilfe, die die Eltern über den Beratungsanspruch informiert. Es liegt im elterlichen Verantwortungsbereich gem. §§ 1628,1687 BGB, § 18 SGB VIII, die angebotenen Hilfen anzunehmen.[362] Das Verhalten eines Elternteils in der Beratungsphase ist **Bestandteil der Kindeswohlprüfung**, wobei die Verweigerung der Annahme einer Beratung trotz bestehenden Beratungsbedarfs als kindeswohlfeindliche Unterlassung bewertet werden kann.[363] In gleicher Weise kann einem Elternteil nicht die Alleinsorge übertragen werden, wenn er trotz der Erforderlichkeit öffentliche Hilfen wie zB Leistungen der Kinder- und Jugendhilfe und der Gesundheitsfürsorge nicht in Anspruch nimmt.[364]

bb) Bindungen des Kindes an Eltern und Geschwister und andere Bezugspersonen

Bei der Sorgerechtsentscheidung sind die Bindungen des Kindes, vorwiegend an seine   221
Eltern und Geschwister, besonders zu berücksichtigen. Bei einem Getrenntleben der Eltern ist diejenige Regelung anzustreben, die dem Kind die gewachsenen emotionalen und sozialen Bindungen zu seinen Eltern, Geschwistern und anderen Bezugspersonen soweit wie möglich erhält. Unter diesem Gesichtspunkt ist es auch beachtlich, wenn nach der konkreten Biografie ein Elternteil für das Kind eindeutig die Rolle der hauptsächlichen Bezugsperson einnimmt. Für die gedeihliche Entwicklung des Kindes ist das Entstehen individueller emotionaler Bindungen von essenzieller Bedeutung. Es ist deshalb ein Recht des Kindes, dass eine staatliche Sorgerechtsregelung im Kind gewachsene Bindungen möglichst wenig beeinträchtigt. Eine Alleinsorge des Vaters muss daher abgelehnt werden, wenn dadurch erkennbar die Bindungen des Kindes an die Mutter konkret gefährdet würden, schließlich sollen dem Kind die gewachsenen emotionalen und sozialen Bindungen soweit wie möglich erhalten bleiben. Die ge-

---

360 OLG Dresden FamRZ 2003, 397.
361 Vgl OLG Celle FamRZ 1994, 924 (925).
362 OLG Zweibrücken FamRZ 2000, 627.
363 OLG Zweibrücken FamRZ 2000, 627.
364 Vgl auch § 1666 Abs. 3 Nr. 1 BGB.

Heiß

fühlsmäßigen Bindungen können bei kleineren Kindern bis zu etwa 9 Jahren idR zuverlässig nur durch ein kinderpsychologisches **Sachverständigengutachten** ermittelt werden. Die gedeihliche Entwicklung eines Kindes macht es aber nicht vonnöten, dass es nur eine einzige Hauptbezugsperson gibt, zu der dann die engsten emotionalen Beziehungen erwachsen; gleichwertig sind das Entstehen und der Bestand gleich starker gefühlsmäßiger Bindungen zu mehreren Personen. Das Hinzutreten einer weiteren Bezugsperson durch den Wechsel der Alleinsorge von der Mutter zum Vater beeinträchtigt die bestehenden Bindungen des Kindes nicht in jedem Fall. Abzulehnen ist eine generelle Mutterpräferenz.[365] Gegen den Wechsel der Alleinsorge kann sprechen, wenn der Vater die Bindungen des Kindes zur Mutter durch illoyales, nicht billigenswertes Verhalten zu beeinträchtigen versucht. Da die Tatsache, dass das Kind zu einem Elternteil ein besonders enges Verhältnis hat, im Rahmen der Gesamtbetrachtung streitentscheidende Bedeutung zukommen kann, ist es wichtig, dass die Bindungen des Kindes kompetent und treffsicher festgestellt werden. Wenn die Geschwisterbeziehung nicht von besonderer Rivalität oder andauernder Aggressivität geprägt ist, können vorhandene Bindungen eines Kindes an seine Geschwister vor allem dann ein ganz entscheidungserhebliches Gewicht haben, wenn die Elternbeziehung zerrüttet ist.[366] Hat das Kind zu beiden Elternteilen etwa gleichstarke Bindungen, kann zu berücksichtigen sein, wenn die Mutter für das Kind emotional umfassender zur Verfügung steht.[367]

cc) Kontinuitätsprinzip

222 In engem Zusammenhang mit den Bindungen des Kindes steht das Kontinuitätsprinzip, wonach diejenige Sorgerechtsgestaltung anzustreben ist, die dem Kind seine bisherige Lebenswelt möglichst erhält.[368] Das Prinzip gebietet, „die Stetigkeit der Erziehung und Betreuung des Kindes sicherzustellen".[369] Anzustreben ist die Stabilität bzgl der Person, die das Kind umsorgt, der Erziehungsgrundsätze und des sozialen Umfeldes (Kindergarten, Schule etc.). Abrupte Wechsel in wichtigen Lebensbezügen sind möglichst zu vermeiden.[370] Die Einheitlichkeit, Gleichmäßigkeit und Stabilität der Erziehungsverhältnisse dürfen durch den Wechsel des Sorgeberechtigten nicht erheblich gestört werden, weil das Aufbauen von Verhaltenskonstanten für die Erziehung eines Kindes ein wichtiger Bestandteil ist. Die materielle Berechtigung dieses Kindeswohlkriteriums besteht vor allem darin, dass der betreuende Elternteil dem Kind eine gleichmäßige Entwicklung, Geborgenheit und konsequente Erziehung vermittelt hat und enge gefühlsmäßige Bindungen im Kind hat entstehen lassen und dass Entwicklung, Erziehung und Bindungen schon wegen ihrer Stetigkeit für das Kindeswohl förderlich sind und deshalb möglichst bestehen bleiben sollen.[371] Die Stabilität hinsichtlich der Betreuungsperson, der Erziehungsgrundsätze und des sozialen Um-

---

365 Vgl Fthenakis FamRZ 1985, 662; OLG Hamm FamRZ 1980, 487.
366 Vgl Heiß Kap. 4 Rn 54.
367 Vgl Schwab FamRZ 1998, 457, 464.
368 Schwab 1998, 457 (464).
369 BGH FamRZ 1985, 169.
370 Staudinger/Coester § 1671 Rn 126 ff; Schwab FamRZ 1998, 457 (466).
371 OLG Köln FamRZ 1982, 1232 (1234).

felds, wie Kindergarten, Schule, Freunde, Sportverein, Musikgruppe und die Beibehaltung bestehender Bindungen zu Verwandten und Nachbarn sind wichtige Gesichtspunkte, weil Kinder ein Bedürfnis nach **dauerhaften Gefühlsbindungen**, gleichbleibenden Umwelteinflüssen und stabilen äußeren Verhältnissen haben. Hat die bisher betreuende Mutter dem Kind eine gleichmäßige Entwicklung, Geborgenheit und konsequente Erziehung vermittelt und enge gefühlsmäßige Bindungen im Kind entstehen lassen, hat dies ein erhebliches Gewicht bei der Abwägung, ob der Sorgerechtswechsel dem Wohl des Kindes am besten entspricht.

dd) Wille des Kindes

Den Neigungen und dem Willen des Kindes kommt bei der vorzunehmenden Abwägung hohe Bedeutung zu, und zwar unter dem doppelten Gesichtspunkt   223

- der Selbstbestimmung des Kindes

- und seiner zutage tretenden Bindungen,[372]

wobei der Gesichtspunkt der Selbstbestimmung mit zunehmendem Alter des Kindes immer deutlicher hervortritt. Wille und Neigungen des Kindes kommen üblicherweise bei seiner Anhörung durch die/den Sachverständige(n), das Jugendamt, den Verfahrensbeistand und bei seiner Anhörung durch das Gericht gem. § 159 FamFG zum Ausdruck. Die Anhörung – zumal der kleineren Kinder – soll sie nicht kindesschädlich sein, ist vom Gericht und den übrigen Verfahrensbeteiligten mit äußerstem Fingerspitzengefühl durchzuführen.[373] Die Bestellung eines Verfahrensbeistandes nach § 158 FamFG ist in diesen Fällen unabdingbar, um den Neigungen des Kindes stärkeres Gewicht zu geben. Den Willen des Kindes bei Sorgerechtsentscheidungen zu berücksichtigen, ist ein verfassungsrechtliches Gebot.[374] Aus § 159 Abs. 2 FamFG ergibt sich, dass der Kindeswille besonders bedeutsam ist. Auch der ablehnende Wille des Kindes gegen den Wechsel von der Alleinsorge der Mutter zur Alleinsorge des Vaters kann daher einen kindeswohlrelevanten Grund gegen die Auswechslung des Sorgeberechtigten darstellen; auch der erklärte Wille jüngerer Kinder darf als Selbstbestimmungsakt nicht völlig unbeachtet bleiben. Schon ab der Vollendung des 12. Lebensjahres ist der Kindeswille eine relativ zuverlässige Entscheidungsgrundlage.[375]

3. Gerichtliche Entscheidung

Kommt das Gericht nach einer umfassenden Kindeswohlprüfung, die alle Lebensumstände einbezieht zu dem Ergebnis, dass eine gemeinsame Ausübung der elterlichen Sorge im Hinblick auf das Kindeswohl nicht in Betracht kommt und der Vater, der am besten zur Ausübung der elterlichen Sorge für das Kind geeignete Elternteil ist, muss das Gericht auf Antrag des Vaters der Mutter die Alleinsorge für das Kind entziehen und dem Vater die Alleinsorge übertragen mit der Folge, dass das Kind seine bisherige Sorgeberechtigte verliert und dafür den Vater als neuen Sorgeberechtigten   224

---

372   Vgl Schwab FamRZ 1998, 457 (465).
373   Schwab FamRZ 1998, 457 (465); zur Frage des Alters, ab dem das Kind angehört werden kann oder soll und den weiteren Einzelfragen s. Schwab, Handbuch des Scheidungsrechts III. Rn 175 ff.
374   BVerfG FamRZ 2009, 1389; 2009, 189.
375   Vgl OLG Brandenburg, FamRZ 2008, 1472 (1474).

erhält.[376] Insoweit erfüllt der Staat eine Gewährleistungspflicht, die sich gegenüber dem Kind aus Artikel 6 Abs. 2 S. 2 GG iVm Art. 2 Abs. 1, Art. 1 Abs. 2 GG ergibt.[377]

4. Abänderung der gerichtlichen Entscheidung nach § 1696 Abs. 1 S. 1 BGB

225   Zum Schutz des minderjährigen Kindes regelt § 1696 Abs. 1 die Möglichkeit der Abänderung gerichtlicher Entscheidungen in Sorgerechtssachen, die zwar in **formelle Bestandskraft**, nicht aber in materielle Rechtskraft erwachsen. [378] Das Abänderungsverfahren ist nicht die Fortsetzung des früheren Sorgerechtsverfahrens, sondern ein **selbständiges Verfahren** auf der Grundlage des § 166 Abs. 2 FamFG. Ein Abänderungsverfahren kommt nicht in Betracht, wenn gegen die gerichtliche Entscheidung noch ein Rechtsmittel zulässig ist.[379] Voraussetzung für ein Abänderungsverfahren nach § 1696 BGB ist, dass eine gerichtliche Entscheidung vorliegt; haben die Eltern gemeinsam lediglich eine Vereinbarung zum Sorgerecht getroffen, kann ein Elternteil eine Abänderung nur analog der Regelung des § 1696 BGB verlangen.[380] Auch Entscheidungen **ausländischer Gerichte** können abgeändert werden.[381] Hat das Gericht einem Elternteil das Sorgerecht (teilweise) nach § 1666 BGB entzogen, ohne es zugleich nach § 1680 auf den anderen Elternteil zu übertragen, kann dieser das alleinige Sorgerecht durch eine gerichtliche Entscheidung nach § 1696 BGB erlangen.

226   Da das Verfahren gem. § 26 FamFG von Amts wegen zu führen ist, ist das Gericht an die Anträge der Beteiligten nicht gebunden, sondern diese stellen nur Anregungen dar.

227   Für das **Verfahren** gelten die gleichen Grundsätze wie im Erstverfahren, insbesondere §§ 155-162 FamFG, wobei Eltern und Kind **formell Beteiligte** nach § 7 Abs. 2 Nr. 1 FamFG sind, ebenso ist das Jugendamt Beteiligter bei entsprechender Antragstellung, § 162 Abs. 2 FamFG iVm § 7 Abs. 2 Nr. 2 FamFG.

228   **Einstweilige Anordnungen** sind auch im Abänderungsverfahren nach § 49 ff. FamFG möglich, wenn ein dringendes Regelungsbedürfnis besteht, so zB wenn bei Abwarten bis zur Endentscheidung eine Kindeswohlgefährdung droht.

229   **Voraussetzung** für die Abänderung einer gerichtlichen Entscheidung zum Sorgerecht ist, dass triftige, das Kindeswohl nachhaltig berührende Gründe dies angezeigt erscheinen lassen. Bei der Prüfung des Kindeswohls gelten gleich hohe Anforderung wie bei der Erstentscheidung,[382] wobei unter Berücksichtigung des Kontinuitätsprinzips der Prüfungsmaßstab noch deutlich **strenger** ist. Eine Abänderung kann weder mit dem Interesse des beteiligten Elternteils noch ausschließlich mit einem entsprechenden Wunsch des Kindes begründet werden.[383] Vor allem ist ein strenger Maßstab an-

---

376   BT-Drucks. 17/11048, 20.
377   BVerfGE 55, 171, 181; 57, 361, 382; 99, 145, 157.
378   BVerfG FamRZ 2005, 783; BGH NJW-RR 1986, 1130.
379   BGH NJW-RR 1986, 1130.
380   OLG Brandenburg FamRZ 2008, 255.
381   BGH NJW-RR 1986, 1130; OLG Nürnberg FamRZ 2008, 1778.
382   Ausf. hierzu o. D. II. 2. C.
383   OLG Karlsruhe FamRZ 1998, 1046 (1047); anders OLG Brandenburg FamRZ 2008, 1471 für ein 17 Jahre altes Kind; vgl auch Palandt/Diederichsen § 1696 Rn 15.

zulegen, wenn ein Obhutswechsel begehrt wird.[384] Da Maßstab stets gem. § 1697 a BGB das **Kindeswohlprinzip** ist, kommt eine Abänderung auch in Betracht, wenn die abzuändernde Sorgerechtsentscheidung erkennbar fehlerhaft war und die Abänderungsgründe bereits bei Erlass der abzuändernden Entscheidung vorgelegen haben und gegenwärtig noch feststellbar sind[385] und es können auch solche Tatsachen berücksichtigt werden, die bei der Erstentscheidung zwar vorlagen, dem Gericht aber nicht bekannt waren.[386] Grundsätzlich aber gilt, dass die Abänderungsgründe nach der Erstentscheidung eingetreten oder nachträglich bekannt geworden sein müssen, um zur Anwendung von § 1696 zu gelangen.[387] Ein neuer **übereinstimmender Elternvorschlag** rechtfertigt grundsätzlich immer eine Abänderungsentscheidung.[388] Voraussetzung ist jedoch, dass der übereinstimmende Wille der Eltern der Kindeswohlprüfung standhält.[389]

Triftige, das Wohl des Kindes nachhaltig berührende **Gründe** für eine Abänderung können vorliegen, wenn der alleinsorgeberechtigte Elternteil die Alleinsorge dazu missbraucht, den Umgang des Kindes mit dem nichtsorgeberechtigten Elternteil zu hintertreiben[390] oder er nachhaltig das Verhältnis des Kindes zum anderen Elternteil beeinträchtigt. **230**

Der **Änderungsmaßstab** von § 1696 ist **strenger** als das allgemeine Kindeswohlerfordernis von § 1697 a BGB und auch gesteigert gegenüber den Maßstäben des § 1671. Für die Abänderung einer vom Gericht getroffenen Sorgeregelung soll es gerade nicht ausreichen, dass die Neuregelung dem Kindeswohl genügt. Die Vorteile der Neuregelung müssen vielmehr die mit der Abänderung verbundenen Nachteile deutlich überwiegen.[391] Die Abänderungsmöglichkeit darf nicht dahingehend missverstanden werden, Sorgerechtsverfahren ließen sich beliebig wieder aufrollen.[392] Gem. § 1696 Abs. 1 BGB ist **Voraussetzung** für die Abänderung, dass diese zum Wohl des Kindes **erforderlich** ist. Hierfür müssen **triftige, das Kindeswohl nachhaltig berührende Gründe** vorliegen. Allein der Formulierung der Vorschrift ist schon zu entnehmen, dass zwar Änderungen gerichtlichen Anordnungen, in denen für Kinder so wichtigen Sorgerechtsstreitigkeiten nicht grds. ausgeschlossen sein sollen, der Gesetzgeber dem Gedanken der **Kontinuität** aber eine entscheidende Bedeutung beimisst. Eine Änderung der tatsächlichen Verhältnisse führt daher **nur dann** zu einer Abänderung der getroffenen Regelung, wenn die Entscheidung angesichts der geänderten Verhältnisse unter dem Gesichtspunkt des Kindeswohls **nicht mehr zu verantworten ist**. **231**

---

384 BVerfG FamRZ 2008, 1737.
385 OLG Rostock, FamRZ 2007, 1352.
386 BVerfG FamRZ 2005, 783 (784); BGH NJW-RR 1986, 1130.
387 OLG Thüringen, FamRZ 2005, 52.
388 OLG Brandenburg FamRZ 2002, 1210.
389 Vgl hierzu Schwab/Motzer III Rn 90; FA-FamR/Büte Kap. 4 Rn 371.
390 AG Fürstenfeldbruck FamRZ 2002, 118.
391 Palandt/Diederichsen § 1696 Rn 15.
392 BT-Drucks. 13/4899, 109; OLG Dresden FamRZ 2010, 1992.

5. Anderweitige Regelung der elterlichen Sorge nach § 1671 Abs. 4 BGB

232 Den Anträgen auf Alleinsorge bei Getrenntleben der Eltern ist gem. § 1671 Abs. 4 BGB nicht stattzugeben, soweit die elterliche Sorge aufgrund anderer Vorschriften **abweichend geregelt werden muss.** Sowohl für § 1671 Abs. 1 als auch für Abs. 2 ist der **Vorrang** von Regelungen der elterlichen Sorge aufgrund anderer Vorschriften normiert. Für abweichende Regelungen gem. Abs. 4 kommen sämtliche Maßnahmen in Betracht, die dem Gericht nach den §§ 1666 ff zur Verfügung stehen; insbes. enthält Abs. 4 eine Verweisung auf §§ 1666, 1666 a, 1667. Liegt eine Kindeswohlgefährdung vor, die durch die beantragte Sorgerechtsübertragung nicht abgewendet werden kann, wird das Verfahren nach § 1671 Abs. 1 oder Abs. 2 **nicht durch Abweisung** des Antrags des Elternteils abgeschlossen und ein neues Verfahren nach § 1666 eingeleitet, sondern das Familiengericht **wechselt von Amts wegen** zu der anderen Eingriffsgrundlage. Es handelt sich demnach um ein einheitliches Verfahren.[393] Das ermöglicht es dem Familiengericht dem Antrag nach Abs. 1 oder Abs. 2 doch noch stattzugeben, wenn sich die Bedenken gegen den Antragsteller als unzutreffend erweisen. Im Rahmen von § 1666 kann einem Elternteil die alleinige elterliche Sorge auch ohne entsprechenden Antrag und grds. auch gegen seinen Willen zugewiesen werden,[394] wobei die Kindeswohldienlichkeit besonders sorgfältig zu prüfen ist. Zur **doppelten Sorgerechtsentziehung** kann es kommen, wenn dem einen Elternteil die **Erziehungsfähigkeit fehlt** und auch der andere die elterliche Sorge nicht übernehmen kann.[395]

6. Antragsmuster

a) Antrag des nichtehelichen Vaters auf Alleinsorge nach § 1671 Abs. 2 Nr. 2

233 In der Familiensache

des ...

– Vater/Antragsteller –

gegen

...

– Mutter/Antragsgegnerin –

betreffend das minderjährige Kind ..., geboren am ...

wird **beantragt:**

Das Sorgerecht für das minderjährige Kind ..., geboren am ... wird der Antragsgegnerin vollumfänglich entzogen.

Die elterliche Sorge für das Kind ..., geboren am ... wird dem Kindesvater ..., geboren am ... alleine übertragen.

Die sofortige Wirksamkeit des Beschlusses wird angeordnet.

---

393 Motzer FamRZ 1999, 1102.
394 OLG Karlsruhe FamRZ 1999, 801.
395 OLG Düsseldorf FamRZ 2005, 2087.

Heiß

Gründe[396]

1. Der Antragsteller hält es im Interesse des Kindeswohls für notwendig, dass der Kindesmutter die bisherige Alleinsorge entzogen und das Sorgerecht zur alleinigen Ausübung auf den Vater übertragen wird. Das Kind ... ist am ... in ... geboren, als Kind der Antragsgegnerin und des Antragstellers.

   Beweis: Geburtsurkunde

2. Der Antragsteller, deutscher Staatsangehöriger, hat die Vaterschaft durch Urkunde des JA ..., Urkundenregister-Nummer ... am ... anerkannt.

   Beweis: Vaterschaftsanerkennungsurkunde in Kopie

3. Eine Sorgeerklärung wurde nicht abgegeben und die beteiligten Eltern sind nicht miteinander verheiratet und waren es auch nicht.

   Die Kindesmutter hat gem. § 1626 a Abs. 3 BGB die elterliche Sorge für das Kind ... alleine inne.

4. Da die Ausübung der gemeinsamen elterlichen Sorge im Hinblick auf das Kindeswohl – aus Gründen, die nachfolgend im Einzelnen erörtert werden – ausscheidet, muss der Antragsteller als der am besten zur Erziehung geeignete Elternteil die elterliche Sorge erhalten. Dies ist eine Gewährleistungspflicht des Staates, die sich gegenüber dem Kind aus Art. 6 Abs. 2 S. 2 GG iVm Art. 2 Abs. 1, Art. 1 Abs. 1 GG ergibt.

5. Die Übertragung der Alleinsorge auf den Vater setzt voraus, dass eine gemeinsame Sorge der Eltern nicht in Betracht kommt. Die Mutter weigert sich strikt und nachhaltig eine gemeinsame Sorgeerklärung abzugeben.

   Beweis: **Schreiben der Antragsgegnerin vom ... in Anlage**

   Bericht des JA, das vergebens versucht hat insoweit ein Einvernehmen mit der Mutter herzustellen

6. Alle Bemühungen des Antragstellers, eine tragfähige Basis für eine gemeinsame elterliche Sorge herzustellen und die Bemühungen des Vaters um eine gelingende Kommunikation sind definitiv gescheitert. Es fehlt an jeglicher Kooperationsbereitschaft und wohl auch an der Kooperationsfähigkeit der Mutter, so dass schon insoweit eine Kindeswohlgefährdung zum Entzug des Sorgerechts führen muss.

7. Das Verhalten der Mutter gegenüber dem Antragsteller ist von latenter Feindseligkeit geprägt, zB ...

   Die Antragsgegnerin **blockiert** die gemeinsame Sorge, um die Alleinentscheidungsbefugnis zu behalten, wobei sie die gemeinsame Sorge nicht im Kindeswohlinteresse sondern aus ihrem eigenen Interesse ablehnt.

8. Die Anhörung der Kindesmutter wird ergeben, dass sie keine konkreten Gründe nennen kann, die das Kindeswohl betreffen. Sie lehnt die gemeinsame Sorge ab, weil sie das Kind als ihr Eigentum betrachtet und befürchtet, dass ihre Freiheit durch das gemeinsame Sorgerecht beeinträchtigt werden könnte.

   Die Ablehnung der gemeinsamen Sorge durch die Kindesmutter hat sich so verfestigt, dass bei einer gemeinsamen Sorge eine Verschärfung der Konflikte zwischen den Eltern zu erwarten ist. Die Kindesmutter wird sich keinesfalls durch die Übertragung der gemeinsamen Sorge zwingen lassen, sich über Angelegenheiten die das Kind betreffen zu verständigen.

9. Die gemeinsame Sorge kommt aber nicht nur deswegen nicht in Betracht, weil sie die Kindesmutter ablehnt, sondern die Kindesmutter ist auch **erziehungsunfähig:** Sie veranstaltet in ihrer Wohnung regelmäßig Partys mit übermäßigem Alkohol- und Drogengenuss wäh-

---

396 Die einzelnen zutreffenden Argumente sollen jeweils mit möglichst konkreten Beispielen ausführlich untermauert werden.

rend das Kind nebenan im Kinderzimmer abgestellt ist. Das Kinderzimmer wird dann häufig abgesperrt.

10. Die Kindesmutter zeigt auch kein Interesse daran, dass der Vater regelmäßig mit dem Kind Umgang hat. Sie gibt das Kind zum Umgang nach eigenem Gutdünken nur heraus, wenn sie größere Partys veranstalten will.

11. Eine große Kindeswohlprüfung unter Einbeziehung aller Lebensumstände wird ergeben, dass die Übertragung der elterlichen Sorge auf den Vater dem Wohl des Kindes am besten entspricht. Die begehrte Regelung ist die beste Lösung für das Kind und seine künftige Entwicklung. Das wird sich insbes. dann zeigen, wenn in einem Sachverständigengutachten sämtliche Kindeswohlkriterien in Bezug auf beide Elternteile durchgeprüft werden und sodann vergleichend gegenüber gestellt werden. Dann wird zuverlässig festgestellt werden können, dass der Vater der bessere Sorgeberechtigte ist und der am besten geeignete Elternteil sodann die elterliche Sorge erhalten muss.

    Beweis: **Kinderpsychologisches Sachverständigengutachten mit einer vergleichenden Kindeswohlprüfung** unter Einbeziehung aller Lebensumstände

12. Für die alleinige elterliche Sorge des Antragstellers sprechen aus seiner Sicht folgende Gründe:

    Der Antragsteller wird im Rahmen des **Förderungsprinzips** dem Kind voraussichtlich die besseren Entwicklungschancen vermitteln und mehr an Unterstützung für den Aufbau seiner Persönlichkeit geben können. Dies ergibt sich sowohl aus den bei ihm vorhandenen Lebensverhältnissen, als auch seiner Persönlichkeit und seines Charakters. Seine erzieherische Eignung, seine Einstellung zum Kind und der Grad der inneren Bereitschaft, das Kind zu sich zu nehmen und die Verantwortung für seine Versorgung und Erziehung – notfalls unter Aufopferung eigener Interesse zu tragen – sowie auch die wirtschaftliche Situation einschließlich der Wohnverhältnissse sowie die objektive Möglichkeit der Unterbringung und Betreuung des Kindes werden zeigen, dass der Vater die stabile und verlässlichere Betreuungsperson sein wird.

    Die Erziehungsgeeignetheit, die beim Vater uneingeschränkt vorhanden ist, ist bei der Mutter erheblich eingeschränkt, ohne dass die Einschränkungen kompensiert werden können. Die Zweifel an der Erziehungsgeeignetheit bei der Kindesmutter beruhen u.a. darauf, dass sie in alkoholisiertem Zustand vor körperlichen Misshandlungen des Kindes durch (leichte) Ohrfeigen und Schläge auf den Po nicht zurückschreckt und dass das Kind vor allem im Zusammenhang mit ihren häufigen Partys doch erheblich vernachlässigt und über viele Stunden hinweg alleine lässt; vor der Geburt des Kindes verkehrte sie in Kreisen, in denen man sich Geld für Drogen und Alkohol durch Diebstähle und gelegentliche Prostitution besorgte.

    Anstatt sich über längere Zeit nachhaltig mit dem Kind zu beschäftigen, sitzt sie viele Stunden am Computer um zu spielen und zu chatten; wird das Kind quengelig, ist immer zu befürchten, dass sie Gewalt als Erziehungsmittel einsetzt.

    Wenn sie längere Zeit an Drogen nicht herankommt und sich auch keinen Alkohol verschaffen kann, besteht bei ihr stets eine latente Selbstmordgefahr, jedenfalls hat sie schon wiederholt davon gesprochen, dass sie sich umbringen wolle.

13. Der Kindesmutter fehlt jegliche **Bindungstoleranz** und sie ist nicht gewillt, den Umgang des Kindes mit dem Vater zu fördern. Sie wertet im Gegenteil den Vater vor dem Kind mit gezielten Bemerkungen ab und bezeichnet ihn als Spießer und Arschloch. Demgegenüber wird der Antragsteller den Umgang des Kindes mit der Mutter nicht nur zulassen sondern auch fördern.

14. Der Antragsteller versichert bereits jetzt seine Bereitschaft, Beratungsangebote des JA und erforderliche öffentliche Hilfen in Anspruch zu nehmen, während die Kindesmutter alle angebotenen Hilfen kategorisch ablehnt, weil sie „das JA nicht in der Wohnung haben will".

15. Der Antragsteller ist (nicht mit der Antragsgegnerin) verheiratet. Aus der Ehe ist ein vierjähriges Kind hervorgegangen. Er lebt mit seiner Ehefrau und dem Kind in einem Reihenhaus mit 2 Kinderzimmern. Bei den Umgangsterminen, die stattgefunden haben, hat sich das

Kind ... in der Familie des Antragstellers uneingeschränkt wohlgefühlt. JA und Sachverständige können sich davon überzeugen, dass bei einer Übertragung der Alleinsorge das Kind in geordneten und dem Kindeswohl dienenden Verhältnissen aufwachsen wird.

16. Da bei den Umgangskontakten das Kind stets in die Familie des Antragstellers integriert war, bleibt insoweit dem Kind seine bisherige Lebenswelt erhalten, so dass ein abrupter Wechsel in allen wichtigen Lebensbezügen durch den Wechsel der Alleinsorge nicht stattfindet. Es sind durchaus schon Gefühlsbindungen an den Antragsteller und seine Ehefrau sowie an das Geschwisterkind vorhanden, die sich beide schon sehr darauf freuen, wenn ... bei uns in der Familie lebt.

17. Zum **Beweis** dafür, dass eine gemeinsame Sorge nicht in Betracht kommt sowie dass die Erwartung besteht, dass die Übertragung der Alleinsorge auf den Vater dem Wohl des Kindes am besten entspricht und die Antragsgegnerin erziehungsungeeignet ist, wird beantragt:

Einholung eines Berichts des JA in den auch die Lebensumstände in der Familie des Antragstellers miteinbezogen werden.

Bestellung eines Verfahrensbeistandes für das Kind

Erholung eines umfassenden kinderpsychologischen Sachverständigengutachtens mit großer vergleichender Kindeswohlprüfung in Bezug auf beide Elternteile unter Einbeziehung aller Lebensumstände

...

Unterschrift

b) Abweisungsantrag mit Hilfsantrag auf gemeinsame Sorge/ Aufenthaltsbestimmungsrecht

Der Antrag des Antragstellers auf Übertragung der Alleinsorge für das Kind ..., geb. am ...   234 wird abgewiesen.

Hilfsweise: Die elterliche Sorge für das Kind ..., geb. am ... wird auf beide Eltern gemeinsam übertragen. Das Aufenthaltsbestimmungsrecht und die damit verbundene Befugnis zur alleinigen Entscheidung in Alltagsangelegenheiten verbleibt jedoch bei der Kindesmutter allein.

Begründung[397]

1. Es trifft nicht zu, dass die Mutter die gemeinsame Sorge blockiert um die Alleinentscheidungsbefugnis zu behalten, und dass sie die gemeinsame Sorge aus ihrem eigenen Interesse ablehnt. Die Mutter handelt ausschließlich im Kindeswohlinteresse, denn der Antragsteller selbst zeigt an dem Kind keinerlei Interesse. Der Hintergrund für das Verfahren ist vielmehr, dass die Ehefrau des Antragstellers ein Geschwisterkind für ihre eigene Tochter haben möchte. Zu diesem Zweck will sie der Kindesmutter ihr Kind wegnehmen. Es würde eklatant dem Kindeswohl widersprechen, wenn es die bisherige vertraute Sorgeberechtigte verlieren würde und stattdessen in die Obhut einer fremden Frau käme. Der Vater steht wegen seiner sehr starken beruflichen Inanspruchnahme definitiv für das Kleinkind nicht zur Verfügung.

2. Die vom Antragsteller behaupteten Kommunikationsprobleme beruhen nicht auf einer Blockadehaltung der Antragsgegnerin, sondern ausschließlich darauf, dass der Antragsteller selbstherrlich und arrogant als ständiger Besserwisser sich in die Alltagsangelegenheiten einmischt und die Mutter ihm nichts recht machen kann. Ständig behauptet er, dass das Kind bei seiner Ehefrau und bei seiner Mutter besser aufgehoben wäre als bei der Antragsgegnerin. Die Antragsgegnerin hat aber ein liebevolles und herzliches Verhältnis zu ihrem

---

397 Die einzelnen zutreffenden Argumente sollten jeweils mit möglichst konkreten Beispielen untermauert werden.

Kind und kümmert sich rund um die Uhr um die Belange des Kindes. Sie ist auch jederzeit bereit, ihre Kommunikationsfähigkeit mit dem Antragsteller zu verbessern, auch mit Hilfe von außen, wenn es nicht ausschließlich darum geht, dass sie sich dem Willen des Antragstellers völlig unterwerfen soll. Für Gespräche auf Augenhöhe ist die Kindesmutter jederzeit zu haben und sogar dankbar dafür.

3. Es mag sein, dass der im Vergleich zur Antragsgegnerin gut situierte Antragsteller dem Kind ein wohlhabenderes Ambiente bieten kann als die derzeit von Hartz IV lebende Kindesmutter. Das allein rechtfertigt aber nicht, der Mutter das Kind wegzunehmen. Das Kind ist in diese Lebenssituation hineingeboren. Im Übrigen könnte der Kindesvater die wirtschaftliche Situation des Kindes auch dadurch verbessern, dass er nicht nur den Mindestunterhalt bezahlt.

4. Richtig ist, dass die Kindesmutter den Kontakt zum JA abgebrochen hat, nachdem der dortige Mitarbeiter ihr erklärt habe, sie solle das Kind in die Obhut des Vaters geben, weil sie dem Kind viel schlechtere Lebensbedingungen bietet als dies der Vater könnte.

5. Die Kindesmutter ist aber unter keinen Umständen gewillt, ihr Kind wegzugeben. Es liegen auch keinerlei Gründe, insbes. keinerlei kindeswohlgefährdende Gründe vor.

6. Aus einigen Jugendsünden der Antragsgegnerin eine generelle Erziehungsungeeignetheit abzuleiten, ist nicht gerechtfertigt. Auch wenn die Kindesmutter gerne vor dem Computer sitzt, kümmert sie sich in ausreichendem Maße um das Kind.

   Zum **Beweis** dafür, dass die Erziehungsfähigkeit der Antragsgegnerin weder eingeschränkt noch aufgeboben ist, wird ausdrücklich die Erholung eines kindespsychologischen Sachverständigengutachtens beantragt.

   Alle Behauptungen des Antragstellers, die auf die Erziehungsungeeignetheit der Kindesmutter abzielen, werden ausdrücklich bestritten. Im Rahmen des zu erholenden Sachverständigengutachtens wird sich ergeben, dass die Kindesmutter nicht nur erziehungsgeeignet ist, sondern dass keinesfalls die Erwartung gerechtfertigt ist, dass die Übertragung der Alleinsorge auf den Vater dem Wohl des Kindes am besten entspricht. Die in diesem Zusammenhang aufgestellten Behauptungen entspringen alle dem weit überzogenen Selbstbewusstsein des Vaters und haben keinen Realitätsbezug.

7. Es wird ausdrücklich beantragt, dem Kind einen Verfahrensbeistand zu bestellen, der die Lebensumstände des Kindes bei der Mutter und beim Vater vergleicht. Dabei wird sich zeigen, dass das Kind bei der Mutter sich wohl, geborgen und gut behütet fühlt.

8. Betreuungssituation: ...

9. Wohnsituation: ...

10. Erziehungseignung beider Beteiligter: ...

11. Gründe, die gegen die Übertragung der alleinigen elterlichen Sorge auf den Antragsteller sprechen: ...

12. Wenn der Vater gewillt und in der Lage ist, von seinem hohen Ross herabzusteigen und die Mutter als gleichwertige Erziehungsberechtigte zu respektieren, kann das Sorgerecht auf beide Elternteile gemeinsam übertragen werden. Voraussetzung hierfür ist aber in jedem Fall, dass der Kindesvater sich ausdrücklich damit einverstanden erklärt, dass das Aufenthaltsbestimmungsrecht und die damit verbundene Alltagsalleinsorge bei der Kindesmutter alleine verbleibt, denn andernfalls wäre das Kindeswohl durch den ständigen Kampf um den Aufenthalt des Kindes ernsthaft gefährdet.

13. Die Regelung des Aufenthaltsbestimmungsrechts ist auch deswegen unbedingt erforderlich, damit die Mutter den Umgang des Vaters mit dem Kind vorbehaltlos und angstfrei fördern kann, was nicht der Fall ist, wenn die Mutter jedes Mal nach dem Umgang damit rechnen muss, dass der Vater das Kind nicht zurückbringen wird.

...

Unterschrift

III. Übertragung der Alleinsorge auf den Vater, wenn die Mutter in die (Fremd-)Adoption des Kindes eingewilligt hat, § 1671 Abs. 3 BGB.

Die Regelung des § 1671 Abs. 3 erfolgt vor dem Hintergrund, dass sich die Mutter   235
mit der Einwilligung in die Adoption ihrer Elternrolle entledigen will; es sei denn, es
handelt sich um eine Stiefkind-Adoption. Hat der Vater mit einem Antrag auf Übertragung der gemeinsamen Sorge ein Interesse an der Sorge für das Kind bekundet,
soll dem Vater die Alleinsorge für das Kind ermöglicht werden, anstatt ihn weiter auf
die gemeinsame Sorge mit der Mutter zu verweisen, deren Sorge nach § 1751 Abs. 1
S. 1 BGB ruht.[398] Dem Antrag des Vaters ist gem. Abs. 3 S. 3 stattzugeben, soweit
dies dem Kindeswohl **nicht widerspricht**. Der Kindesvater soll grundsätzlich an der
Sorge teilhaben und nur dann von der Sorgetragung ausgeschlossen werden, wenn
dies aus Gründen des Kindeswohls erforderlich ist.

> **§ 1671 Abs. 3 BGB**
> Ruht die elterliche Sorge der Mutter nach § 1751 Abs. 1 S. 1, so gilt der Antrag des Vaters auf
> Übertragung der gemeinsamen elterlichen Sorge nach § 1626 a Abs. 2 als Antrag nach Abs. 2. Dem
> Antrag ist stattzugeben, soweit die Übertragung der elterlichen Sorge auf den Vater dem Wohl des
> Kindes nicht widerspricht.

Will die Kindesmutter ihre eigene Elternrolle aufgeben und fällt sie als Alleinsorgebe-   236
rechtigte als Sorgetragende weg, muss dem Vater auf Antrag die Alleinsorge bereits
dann übertragen werden, wenn die Übertragung dem Wohl des Kindes nicht widerspricht. Sie muss nicht wie bisher „dem Kindeswohl dienen".[399]

Abs. 3 S. 1 fingiert, dass ein Antrag des Vaters auf Übertragung der gemeinsamen   237
Sorge in den Fällen, in denen die elterliche Sorge der Mutter ruht, weil sie in die
(Fremd-)Adoption des Kindes eingewilligt hat, als Antrag des Vaters auf Übertragung
der Alleinsorge gilt.

1. Wirkung der mütterlichen Einwilligung in die Adoption

Mit der Einwilligung der alleinsorgeberechtigten Mutter in die Adoption des Kindes   238
ruht ihre elterliche Sorge. Das Jugendamt wird Vormund, § 1751 Abs. 1 BGB. Dies
gilt aber nicht bei der Stiefkind-Adoption, da es sich bei ihr nicht um die Lösung der
Mutter vom Kind, sondern umgekehrt gerade um eine Festigung und Erweiterung der
Familienbande geht, § 1751 Abs. 2.[400] Mit ihrer Einwilligung in die Adoption hat die
Mutter das von ihrer Seite aus Erforderliche getan, um die rechtliche Verbindung
zum eigenen Kind zu lösen. Deshalb wird ihre elterliche Sorge ausgesetzt, bis sie bei
Wirksamkeit der Adoption vollends erlischt bzw bei deren Scheitern neu geregelt
wird. Gesetzlicher Vertreter des Kindes wird, ohne dass es einer Bestellung bedarf,
das gem. §§ 85 ff SGB VIII zuständige Jugendamt, sofern nicht der Vater die elterliche Sorge allein ausübt oder schon ein Vormund bestellt ist, insbesondere also, wenn
gem. § 1791 c eine Amtsvormundschaft besteht.

---

398 BT-Drucks. 17/11048, 28.
399 BT-Drucks. 17/11048, 28.
400 Vgl Palandt/Diederichsen § 1751 Rn 2.

2. Übertragung der elterlichen Sorge auf den Vater

239 Ruht die elterliche Sorge der Mutter nach der Einwilligung in die Fremd-Adoption des Kindes, kann der Vater nach § 1671 Abs. 2 BGB Antrag auf Übertragung der Alleinsorge stellen, ohne dass es der Zustimmung der Kindesmutter bedürfte.

240 Hat der Vater einen Antrag auf Übertragung der gemeinsamen Sorge nach § 1626 a Abs. 1 Nr. 3, Abs. 2 BGB gestellt, gilt dieser Antrag als Antrag auf Übertragung der Alleinsorge nach § 1671 Abs. 2, wobei es jedoch nicht der Zustimmung der Mutter bedarf, wenn diese in die Annahme des Kindes (Adoption) eingewilligt hatte.

3. Nur negative Kindeswohlprüfung

241 Dem Antrag des Vaters ist stattzugeben, soweit dies dem Kindeswohl nicht widerspricht; die Übertragung der Alleinsorge muss mithin nicht „dem Kindeswohl dienen". Der Vater soll grundsätzlich an der Sorge teilhaben und nur dann von der Sorgetragung ausgeschlossen werden, wenn dies aus Gründen des Kindeswohls erforderlich ist.[401] Es findet daher nur eine sog **negative Kindeswohlprüfung** anhand der oben Rn 61 ff. aufgeführten Kindeswohlkriterien statt.

IV. Ruhen der elterlichen Sorge bei Alleinsorge eines Elternteils, § 1678 Abs. 2

242 In Fällen, in denen die der Mutter gem. § 1626 a Abs. 3 BGB zustehende Alleinsorge ruht, soll für den Vater, der primär als sorgeberechtigte Person in Betracht kommt, beim Zugang zur Alleinsorge keine unnötig hohe Hürde aufgestellt werden.[402] Ist der Vater bereit, Verantwortung zu übernehmen, und widerspricht dies nicht dem Kindeswohl, besteht kein Anlass, ihm die elterliche Sorge nicht zu übertragen. Will oder kann er keine Verantwortung übernehmen, wird eine Sorgerechtsübertragung auch regelmäßig dem Kindeswohl widersprechen.[403] Dem erhöhten Schutzbedürfnis des Kindes kann im Rahmen einer **negativen Kindeswohlprüfung** ausreichend Rechnung getragen werden. Der Vater soll grundsätzlich an der Sorge teilhaben und nur dann von der Verantwortung ausgeschlossen werden, wenn dies aus Gründen des Kindeswohls erforderlich ist. Dabei macht es keinen Unterschied, ob die nach § 1626 a BGB alleinsorgeberechtigte Mutter oder ein gem. § 1671 BGB alleinsorgeberechtigter Elternteil ausfällt. In beiden Fällen ist es ausreichend, dass die Übertragung der elterlichen Sorge auf den anderen Elternteil dem Kindeswohl nicht widerspricht[404]

§ 1678 Abs. 2 BGB
Ruht die elterliche Sorge des Elternteils, dem sie gem. § 1626 a Abs. 3 oder § 1671 allein zustand, besteht keine Aussicht, dass der Grund des Ruhens wegfallen werde, so hat das Familiengericht die elterliche Sorge dem anderen Elternteil zu übertragen, wenn dies dem Wohl des Kindes nicht widerspricht.

243 Während bei **gemeinsamer** elterlicher Sorge das Ruhen der elterlichen Sorge eines Elternteils grundsätzlich die Wirkung hat, dass sie von dem anderen Elternteil allein

---

401 BT-Drucks. 17/11048, 28.
402 RegE BT-Drucks. 17/11048, 29.
403 RegE BT-Drucks. 17/11048, 29.
404 RegE BT-Drucks. 17/11048, 29.

Heiß

ausgeübt wird (§ 1678 Abs. 1), scheidet ein automatischer Wechsel zur Alleinsorge des anderen Elternteils aus, wenn die elterliche Sorge nur dem Elternteil zustand, der jetzt verhindert ist oder dessen elterliche Sorge ruht.

1. Fälle des Ruhens der elterlichen Sorge

Die Fälle des Ruhens der elterlichen Sorge ergeben sich aus den §§ 1673-1678. Da- **244**
nach ruht die elterliche Sorge,

(1) wenn ein Elternteil geschäftsunfähig ist (§ 1673 Abs. 1, 104 Nr. 2 BGB, wobei partielle Geschäftsunfähigkeit ausreichend ist, wenn sie sich ganz oder teilweise auf die elterliche Sorge bezieht.[405] Die Ruhenswirkungen entfallen automatisch bei Wiederherstellung der psychischen Gesundheit. Liegt eine vorübergehende Störung der Geistestätigkeit iSv § 105 Abs. 2 BGB vor, handelt es sich um ein tatsächliches Ausübungshindernis, so dass allenfalls Maßnahmen nach §§ 1693, 1678 in Betracht kommen.[406] Besteht der Verdacht, dass die elterliche Sorge der gem. § 1626 a BGB alleinsorgeberechtigten Mutter wegen Geschäftsunfähigkeit ruht, und kommt daher die Übertragung der elterlichen Sorge auf den Vater gem. § 1678 Abs. 2 BGB in Betracht, ist der **Richter** für das gesamte Verfahren einschließlich der Prüfung der Voraussetzungen des Ruhens der elterlichen Sorge zuständig. Die Bestellung eines **Vormunds** kommt in diesen Fällen erst in Betracht, wenn feststeht, dass dem Vater die elterliche Sorge nicht übertragen wird. Die unter Auslassung der Prüfung, ob die elterliche Sorge auf den Vater zu übertragen ist, erfolgte Anordnung der Vormundschaft durch den **Rechtspfleger** ist wegen der Missachtung des Richtervorbehalts **unwirksam**.[407]

(2) wenn ein Elternteil beschränkt geschäftsfähig ist, §§ 1673 Abs. 2, 106 BGB. Gem. § 1673 Abs. 2 hat der minderjährige Elternteil neben dem gesetzlichen Vertreter des Kindes, also idR dem anderen Elternteil oder dem Vormund ein sachlich beschränktes Sorgerecht, nämlich die tatsächliche Personensorge aber ohne **gesetzliche Vertretung**,

(3) wenn ein Elternteil auf längere Zeit die elterliche Sorge **tatsächlich nicht ausüben kann**, § 1674 Abs. 1; Voraussetzung hierfür ist, dass der Elternteil einen wesentlichen Teil der Sorgerechtsverantwortung nicht mehr selbst ausüben kann, wobei die bloße physische Abwesenheit nicht ausreichend ist, solange eine telefonische Kontaktaufnahme die Sorgerechtsausübung ermöglicht und auch aus der Ferne wahrgenommen werden kann.[408] Auch eine schwere Erreichbarkeit der Eltern ist keine objektive Verhinderung.[409] Die Feststellung der tatsächlichen Verhinderung ist aber möglich bei Auswanderung, länger andauernden **Strafhaft**,[410] unbekanntem Aufenthalt zB infolge spurlosen Verschwindens oder Abtauchens im Ausland

---

405 Palandt/Diederichsen § 1673 Rn 2.
406 Staudinger/Coester § 1673 Rn 7.
407 OLG Dresden FamRZ 2012, 1882.
408 BGH NJW 2005, 221.
409 OLG Koblenz FamRZ 2011, 1517 für Aufenthalt in Afghanistan.
410 OLG Brandenburg FamRZ 2009, 1683; OLG Dresden FamRZ 2003, 1038; einschränkend OLG Brandenburg FamRZ 2009, 237; aA OLG Frankfurt FamRZ 2007, 753.

ohne Kontaktmöglichkeit, körperlicher oder geistiger Erkrankung besonders bei Drogen- oder Trunksucht, bevor die Voraussetzungen des § 1673 vorliegen, aussichtsloser Krebserkrankung.[411] Bei **Untersuchungshaft** kann nur ausnahmsweise von einer längeren tatsächlichen Verhinderung an der Ausübung der elterlichen Sorge ausgegangen werden[412] und dann auch nur bis zum Abschluss des Strafverfahrens.[413] Bei einer **kürzeren** tatsächlichen Verhinderung, die eine Ausübung der elterlichen Sorge nicht zulässt (Krankenhausaufenthalt uÄ), kann keine Feststellung einer längeren tatsächlichen Verhinderung erfolgen und es treten auch die Wirkungen des § 1675 nicht ein.[414]

245 Die Feststellung des Ruhens erfolgt durch gerichtlichen Beschluss. Solange die elterliche Sorge ruht, ist ein Elternteil nicht berechtigt, sie auszuüben, § 1675 BGB. Die Folgen bestimmen sich nach § 1678. Die elterliche Sorge lebt wieder auf, wenn das Familiengericht feststellt, dass der Grund des Ruhens nicht mehr besteht, § 1674 Abs. 2 BGB.

2. Keine Aussicht auf Wegfall des Ruhensgrundes

246 Bevor die Rechtsfolgen des § 1678 Abs. 2 ausgesprochen werden können, muss festgestellt werden, dass **keine Aussicht** besteht, dass der Grund des Ruhens wegfallen werde. Die Übertragung der elterlichen Sorge auf den anderen Elternteil kommt somit nur in Betracht, wenn die elterliche Sorge des bisher Alleinsorgeberechtigten **langfristig ruht**, was zB bei einer unheilbaren psychischen Erkrankung der Fall sein kann oder bei einer **Haftstrafe**, die bis zum Eintritt der Volljährigkeit des Kindes andauern wird.

247 Bei bloß vorübergehender oder tatsächlicher Verhinderung ist ggf gem. § 1909 BGB ein Pfleger zu bestellen, denn die Übertragung der elterlichen Sorge auf den anderen Elternteil kommt nur in Betracht, wenn die elterliche Sorge des Alleinsorgeberechtigten langfristig ruht.

3. Rechtsfolgen

248 Ist der Elternteil, der die Alleinsorge innehat, an der Ausübung der elterlichen Sorge verhindert oder ruht diese, so kann kein automatischer Übergang des Sorgerechts stattfinden. Besteht keine Aussicht, dass der Grund des Ruhens wegfallen wird, ist die elterliche Sorge dem anderen Elternteil zu übertragen, wenn dies dem Wohl des Kindes **nicht widerspricht**. Ist der andere Elternteil zur Übernahme der Verantwortung bereit, besteht kein Anlass, ihm die elterliche Sorge nicht zu übertragen, außer die Übertragung widerspräche dem Kindeswohl. Grundsätzlich soll der andere Elternteil von der Sorgetragung nur ausgeschlossen werden, wenn dies aus Gründen des Kindeswohls erforderlich ist, wobei es nicht darauf ankommt, aus welchen Gründen

---

411 Vgl Rakete/Dombek FPR 2005, 80.
412 OLG Köln FamRZ 1978, 623.
413 OLG Hamm FamRZ 1996, 1029.
414 Palandt/Diederichsen § 1674 Rn 2.

Heiß

dem anderen Elternteil das Sorgerecht nicht zustand, insbes. ob dies auf § 1626a Abs. 3 oder auf § 1671 BGB beruht.

Scheitert die Übertragung der elterlichen Sorge auf den anderen Elternteil, weil dieser **249** keine Verantwortung übernehmen will oder kann oder weil die Übertragung dem Wohl des Kindes widerspricht, so ist gem. § 1773 BGB ein **Vormund** zu bestellen.[415]

4. Gerichtliche Maßnahmen bei Verhinderung der Eltern

Sind die Eltern verhindert, die elterliche Sorge auszuüben, so hat das Familiengericht **250** die im Interesse des Kindes erforderlichen Maßregeln zu treffen, § 1693 BGB.

Das Eingreifen des Gerichts ist **nur zulässig,** wenn die Verhinderung festgestellt ist; es **251** bedarf jedoch insoweit keines teilweisen Entzugs der elterlichen Sorge.[416] Die Erforderlichkeit der Maßregeln richtet sich danach, ob die Verhinderung **vorübergehend** ist, sowie nach der Dringlichkeit der zu treffenden Maßnahmen. So kann zB bei Nichterreichbarkeit der Eltern die vorläufige Unterbringung des Kindes angeordnet werden oder die Einwilligung in eine dringliche Operation. Es darf stets nur das unbedingt Erforderliche angeordnet werden, wenn nicht genügend Zeit vorhanden ist, um einen Vormund oder Ergänzungspfleger zu bestellen, der dann die jeweils erforderlichen Maßnahmen treffen kann.[417] Ist ein Elternteil verhindert, greift § 1693 BGB nur ein, soweit die Sorge nicht dem anderen Elternteil obliegt oder von ihm ausgeübt werden kann, §§ 1678, 1670 Abs. 1 S. 1. Die strengen Voraussetzungen des § 1666 BGB für einen staatlichen Eingriff in das Sorgerecht dürfen nicht mit Hilfe des § 1693 BGB umgangen werden.[418]

V. Übertragung der elterlichen Sorge bei Tod des Allein-Sorgeberechtigten, § 1680 Abs. 2 BGB

In Fällen des Versterbens einer nach § 1626a Abs. 3 BGB alleinsorgeberechtigten **252** Mutter überträgt das Familiengericht dem Vater die alleinige elterliche Sorge, wenn eine negative Kindeswohlprüfung ergibt, dass die Übertragung der elterlichen Sorge auf den Vater **dem Wohl des Kindes nicht widerspricht.** Die früher geforderte positive Kindeswohlprüfung, wonach dem Vater die Alleinsorge nur übertragen wurde, wenn dies **dem Wohl des Kindes diente,** die Übertragung der elterlichen Sorge auf den Vater für das Kind also vorteilhaft ist, wurde aufgegeben.[419] Das Gesetz geht nunmehr davon aus, dass kein Anlass besteht, dem Vater die elterliche Sorge nicht zu übertragen, wenn er Verantwortung übernehmen will und dies dem Kindeswohl nicht entgegensteht. Dem erhöhten Schutzbedürfnis des Kindes kann bereits im Rahmen der negativen Kindeswohlprüfung ausreichend Rechnung getragen werden. Will oder kann der Vater keine Verantwortung übernehmen, wird eine Sorgerechtsübertragung auch regelmäßig dem Kindeswohl widersprechen.[420]

---

415 Nach aA ist eine Pflegschaft nach § 1909 BGB zu errichten, vgl FA-FamR/Maier Kap. 4 Rn 153.
416 OLG Naumburg FamRZ 2008, 639.
417 Palandt/Diederichsen § 1693 Rn 2.
418 OLG Hamm FamRZ 1996, 1029.
419 BT-Drucks. 17/11048, 30.
420 RegE BT-Drucks. 17/11048, 30.

§ 1680 BGB

(1) Stand die elterliche Sorge den Eltern gemeinsam zu und ist ein Elternteil gestorben, so steht die elterliche Sorge dem überlebenden Elternteil zu.

(2) Ist ein Elternteil, dem die elterliche Sorge gem. § 1626 a Abs. 3 oder § 1671 alleine zustand, gestorben, so hat das Familiengericht die elterliche Sorge dem überlebenden Elternteil zu übertragen, wenn dies dem Wohl des Kindes nicht widerspricht.

(3) Die Absätze 1 und 3 geltend entsprechend soweit einem Elternteil die elterliche Sorge entzogen wird.

1. Bisherige gemeinsame elterliche Sorge Abs. 1

253 Stirbt einer von gemeinsam sorgeberechtigten Elternteilen, tritt nach § 1680 Abs. 1 der andere in die Elternrechte ein und übernimmt die Anteile des Verstorbenen auch rechtlich. Eine gerichtliche Feststellung oder gerichtliche Ermittlungen sind nicht erforderlich und vom Gesetz auch nicht vorgesehen, sondern derjenige Elternteil, der zusammen mit dem anderen schon bisher die Verantwortung getragen hat, übernimmt von Gesetzes wegen nunmehr die alleinige Verantwortung. Ist der Elternteil ungeeignet oder überfordert, sind ggf Maßnahmen nach § 1666 BGB vorzunehmen. In erster Linie aber hat das Jugendamt Unterstützung und Hilfe zu leisten. Stirbt der überlebende Elternteil, der nunmehr alleinige Sorgebefugnisse hat, ist für das Kind **Vormundschaft einzurichten**.

254 Von Bedeutung ist aber auch hier, ob und wie weit der überlebende Elternteil an der Sorgebefugnis **tatsächlich beteiligt** war und/oder wenigstens seine Besuchsrechte wahrgenommen und damit Verbindung zum Kind gehalten hat. Ist der überlebende Elternteil dem Kind fremd geworden, muss eine zumutbare Übergangsregelung geschaffen werden, vor allem in solchen Fällen, in denen der verstorbene Elternteil schon seit längerer Zeit mit einem anderen Partner zusammengelebt hat und das Kind in dessen Haushalt aufgewachsen ist. Hier ist es häufig erforderlich, dass eine **Verbleibensanordnung nach § 1682 BGB** durch das Gericht erfolgt, wenn das Kind in einem anderen Familienverband seine Bezugswelt gefunden hat und dem anderen Elternteil entfremdet ist, sodass durch die Herausnahme sein seelisches Wohl gefährdet würde. Beurteilungsmaßstab ist hier § 1666 BGB.

2. Alleinige elterliche Sorge des Verstorbenen, Abs. 2

255 Stand dem verstorbenen Elternteil die elterliche Sorge gem. § 1671 BGB aufgrund Gerichtsentscheid oder nach § 1626 a Abs. 3 BGB kraft Gesetzes allein zu, hat das Familiengericht diese auf den anderen Elternteil zu übertragen. Die Übertragung darf jedoch dem Kindeswohl nicht widersprechen.[421] In den Fällen des § 1671 BGB war – jedenfalls wenn keine Zustimmung des Antragsgegners vorlag – der nun verstorbene Elternteil derjenige, in dessen Person eine bessere Eignung und Fähigkeit zur Erziehung vorhanden gewesen ist, weil das Familiengericht ihm die Alleinsorge übertragen hat. Deshalb soll nach seinem Tod der Übergang seiner Befugnisse auf den anderen Elternteil nur nach gerichtlicher Überprüfung und entsprechender gerichtlicher Anordnung erfolgen. Dabei ist von einer Übertragung nicht erst dann abzusehen, wenn

---

421 Vgl BayObLG FamRZ 1999, 103; Rn 61 ff.

eine Gefährdungslage des Kindes besteht, sondern ausreichend ist, wenn die mit der Übertragung verbundenen Veränderungen gerade in der häufig traumatischen Situation des Todes des alleinsorgeberechtigten Elternteils für das Kind zu erheblichen Belastungen führt.[422]

Hatte die Mutter nach § 1626 a Abs. 3 das Sorgerecht alleine inne, weil eine Übertragung des gemeinsamen Sorgerechts nicht in Betracht kam, muss bei der gerichtlichen Überprüfung speziell auf die Frage eingegangen werden, ob der andere Elternteil nunmehr in der Lage ist, verantwortlich für das Kind zu handeln. **256**

Vor allem in **Stiefkindfällen** kann mit Hilfe von § 1682 (Verbleibensanordnung) ein Aufenthaltswechsel, der Gefährdungen für das Kind und seine weitere Entwicklung mit sich bringt, verhindert werden und **Beziehungskontinuität** durchgesetzt werden. Es ist aber nicht jeder Umzug ausgeschlossen; lässt er sich rechtfertigen, ist die elterliche Sorge dem überlebenden Elternteil zu übertragen, denn dann stehen Interessen des Kindes nicht entgegen, so dass sich seine Elternposition nach Art. 6 Abs. 1 GG durchsetzt. Stiefelternteil bzw Lebenspartner behalten jedoch **Umgangsbefugnisse nach** § 1685, mit der Folge, dass die Verluste wenigstens zum Teil ausgeglichen werden können. **257**

Widerspricht die Übertragung der alleinigen elterlichen Sorge auf den anderen Elternteil dem Kindeswohl, muss gem. § 1773 ein **Vormund** bestellt werden, wobei dies auch ein älteres Geschwisterkind oder aber der **Stiefelternteil** oder **Lebensgefährte/in** des verstorbenen Elternteils sein kann.[423] Ist die elterliche Sorge nur in **Teilen** entzogen oder bestehen nur zu Teilen Bedenken gegen die Übertragung der elterlichen Sorge auf den anderen Elternteil, kann für den **Restbestand** nach § 1909 BGB ein **Pfleger** eingesetzt werden. Liegen die Voraussetzungen aus § 1666 vor, kann dem überlebenden Teil, der sonst § 1680 für sich in Anspruch nehmen kann, die elterliche Sorge **entzogen** werden.[424] **258**

3. Kindeswohlprüfung

Die Übertragung des alleinige Sorgerechts auf den überlebenden Elternteil darf dem Kindeswohl nicht widersprechen. Hat der bislang nicht sorgeberechtigte Elternteil regelmäßig **Umgang** und lebte der verstorbene Elternteil mit dem Kind alleine, wird idR – wenn keine besonderen Umstände in der Person des überlebenden Elternteils gegeben sind – die Übertragung der Sorge zu erfolgen haben. Hat der verstorbene Elternteil mit dem Kind in einer neuen „**Zweitfamilie**" zusammengelebt, so wird eine Sorgerechtsübertragung bei guten Beziehungen zum bislang nicht sorgeberechtigten Elternteil dann nicht in Betracht kommen, wenn hierdurch eine Kindeswohlgefährdung eintritt. Nicht ausreichend ist in diesem Fall, dass ein Verbleib dem Kindeswohl dienlicher wäre.[425] In jedem Fall hat die Übertragung gem. Abs. 2 zu unterbleiben, wenn dadurch eine **konkrete Gefährdung des Kindeswohls** zu erwarten ist. Andern- **259**

---

422 Staudinger/Coester § 1680 Rn 9; MüKo/Hennemann § 1680 Rn 8.
423 BayObLG FamRZ 2000, 972; 1999, 103 (104).
424 MüKo/Hennemann § 1680 Rn 8.
425 So MüKo/Hennemann § 1680 Rn 9 sowie Staudinger/Coester § 1680 Rn 9.

falls kann der Kontakt des Kindes zu seiner bisherigen Zweitfamilie durch die Einräumung eines **Umgangs** nach § 1685 erhalten bleiben.

260 Hat der überlebende Elternteil in der Vergangenheit zum Kind **keinen Kontakt** unterhalten und hat er sein Umgangsrecht in der Vergangenheit nicht wahrgenommen, wird idR eine Übertragung der Alleinsorge auf den bisher abwesenden Elternteil nicht in Betracht kommen und es muss dem Kind die gelebte Verbindung zur bisherigen Betreuungsperson (Stiefelternteil, Großeltern, Lebensgefährte des überlebenden Elternteils) erhalten werden und eine entsprechende Anordnung für sie erfolgen.[426]

261 Unter Berücksichtigung des verfassungsrechtlich geschützten **Selbstbestimmungsrechts** des Kindes sind seine Vorstellungen, Wünsche und geäußerten Absichten zu berücksichtigen. Dem Willen des Kindes kann dabei durchaus eine entscheidende Bedeutung zukommen, insbes. wenn seine tatsächliche Einsichtsfähigkeit bereits gegeben ist und es schon über 12 Jahre alt ist.[427] Bei einem Wunsch des Kindes den überlebenden Elternteil näher kennenzulernen, müssen entsprechende Anbahnungen stattfinden, die letztlich auch in eine Sorgerechtsübertragung münden können. Die gilt vor allem dann, wenn das Kind keine weiteren festen Bezugspersonen hat, da dann dem Kind immerhin eine feste familiäre Verbindung garantiert werden kann, die seine Entwicklung sicherstellt.[428]

262 Eine Sorgerechtsübertragung **widerspricht** den Kindesinteressen bei dem Verdacht, dass der Vater bzw dessen Familie am „Ehrenmord" der Mutter beteiligt war und keinerlei Verständnis für die Traumatisierung des Kindes besteht.[429] Bei der Kindeswohlprüfung sind dieselben Gesichtspunkte maßgebend, die auch für die Übertragung der gemeinsamen Sorgeverantwortung von Bedeutung sind.[430]

4. Entziehung der elterlichen Sorge für einen Elternteil

263 Die Entziehung der elterlichen Sorge für einen Elternteil wird rechtlich wie sein Ausfall durch Tod behandelt. Auch in dem Fall, dass der alleinsorgeberechtigten Mutter die elterliche Sorge entzogen wurde, ist dem Vater die alleinige Sorge zu übertragen, wenn es dem Kindeswohl nicht widerspricht. Auch im Falle des Sorgerechtsentzugs ist **nur eine negative Kindeswohlprüfung** durchzuführen.[431]

§ 1680 Abs. 3 ist **lex specialis** gegenüber § 1696 BGB und verdrängt diesen.[432]

264 Stand beiden Elternteilen die elterliche Sorge **gemeinsam** zu, übt sie nach dem Sorgerechtsentzug für einen Elternteil der andere alleine aus. Sind von der Sorgerechtsentziehung lediglich **Teilbereiche** betroffen, bleiben für den Restbereich beide Elternteile zuständig, während für den entzogenen Sorgerechtsanteil dem anderen Elternteil künftig allein die elterliche Sorge zusteht. Abs. 3 gilt auch für **Teilbereiche** aus der

---

426 MüKo/Hennemann § 1680 Rn 10.
427 Vgl BayObLG FamRZ 2000, 972.
428 MüKo/Hennemann § 1680 Rn 10.
429 BVerfG FamRZ 2008, 381 (382).
430 S. o. C. II. „Nur negative Kindeswohlprüfung" Rn 61 ff.
431 Ausf. hierzu s.o. C. II. „Nur negative Kindeswohlprüfung" Rn 61 ff..
432 MüKo/Hennemann § 1680 Rn 20.

Personensorge, etwa das Aufenthaltsbestimmungsrecht oder für die Schul- oder Berufsausbildung des Kindes.[433] **Heiraten** die Eltern einander, begründen sie von diesem Zeitpunkt an die gemeinsame elterliche Sorge für sich, allerdings nur **in dem Umfang**, wie sie bisher der Mutter zustand,[434] wenn diese bislang alleinsorgeberechtigt war.

Verweigert der bislang nicht sorgeberechtigte Elternteil die Übernahme, kommt zwar   265
gleichwohl eine Übertragung der Alleinsorge in Betracht, da auf das Sorgerecht **nicht verzichtet** werden kann. Allerdings wird es kaum Fälle geben, in denen bei dieser Konstellation die Übertragung mit dem Kindeswohl vereinbar wäre, wenn der ablehnende Elternteil nicht bereit oder in der Lage ist, die Verantwortung für sein Kind zu übernehmen.[435]

Das Familiengericht kann die elterliche Sorge auf den nichtehelichen Vater auch dann   266
allein übertragen, wenn die **in Haft lebende Mutter** das gemeinsame Sorgerecht anstrebt.[436]

Das Familiengericht hat seine Entscheidung **aufzuheben**, wenn tatsächliche Gründe   267
für die Sorgerechtsentziehung nicht mehr vorliegen. Ist die frühere Entscheidung des Familiengerichts aufzuheben oder anzupassen, weil die Voraussetzungen für die Sorgerechtsentziehung nachträglich weggefallen sind oder der Elternteil, dem seine Befugnisse genommen worden sind, wieder Verantwortung für das Kind übernehmen kann, erfolgt die **Rückübertragung** nach §§ 1696, 1666 ff BGB.[437]

5. Verfahrensfragen

(1) Verfahren nach § 1680 sind von Amts wegen einzuleiten, § 26 FamFG.   268

(2) Zuständig für das Verfahren ist gem. § 14 Abs. 1 Nr. 2 und 3 RpflG der Richter.

(3) Um die Bindungen und Beziehungen sich zunächst entwickeln zu lassen, empfiehlt es sich, bei Tod eines Elternteils häufig zunächst durch einstweilige Anordnungen die Rechtsverhältnisse vorläufig zu regeln.[438]

(4) Wird der alleinsorgeberechtigten **Mutter** die Sorge gem. § 1666 **entzogen** und wird ihm diese nicht zugleich gem. § 1680 Abs. 3 übertragen, ist der nichtsorgeberechtigte Vater **beschwerdeberechtigt**. Auch am Verfahren ist er gem. § 7 Abs. 2 Nr. 1 FamFG zu **beteiligen**.[439]

(5) Mangels Eingriffs in ein subjektives Recht haben hingegen die **Großeltern** kein Beschwerderecht, auch wenn bei ihnen das Kind nach dem Tod des alleinsorgeberechtigten Elternteils lebt und sodann die Sorge dem anderen Elternteil übertragen wird, aber der Aufenthalt des Kindes nicht verändert wird.[440] Schließlich

---

433 BGH FamRZ 2010, 1242; OLG Nürnberg FamRZ 2010, 994 (995); MüKo/Hennemann § 1680 Rn 13.
434 BGH NJW 2005, 2456 (2457).
435 Vgl OLG Dresden FamRZ 2008, 712; MüKo/Hennemann § 1680 Rn 15.
436 KG FPR 2003, 603; Palandt/Diederichsen § 1680 Rn 4.
437 MüKo/Hennemann § 1680 Rn 21.
438 Staudinger/Coester § 1680 Rn 25.
439 BGH FamRZ 2010, 1242; OLG Schleswig NJW RR 2011, 1299.
440 BGH FamRZ 2011, 552 (553).

steht den Großeltern kein Elternrecht aus Art. 6 Abs. 2 GG zu.[441] Bei einem gleichzeitigen Wechsel des Kindes in den Haushalt des nunmehr sorgeberechtigten Elternteils können die Großeltern allerdings eine **Verbleibensanordnung** gem. § 1632 Abs. 4 beantragen.

VI. Wesentliche Verfahrensgrundsätze zur Regelung der elterlichen Sorge, §§ 151-168 a FamFG

1. Amtsermittlungsgrundsatz gem. §§ 26 FamFG

269 In Verfahren zur Regelung der elterlichen Sorge hat das Gericht von Amts wegen die zur Feststellung der entscheidungserheblichen Tatsachen erforderlichen Mitteilungen gem. § 26 FamFG durchzuführen. Den Eltern obliegt jedoch die alleinige Entscheidungskompetenz, ob sie die gemeinsame Sorge ausüben wollen. Deshalb bedarf es zur Regelung der elterlichen Sorge des **ausdrücklichen Antrages** eines oder beider Elternteile. Von Amts wegen kann das Gericht nur in dem Verfahren nach § 1666 BGB tätig werden. Im Rahmen des Amtsermittlungsgrundsatzes ist das Gericht berechtigt und verpflichtet, alle erforderlichen Tatsachen zu ermitteln, um eine dem Kindeswohl gerecht werdende Entscheidung treffen zu können.[442] Dazu gehören die Durchführung der gesetzlich vorgeschriebenen Anhörung des **Kindes in Anwesenheit des Verfahrensbeistands**, der Eltern, des Jugendamtes sowie der Pflegepersonen, wenn das Kind längere Zeit in einer Pflegefamilie gelebt hat. Darüber hinaus kann das Familiengericht auch Lehrer, behandelnde Ärzte, Verwandte oder andere Bezugspersonen des Kindes sowie sonstige Zeugen anhören und Sachverständigengutachten einholen.

2. Verbund von Scheidungs- und Folgesachen/isolierter Sorgerechtsantrag

270 Die elterliche Sorge wird nur dann in den Scheidungsverbund einbezogen, wenn ein Ehegatte dies mindestens zwei Wochen vor Schluss der mündlichen Verhandlung im ersten Rechtszug beantragt und Gründe des Kindeswohls nicht entgegenstehen, § 137 Abs. 3 FamFG.

271 Die Eltern können aber auch einen Antrag auf Regelung des Sorgerechts außerhalb des Scheidungsverfahrens stellen und zwar sowohl vor Einreichung der Ehescheidung, gleichzeitig zum Scheidungsverfahren oder nach rechtskräftiger Ehescheidung.

3. Abtrennung des Sorgerechtsverfahrens vom Scheidungsverbund

272 Eine Kindschaftsfolgesache kann das Gericht aus Gründen des Kindeswohls gem. § 140 Nr. 3 FamFG abtrennen, oder wenn sich der Scheidungsausspruch so außergewöhnlich verzögern würde, dass ein weiterer Aufschub unter Bedingung der Bedeutung der Folgesache eine unzumutbare Härte darstellen würde und ein Ehegatte die Abtrennung beantragt, § 140 Abs. 2 Nr. 5 FamFG. Die Abtrennungsentscheidung erfolgt durch gesonderten Beschluss; sie ist nicht selbständig anfechtbar, § 140 Abs. 6 FamFG. Die Folgesachen elterliche Sorge und Herausgabe des Kindes werden nach der Abtrennung gem. § 137 Abs. 5 S. 2 FamFG als **selbständiges Verfahren** fortge-

---

441 BGH FamRZ 2011, 552 (553).
442 OLG München FamRZ 1979, 70; OLG Frankfurt FamRZ 1992, 207.

Heiß

führt. Kostenfolge: § 150 Abs. 5 S. 2 FamFG. Im Falle der Abtrennung nach § 140 FamFG **endet der Anwaltszwang** des § 114 Abs. 1 FamFG, weil die Kindschaftssache jeweils als selbständiges Verfahren fortgeführt wird, § 137 Abs. 5 S. 2 FamFG.[443]

4. Beteiligte

§ 7 FamFG bestimmt, wer am Sorgerechtsverfahren Beteiligter ist. In reinen Antragsverfahren ist der Antragsteller gem. § 7 Abs. 1 FamFG Beteiligter. Nach § 7 Abs. 2 Nr. 1 ist das **Kind** ein sog **Muss-Beteiligter**, weil sein Recht immer unmittelbar betroffen wird. Das gleiche gilt für die **Sorgeberechtigten**.   273

Das **Jugendamt** ist nur dann förmlich am Sorgerechtsverfahren beteiligt, wenn es einen entsprechenden **Antrag** stellt, §§ 7 Abs. 3, 162 Abs. 2 FamFG.   274

Pflegepersonen können ebenfalls als Beteiligte hinzugezogen werden, wenn das Kind längere Zeit bei ihnen gelebt hat, §§ 7 Abs. 3, 161 Abs. 1 FamFG.   275

Sowohl Jugendamt als auch Pflegepersonen müssen sowohl von der Verfahrenseinleitung **benachrichtigt** werden, als sie auch über ihr Antragsrecht auf Hinzuziehung zu **belehren** sind.   276

5. Örtliche Zuständigkeit, § 152 FamFG

Die örtliche Zuständigkeit beschränkt sich auf 3 Anknüpfungspunkte   277

(1) Anhängigkeit der Ehesache

(2) Gewöhnlicher Aufenthalt des Kindes

(3) Fürsorgebedürfnis.[444]

Maßgebend für die Bestimmung der örtlichen Zuständigkeit ist der **Zeitpunkt**, zu dem das Gericht mit der Sache befasst wird. Das ist in Antragsverfahren der Fall, wenn ein Antrag mit dem Ziel der Erledigung durch dieses Gericht eingegangen ist.[445] In **Amtsverfahren** ist maßgebend der Zeitpunkt, zu dem das Gericht amtlich von Tatsachen Kenntnis erlangt hat, die Anlass zu gerichtlichen Maßnahmen sein können.[446]   278

Auch bei Veränderung der sie begründenden Umstände bleibt gem. § 2 Abs. 2 FamFG nach dem **Grundsatz der perpetuatio fori**, die einmal gegebene Zuständigkeit beibehalten. Ein späterer **Umzug** des Kindes und die damit einhergehende Änderung des gewöhnlichen Aufenthalts lassen die örtliche Zuständigkeit unberührt.[447] Für Abänderungsverfahren nach § 166 FamFG, § 1696 BGB wird die Zuständigkeit unabhängig vom Ausgangsverfahren neu nach § 152 FamFG bestimmt, da es sich um selbständige neue Verfahren handelt.   279

Die Zuständigkeit ist nicht **an den Wohnsitz des Kindes** angeknüpft, entscheidend ist der **gewöhnliche Aufenthalt des Kindes**. Der **gewöhnliche Aufenthalt des Kindes** be-   280

---

443 So ausdr. BT-Drucks. 16/6308; 231.
444 BT-Drucks. 16/6308, 234.
445 BT-Drucks. 16/6308, 234.
446 BT-Drucks. 16/6308, 234.
447 OLG Nürnberg FamRZ 2006, 878; Eckebrecht/Paul § 2 Rn 18.

stimmt sich nach dem Schwerpunkt der Bindungen des Kindes, nach seinem Daseinsmittelpunkt, der je nach Alter des Kindes variieren kann.[448] Der gewöhnliche Aufenthalt bestimmt sich somit danach, an welchem Ort das Kind den Schwerpunkt seiner Bindungen in familiärer oder ggf auch bereits beruflicher Hinsicht hat, dh, wo sein **Daseinsmittelunkt** liegt.[449] Dabei wird der gewöhnliche Aufenthalt bereits dann an einem Ort begründet, wenn sich aus den Umständen ergibt, dass der Aufenthalt an diesem Ort **auf längere Zeit angelegt** und er künftig der Daseinsmittelpunkt sein soll.[450] Ein Elternteil ist ohne das Einverständnis des anderen Elternteils nicht berechtigt, einseitig den gewöhnlichen Aufenthalt des Kindes zu verändern, solange den Eltern das **Aufenthaltsbestimmungsrecht** gemeinsam zusteht. Hat ein Elternteil den Aufenthalt des Kindes **ohne vorherige Zustimmung** des anderen Elternteils geändert, so kann das am nunmehrigen Aufenthaltsort des Kindes mit der Sache befasste Gericht das Verfahren an das Gericht verweisen, in dessen Bezirk der bisherige Aufenthalt des Kindes war,[451] § 154 FamFG. Dies gilt nicht, wenn dem anderen Elternteil das Recht der Aufenthaltsbestimmung nicht zusteht oder die Änderung des Aufenthaltsorts zum Schutz des Kindes oder des betreuenden Elternteils **erforderlich** war, § 154 S. 2 FamFG.

281 In Sorgerechtsverfahren bindet eine **Gerichtsstandsvereinbarung** das Gericht nicht.[452]

282 Ergibt die Prüfung nach § 3 FamFG die Unzuständigkeit des Gerichts, verweist es das Verfahren durch Beschluss an das zuständige Gericht. Der Verweisungsbeschluss unterliegt keiner Anfechtungsmöglichkeit und ist für das andere Gericht gem. § 3 Abs. 3 FamFG bindend, **vorausgesetzt** die Beteiligten wurden vor der Verweisung **gehört**. Ohne Gewährung rechtlichen Gehörs hat der **Verweisungsbeschluss** keine bindende Wirkung; ein Verweisungsantrag ist für die Bindungswirkung nicht notwendig.[453] Nach § 4 FamFG ist die **Abgabe** an ein anderes Gericht aus wichtigem Grund zulässig, wenn sich dieses zur **Übernahme** der Sache bereit erklärt hat; vor der Abgabe sollen die Beteiligten angehört werden; das wird vor allem aktuell, wenn für Geschwister unterschiedliche Gerichtsstände bestehen. Der aus § 2 Abs. 2 FamFG folgenden perpetuatio fori soll ein Streit über die örtliche Zuständigkeit vermeiden, indem die örtliche Zuständigkeit mit der erstmaligen Befassung eines Gerichts festgelegt wird. Sollte dennoch Streit entstehen, erfolgt eine gerichtliche Bestimmung der Zuständigkeit nach § 5 FamFG. Dabei ist darauf zu achten, dass das in Kindschaftssachen vorherrschende **Beschleunigungsgebot** einer Abgabe nicht entgegensteht.

6. Verfahrensbeistand, § 158 FamFG

283 § 158 Abs. 1 FamFG schreibt als **verpflichtende Regelung** vor, dass das Gericht dem minderjährigen Kind in Kindschaftssachen, die seine Person betreffen, einen geeigneten Verfahrensbeistand zu bestellen hat, soweit dies zur Wahrnehmung seiner Inte-

---

448 BGH FamRZ 1997, 1070; FamRZ 1975, 272.
449 BGH NJW 2047; EuGH FamRZ 2011, 617; 2009, 843; OLG Hamm FamRZ 2011, 395.
450 Völker/Clausius § 1 Rn 285.
451 Ausführlich hierzu Völker/Clausius FF 2009, 54; BVerfG FamRZ 2009, 189.
452 Außer in grenzüberschreitenden Fällen nach Art. 12 Brüssel II a VO.
453 BGH FamRZ 1995, 728.

ressen erforderlich ist. Der Verfahrensbeistand ist gem. Abs. 3 **so früh wie möglich zu bestellen;** er wird durch seine Bestellung als **Beteiligter** zum Verfahren hinzugezogen. § 159 Abs. 4 S. 3 ordnet ausdrücklich an, dass die Anhörung des Kindes **in Anwesenheit des Verfahrensbeistandes** stattfinden soll. Der BGH[454] weist nachdrücklich darauf hin, dass es ermessensfehlerhaft sein kann, wenn entgegen § 159 Abs. 4 S. 3 FamFG das Kind nicht im Beisein des bestellten Verfahrensbeistandes angehört wird.[455] Nur ausnahmsweise kann davon abgesehen werden, wenn dies im Einzelfall aus Gründen einer besseren Sachaufklärung geboten ist. Darüber hat das Gericht nach pflichtgemäßem Ermessen zu befinden. Aus den Gründen der gerichtlichen Entscheidung muss sich ergeben, warum der Verfahrensbeistand zur Anhörung des Betroffenen nicht hinzugezogen wurde, damit festgestellt werden kann, ob die zugrundeliegenden Erwägungen auf pflichtgemäßer Ermessensausübung beruhen.[456] In jedem Fall ist aber zu beachten, dass es dem Verfahrensbeistand möglich sein muss, seine **gesetzliche Aufgabe,** dem Willen und den Interessen des Kindes Geltung zu verschaffen, sinnvoll zu erfüllen.[457] Immer wenn eines der Regelbeispiele des § 158 Abs. 2 FamFG erfüllt ist oder es zur Wahrnehmung der Kindesinteressen erforderlich ist (§ 158 Abs. 1 FamFG), bestellt das Gericht **von Amts wegen** einen Verfahrensbeistand. Das BVerfG[458] betont die Bedeutung des Verfahrenspflegers als Institution zum **Schutz der verfahrensrechtlichen Stellung des Kindes.** Die Bestellung eines Verfahrensbeistandes kann durch bloße Benennung der einschlägigen Vorschrift begründet werden. Nur wenn trotz Vorliegens eines der in § 158 Abs. 2 FamFG genannten Regelbeispiele von der Bestellung abgesehen wird, muss das Gericht dies in seiner Entscheidung nach § 158 Abs. 3 S. 2 FamFG begründen.[459]

§ 158 Abs. 4 FamFG beschreibt den Aufgabenbereich des Verfahrensbeistandes: 284

- Das Interesse des Kindes festzustellen,

- das Interesse des Kindes im gerichtlichen Verfahren zur Geltung zu bringen,

- das Kind über Gegenstand, Ablauf und möglichen Ausgang des Verfahrens in geeigneter Weise zu informieren.[460]

Es wird zwischen dem „einfachen" und einem „erweiterten" **Aufgabenkreis und Wir-** 285
kungskreis des Verfahrensbeistandes unterschieden. Gem. § 158 Abs. 4 S. 3 FamFG kann das Gericht dem Verfahrensbeistand die **zusätzliche Aufgabe übertragen,** Gespräche mit den Eltern und weiteren Bezugspersonen des Kindes zu führen sowie am Zustandekommen einer einvernehmlichen Regelung über den Verfahrensgegenstand hinzuwirken. Das Gericht hat Art und Umfang der Beauftragung **konkret festzulegen**

---

454 FamRZ 2012, 1556 Rn 14.
455 BGH FamRZ 2011, 805 Rn 11.
456 BGH FamRZ 2010, 1060 mAnm. Völker S. 1065; Anm. Coester FF 2010, 365.
457 BGH FamRZ 2012, 1556 Rn 14; BGH FamRZ 2011, 796 mAnm. Völker.
458 Vgl BVerfG FamRZ 1999, 85.
459 OLG Saarbrücken Beschluss v. 12.7.2010 – 9 UF 35/10 – juris; Völker/Clausius § 5 Rn 29.
460 Vgl hierzu Prenzlow, Die kindgerechte Vermittlung der Aufgaben des Verfahrensbeistandes ZKJ 2011, 128.

Heiß

und die Beauftragung zu **begründen**. **Maßstab** für die Tätigkeiten des Verfahrenspflegers kann aber stets nur und allein das Wohl des Kindes ein.[461]

286 Die **Vergütung** des Verfahrensbeistands ist pauschaliert und nach Art und Umfang **gestaffelt**, § 158 Abs. 7 FamFG. Dem Verfahrensbeistand können **Kosten nicht auferlegt werden**, § 158 Abs. 8 FamFG.

287 Die **Aufgaben** des Verfahrensbeistandes im Verfahren:[462]

(1) Angemessenes Aktenstudium

(2) Gespräche mit dem Kind

(3) Vorbereitung und Teilnahme am Gerichtstermin

(4) Auswertung eines Gutachtens und der Stellungnahme des Kreisjugendamtes

(5) Anfertigung eines Berichts

(6) Im Falle der zusätzlichen Beauftragung nach § 158 Abs. 4 S. 3 FamFG: Gespräche mit den Eltern, dem Kindergartenpersonal, Lehrern, sonstigen Bezugspersonen, dem Jugendamt oder dem Sachverständigen.[463]

288 Dem Verfahrensbeistand muss die Möglichkeit eingeräumt werden an den Anhörungen und Gerichtsterminen teilzunehmen, so dass bei seiner Verhinderung Termine zu verlegen sind. Es besteht aber keine Pflicht zur Anwesenheit, so dass dann, wenn er selbst auf eine Teilnahme verzichtet, dadurch kein Verfahrensfehler entsteht.[464] Die **unterbliebene Verfahrensbeistandsbestellung** kann im Rahmen der Beschwerde gegen die Endentscheidung angegriffen werden.

289 Der Verfahrensbeistand ist vor **Abwehr- oder Entschädigungsansprüchen** anderer Beteiligter wegen seiner Äußerungen besonders geschützt.[465] Außerhalb des Verfahrens, in dem er bestellt ist, ist der Verfahrensbeistand zur **Verschwiegenheit** verpflichtet.[466] In anderen Verfahren steht ihm deswegen auch aus § 383 Abs. 1 Nr. 6 ZPO ein **Zeugnisverweigerungsrecht** zu.[467]

7. Sachverständigengutachten

290 Sachverständigengutachten[468] werden idR mit dem Ziel in Auftrag gegeben, die dem Kindeswohl am besten entsprechende Regelung zu treffen.[469] Es muss nicht in jedem Fall ein Sachverständigengutachten eingeholt werden, der Amtsermittlungsgrundsatz aber gebietet es, einen Sachverständigen beizuziehen, um eine möglichst zuverlässige Entscheidungsgrundlage zu verfügen,[470] wenn es um nachhaltige Auswirkungen auf

---

461 Vgl Jakoby FamRZ 2007, 1703 (1709).
462 Anschaulich hierzu Völker/Clausius, Sorge- und Umgangsrecht in der Praxis § 5.
463 OLG Nürnberg FamRZ 2008, 73, OLG Frankfurt FamRZ 2008, 1364.
464 OLG Naumburg Beschluss vom 18.10.2011 – 8 UF 204/11 – juris.
465 S. dazu OLG Frankfurt Beschluss vom 30.4.2012 – 19 W 24/12 – juris; allg. BGH NJW 2008, 996; 2005, 279; Völker/Clausius § 5 Rn 24.
466 OLG Frankfurt Beschluss vom 24.8.2010 – 7 UF 54/10 – juris.
467 OLG Braunschweig FamRZ 2012, 187.
468 Salzgeber/Vogel/Partale/Schrader FamRZ 1995, 1311; AG Mönchengladbach-Rheydt FamRZ 1999, 730.
469 OLG Düsseldorf DAVorm 1995, 522.
470 Vgl BVerfG FamRZ 2009, 1897.

Heiß

die Sorgerechtsregelung geht.[471] Es unterliegt der Ermessensentscheidung des Gerichts, ob und zu welchem Zeitpunkt es die Einholung eines Sachverständigengutachtens veranlasst.[472] Es liegt aber ein **erheblicher Verfahrensfehler** vor, wenn dieses Ermessen fehlerhaft ausgeübt wird.[473] In Zweifelsfällen ist daher die Einholung des Gutachtens angezeigt.[474] Dies gilt auch, wenn der wahre Wille des Kindes nicht zuverlässig geklärt werden kann.[475]

Der Richter übt **staatliche Hoheitsgewalt aus,** wenn er eine Begutachtung anordnet. Deshalb muss er vor seiner Entscheidung die Ausstrahlungswirkung des Elternrechts und des allgemeinen Persönlichkeitsrechts der betroffenen Personen berücksichtigen. Der Staat darf nur in die Familie eingreifen, wenn es **erforderlich** ist. Reichen andere Erkenntnisquellen und die eigene Sachkunde des Gerichts für eine zuverlässige Entscheidungsgrundlage aus, kann eine Entscheidung ohne Einholung eines Gutachtens ergehen, was aber idR nur der Fall ist, wenn es sich um keine schwerwiegenden und nachhaltigen Eingriffe ins Sorgerecht handelt.   291

Wird schriftliche Begutachtung angeordnet, setzt das Gericht gem. § 163 Abs. 1 FamFG dem Sachverständigen zugleich eine **Frist,** innerhalb derer er das Gutachten einzureichen hat. Die **Mitwirkungspflicht der Eltern** ergibt sich aus § 27 FamFG; bei Weigerung: negative **Kostenfolge** nach § 81 Abs. 1, Abs. 2 Nr. 4 FamFG.   292

Das Gericht kann anordnen, dass der Sachverständige bei der Erstellung des Gutachtens auf die **Herstellung des Einvernehmens** zwischen den Beteiligten hinwirken soll, § 163 Abs. 2 FamFG (lösungsorientiertes Gutachten). Im Erfolgsfalle kann er mit den Eltern ein **einvernehmliches Konzept** zum zukünftigen Lebensmittelpunkt des Kindes und zur Gestaltung des Umgangs erarbeiten.[476]   293

Wegen des Amtsermittlungsgrundsatzes darf die Einholung des Gutachtens nicht von der Einzahlung eines **Auslagenvorschusses** abhängig gemacht werden. Da es um das Kindeswohl geht, muss das Gericht auch ohne Vorschuss tätig werden.[477]   294

Die **zwangsweise** Anordnung einer psychologischen Begutachtung eines **Elternteils** ist unzulässig.[478] Dies hat zur Folge, dass eine Weigerung eines Elternteils gegen eine psychologische Begutachtung **nicht mit Ordnungsmitteln** durchgesetzt werden kann.[479] Im Falle der Weigerung eines Elternteils zur Begutachtung kann das Gericht im Rahmen seiner freien **Beweiswürdigung** nicht davon ausgehen, dass ein Gutachten, wäre es eingeholt worden, zu einem den Beteiligten günstigen Ergebnis geführt hätte, andererseits können aus der Weigerung der Mitwirkung keine nachteiligen Schlüsse gezogen werden. Das Gericht kann den die Begutachtung verweigernden Elternteil **in Anwesenheit eines Sachverständigen** gerichtlich anhören, wobei der Eltern-   295

---

471   Vgl BVerfG 1994, 223; BayObLG FamRZ 1999, 179.
472   OLG Rostock DAVorm 1995, 1150; BayObLG ZfJ 1996, 101.
473   OLG Zweibrücken FamRZ 1999, 1009.
474   OLG Hamm FamRZ 1994, 391.
475   Völker/Clausius § 1 Rn 299.
476   Vgl Salzgeber FamRZ 2008, 565.
477   OLG Zweibrücken FamRZ 1982, 530.
478   BVerfG FamRZ 2009, 944; BGH FamRZ 2010, 720.
479   BVerfG FamRZ 2004, 523.

Heiß

teil allerdings die Aussage verweigern kann. Zu diesem Zweck darf das Gericht das persönliche Erscheinen des Elternteils anordnen und ggf nach § 33 FamFG durchsetzen.[480] Die psychologische Begutachtung des **Kindes** ist den Eltern grundsätzlich zumutbar.[481] In Fällen, in denen die Weigerung der Eltern sich als kindeswohlgefährdend darstellt, kann die fehlende Zustimmung der Eltern zur Begutachtung ersetzt werden oder es kann das Aufenthaltsbestimmungsrecht für die Zeit der Begutachtung den Eltern entzogen und auf einen Ergänzungspfleger übertragen werden.[482]

296 Der Sachverständige kann nach § 406 ZPO aus den gleichen Gründen wie ein Richter wegen Besorgnis der **Befangenheit** abgelehnt werden.[483]

297 Das Gericht muss das Gutachten auch nach folgenden Gesichtspunkten überprüfen:

(1) Wissenschaftliche Begründung

(2) Innere Logik

(3) Schlüssigkeit

Nur dann ist das Gericht in der Lage, sich eine eigene Meinung von der Richtigkeit der vom Sachverständigen gezogenen Schlussfolgerungen zu bilden.[484]

298 Das Gutachten muss beigezogene **Hilfspersonen** benennen und es muss zwischen den vorgefundenen und den selbst erhobenen Anknüpfungstatsachen einerseits und den psychologischen Interpretationen des Datenmaterials andererseits trennen.[485]

299 Die **Haftung** des Sachverständigen für die Richtigkeit des Gutachtens richtet sich nach § 839 a BGB. Die gerichtliche Anordnung der Einholung eines kinderpsychologischen Sachverständigengutachten ist als **Zwischenentscheidung** mit der Beschwerde nicht anfechtbar, § 58 Abs. 1 FamFG. Eine Überprüfung erfolgt nur im Rahmen der Anfechtung der Endentscheidung, § 58 Abs. 2 FamFG.

8. Vorrang und Beschleunigungsgebot gem. § 155 Abs. 1 FamFG

300 Kindschaftssachen, die den Aufenthalt des Kindes, das Umgangsrecht oder die Herausgabe des Kindes betreffen, sowie Verfahren wegen Gefährdung des Kindeswohls sind gem. § 155 Abs. 1 FamFG vorrangig und beschleunigt durchzuführen. Das Beschleunigungsgebot gilt nicht für alle Verfahren in Kindschaftssachen, sondern **nur für die ausdrücklich genannten Verfahren**. Die Vorschrift richtet sich an das jeweils mit der Sache befasste Gericht in allen Rechtszügen und gilt in jeder Lage des Verfahrens.[486] Das Beschleunigungsgebot ist u.a. bei der Anberaumung von Terminen, bei der Fristsetzung für die Abgabe eines Sachverständigengutachtens gem. § 163 FamFG sowie bei der Abfassung und Bekanntgabe von Entscheidungen zu beachten.[487] Das Vorranggebot ist ein ausdrücklich genanntes Mittel zur Beschleunigung der Erledi-

---

480 Ausführlich hierzu Völker/Clausius § 1 Rn 291, 301.
481 BVerfG FamRZ 2006, 537, 538.
482 BGH FamRZ 2010, 720; OLG Rostock FamRZ 2011, 1873.
483 Völker FPR 2008, 287; OLG Stuttgart FamRZ 2003,316; Völker/Clausius § 1 Rn 303. s. Rn 311
484 BGH FamRZ 2011, 637.
485 Vgl KG FamRZ 2011, 1668; Völker/Clausius § 1 Rn 304.
486 BT-Drucks. 16/6815, 12, 16.
487 Haußleiter § 155 Rn 3.

Heiß

gung der Kindschaftssachen gem. § 155 Abs. 1 FamFG. Der Gesetzgeber hat damit in Kauf genommen, dass diese Verfahren bevorzugt und ggf auf Kosten der Verzögerung anderer Verfahren durchgeführt werden.[488] Dies hat zur Folge, dass bereits anberaumte Termine in anderen Sachen aufgehoben oder verlegt werden können und ggf müssen, um Kindschaftssachen vorrangig und beschleunigt zu erledigen. Dabei ist zu berücksichtigen, dass das kindliche **Zeitempfinden** nicht den Zeitmaßstäben eines Erwachsenen entspricht. Deshalb ist die Gefahr einer faktischen Präjudizierung besonders groß und eine besondere Sensibilität für die Problematik der Verfahrensdauer erforderlich.[489] Verfahrensverzögerungen können dem Kindeswohl abträglich sein[490] und auch einen **Befangenheitsgrund** iSv § 42 Abs. 2 ZPO iVm § 6 Abs. 1 FamFG darstellen.[491] Nach § 155 Abs. 2 FamFG hat ein **Erörterungstermin** spätestens **einen Monat** nach Beginn des Verfahrens stattzufinden, wobei auch ein Antrag auf VKH ausreichend sein kann. [492] Das Gericht soll das persönliche Erscheinen der verfahrensfähigen Beteiligten zu dem Termin anordnen und das **JA** anhören. Eine **Verlegung** des Termins ist nur aus **zwingenden Gründen** zulässig. Der Verlegungsgrund ist mit dem Verlegungsgesuch **glaubhaft zu machen.** Das Gericht hat die Sache mit den Beteiligten und dem JA in dem Termin zu erörtern, um einen **einvernehmliche Konfliktlösung** zu fördern.[493] Die Anberaumung des Termins steht nach dem Gesetzeswortlaut abweichend von § 32 Abs. 1 FamFG nicht im Ermessen des Gerichts, sondern ist verpflichtend. Gem. § 36 Abs. 1 S. 2 soll auf eine **gütliche Einigung der Beteiligten** hingewirkt werden. Nach § 156 Abs. 1 S. 4 kann das Gericht **anordnen,** dass die Eltern an einer **Beratung** durch die Beratungsstellen und -dienste der Träger der Kinder- und Jugendhilfe insbes. zur Entwicklung eines einvernehmlichen Konzepts für die Wahrnehmung der elterlichen Sorge und der elterlichen Verantwortung teilnehmen, § 156 Abs. 1 FamFG.

Eine **Terminsverlegung** ist nur aus zwingenden Gründen möglich, wenn eine Teilnahme am Termin tatsächlich unmöglich ist, zB bei einer Erkrankung. Die **Terminskollision des Anwalts** stellt keinen solchen Grund dar. Der Terminsverlegungsantrag ist dann in der kollidierenden Sache zu stellen.[494] Gegen den ordnungsgemäß geladenen Beteiligten, der dem Gericht unentschuldigt fernbleibt, kann gem. § 33 Abs. 3 ein **Ordnungsgeld** verhängt werden; auch die **Vorführung** ist nach § 33 Abs. 3 S. 3 zulässig, wenn ein Beteiligter wiederholt unentschuldigt ausbleibt und er bereits in der Ladung gem. § 33 Abs. 4 darauf hingewiesen wurde.   **301**

9. Hinwirken auf Einvernehmen gem. § 156 FamFG

In Kindschaftssachen, die die elterliche Sorge bei Trennung und Scheidung, den Aufenthalt des Kindes, das Umgangsrecht oder die Herausgabe des Kindes betreffen, soll das Gericht in jeder Lage des Verfahrens auf **Einvernehmen der Beteiligten** hinwir-   **302**

---

488   BT-Drucks. 16/6815, 12.
489   BVerfG FamRZ 2001, 753; FA-FamR/Büte Kap. 4 Rn 603.
490   BVerfG FamRZ 2009, 189; Völker/Clausius FF 2009, 54.
491   BVerfG FamRZ 2001, 753.
492   Johannsen/Henrich/Büte § 155 Rn 3.
493   Thomas/Putzo § 155 Rn 7.
494   Johannsen/Henrich/Büte § 155 Rn 11; Haußleiter/Fest FamFG § 155 Rn 12.

Heiß

ken, wenn dies dem Kindeswohl nicht widerspricht. Es weist auf **Möglichkeiten der Beratung** durch die Beratungsstellen und -dienste der Träger und Jugendhilfe insbes. zur Entwicklung eines einvernehmlichen Konzepts für die Wahrnehmung der elterlichen Sorge und der elterlichen Verantwortung hin. Das Gericht soll in geeigneten Fällen auf die **Möglichkeit der Mediation** oder der sonstigen außergerichtlichen Streitbeilegung hinweisen, § 156 Abs. 1 FamFG. Es kann **anordnen**, dass die Eltern an einer Beratung teilnehmen. Im Rahmen des Sorgerechtsverfahrens kann das Gericht keinen Beteiligten gegen seinen Willen verpflichten, sich einer **Therapie** zu unterziehen.[495] Auch in Verfahren nach **§ 1666 BGB** kann das Gericht keine körperliche oder psychiatrisch/psychologische Untersuchung anordnen.[496] Das Gericht kann nach § 156 Abs. 1 S. 4 lediglich anordnen, dass die Eltern sich einer **Beratung** unterziehen, wobei diese Anordnung, die nicht isoliert anfechtbar ist, nicht mit Zwangsmitteln nach § 35 FamFG durchsetzbar ist. Lediglich bei der **Kostenentscheidung** kann sich die Nichtteilnahme gem. § 81 Abs. 2 Nr. 4 FamFG nachteilig auswirken.

303 Gem. § 163 Abs. 2 kann das Gericht in Verfahren, die die Person des Kindes betreffen im Zusammenhang mit der Beauftragung eines Sachverständigen zur Erstellung eines Gutachtens anordnen, dass der Sachverständige bei der Erstellung des Gutachtensauftrags seine Möglichkeit nutzt, um auf die **Herstellung eines Einvernehmens** zwischen den Beteiligten hinzuwirken[497]

10. Mitwirkung des Jugendamtes, § 162 FamFG

304 Das Gericht hat in Verfahren, die die Person des Kindes betreffen, das JA **anzuhören**. Das JA ist auf seinen **Antrag** an dem Verfahren zu **beteiligen**. Dem JA sind alle Entscheidungen des Gerichts bekanntzumachen, zu denen es zu hören war. Gegen den Beschluss steht dem JA die **Beschwerde** zu, § 162. Schon im Rahmen der **Amtsermittlungspflicht** muss das Gericht von sich aus alle Erkenntnisquellen nutzen, um sich ein möglichst vollständiges Bild von dem zugrundeliegenden Sachverhalt zu machen. Dazu ist es insbes. auf Informationen angewiesen, die durch das **staatliche Wächteramt des JA** erzielt werden können. Die Anhörung des JA ist dabei eine ganz wesentliche Erkenntnisquelle. Nach § 50 Abs. 1 SGB VIII unterstützt das JA das Familiengericht bei allen Maßnahmen, die die Personensorge betreffen. Die Anhörungspflicht besteht unabhängig von der Verfahrensart, dh die Anhörung ist auch **vor dem Erlass einer einstweiligen Anordnung** durchzuführen. Die persönliche Anhörung eines Mitarbeiters des JA ist nicht erforderlich. Es genügt eine **schriftliche Anhörung**. Bei Gefahr im Verzug darf die Anhörung des JA nur vorläufig unterbleiben. Die Anhörung kann formlos und damit auch **telefonisch** erfolgen.[498] Das JA kann im Einzelfall **wählen**, ob es an dem Verfahren **beteiligt** sein will. Von einer ausnahmslosen Beteiligung des JA in allen Kindschaftssachen hat der Gesetzgeber abgesehen um die Gerichte und das JA nicht mit unnötigem Arbeitsaufwand zu beschäftigen.[499] Hat das JA die Betei-

---

495 BVerfG FamRZ 2004, 523.
496 BGH FamRZ 2010, 720.
497 Balloff FPR 2011, 12.
498 Haußleiter/Fest § 162 Rn 5, 6.
499 BT-Drucks. 16/6308, 241.

Heiß

ligung beantragt, hat das Gericht dem Antrag zu entsprechen, vgl § 7 Abs. 2 Nr. 2. Die Beteiligung wird durch einen **Beschluss** begründet und mit dessen Bekanntgabe wirksam. Als Zwischenentscheidung kann dieser Beschluss nicht selbständig, sondern nur zusammen mit der Endentscheidung angefochten werden, §§ 38 Abs. 1, 58 Abs. 2 FamFG.

Anzuhören ist das nach §§ 87 b Abs. 1 S. 1, 50 Abs. 1 S. 2 Nr. 1, 86 SGB VIII **örtlich** 305 **zuständige JA.** Haben die Eltern ihren gewöhnlichen Aufenthalt in **verschiedenen Jugendamtsbezirken**, ist das Familiengericht verpflichtet, alle Jugendämter anzuhören, in dessen Bezirk sich die Eltern und die Kinder aufhalten.[500] Das JA hat einen **Bericht** vorzulegen, der keinen Entscheidungsvorschlag enthalten muss.[501] Jedoch reicht es nicht aus, wenn die bloße Mitteilung erfolgt, dass das JA an die Eltern ein Beratungsangebot gemacht habe. Das JA und seine Mitarbeiter können weder zur Erstattung des Berichts noch zum Erscheinen im Termin zur mündlichen Anhörung gezwungen werden, so dass die Festsetzung eines **Zwangsgeldes** nach § 35 FamFG **nicht möglich** ist.[502] Bei nachhaltiger Verweigerung der Mitwirkung kommt eine Dienstaufsichtsbeschwerde bzw ggf die Einschaltung der kommunalen Rechtsaufsicht in Betracht.

11. Anhörungspflichten, §§ 159-161 FamFG

Die Anhörungspflichten sind Ausdruck der **Sachaufklärungspflicht** nach § 26 306 FamFG, wonach das Gericht von sich aus alle Erkenntnisquellen nutzen muss, um sich ein möglichst vollständiges Bild zu machen. Dazu gehört auch die Anhörung der Eltern, des Kindes und der Pflegepersonen. Darüber hinaus sind die Anhörungspflichten die Verwirklichung des **Anspruchs auf rechtliches Gehör** nach Art. 103 Abs. 1 GG; darüber hinaus dienen sie dazu, dem Gericht gerade in Sorgerechtsverfahren, die in besonders schwerwiegendem Maße in die persönlichen Verhältnisse der Betroffenen eingreifen, sich einen unverzichtbaren **persönlichen Eindruck** von den Beteiligten zu verschaffen.[503]

In Verfahren, die die Person des Kindes betreffen, **soll** das Gericht die Eltern **persön-** 307 **lich** anhören. Im Verfahren nach §§ 1666 und 1666 a **sind** die Eltern persönlich anzuhören. Persönliche Anhörung bedeutet **mündliche Anhörung**.

Von der Anhörung darf nur aus **schwerwiegenden Gründen** abgesehen werden, § 160 308 Abs. 3. Unterbleibt die Anhörung allein wegen in Gefahr im Verzug, ist sie **unverzüglich nachzuholen**. Unterbleibt die Anhörung, liegt ein **Verfahrensfehler** vor.[504] Sofern nicht der persönliche Eindruck von den Eltern entscheidend ist, kann die persönliche Anhörung auch durch einen **ersuchten** oder **beauftragten Richter** erfolgen.[505] Die Anordnung des persönlichen Erscheinens kann mit § 33 Abs. 3 S. 1 FamFG durch Festsetzung eines Ordnungsgeldes **erzwungen** werden. Auf die Möglichkeit der Ord-

---

500 BayObLG FamRZ 1995, 626.
501 FA-FamR/Büte Kap. 4 Rn 615.
502 FA-FamR Kap. 4. Rn 616.
503 Vgl OLG Düsseldorf NJW-RR 1994, 1288.
504 BVerfG FamRZ 2004, 354.
505 BayObLG FamRZ 1987, 1080.

nungsgeldfestsetzung und Vorführung sind die Beteiligten nach § 33 Abs. 4 FamFG **hinzuweisen.**

309 Das betroffene **Kind** ist gem. § 159 Abs. 1 persönlich anzuhören, wenn es das 14. Lebensjahr vollendet hat. Die Anhörung von Kindern vor Vollendung des 14. Lebensjahres richtet sich nach § 159 Abs. 2, wobei **keine Altersgrenze** für die Anhörung vorgesehen ist. IdR kann ein Kind **ab 3 Jahren** seinen Willen zum Ausdruck bringen und ist ab diesem Alter anzuhören.[506] Scheitert die Anhörung des Kindes, muss das Gericht in anderer Weise seiner Aufklärungspflicht nachkommen, zB durch eine kinderpsychologische Begutachtung oder die Vernehmung von mit den Verhältnissen der Familie vertrauten Personen oder des Verfahrensbeistandes.[507] Hat das Gericht dem Kind nach § 158 einen **Verfahrensbeistand bestellt,** soll die persönliche Anhörung in dessen **Anwesenheit** stattfinden, § 159 Abs. 4 S. 2. Die Bestellung des Verfahrensbeistandes rechtfertigt kein Absehen von der Anhörung.[508] Auch das Vorliegen eines kinderpsychologischen Sachverständigengutachtens ist kein schwerwiegender Grund für das Absehen von der Anhörung.[509] Von der nach § 159 Abs. oder 2 FamFG gebotenen Anhörung darf nur aus schwerwiegenden Gründen abgesehen werden, § 159 Abs. 3 FamFG. Das kann dann der Fall sein, wenn die Anhörung dem Kind mehr schadet, als sie zur Sachverhaltsaufklärung beiträgt[510] oder bei Gesundheitsgefährdungen des Kindes durch die Anhörung.[511] Unterbleibt wegen Eilbedürftigkeit eine Anhörung, ist sie gem. § 159 Abs. 3 S. 2 **unverzüglich nachzuholen. Kein schwerwiegender Grund** ist der Verzicht der Eltern auf die Anhörung des Kindes. Auch das Beschleunigungsgebot rechtfertigt kein Absehen von der Anhörung.[512] Das Kind soll im Rahmen der Anhörung über den Gegenstand, Ablauf und möglichen Ausgang des Verfahrens in einer geeigneten und seinem Alter entsprechenden Weise informiert werden, soweit nicht Nachteile für seine Entwicklung, Erziehung oder Gesundheit zu befürchten sind. Ihm ist **Gelegenheit zur Äußerung** zu geben, § 159 Abs. 4 FamFG.

310 Wenn das Kind seit längerer Zeit in Familienpflege lebt, ist gem. § 161 FamFG auch die **Pflegeperson** anzuhören – auch im Rahmen der Amtsermittlungspflicht nach § 26 FamFG. Dadurch soll sichergestellt werden, dass die bei länger begründetem Pflegeverhältnis besonders gute Einsicht der Pflegeperson in die Situation des Kindes bei der Entscheidung berücksichtigt wird. [513] Zulässig ist auch die **schriftliche Anhörung** der Pflegeperson.[514]

12. Ablehnung des Richters

311 Wird gegen das **Vorrang- und Beschleunigungsgebot** des § 155 FamFG ohne erkennbaren sachlichen Grund verstoßen, so kann auch dies im Einzelfall die Ablehnung des

---

506 BVerfG FamRZ 2007, 1078; 2007, 105.
507 Vgl OLG Zweirücken FamRZ 1997, 687.
508 Thomas/Putzo § 159 Rn 4.
509 Haußleiter/Fest § 159 Rn 11.
510 OLG Hamm FamRZ 2001, 815.
511 OLG Köln FamRZ 1997, 1549.
512 KG FamRZ 2009, 1428.
513 BGH FamRZ 2000, 219.
514 Haußleiter/Fest § 162 Rn 15.

Richters rechtfertigen, insbes. bei einer überlangen **Verfahrensdauer**.[515] Auch aus einer unsachgemäßen **Verfahrensleitung** oder einer mangelnden Sorgfalt des Gerichts können sich unter Umständen Befangenheitsgründe nach § 6 FamFG iVm § 42 Abs. 2 ZPO ergeben.[516] Weicht das prozessuale Verhalten des Richters derart stark von der üblichen Verfahrensweise ab, dass sich für die Beteiligten der Eindruck einer sachwidrigen, auf Voreingenommenheit beruhenden Benachteiligung aufdrängt, kann vom Vorliegen eines Befangenheitsgrundes ausgegangen werden.[517] Der Grund, der das Misstrauen rechtfertigt, muss vom Standpunkt des Beteiligten aus objektiv und vernünftig betrachtet vorliegen.[518] Zu bedenken ist, dass durch das Ablehnungsverfahren die Sache häufig **weiter verzögert** wird.[519]

E. Sorgerechtsentscheidung/gerichtliche Maßnahmen bei Kindeswohlgefährdung

Das in Art. 6 Abs. 2 S. 1 GG gewährleistete Elternrecht auf Pflege und Erziehung ihrer Kinder ist nach § 1666 BGB durch das dem Staat dem Kind gegenüber obliegende Wächteramt[520] eingeschränkt. Gleichzeitig wird dadurch die durch Art. 6 EMRK geforderte staatliche Achtung des Familienlebens[521] konkretisiert. Nur wenn dies aus Gründen des Kindeswohls geboten ist, darf der Staat aufgrund des ihm obliegenden Wächteramts (Art. 6 Abs. 2 S. 2 GG) in die Elternrechte eingreifen, wobei es lediglich um die **Abwehr von Gefahren** gehen darf und nicht darum, dem Kind eine optimale Förderung und Erziehung zu teil werden zu lassen. Der Staat hat nicht das Recht mit § 1666 BGB dem Kind einen Anspruch auf die bestmöglichen Eltern oder eine optimale Erziehung und Förderung zukommen zu lassen.[522] Die sozialen Verhältnisse, in die ein Kind hineingeboren wird, müssen als schicksalhaft ebenso angenommen werden,[523] wie die Tatsache, dass das Kind durch eine elterliche Entscheidung möglicherweise Nachteile erleiden wird.[524] Die Eltern und deren sozialökonomische Verhältnisse gehören grds. zum Schicksal und Lebensrisiko eines Kindes. Die Einleitung des Verfahrens erfolgt ausschließlich **von Amts wegen**; Anträge oder Gesuche Außenstehender haben lediglich den Charakter von Anregungen, denen zu folgen im pflichtgemäßen Ermessen des Gerichts liegt.[525] Sind konkrete Anhaltspunkte vorhanden, dass die Eingriffsvoraussetzungen des § 1666 erfüllt sein könnten, so ergibt sich eine Verpflichtung des Familiengerichts zum Tätigwerden, zunächst in Form der Ermittlung des Sachverhalts gem. § 24 FamFG; soweit erforderlich sind zudem vorläufige Maßnahmen zum Schutz des Kindes zu ergreifen.[526] Stets sind der **Verhältnismäßigkeits-**

312

---

515 Vgl EuGHMR FamRZ 2009, 1037, s.a. BVerfG FamRZ 2009, 189; 2004, 689.
516 OLG Hamm FamRZ 2000, 295; OLG Bamberg FamRZ 1998, 172.
517 OLG Karlsruhe FamRZ 1994, 46; OLG Oldenburg FamRZ 1992, 192.
518 BGH NJW – RR 2010, 493.
519 Vgl BayObLG FamRZ 1998, 1241.
520 BVerfG FamRZ 2010, 713; 2002, 1021.
521 EuGHMR 2010, 1393; FamRZ 2005, 585.
522 BVerfG FamRZ 2010, 713.
523 BVerfG FamRZ 2010, 713; EuGHMR FamRZ 2002, 1393.
524 BVerfG FamRZ 1982, 567; BVerfG FamRZ 2008, 492.
525 Johannsen/Henrich/Büte § 1666 Rn 75; Schwab/Motzer III Rn 160.
526 Vgl OLG Köln FamRZ 2000, 1240.

grundsatz[527] und der Grundsatz der **Erforderlichkeit** streng zu beachten. Der staatliche Eingriff muss **notwendig** und zugleich „so gering, zurückhaltend und behutsam wie im Einzelfall nur möglich" sein.[528] Es sind nur solche Maßnahmen zulässig, die zur Abwendung der Gefahr geeignet und mangels milderer Maßnahmen erforderlich sind.[529] § 1666 BGB enthält **Eingriffstatbestände** für den Entzug der elterlichen Sorge, wobei die **gesamte elterliche Sorge** nur entzogen werden darf, wenn sowohl die Voraussetzungen für den Entzug der **Personensorge** nach § 1666 Abs. 1 als auch der Vermögenssorge nach § 1666 Abs. 2 vorliegen und **mildere Mittel nicht ausreichen**, um die Gefährdung des Kindeswohls abzuwenden.[530] Der Entzug der Personensorge und die Entziehung der Vermögenssorge müssen in einer gerichtlichen Entscheidung jeweils **gesondert begründet** werden.[531] Stets ist die Schwere drohender Beeinträchtigungen des Kindeswohls abzuwägen gegen die Bedeutung des elterlichen Erziehungsrechts.[532] Der stärkste denkbare Eingriff, nämlich die Trennung des Kindes von seiner Familie ist nur bei strikter Wahrung des Verhältnismäßigkeitsgrundsatzes mit der Verfassung vereinbar. Die Herausnahme aus der Herkunftsfamilie ist nur zulässig, wenn **mildere Mittel** nicht zu Gebote stehen und der Gefahr nicht durch öffentliche Hilfen begegnet werden kann, § 1666 a Abs. 1 S. 1. Dabei ist im Rahmen der Abwägung zu berücksichtigen, dass eine Trennung der Kinder von ihren Eltern ihrerseits die kindliche Entwicklung zu gefährden vermag, weil ein Abbruch der Eltern-Kind-Beziehung in den ersten Lebensjahren dem Kind idR die Basis für seine Orientierung über die Welt und sich selbst entzieht.[533] Allein der Umstand, dass ein Kind in einem für seine Erziehung **günstigeren Umfeld** untergebracht werden könnte, rechtfertigt nicht eine zwangsweise Trennung von seinen leiblichen Eltern.[534]

§ 1666 BGB Gerichtliche Maßnahmen bei Gefährdung des Kindeswohls

(1) Wird das körperliche, geistige oder seelische Wohl des Kindes oder sein Vermögen gefährdet und sind die Eltern nicht gewillt oder nicht in der Lage, die Gefahr abzuwenden, so hat das Familiengericht die Maßnahmen zu treffen, die zur Abwendung der Gefahr erforderlich sind.

(2) In der Regel ist anzunehmen, dass das Vermögen des Kindes gefährdet ist, wenn der Inhaber der Vermögenssorge seine Unterhaltspflicht gegenüber dem Kind oder seine mit der Vermögenssorge verbundenen Pflichten verletzt oder Anordnungen des Gerichts, die sich auf die Vermögenssorge beziehen, nicht befolgt.

I. Kindeswohlgefährdung

1. Gefährdungssituationen mit Reaktionspflicht

313 Eine reaktionspflichtige Kindeswohlgefährdung ist anzunehmen, wenn die begründete Besorgnis besteht, dass bei Nichteingreifen des Gerichts das Wohl des Kindes beeinträchtigt wird und einen Schaden erleidet.[535] Eine Kindeswohlgefährdung setzt ei-

---

527 BVerfG FamRZ 2009, 1472.
528 Völker/Clausius § 1 Rn 139.
529 BVerfG NJW 1982, 1379; FamRZ 1989, 145.
530 BayObLG FamRZ 1990, 1132; 1996, 1352.
531 BayObLG FamRZ 1996, 1352.
532 BVerfGE 24, 119, 144 f; Schwab/Motzer Teil III Rn 160.
533 BVerfG FamRZ 2002, 1021.
534 OLG Brandenburg FamRZ 2008, 1556.
535 Palandt/Diederichsen § 1666 Rn 10.

ne gegenwärtige, und zwar in einem solchen Maße vorhandene Gefahr für die Befriedigung der körperlichen, seelischen, geistigen oder erzieherischen Bedürfnisse des Kindes voraus, dass sich bei einer weiteren Entwicklung eine Schädigung des Kindes mit ziemlicher Sicherheit voraussagen lässt.[536] Von einer Gefährdung des Kindeswohls ist auszugehen, wenn eine bereits bestehende oder zumindest nahe bevorstehende Gefahr für die Kindesentwicklung so ernst zu nehmen ist, dass sich eine **erhebliche Schädigung** des körperlichen, seelischen oder geistigen Wohls mit ziemlicher Sicherheit vorausgehen lässt.[537] Zwar muss die zu erwartende schädigende Folge nicht unmittelbar bevorstehen,[538] doch muss sich der Schadenseintritt mit einiger Sicherheit abzeichnen. Eine bloß mögliche, rein theoretische Gefahr genügt dabei nicht.[539] So muss etwa eine kindeswohlgefährdende **Alkohol-, Drogen-, Medikamenten- oder Spielsucht** des betreuenden Elternteils konkret festgestellt werden.[540] Andererseits kann bei einer drogenabhängigen Mutter und wiederholtem Erziehungsversagen in der Vergangenheit durchaus auch die Besorgnis eines **künftigen Versagens** angenommen werden.[541] Die **begründete Besorgnis** der Schädigung entsteht idR aus Vorfällen in der Vergangenheit. Dafür reichen vereinzelt gebliebene Fehlhandlungen oder Erziehungsfehler (bei älteren Geschwistern) nicht.[542] Nachgewiesene Misshandlungen älterer Geschwister können einen konkreten Misshandlungsverdacht und damit die Gefährdungsbesorgnis für das betroffene Kind jedoch verstärken.[543]

Das Kind kann zwar keinen Schutz vor sämtlichen Verhaltensweisen seiner Eltern verlangen, die unter objektiven Gesichtspunkten zu missbilligen sind,[544] aber massive **Vernachlässigung** des Kindes (mangelhafte Ernährung/mangelhafte Bekleidung und Hygiene/deutlicher Entwicklungsrückstand/Nichtwahrnehmung von Arzt- und Klinikterminen), **körperliche Züchtigung** bzw **Kindesmisshandlungen, sexuelle Gewalt** sowie alle sonstigen schweren körperlichen oder psychischen Gewaltanwendungen gefährden das körperliche, geistige und seelische Kindeswohl so erheblich, dass unverzügliches staatliches Einschreiten erforderlich ist.[545] Diese gilt generell auch dann, wenn die Eltern den Anspruch der Kinder auf **gewaltfreie Erziehung** nach § 1631 Abs. 2 BGB, wonach körperliche Bestrafungen, seelische Verletzungen und entwürdigende Erziehungsmaßnahmen unzulässig sind, nicht beachten. Erhebliche Verstöße gegen den Anspruch des Kindes auf gewaltfreie Erziehung stellen regelmäßig eine nachhaltige und schwerwiegende Kindeswohlgefährdung dar. 314

Den Aufenthalt der Sorgerechtsinhaber in einer **alternativen Wohngemeinschaft** erachtet die Rechtsprechung nicht ohne weiteres als Kindeswohlgefährdung, auch nicht 315

---

536 BGH FamRZ 1956, 350.
537 S. BVerfG ZKJ 2012, 186 mAnm. Coester, ZKJ 2012, 182; BGH FamRZ 2010, 720; BayObLG FamRZ 1999, 179; OLG Saarbrücken FamRZ 2010, 310.
538 BayObLG FamRZ 1996, 1032.
539 Vgl BVerfG FamRZ 2010, 528; Völker/Clausius § 1 Rn 151.
540 BVerfG FamRZ 2007, 1797.
541 Palandt/Diederichsen § 1666 Rn 10.
542 KG FamRZ 85, 735.
543 OLG Oldenburg NJWE-FER 1998, 67.
544 BVerfG FamRZ 2008, 492; OLG Köln NJW-RR 2011, 729 (730).
545 Vgl OLG Köln FamRZ 2011, 571 und 1307; Völker/Clausius § 1 Rn 155, 158.

Heiß

in einer sog „sexualisierten Atmosphäre".[546] Bei Geschlechtsverkehr in **Gegenwart des Kindes** kann eine konkrete Kindeswohlgefährdung festgestellt werden, wenn es sich nicht um einen einmaligen Vorgang handelt.[547]

316 Vor einer **endgültigen Trennung** des Kindes von seinen Eltern kann auch die Übertragung des Aufenthaltsbestimmungsrechts, die Bestellung eines **Ergänzungspflegers** mit dem Wirkungskreis „Sicherstellung des Umgangs" oder eine **zeitweise Entziehung** der Personensorge verbunden mit einer Trennung als milderes Mittel in Betracht kommen.[548] Ist die Beziehung der Eltern zu ihrem 17-jährigen Kind **endgültig und hoffnungslos zerbrochen**, rechtfertigt dies eine vollständige Entziehung der elterlichen Sorge.[549]

317 Verweigern die Eltern eine **Begutachtung des Kindes**, die zur Vorbereitung einer Schutzmaßnahme unerlässlich ist, kann ihnen die elterliche Sorge zum Zwecke der Begutachtung für die Dauer von wenigen Wochen entzogen werden, bis die Entscheidungsgrundlagen für die Beantwortung der Frage, ob und inwieweit eine Kindeswohlgefährdung tatsächlich vorliegt und ob zu seinem Schutz entsprechende gerichtliche Maßnahmen getroffen werden müssen, gesichert sind.[550]

2. Eingriffstatbestände/Fallgruppen

318 § 1666 BGB beinhaltet Eingriffstatbestände, die aufführen, wann die elterliche Sorge dem Erziehungsberechtigten entzogen werden kann, wobei zu beachten ist, dass die gesamte elterliche Sorge nur entzogen werden darf, wenn die Voraussetzungen sowohl für den Entzug der Personen- als auch der Vermögenssorge vorliegen und mildere Mittel nicht ausreichen, um die Gefährdung des Kindeswohls abzuwenden. Bei den nachfolgenden Fallgruppen handelt es sich lediglich um eine **Orientierungshilfe** auf der Grundlage der Rechtsprechung und der Literatur zum Sorgerechtsmissbrauch, zur Vernachlässigung, zum unverschuldeten Versagen sowie zum kindeswohlgefährdenden Drittverhalten. Diese Fallgruppen sind nicht abschließend.[551]

a) Körperliche und seelische Misshandlung

319 Nicht plausibel erklärbare sichtbare Verletzungen (auch Selbstverletzungen) sowie körperliche oder seelische Krankheitssymptome (zB Einnässen, Ängste, Zwänge....) oder Gewalttätigkeiten in der Familie sind Anhaltspunkte für die Erforderlichkeit staatlichen Eingreifens. Kindesmisshandlungen stellen regelmäßig einen schwerwiegenden Eingriff sowohl in das körperliche als auch in das seelische Wohlergehen und damit stets einen Anwendungsfall des § 1666 Abs. 1 dar,[552] denn entwürdigende Erziehungsmaßnahmen, insbes. körperliche und seelische Misshandlungen sind unzu-

---

546 OLG Stuttgart FamRZ 1985, 1470 (1471); vgl aber auch BayObLG FamRZ 1996, 1031: sexuelle Freizügigkeit der Mutter.
547 Vgl BGH NStZ 1995, 178 zu § 170 d StGB aF; Staudinger/Coester § 1666 Rn 125.
548 OLG München FamRZ 2003, 1957; OLG Frankfurt NJW 2000 368; FA-FamR/Maier Kap. 4 Rn 111.
549 OLG Karlsruhe FamRZ 1989, 1322.
550 BayObLG FamRZ 1995, 501; Vgl auch OLG Frankfurt FF 2000, 176; FA-FamR/Maier Kap. 4 Rn 114 sowie zu den Standards einer Begutachtung Metzger FPR 2008, 273 und zu den Qualifikationen eines Sachverständigen Salzgeber FPR 2008, 278.
551 Vgl zu den Fällen von häuslicher Gewalt und Stalking unter den Eltern, Ernst FPR 2011, 195 (196).
552 OLG Hamm FamRZ 2010, 1091, 1092; Coester FPR 2009, 549 (550).

Heiß

lässig, § 1631 Abs. 2 BGB. Kinder haben ein **Recht auf eine gewaltfreie Erziehung.** Körperstrafen sind auch im Rahmen eines Erziehungszweckes als Kindeswohlgefährdung anzusehen. Körperliche Bestrafungen sind Schläge, aber auch festes Zupacken oder angstauslösendes Bedrängen.[553] Unerheblich ist hierbei, ob das Kind diesen Zugriff als entwürdigend empfindet oder aus welchen Motiven die Bestrafung erfolgt.[554] Die Unzulässigkeit der körperlichen Bestrafung gilt unabhängig davon, ob sie vom Elternteil selbst vorgenommen, einem Dritten zur Vornahme übertragen oder dessen Handeln durch die Eltern geduldet wird.[555] Letztlich ist jede Form der körperlichen Bestrafung untersagt, unabhängig davon, ob sie das Ausmaß einer Misshandlung erreicht, denn für das Kind selbst stellt sie eine **Demütigung** dar. Das gilt auch für eine **Ohrfeige**, die einem Kind oder Jugendlichen gegeben wird. Auch seelische Misshandlungen, wie etwa das Bloßstellen des Kindes vor Fremden oder der Schulklasse, sind unzulässig. Unerheblich ist dabei, ob die jeweilige Maßnahme das Kind tatsächlich seelisch verletzt hat[556] oder ob sie überhaupt zu Erziehungszwecken eingesetzt wurde. Von entwürdigenden Maßnahmen ist immer dann auszugehen, wenn das **Ehrgefühl des Kindes** in unzulässiger Weise beeinträchtigt wird, etwa auch durch übermäßige **freiheitsentziehende Maßnahmen** oder gar ein **Eingriff in den Intimbereich**.[557] In gleicher Weise stellt es eine Kindeswohlgefährdung dar, wenn der andere Sorgerechtsinhaber einer **Gewaltanwendung** gegen das Kind **nicht entgegentritt**.[558]

Der Anspruch des Kindes auf gewaltfreie Erziehung gilt **unabhängig von der Nationalität** der Sorgerechtsinhaber,[559] auch wenn einige fremde Kulturkreise Züchtigungsrechte begründen. Da § 1631 Abs. 2 dem Kind einen Anspruch auf gewaltfreie Erziehung verschafft, bleibt für unterschiedliche Vorstellungen kein Raum.[560]   320

Körperliche Misshandlungen gefährden regelmäßig auch die seelische Entwicklung eines Kindes. Nicht nur körperliche Misshandlungen, sondern auch **seelische Verletzungen** und andere **entwürdigende Maßnahmen** stellen regelmäßig eine Kindeswohlgefährdung dar.[561] Auch im Rahmen von § 1666 ist der **Kindeswille** zu berücksichtigen, wobei aber besonders zu beachten ist, dass ein Kind auf Gewalt, Missbrauch und Vernachlässigung uU auch mit **Angstbindungen** reagiert.[562] Die **Genitalverstümmelung (Beschneidung)** bei Mädchen ist nach zutreffender Auffassung des BGH[563] eine schwerwiegende Menschenrechtsverletzung, die im Widerspruch zum deutschen ordre public (Art. 6 EGBGB) steht. Wenn die afrikanische Mutter nicht in der Lage ist, die Gefahr, welche der Tochter im Herkunftsstaat droht, realistisch einzuschätzen, muss einer Verbringung des Kindes dorthin durch geeignete Maßnahmen nach § 1666 begegnet werden, wobei allerdings vom BGH die vom Jugendamt befürworte-   321

---

553 Palandt/Diederichsen § 1631 Rn 5.
554 LG Berlin ZKJ 2006, 103.
555 Palandt/Diederichsen § 1631 Rn 5.
556 BT-Drucks. 14/1247, 8.
557 Völker/Clausius § 1 Rn 75.
558 BayObLG FamRZ 1994, 1413; HK-FamR/Rakete-Dombek § 1666 Rn 11; MüKo/Olzen § 1666 Rn 58.
559 So auch MüKo/Olzen § 1666 Rn 59; Staudinger/Coester § 1666 Rn 97.
560 So schon BayObLG FamRZ 1993, 229; OLG Düsseldorf NJW 1985, 1291.
561 Vgl Kunz ZfJ 1990, 52 ff.
562 Vgl Kohne JAmt 2009, 167.
563 FamRZ 2005, 344.

te Fremdunterbringung des Kindes abgelehnt wurde.[564] Dabei sind an die Wahrscheinlichkeit, dass die Eltern an ihrer Tochter eine Genitalverstümmelung vornehmen lassen, bei entsprechender Herkunft der Familie keine hohen Anforderungen zu stellen. Konkrete Anhaltspunkte, dass derartiges geschehen könnte, sind gleichwohl erforderlich.[565]

b) Sexueller Missbrauch

322 Sexuelle oder kriminelle Ausbeutung des Kindes oder Jugendlichen sind Auslöser der Wahrnehmung des staatlichen Schutzauftrags und stellen gewichtige Anhaltspunkte für die Gefährdung des Wohls eines Kindes oder Jugendlichen dar. Der sexuelle Missbrauch von Kindern ist eine besonders schwere Form der Kindeswohlgefährdung, da er zumindest ohne seelische Verletzungen iSd § 1631 Abs. 2 kaum denkbar erscheint.[566] Olzen[567] weist zu Recht darauf hin, dass das Problem häufig bei der **Beweislage** besteht, zumal die Behauptung sexuellen Missbrauchs zunehmend als Waffe im Sorgerechts- und Umgangsrechtsstreitverfahren eingesetzt wird. Man spricht sogar vom „Missbrauch des Missbrauchs".[568]

323 Im Familiengerichtsverfahren steht das **Kindeswohl** im Vordergrund,[569] während im Strafverfahren die **Unschuldsvermutung** gilt. Das Familiengericht muss die ihm zugänglichen Erkenntnismöglichkeiten gem. § 26 FamFG vollständig ausschöpfen, vor allem die Beteiligten und insbes. auch den Vater **anhören**, bevor es sich eine Meinung bilden darf. Die alleinige Heranziehung des **Jugendamtsberichts** reicht selbst im Verfahren vorläufiger Anordnungen nicht aus.[570] Es muss stets darauf Rücksicht genommen werden, dass die Trennung des Kindes vom Elternhaus und der gewohnten Umgebung einen sehr schwerwiegenden Eingriff darstellt, insbes. wenn sich die entsprechenden Vorwürfe später als unzutreffend erweisen.[571] Lassen sich bestehende Zweifel nicht aufklären, muss der Richter abwägen, was für das Kind das Beste ist, wobei er zu beachten hat, dass die Kindeswohlgefährdung nicht zwingend auf einen **unbewiesenen Verdacht** gestützt werden muss. Aus der **Gesamtschau aller Umstände** kann sich ergeben, dass es letztlich für die Notwendigkeit einer familiengerichtlichen Maßnahme gar nicht mehr darauf ankommt, ob der sexuelle Missbrauch vorlag oder nicht.[572]

c) Vernachlässigung des Kindes

324 Unzureichende Flüssigkeits- oder Nahrungszufuhr, für das Lebensalter mangelnde Aufsicht, Hygienemängel (Körperpflege, Kleidung), unbekannter Aufenthalt zB bei wiederholtem Weglaufen oder Streunen des Kindes oder Jugendlichen, sind gewichti-

---

564 So auch OLG Dresden FamRZ 2003, 1862 als Vorinstanz.
565 OLG Karlsruhe FamRZ 2009, 1599 (Äthiopien als „Hochrisikoland"); Schwab/Motzer, Teil III Rn 167.
566 Coester FPR 2009, 549 (550); Hinweise zu Rechtsfragen bei Kindesmisshandlung und sexuellem Missbrauch: Menne ZfJ 1993, 291, 294.
567 MüKo § 1666 Rn 61.
568 Rakete/Dombek AnwBl. 1997, 469, 473.
569 MüKo/Olzen § 1666 Rn 62; Staudinger/Coester § 1666 Rn 100.
570 Vgl Ollmann FamRZ 1998, 321, 322.
571 Vgl Kühne/Kluck FamRZ 1995, 981.
572 Vgl Storsberg FamRZ 1994, 1543; MüKo/Olzen § 1666 Rn 62.

ge Anhaltspunkte für eine Kindeswohlgefährdung durch Vernachlässigung. Eine Kindeswohlgefährdung wegen Vernachlässigung des Kindes liegt insbes. vor bei Unzulänglichkeiten in der persönlichen Betreuung, dh bei mangelhafter Pflege und Ernährung, mangelhafter Bekleidung und Hygiene des Kindes sowie bei mangelnder Aufsicht und Fürsorge, aber auch bei Verletzungen der Vermögenssorgepflichten. Die Vernachlässigung liegt regelmäßig im **Untätigbleiben** der Eltern, wenn sie also die Maßnahmen unterlassen, die unter Berücksichtigung der sozialen, kulturellen und ökonomischen Situation der Familie eine ungestörte und beständige Erziehung, Beaufsichtigung und Pflege des Kindes gewährleisten sollen.[573] Typische Ausprägungen einer Vernachlässigung des Kindes sind Unterernährung, häufige Erkrankungen des Kindes, im Besonderen ein **deutlicher Entwicklungsrückstand,** der sich typischerweise als Beeinträchtigung der **sprachlichen Entwicklung** äußert,[574] erhebliche **Schulfehlzeiten,** Nichtwahrnehmung von Arzt- oder Klinikterminen sowie von erforderlichen Therapiemaßnahmen, Verwahrlosung, psychische Schwierigkeiten wie Neigung zu Gewalt, Auffälligkeit, soziale Unverträglichkeit, mangelnde Konzentrationsfähigkeit. Eine deutliche und alarmierende Erscheinungsform der Vernachlässigung des Kindes, die vor allem bei langjähriger Traumatisierung eintritt, ist, dass das Kind zur Ausbildung eigener Wünsche unfähig geworden ist.[575]

Auf ein **Verschulden** der Eltern kommt es für die Anwendung des § 1666 BGB nicht an. Auch wenn ein Elternteil nicht in der Lage ist, das Kind eigenständig zu versorgen, kommt ein Ausschluss des Sorgerechts wegen Vernachlässigung nicht in Betracht, wenn diesem Risiko auf andere Weise begegnet werden kann, etwa durch Maßnahmen der **Familienhilfe.**[576] Vor allem wenn der betreuende Elternteil eine enge emotionale Bindung zu dem Kind aufgebaut hat und er sichtlich bestrebt ist, sich die zur Versorgung und Betreuung erforderlichen Fähigkeiten anzueignen, muss geprüft werden, ob er auch die Bereitschaft hat, teilweise aus der eigenen Erziehung herrührende Defizite abzubauen.[577] Der **Beurteilungsmaßstab** bei der Prüfung der Kindeswohlgefährdung infolge Vernachlässigung darf nicht zu eng sein; das **Milieu der Eltern,** in dem ein Kind aufwächst und dessen positiven und negativen Gegebenheiten es ausgesetzt ist, muss Berücksichtigung finden; es darf nicht bestimmten Bevölkerungsschichten das Personensorgerecht grds. abgesprochen werden, da dies offensichtlich rechtswidrig wäre. Insbes. kann nicht eine Kindeswohlgefährdung mit der Begründung bejaht werden, dass dem Kind in einer Pflegefamilie **günstigere Entwicklungsmöglichkeiten** geboten werden könnten.[578] Auch das Unterlassen einer **religiösen Erziehung** erfüllt den Tatbestand nicht.[579] Auch der mehrfach auftretende **Läusebefall** des Kindes stellt nicht ohne weiteres eine zum Sorgerechtsentzug berechtigende Vernachlässigung dar.[580] Vernachlässigung ist dann zu bejahen, wenn

325

---

573 Völker/Clausius § 1 Rn 158.
574 BayObLG FamRZ 1994, 1411.
575 OLG Frankfurt FamRZ 2003, 1317.
576 Völker/Clausius § 1 Rn 159.
577 OLG Köln FamRZ 1999, 530.
578 MüKo/Olzen § 1666 Rn 100.
579 MüKo/Olzen § 1666 Rn 101.
580 OLG Hamm FamRZ 2002, 691.

- die Kindesmutter **häufig** ihre **Partner** und den **Wohnsitz wechselt** sowie, wenn sie ein Alkoholproblem hat, wodurch die Versorgung des Kindes nicht mehr gewährleistet ist,[581]

- **tätliche Auseinandersetzungen** unter Alkoholeinfluss des Vaters mit Verletzungen der Mutter, die die Versorgung der Kinder verhindern, wiederholt erfolgen,[582]

- die Sorgeberechtigten sich weigern, die Kinder **ärztlich untersuchen** zu lassen oder die **Anmeldung zum Kindergarten** unterlassen trotz entsprechender Aufforderung durch den Sozialdienst,

- eine emotionale Vernachlässigung der Kinder und eine mangelnde Zuwendung in ihrer Summe eine Vernachlässigung darstellen,[583]

- das Kind schwerwiegende Straftaten begeht. Diese können Ausdruck seiner drohenden **Verwahrlosung** infolge Vernachlässigung durch den Sorgeberechtigten sein und zum Entzug der elterlichen Sorge führen.[584]

d) Alkohol-, Drogen-, Medikamenten- oder Spielsucht der Sorgeberechtigten

326   Eine wichtige Fallgruppe des § 1666 bilden die Alkohol-, Drogen-, Medikamentenabhängigkeit oder die Spielsucht der Sorgeberechtigten, insbes. wenn das Kind sogar mit Alkohol oder Betäubungsmittel in direkten Kontakt gelangt ist.[585] Die Zuführung oder das Zugänglichmachen von die Gesundheit gefährdenden Substanzen bei einem Kind oder Jugendlichen sind gewichtige Anhaltspunkte für die Gefährdung des Wohls eines Kindes oder Jugendlichen. Alkoholismus oder Drogenabhängigkeit des primär für die Betreuung des Kindes zuständigen Elternteils müssen jedenfalls dann als Anzeichen für eine allgemeine Vernachlässigung eines Kindes im geistig-seelischen Bereich gewertet werden, wenn dieser Zustand die Unzuverlässigkeit des zuständigen Elternteils in Bezug auf die alltäglichen Notwendigkeiten bei der Versorgung und Beaufsichtigung des Kindes bedingt oder eine Gefährdung des seelischen Wohles des Kindes droht. Allerdings kann die Gefährdung des Kindes durch regelmäßigen Kontakt mit dem allgemeinen Sozialdienst oder Einrichtungen der Alkoholiker-, Drogenbzw Spielsuchthilfe, sowie durch Überwachung seitens des Jugendamtes abgemildert werden. Meist gehen mit einer Sucht **chaotische Wohnverhältnisse** einher.[586] Auch häufige Streitigkeiten und Schlägereien zwischen den Eltern in Gegenwart des Kindes sowie **Straftaten** gegen den anderen Elternteil können zu einer Gefährdung des Kindeswohls führen.[587] Gleiches gilt bei Unreife, totaler **Abhängigkeit der Kindesmutter** vom Kindesvater und dadurch bedingter Erziehungsunfähigkeit.[588]

---

581   BayObLG NJW 1999, 293.
582   LG Leipzig DAVorm. 1996, 620.
583   OLG Hamm FamRZ 2000, 1239; DAVorm. 1991, 1080; OLG Oldenburg DAVorm. 1998, 934 zur emotionalen Vernachlässigung.
584   BVerfG FamRZ 2003, 296.
585   OLG Bremen, FamRZ 2011, 1306.
586   Vgl LG Berlin DAVorm. 1980, 143 (145).
587   BayObLG DAVorm. 1981, 901; OLG Hamm FamRZ 1996, 1029.
588   Vgl OLG Frankfurt FamRZ 2011, 49; OLG Hamm FamRZ 2010, 1745; OLG Saarbrücken FamRZ 2010, 1092.

e) Mangelnde medizinische Betreuung

Fehlende, aber notwendige ärztliche Vorsorge und Behandlung, psychische Erkran- 327
kung oder Suchterkrankung sowie geistige Beeinträchtigung der Eltern erfordern
Maßnahmen zum Schutz des Kindes oder Jugendlichen. Die Verweigerung medizinischer Behandlung des Kindes kann ein Einschreiten nach § 1666 erfordern.[589] Dies
gilt vor allem bei Verweigerung lebensrettender Operationen oder von Blutübertra-
gungen,[590] aus religiösen oder weltanschaulichen Gründen, nicht jedoch generell bei
der Bevorzugung „alternativer Heilmethoden" oder der Verweigerung lediglich emp-
fohlener Impfungen. Auch die Weigerung, dringend erforderliche **nervenärztliche
oder kinderpsychologische Untersuchungen** zur Abklärung von Verhaltensauffälligkeiten vornehmen zu lassen, kann eine Gefährdung iSv § 1666 auslösen. Das gilt insbes hauptsächlich dann, wenn die Erkrankung des Kindes im Zusammenhang mit Er-
ziehungs- und Versorgungsdefiziten innerhalb der Herkunftsfamilie steht.[591]

Bei Vorliegen eines sog **Münchhausen-by-proxy-Syndroms** können ebenfalls Maß- 328
nahmen des Familiengerichts nach § 1666 angezeigt sein.[592] Ein solches ist dadurch
gekennzeichnet, dass der betroffene Elternteil eine Erkrankung des **Kindes hervorruft**,
verstärkt oder auch nur vortäuscht und wiederholt Ärzte aufsucht, denen die wahren
Ursachen des Krankheitsbildes nicht offenbart werden.[593]

Die verweigerte Zustimmung der Eltern zu einer objektiv erforderlichen und „gefahr- 329
losen" Operation stellt sich als Kindeswohlgefährdung dar. Dazu gehört vor allem,
dass erforderliche **Bluttransfusionen** nicht aus religiöser Überzeugung verhindert werden dürfen.[594] Solche Tatbestände rechtfertigen auch eine **einstweilige Anordnung**.[595]
Im Übrigen sind jeweils Gefahren und Erfolgsaussichten eines Eingriffs oder einer
Heilbehandlung gegeneinander abzuwägen, wobei der Vorrang elterlicher Sorge für
die Sorgerechtsinhaber einen gewissen Spielraum bei der Entscheidung begründet,
weil der Staat, der lediglich eine **Überwachungsfunktion** hat, auf die Nachvollzieh-
barkeit der Begründungen beschränkt ist.[596] Der Familienrichter kann also nicht ohne weiteres die Entscheidung der Sorgerechtsinhaber übergehen, sondern Heilungs-
chancen und Belastung durch den Eingriff oder die Heilbehandlung müssen sorgfältig
gegeneinander abgewogen werden.

Ist eine Jugendliche ungewollt schwanger und möchte sie eine **Abtreibung** durchfüh- 330
ren lassen, so ist die Versagung der notwendigen Einwilligung durch die Eltern nur
dann als Sorgerechtsmissbrauch anzusehen, wenn eine **medizinische Indikation** für
den Abbruch der Schwangerschaft vorliegt, § 218 a Abs. 2 StGB, oder diese infolge
eines Sexualdelikts gegen die Jugendliche eingetreten ist, § 218 a Abs. 3 StGB.[597]

---

589 BayObLG FamRZ 1995, 1437.
590 OLG Celle NJW 1995, 792; Staudinger/Coester § 1666 Rn 98.
591 OLG Stuttgart FamRZ 2002, 1279.
592 OLG Celle FamRZ 2006, 1478; OLG Dresden FamRZ 2008, 712.
593 S. hierzu Noeker/Tourneur JAmt 2005, 167.
594 OLG Celle NJW 1995, 792; HK-FamR/Rakete/Dombek § 1666 Rn 10.
595 MüKo/Olzen § 1666 Rn 80.
596 MüKo/Olzen § 1666 Rn 81.
597 Vgl Johannsen/Henrich/Büte § 1666 Rn 32; OLG Hamm NJW 1998, 3424; AG Schlüchtern FamRZ 1998,
     968.

Dann kann das Familiengericht nach § 1666 Abs. 3 Nr. 5 nach sorgfältiger Abwägung des Für und Wider die verweigerte Einwilligung der Eltern ersetzen. Umgekehrt stellt der Versuch der Eltern, die Tochter zu einer Schwangerschaftsunterbrechung zu drängen oder eine solche gar gegen deren Willen durchführen zu lassen – von Fällen schwerer Gesundheitsgefahr abgesehen – einen Missbrauch der elterlichen Sorge dar.[598] Das Familiengericht kann in diesen Fällen jedenfalls bis zur Geburt des Kindes das Aufenthaltsbestimmungsrecht den Eltern entziehen und für eine anderweitige Unterbringung der Minderjährigen sorgen, wobei auch Maßnahmen **gegen Dritte**, etwa den von den Eltern beauftragten Arzt in Betracht kommen: Unterlassungsverfügung, den Schwangerschaftsabbruch bei der betroffenen Jugendlichen zu unterlassen.[599]

331 Bei einem **schlecht ernährten Säugling** besteht eine Kindeswohlgefährdung, wenn die Eltern die notwendige Einweisung in eine Klinik verhindern wollen.[600] Auch Uneinsichtigkeit bei der Befolgung ärztlich angeordneter **Medikation** können eine Kindeswohlgefährdung darstellen oder die Verweigerung **gesetzlich vorgeschriebene Impfungen**, die der Volksgesundheit dienen. Regelmäßig sieht hier aber das Infektionsschutzgesetz spezielle Eingriffsbefugnisse vor.[601] Etwas anderes könnte gelten, wenn die Eltern bei Fernreisen Kinder in gefährdete Gebiete mitnehmen, ohne die erforderlichen Schutzimpfungen vornehmen zu lassen.[602]

332 Zu beachten ist, dass bei Meinungsverschiedenheiten zwischen den Sorgeberechtigten die Vorschrift des § 1628 BGB idR als speziellere Eingriffsbefugnis der Regelung des § 1666 vorgeht.

f) Milieubedingte Gefährdungen

333 Eine desolate Wohnsituation zB bei Vermüllung, Obdachlosigkeit oder unzureichender Wohnungsgröße, die finanzielle Notlage oder soziale Isolierung einer Familie sind gewichtige Anhaltspunkte für eine Kindeswohlgefährdung, ebenso ein desorientiertes soziales Milieu bzw desorientierende soziale Abhängigkeiten – vor allem, wenn die Bereitschaft fehlt, Hilfe anzunehmen oder bisherige Unterstützungsversuche keinen Erfolg gehabt haben. Auch milieubedingte Gefährdungen des Kindes durch einen oder beide Elternteile können ein gerichtliches Einschreiten erforderlich machen.[603] Das gilt vor allem bei der Verstrickung in die Rauschgift- oder Prostitutionsszene, ebenso wie bei Nichtsesshaftigkeit der Eltern. Allerdings obliegt es dem Staat Kraft seines Wächteramtes nicht, die Einhaltung allgemeiner Prinzipien der Hygiene in den Familien zu gewährleisten.[604] Gefahren für das seelische Wohl können sich auch aus einer **Sexualisierung** des Lebensumfeldes des Kindes ergeben.[605] Der **sexuelle Miss-**

---

598 Schwab/Motzer Teil III Rn 168.
599 Scherer FamRZ 1997, 589.
600 AG Kamen DAVorm. 1995, 258.
601 Staudinger/Coester § 1666 Rn 104.
602 MüKo/Olzen § 1666 Rn 84.
603 OLG Stuttgart, FamRZ 2002, 1279.
604 OLG Hamm FamRZ 2002, 691 für mehrmaligen Läusebefall; OLG Brandenburg FamRZ 2008, 713 für Geruchsbelästigung der Mitschüler.
605 BayObLG FamRZ 1996, 1031.

Heiß

brauch des Kindes durch einen Elternteil wie auch durch Dritte erfordert ein gericht-liches Eingreifen nach § 1666 BGB.[606]

g) Umgangsvereitelung

Als missbräuchliche Ausübung der elterlichen Sorge ist ein dauerhafter Entzug des Kindes gegenüber dem Unterhaltsberechtigten, insbes. in Form des **Umgangsboykotts** anzusehen, speziell wenn eine **Kindesentziehung** gegenüber dem umgangsberechtigten Elternteil vorliegt.[607] Auch Umgangsverbote gegenüber den Großeltern oder den Ge-schwistern werden von der Rechtsprechung als kindeswohlgefährdend angesehen.[608] Das Gesetz misst dem Umgang des Kindes mit Bezugspersonen zentrale Bedeutung bei, weil die persönliche Bindung die Entwicklung eines Kindes maßgeblich beein-flusst.[609]   **334**

Ein Einschreiten des Gerichts wegen Kindeswohlgefährdung ist immer dann zu beja-hen, wenn dem Kind der Umgang zu nahestehenden Bezugspersonen **ohne sachlichen Grund** untersagt wird. Das gilt besonders dann, wenn der sorgeberechtigte Elternteil durch die von ihm ausgehende Umgangsvereitelung zu einer Entfremdung des Kindes vom anderen Elternteil beiträgt.[610]   **335**

Bei Umgangsboykott ist zunächst zu prüfen, ob die Anordnung einer **Umgangspfleg-schaft** gem. § 1684 Abs. 3 S 3. zur beschleunigten Durchsetzung von Umgangskon-flikten ausreicht, da für die Umgangspflegschaft nicht die hohe Schwelle der Kindes-wohlgefährdung nach § 1666 erreicht sein muss und sie ein milderes Mittel als der Sorgerechtsentzug darstellt.[611] Voraussetzung für familiengerichtliche Maßnahmen ist stets, dass das geltend gemachte Umgangsrecht dem spezialgesetzlich geregelten Kindeswohl nach §§ 1684 Abs. 3, 4, 1685 Abs. 1, 3 entspricht.   **336**

Bei Kindeswohlgefährdung in Form der Vereitelung von Umgangskontakten kommt eine außerhäusliche Unterbringung des Kindes kaum einmal in Betracht,[612] weil vor-rangig die Androhung und Verhängung von **Ordnungsmitteln** nach §§ 88 ff. FamFG oder die Einrichtung einer Umgangspflegschaft in Betracht gezogen werden müs-sen.[613] Die außerhäusliche Unterbringung scheitert regelmäßig daran, dass Maßnah-men nach § 1666 BGB, die mit der Trennung des Kindes von seiner Familie verbun-den sind, besonders strikter Verhältnismäßigkeitsprüfung unterliegen. Demnach muss sich der Umgangsboykott als Kindeswohlgefährdung darstellen und die außerhäusli-che Unterbringung muss sodann zur Abwendung dieser Gefährdung geeignet sein.[614] Dies ist vor allem dann fraglich, wenn bei einer außerhäuslichen Unterbringung das Kind in eine ihm fremde Umgebung verbracht wird und ihm seine bisherige Bezugs-   **337**

---

606 KG FamRZ 1994, 119, 121; OLG Köln FamRZ 2001, 37; OLG Frankfurt FamRZ 2001, 1086.
607 BGH FamRZ 1999, 651.
608 OLG Rostock FamRZ 2004, 54; OLG Hamm FamRZ 2000, 1600; OLG Frankfurt NJW 2000, 368; BayObLG DAVorm. 1982, 600; FamRZ 1984, 614; OLG Hamm FamRZ 1985, 1087.
609 OLG Köln NJW-RR 2010, 1375; BVerfG NJW 2008, 1287.
610 Sog „PAS-Syndrom; OLG Koblenz FamRZ 2008, 1973; OLG Zweibrücken NJW-RR 2007, 730.
611 OLG Hamm FamRZ 2010, 1926; BT-Drucks. 16/6308, 345.
612 KG FamRZ 2010, 1749.
613 Vgl BVerfG ZKJ 2012, 186 mAnm. Coester ZKJ 2012, 182; BGH FF 2012, 67.
614 Völker/Clausius § 1 Rn 164.

person genommen wird. Die Fremdunterbringung kann nur nach sachverständiger Beratung erfolgen. Bei der Prüfung der Erforderlichkeit muss abgewogen werden, ob das Ziel, den Umgang des Kindes mit dem nicht betreuenden Elternteil zu fördern, durch mildere Mittel erreicht werden kann, wobei an die Geeignetheit des milderen Mittels keine überzogenen Anforderungen zu stellen sind.[615] Erst wenn die Durchsetzung des Umgangsrechts durch Vollstreckungsmaßnahmen, durch Einrichtung einer Umgangspflegschaft oder die Anordnung einer Therapie erfolglos versucht worden ist, kann die Fremdunterbringung erforderlich sein. Denkbar sind aber auch Fälle, in denen die mildere Maßnahme nicht geeignet ist, die Kindeswohlgefährdung abzuwenden, etwa bei einem **durch Starrsinn bedingten Umgangsboykott**. Bei verhärteten Umgangsboykotten erweist sich die Umgangspflegschaft regelmäßig als nicht zielführend. Auch dem Umgangspfleger bleibt in hartnäckigen Fällen in letzter Konsequenz nur die Vollstreckung des Umgangsrechts.[616] Nur wenn die Vollstreckung früh und konsequent eingesetzt wird, kann sie als mildere Maßnahmen erfolgversprechend sein.

338 Auch wenn eine Mutter durch eine **neurotische Fehlhaltung** dem Vater jeglichen Umgang mit dem Kleinkind verwehrt, es aber im Übrigen ordnungsgemäß betreut, kann eine Kindeswohlgefährdung aufgrund eines Sorgerechtsmissbrauchs bestehen.[617] Gleiches gilt für Umgangsuntersagungen durch die Mutter mit der Begründung, mit einem neuen Partner eine Familie aufgebaut zu haben, deren Zusammenleben durch die Existenz zweier Väter gestört würde.[618]

h) Verbringung des Kindes ins Ausland/Missbrauch des Aufenthaltsbestimmungsrechts

339 Da die **Kontinuität** seiner Erziehung auch in räumlicher Hinsicht für die Förderung eines Kindes besondere Bedeutung hat, weist § 1631 Abs. 1 dem Inhaber des Personensorgerechts auch das Aufenthaltsbestimmungsrecht zu.[619] Obwohl der Wechsel seiner Umgebung für das Kind zu einer Belastung durch Umstellungsschwierigkeiten führt,[620] stellt nicht jeder Wohnsitzwechsel der Eltern den Tatbestand der Kindeswohlgefährdung dar; häufige Wohnsitzwechsel können jedoch ein Einschreiten des Familiengerichts erforderlich machen.[621] Das abrupte Herausnehmen des Kindes aus seiner gewohnten Umgebung kann sich als sorgerechtsmissbräuchlich darstellen. So darf zB der Herausgabeanspruch der Sorgeberechtigten bei längerem Aufenthalt des Kindes in Familienpflege nur zum Wohl des Kindes geltend gemacht werden, nicht im Elterninteresse.[622]

340 Beabsichtigt ein Elternteil, das Kind ohne Wissen oder gegen den Willen des mitsorgeberechtigten Elternteils ins **Ausland** zu verbringen, so kann das Familiengericht nach § 1666 vorgehen, insbes. wenn eine bloße Regelung der Aufenthaltsbestimmung

---

615 BVerfG ZKJ 2012, 186; ähnlich BGH FF 2012, 67.
616 BGH NJW-RR 1986, 1264; Völker/Clausius § 1 Rn 164.
617 AA wohl BayObLG FamRZ 1998, 1044.
618 Vgl LG Köln FamRZ 1996, 433.
619 MüKo/Olzen § 1666 Rn 91.
620 KG NJW-RR 2005, 878.
621 BayObLG Rpfleger 1992, 346; AG München DAVorm. 1995, 1004.
622 OLG Schleswig DAVorm. 1980, 574.

Heiß

nicht ausreichend ist.[623] Hat der Alleinaufenthaltsbestimmungsberechtigte beschlossen, das Kind ins Ausland zu verbringen, so kann dies uU eine Gefährdung des Kindeswohls darstellen, die Maßnahmen nach § 1666 erfordern, wie zB die Entziehung des Aufenthaltsbestimmungsrechts oder die Anordnung einer Pflegschaft nach § 1909 BGB.[624] Auch wenn die Eltern **gemeinsam** beschlossen haben, das Kind ins Ausland zu verbringen, kann dies eine Kindeswohlgefährdung darstellen, vor allem dann, wenn der Ortswechsel **gegen den erklärten Willen** eines Jugendlichen geschehen soll, vor allem wenn dessen Verhältnis zu den Eltern stark belastet ist und ihm in der Vergangenheit bereits mehrere Veränderungen seines Lebensmittelpunktes zugemutet wurden.[625] Im Rahmen der Prüfung der Kindeswohlgefährdung sind auch zu befürchtende Konflikt- und Kurzschlussreaktionen des Kindes und seiner Familienangehörigen, wie angekündigtes Weglaufen, Untertauchen, Tötung oder Selbsttötung zu berücksichtigen.[626]

Allein die zu befürchtenden **ungünstigeren Entwicklungsbedingungen** in einem anderen Land lassen aber noch keine Kindeswohlgefährdung befürchten, vor allem wenn die Familie aus diesem Land stammt.[627] Soll das Kind jedoch in ein Land verbracht werden, in dem es durch Krieg, ethnische Verfolgung oder überkommene Sitten und Gewohnheiten, akuten Bedrohungen seiner körperlichen oder seelischen Unversehrtheit ausgesetzt wäre, droht eine Kindeswohlgefährdung. Der absolute staatliche Schutz menschlicher Würde erfordert es, im Geltungsbereich des Grundgesetzes weder die **Beschneidung von Mädchen** noch **Zwangsheiraten** zuzulassen oder im Ausland zu ermöglichen.[628] Deshalb sind bei beabsichtigter Verbringung des Kindes in **Hochrisikoländer** geringere Anforderungen an die Gefährdungswahrscheinlichkeit zu stellen.[629] Zur Durchsetzung der gerichtlichen Anordnung bedarf es gerichtlicher Beschränkungen des Aufenthaltsbestimmungsrechts und entsprechender **Amtshilfeersuchen an die Grenzbehörden**.[630] Die **Auswanderung** kann dem sorgeberechtigten Elternteil als Unterfall der **Umgangsverhinderung** durch Entziehung des Aufenthaltsbestimmungsrechts verboten werden, wenn die Übersiedlung ins Ausland in der Absicht erfolgt, den Umgang zu vereiteln[631] oder wenn dem anderen Elternteil der weitere Umgang mit dem Kind dadurch **praktisch unmöglich** gemacht wird und für die Auswanderung **keine triftigen Gründe** vorliegen.[632] Bloße Erschwerungen des Umgangs sind dagegen hinzunehmen.[633] Liegen beachtenswerte, insbes. **berufliche Gründe** für den Umzug vor, muss der andere Elternteil Einschränkungen des Umgangs, die mit dem Umzug verbunden sind, hinnehmen.[634] Will eine Mutter mit ihrem Kind in ihr

341

---

623 Schwab/Motzer Teil III Rn 171; ausführlich Rn 511 ff.
624 OLG Karlsruhe FamRZ 2002, 1272; MüKo/Olzen § 1666 Rn 55; Schwab/Motzer Teil III Rn 171.
625 BayObLG FamRZ 1997, 954 für die erzwungene Rückkehr eines 16-jährigen Jungen in die Türkei
626 KG FamRZ 1985, 97.
627 BVerfG FamRZ 1986, 871 für die Rückkehr einer Mutter mit dem Kind nah Zaire nach Ablehnung ihres Asylantrags.
628 Coester FPR 2009, 552; BGH NJW 2005, 672; KG NJW 1985, 68.
629 OLG Karlsruhe FamRZ 2009, 1599.
630 AG Bremen ZKJ 2008, 338 und AG Bonn ZKJ 2008, 225.
631 BGH NJW 1987, 893; Rn 519 ff.
632 OLG Zweibrücken NJW-RR 2004, 1588.
633 BGH FamRZ 1990, 392 für Umzug nach Italien.
634 OLG München FamRZ 2008, 1774; OLG Nürnberg FamRZ 2010, 135.

Heimatland zurückkehren, weil sie in Deutschland keine berufliche Perspektive findet (was häufig der Fall ist, wenn eine ausländische Ausbildung nicht anerkannt wird), hier von Hartz IV leben muss, während sie in ihrem Heimatland im Rahmen ihres dortigen Familienverbandes eine gesicherte Zukunft erwartet, lässt dies keine Gefährdung des Kindeswohls befürchten, wenn das Kind in dem Land akuten Bedrohungen seiner körperlichen oder seelischen Unversehrtheit nicht ausgesetzt ist.[635]

i) Ausbildung/Schule/Religionsausübung

342 Eine Gefährdung des Kindeswohls kommt in Betracht, wenn die Eltern im Hinblick auf die Ausbildung nicht auf die Eignung und Neigungen des Kindes Rücksicht nehmen – wie dies § 1631 a S. 1 vorschreibt – indem sie es entweder in eine **ungeeignete Schulform** oder Ausbildung drängen oder es andererseits von einer geeigneten Schulform oder Ausbildung **abhalten**, ohne dass für ein derartiges Verhalten ein **sachlicher Grund** vorliegt, wie etwa dass in bestimmten Bereichen keinerlei Berufschancen bestehen.[636] Die Eltern haben die Pflicht, für den **Schulbesuch** ihrer Kinder zu sorgen.[637] Auch die **Duldung** von Schulversäumnissen kann eine Kindeswohlgefährdung darstellen,[638] beim Abhalten vom Schulbesuch aus Glaubensgründen, auch wenn **Hausunterricht** erteilt wird.[639] Ebenso bei der Unterlassung der Förderung eines Kindes in seiner geistigen Entwicklung, sodass ein normal begabtes Kind zum Sonderschüler wird,[640] oder beim Bestehen auf den Besuch der Regelschule bei Anzeichen von Autismus.[641] Die Möglichkeit eines öffentlich-rechtlichen **Schulzwanges** steht einem Vorgehen nach § 1666 durch das Familiengericht nicht entgegen, wenn die Eltern ihrer Verpflichtung, für den Schulbesuch ihrer Kinder zu sorgen, nicht nachkommen. Das Kindeswohl kann auch dadurch gefährdet werden, dass die Eltern keine Behandlung des Kindes gegen eine **krankhafte Schulangst** einleiten.[642] **Weigern sich Eltern** beharrlich, ihre Kinder auf eine öffentliche Grundschule oder eine anerkannte Ersatzschule zu schicken, so kann dies das Wohl der Kinder nachhaltig gefährden und Maßnahmen des Familiengerichts nach §§ 1666, 1666 a rechtfertigen.[643] Die Entziehung des Aufenthaltsbestimmungsrechts und des Rechts zur Regelung von Schulangelegenheiten iVm mit der **Anordnung einer Pflegschaft** ist in solchen Fällen zur Abwehr der Gefahr geeignet und verhältnismäßig.[644] Die Erteilung von Hausunterricht durch die Eltern ist kein vollwertiger Ersatz für den Schulbesuch, weil dem Kind in der Schule nicht nur Wissen vermittelt wird, sondern es auch lernt, sich in eine Gemeinschaft Gleichaltriger einzufügen. Im Extremfall kann auch die **Fehlein-**

---

635 Vgl BVerfG FamRZ 1986, 871; BVerfG NJW 1986, 2129 (2133) bei Rückkehr einer Familie ins Heimatland Zaire, wenn das Kind dort schlechtere Entwicklungsmöglichkeiten hat; BayObLG FamRZ 1997, 954, 955: Türkei; OLG Hamburg FamRZ 1983, 1271: Ghana.
636 MüKo/Olzen § 1666 Rn 105.
637 BGH FamRZ 2008, 45, OLG Köln FamRZ 1992, 1093.
638 BayObLG 1984, 199; FamRZ 1997, 1080; OLG Brandenburg FamRZ 2006, 356; OLG Hamm FamRZ 2006, 338.
639 BGH FamRZ 1008, 45.
640 BayObLG FamRZ 1981, 86.
641 EuGMR FuR 2007, 412.
642 BayObLG ZfJ 1996, 106.
643 BGH FamRZ 2008, 45.
644 BGH FamRZ 2008, 45.

Heiß

schätzung der schulischen Leistungsfähigkeit des Kindes durch seine Eltern und fälschliche **Annahme einer Hochbegabung** das Kindeswohl gefährden und ein Tätigwerden des Familiengerichts erforderlich machen.[645] Grundsätzlich haben aber die Eltern im Bereich der Schul- und Berufsausbildung des Kindes das Entscheidungsrecht, solange das Kind minderjährig ist. Dabei wird auch die Möglichkeit in Kauf genommen, dass das Kind durch den Entschluss der Eltern Nachteile erleidet, die im Rahmen einer ausschließlich nach objektiven Maßstäben betriebenen Begabtenauslese vielleicht vermieden werden könnten.[646]

In Religionsangelegenheiten sind Eingriffe in das Personensorgerecht, die sich allein **343** auf die **Zugehörigkeit** zu einer Religionsgemeinschaft begründen, gem. Art. 4 GG verboten.[647] Mit Vollendung des 14. Lebensjahres des Kindes erlischt die elterliche Personensorge hinsichtlich der Religionswahl, wobei aber das elterliche Aufenthaltsbestimmungsrecht erhalten bleibt, sofern bei Zugehörigkeit zu einer Sekte diese nicht als „religiöses Bekenntnis" einzuordnen ist.[648] Da ein Kind mit 14 Jahren seine Religion frei wählen kann, sind familiengerichtliche Maßnahmen nur erforderlich, wenn ein Sorgerechtsinhaber mit dem Kind **vor dessen 14. Lebensjahr** in eine Glaubensgemeinschaft eintritt, die das Kindeswohl gefährdet.[649] Bei einem schroffen und nicht vorbereiteten Religionswechsel der Eltern wurde jedoch der Tatbestand des Sorgerechtsmissbrauchs bejaht,[650] wenn dadurch beim Kind Verwirrung, Gewissensnot und schwere seelische Erschütterung hervorgerufen wird. Auch wenn diese aus religiösen Gründen erfolgt, ist die **Beschneidung eines Mädchens** ein barbarisches Ritual, das als Verstoß gegen die Achtung der Menschenwürde kindeswohlgefährdend ist.[651] Die Beschneidung minderjähriger **Jungen** bleibt straffrei, wenn bestimmte Bedingungen erfüllt sind. So muss der Eingriff nach den Regeln der ärztlichen Kunst erfolgen, also von **Medizinern** durchgeführt werden. Wenn die gesetzlichen Vorgaben eingehalten werden und der betroffene Junge der Beschneidung zustimmt, dürfte idR keine Kindeswohlgefährdung vorliegen, die staatliches Eingreifen erfordert.

j) Erziehungsungeeignetheit

Zeigt das Erziehungsverhalten und die mangelnde Entwicklungsförderung des Kin- **344** des/Jugendlichen durch die Eltern bereit schädliche Folgen, besteht eine reaktionspflichtige Gefährdungssituation. Nur ein erhebliches Fehlverhalten, das zu einer Gefährdung des Kindeswohls führt, rechtfertigt wegen des **Erziehungsprimats der Eltern** staatliches Eingreifen.[652] Es gehört nicht zum staatlichen Wächteramt nach Art. 6 Abs. 2 S. 2 GG, gegen den Willen der Eltern für eine bestmögliche Förderung des Kindes zu sorgen.[653] Andererseits ist Erziehungsunvermögen eines oder beider Elternteile der Hauptanwendungsfall des § 1666. Dies gilt insbes. bei **psychischer Erkran-**

---

645 OLG Koblenz FamRZ 2007, 1680.
646 BVerfG FamRZ 1986, 871; OLG Hamburg FamRZ 2001, 1088.
647 MüKo/Olzen § 1666 Rn 107.
648 Staudinger/Coester § 1666 Rn 115.
649 BayObLG NJW 1963, 590, 591.
650 BayObLG NJW 1963, 590.
651 BGH NJW 2005, 672.
652 BVerfG FamRZ 1968, 584.
653 OLG Karlsruhe FamRZ 2007, 576.

kung,[654] Alkoholismus oder Drogenabhängigkeit des primär für die Betreuung des Kindes zuständigen Elternteils, wenn dieser Zustand seine Unzuverlässigkeit in Bezug auf die alltäglichen Notwendigkeiten bei der Versorgung und Beaufsichtigung bedingt oder eine Gefährdung des seelischen Wohls des Kindes droht.[655] Geistige, psychische oder sonstige Erkrankungen der Eltern, die sie daran hindern, ihre Erziehungsaufgabe zu erfüllen und sie ungeeignet erscheinen lassen, elementare Bedürfnisse des Kindes zu erkennen und sachgerecht auf das Kind zu reagieren, führen zur Reaktionspflicht des Staates. Ebenso die **Unfähigkeit eines Elternteils, die Kindesmisshandlung durch den anderen Elternteil zu verhindern.**[656] Gleiches gilt bei mangelnder Einsicht in die Notwendigkeit der Unterbringung des Kindes in einer heilpädagogischen Einrichtung.[657] Auch wenn ein des **Lesens und Schreibens unkundiger Elternteil** die Entwicklung des Kindes nicht fördert und dadurch die Gefahr erwächst, dass es zum Sonderschüler wird oder bei emotionaler Vernachlässigung des Kindes, wenn ein Elternteil Persönlichkeitsdefizite aufweist, labil, antriebsarm und gleichgültig ist und das Kind Entwicklungsrückstände – intellektuell, sprachlich und emotional – aufweist.[658] Auch die Unfähigkeit zur Strukturierung des Alltags sowie die völlige Bindungsunfähigkeit eines Elternteils[659] können gefahrabwendende Maßnahmen erforderlich machen, ebenso eine deutliche Reifestörung und reduzierte Bindungsfähigkeit beider Eltern und darauf zurückzuführende massive psychische emotionale und soziale Vernachlässigung der Kinder.[660] Stets ist aber zu beachten, dass nicht jede erzieherische Nichteignung der Eltern den Staat berechtigt, die Eltern auszuschalten.[661]

345 **Psychische Krankheiten** wie schizotype Störungen und paranoide Psychosen, auch wenn sie nur in Schüben auftreten, oder schwere Traumatisierungen sowie kombinierte Persönlichkeitsstörungen und Abhängigkeitssyndrome berechtigen und verpflichten den Staat zum Eingreifen.[662]

346 Auf Erziehungsunfähigkeit deuten auch die Unfähigkeit zur **Strukturierung des Alltags** sowie Gleichgültigkeit oder Halsstarrigkeit[663] oder sektiererische **Unbelehrbarkeit**[664] sowie bestimmte Bildungsdefizite wie elterlicher Analphabetismus[665] und mangelnde Sprachkenntnisse hin. Ebenso das Anhalten zu **strafbaren Handlungen oder zum Betteln,** das Zugänglichmachen pornografischer Darstellungen und Filme sowie staatsfeindliche Beeinflussung von Kindern, ebenso hysterische **Tobsuchtsan-**

---

654 BayObLG FamRZ 1995, 502; 1997, 387; 1997, 956; OLG München FamRZ 2004, 1597; OLG Dresden FamRZ 2008, 712.
655 Schwab/Motzer Teil III Rn 166.
656 BayObLG FamRZ 1999, 178, 179.
657 BayObLG FamRZ 1999, 1154.
658 BayObLG 1994, 1411; FamRZ 1986, 102.
659 OLG Hamm FamRZ 2000, 692.
660 OLG Saarbrücken, FamRZ 2010, 1746.
661 BVerfG NJW 2010, 2333.
662 OLG Stuttgart FamRZ 2010, 1090; BayObLG FamRZ 1997, 956; OLG Karlsruhe NJW-RR 2007, 443; OLG Düsseldorf FamRZ 2010, 308.
663 BGH NJW 1956, 1434.
664 OLG Hamm FamRZ 1968, 221.
665 BayObLG FamRZ 1981, 86.

Heiß

fälle[666] sowie Ausweisung des Kindes aus dem Elternhaus in blinder Wut[667] oder eine erstickende Erziehungshaltung (sog Overprotection) des alleinerziehenden Elternteils. **Selbstmordversuche** sind Kindeswohlgefährdungen, auch wenn sie auf Überforderung beruhen,[668] müssen aber nicht in jedem Fall zum Sorgerechtsentzug führen, wenn sich die Verhältnisse wieder stabilisiert haben.[669] Kinder müssen auch in Fällen geschützt werden, in denen lediglich objektiv eine Gefährdung vorliegt, also auch bei unverschuldetem Versagen der Eltern zB wenn ein Fehlverhalten auf **unbelehrbarem Starrsinn** zurückzuführen ist oder wenn **chaotische häusliche Lebens- und Wohnverhältnisse** auf psychischen Erkrankungen beruhen (zB Labilität, Antriebsarmut, Depressionen).[670] Die fehlende Förderungs- und Erziehungsfähigkeit kann reaktive Bindungsstörungen und seelische Deprivation des Kindes zur Folge haben.[671]

k) Kinder aus ausländischen Familien

Bei gewöhnlichem Aufenthalt im Inland findet auf das Eltern-Kind-Verhältnis **deutsches Recht** Anwendung, auch wenn die Familie einem ausländischem Kulturkreis entstammt, Art. 21 EGBGB. Vor allem, wenn die Selbständigkeitsinteressen eines Jugendlichen nicht in der altersentsprechenden Weise berücksichtigt werden, kann dies zu erheblichen Spannungen führen, auch wenn Konflikte in der traditionellen Weise mit den Mitteln der elterlichen Autorität gelöst werden sollen.[672] Ein Einschreiten des Familiengerichts kann insbes. erforderlich werden, wenn Eltern versuchen, ihre minderjährige Tochter zur **Eingehung einer Ehe** zu drängen, weil dies einen Sorgerechtsmissbrauch darstellen kann.[673] Vor allem, wenn die Beteiligten einem Staat angehören, dessen maßgebliche Rechtsordnung ein deutlich unter 18 Jahren liegendes Eheschließungsalter für Frauen vorsieht.[674] Unstreitig stellt die Rückkehr der Eltern in ihr Heimatland zum Zwecke der **Zwangsverheiratung** eine Kindeswohlgefährdung dar.[675] Ebenso ist ein staatlicher Eingriff indiziert, wenn dem Kind im Falle der Rückkehr in sein Heimatland die **Beschneidung**, die nicht den deutschen gesetzlichen Bestimmungen entspricht, droht.[676]

347

Ebenso wie spezifische Faktoren in deutschen Familien, die die Lebensumstände des Kindes prägen, zu berücksichtigen sind, sind auch ethnische Besonderheiten von Familien als sozialer Hintergrund des Kindes zu beachten. Der Staat hat unabhängig von der Herkunft des Kindes aber eine **Wächterfunktion** aus Art. 6 Abs. 2 S. 2 GG. Religion und kultureller Hintergrund bilden damit „die Umstände des Einzelfalles", die das Familiengericht bei der Beurteilung der Kindeswohlgefährdung und bei der

348

---

666 LG Lübeck FamRZ 1955, 270.
667 KG OLG Z 67, 219.
668 BayObLG DAVorm. 1985, 335.
669 BT-Drucks. 8/2788, 64.
670 Vgl OLG München FamRZ 2004, 1597.
671 OLG Hamm FamRZ 2010, 1091.
672 Vgl Schwab/Motzer Teil III Rn 170.
673 OLG Köln FamRZ 2001, 1087; KG FamRZ 1985, 97.
674 Schwab/Motzer Teil III Rn 170.
675 MüKo/Olzen § 1666 Rn 55; Staudinger/Coester § 1666 Rn 164; Coester FPR 2009, 549 (552); BT-Drucks. 17/4401: Zwangsheirat als Straftatbestand.
676 BGH NJW 2005, 672.

Auswahl der zu treffenden Maßnahmen beachten muss.[677] Abzulehnen ist jedoch die Ansicht, dass eine **Tolerierung ausländischer Erziehungsmaßstäbe** bis zur Grenze des „ordre public" akzeptiert ist.[678] Während es dort um die Anerkennung fremden Rechts geht, geht es bei der Anwendung des § 1666 BGB um die Anwendung des deutschen Rechts, wobei die ausländische Herkunft mit zu berücksichtigen ist.[679]

l) Verhalten Dritter

349 § 1666 ermöglicht unmittelbare familiengerichtliche Maßnahmen auch gegen Dritte, wenn das Kindeswohl durch diese gefährdet wird. Das gefährdende Verhalten eines Dritten kann in entwürdigenden Maßnahmen,[680] im sexuellen Missbrauch,[681] insbes. aber in dem Verleiten zu Straftaten, Prostitution, zum Genuss von Alkohol und Drogen liegen.[682] Wenn die Eltern nicht willens oder in der Lage sind, die notwendigen Maßnahmen zur Gefahrenabwehr zu treffen, ist ein gerichtlicher Eingriff notwendig, wobei familiengerichtliche Maßnahmen gegen Dritte nach § 1666 Abs. 4 grds. Vorrang vor einem Eingriff in das Elternrecht haben, aber wenn diese zur Kindeswohlgefährdungsabwehr nicht ausreichen, daneben auch ein Eingriff in das Sorgerecht der Eltern in Betracht kommt.[683] Für das staatliche Einschreiten spielt es keine Rolle, ob sich die Eltern pflichtgemäß um eine Abwehr der Kindeswohlgefährdung bemüht haben.[684]

m) Vermögensgefährdung

350 Auch wenn das Vermögen des Kindes gefährdet ist, greift § 1666 ein. Der Entzug der Vermögenssorge setzt voraus, dass das Vermögen des Kindes der Gefahr einer erheblichen Schädigung ausgesetzt ist und die Eltern nicht willens oder in der Lage sind, die Gefahr abzuwenden.[685] Die in Abs. 2 aufgeführten 3 **Regelbeispiele** haben eine widerlegbare Indizwirkung für eine Vermögensgefährdung.[686] Die Vorschriften der §§ 1626, 1639-1646 und 1649 regeln im Einzelnen die Anforderungen an die elterliche Vermögenssorge. Voraussetzung des § 1666 ist, dass die drohende oder bereits eingetretene Vermögensgefährdung auf einer Pflichtverletzung der Eltern beruht.[687] Gem. § 1666 Abs. 2 ist eine Vermögensgefährdung idR anzunehmen bei

- Verletzung der Unterhaltspflicht gegenüber dem Kind, oder wenn der bezahlte Unterhalt oder das Kindergeld nicht für den Unterhalt des Kindes, sondern für andere Zwecke verwendet wird und das Kind deshalb Not leidet, insbes. nicht ausreichend mit Nahrung und Kleidung versorgt wird.

---

677 MüKo/Olzen § 1666 Rn 56.
678 So zutreffend MüKo/Olzen § 1666 Rn 56.
679 So MüKo/Olzen § 1666 Rn 56; Staudinger/Coester § 1666 Rn 164; aA wohl LG Berlin FamRZ 1983, 943, 947.
680 BayObLG FamRZ 1994, 1413: Gefährdung durch Stiefvater.
681 OLG Zweibrücken FamRZ 1994, 976; OLG Düsseldorf NJW 1985, 1970: Verdacht auf sexuellen Missbrauch.
682 Johannsen/Henrich/Büte § 1666 Rn 41.
683 BayObLG FamRZ 1995, 948 (950); MüKo/Olzen § 1666 Rn 210; Johannsen/Henrich/Büte § 1666 Rn 41.
684 Johannsen/Henrich/Büte § 1666 Rn 41 mwN.
685 Johannsen/Henrich/Büte § 1666 Rn 43.
686 Staudinger/Coester § 1666 Rn 165.
687 Johannsen/Henrich/Büte § 1666 Rn 44.

- Verletzung der mit der Vermögenssorge verbundenen Pflicht, die sich aus §§ 1636-1646, 1649 und 1683 ergibt,

- bei Nichtbefolgung gerichtlicher Anordnungen, wenn der Inhaber der Vermögenssorge die Anordnungen nach §§ 1640 Abs. 3, 1667 Abs. 1-3 nicht befolgt,

- sonstige Gefahrenursache, vor allem wenn ein Vermögensverfall in Betracht kommt, wobei die Gefährdung des Kindesvermögens konkret festzustellen ist, zB wenn dem Kindesvermögen durch Gläubiger der Eltern eine Zwangsvollstreckung droht.[688]

Pflichtverletzungen der Vermögenssorge können außerdem zu einem **Schadensersatz-** **anspruch** des Kindes aus § 1664 BGB führen, wobei ein Kind nach Beendigung der elterlichen Sorge gem. § 1698 Abs. 1 von dem nicht mehr sorgeberechtigten Elternteil die Herausgabe seines Vermögens und **Rechenschaft** über seine Verwaltung verlangen kann. Dies gilt sowohl bei Erreichen der Volljährigkeit, also auch bei Verlust der Mitsorge.[689] **351**

n) Sonstige Fälle der Kindeswohlgefährdung

- Traumatisierende Lebensereignisse, insbes. der Verlust eines Angehörigen oder nahestehenden Bezugsperson sowie sonstige Unglücksfälle. **352**

- Gesetzesverstöße.

- Fehlende Inanspruchnahme von erforderlichen Maßnahmen der Gesundheitshilfe oder von erforderlichen Maßnahmen nach § 1666 Abs. 3 durch den Personensorgeberechtigten zur Abwendung eines Gefährdungsrisikos.

- **Verhindern die Personensorge- oder Erziehungsberechtigten die Informationsbeschaffung** durch das Jugendamt und somit die Wahrnehmung möglicher gewichtiger Anhaltspunkte für eine Kindeswohlgefährdung, zB durch **Verweigerung der Inaugenscheinnahme des Kindes** oder der Wohnung, hat das Familiengericht idR sofort tätig zu werden. Erforderlich ist, dann regelmäßig auch eine Informationsbeschaffung bei weiteren Stellen zur Ergänzung oder Ersetzung der Kontrolle über die Richtigkeit der Informationen der Personensorgeberechtigten. Weitere wichtige Informationsquellen sind beispielsweise hauptsächlich Kindergarten, Schule, Nachbarschaft, Jugendgruppe, Verein, Jugendfreizeitstätte, Einrichtung der Hilfe zur Erziehung, Dienste der Hilfe zur Erziehung.

- **Fehlende Kooperation der Eltern mit dem Jugendamt.** Werden den Eltern vom Familiengericht Auflagen erteilt, dass Angebote des Jugendamts sowie der freien Träger, zB der Erziehungsberatungsstelle in Anspruch genommen werden müssen (§ 1666 Abs. 3 Nr. 1) oder erteilt das Gericht den Eltern die Auflage, Gesundheitsfürsorge für das Kind, zB durch Teilnahme an den üblichen Vorsorge- und Früherkennungsuntersuchungen, in Anspruch zu nehmen, und halten sich die Eltern nicht an diese Auflagen, kann dadurch eine Kindeswohlgefährdung eintre-

---

688 Johannsen/Henrich/Büte § 1666 Rn 54.
689 Vgl OLG Hamm FamRZ 2000, 974; Schwab/Motzer Teil III Rn 172.

ten.[690] Das Gebot auf die Behandlung einer eigenen Gesundheitsstörung eines Elternteils zB einer Neurose, Depression oder Sucht ist von dem Weisungsrecht des Gerichts jedoch nicht erfasst.

■ **Übertreibung der Kinderbetreuung**, wenn dies zur Folge hat, dass die Entwicklung des Kindes durch Isolierung und fehlende Kontakte mit Dritten negativ beeinflusst wird.[691]

■ **Anhaltung des Kindes zur Prostitution oder zu strafbaren Handlungen.** Auch wenn die Arbeitskraft des Kindes über den Rahmen der §§ 1618 a, 1619 hinaus in Form der **Ausbeutung** ausgenutzt wird, versteht sich die Notwendigkeit familiengerichtlicher Maßnahmen von selbst.[692]

■ **Verletzung der Intimsphäre eines Kindes.** Ein Sorgerechtsmissbrauch wurde bejaht, als ein Vater seine 16-jährige Tochter zwang, in der allein von ihnen bewohnten 2-Zimmer-Wohnung mit ihm in seinem Bett zu schlafen.[693]

■ Duldung der missbräuchlichen Ausübung des Sorgerechts durch den anderen Elternteil.[694]

■ Mangelnde Einsicht in die Notwendigkeit der Unterbringung eines Kindes in einer heilpädagogischen Einrichtung.[695]

■ Weigerung des Kindes, in den mütterlichen Haushalts zurückzukehren.[696]

■ Absicht der Eltern, ein fast volljähriges Kind gegen seinen Willen zu verheiraten.[697]

■ **Die Freigabe eines Kindes zur Adoption** stellt für sich gesehen keine Kindeswohlgefährdung dar.[698]

■ **Umgangsverbot**, auch gegenüber den Großeltern und den Geschwistern.[699]

■ **Instrumentalisierung des Kindes** in der ehelichen Auseinandersetzung, wenn dies zu einer Gefährdung der seelisch-geistigen Entwicklung des Kindes führt.[700]

■ Bestehendes Münchhausen-Stellvertreter-Syndrom auf Seiten des betreuenden Elternteils.[701]

■ **Deutlicher Entwicklungsrückstand** des Kindes.[702]

■ Duldung eines Fehlverhaltens eines Ehepartners oder Lebensgefährten.[703]

---

690 BT-Drucks. 16/6815, 11.
691 MüKo/Olzen § 1666 Rn 109.
692 BayObLG FamRZ 1984, 1259; MüKo/Olzen § 1666 Rn 110.
693 OLG Köln FamRZ 1996, 1027.
694 LG Bamberg DAVorm. 1984, 196.
695 BayObLG FamRZ 1999, 1154.
696 KG FamRZ 2004, 483.
697 OLG Köln FamRZ 2001, 1087.
698 BayObLG FamRZ 1990, 903.
699 OLG Hamm FamRZ 1985, 1087; BayObLG FamRZ 1984, 614.
700 OLG Köln, Beschluss vom 5.10.2011, Az 4 UF 148/11.
701 OLG Celle FamRZ 2006, 1478.
702 BayObLG FamRZ 1997, 1533.
703 OLG Frankfurt FamRZ 1981, 308.

- **Seelischer Ausnahmezustand des Elternteils**, verbunden mit einer **Suizidandrohung**, von der auch das Kind erfasst sein soll.[704]

o) Datenschutz/Schweigepflicht

Soweit dem mit dem Fall befassten Jugendamt oder sonstigen Trägern zur Sicherstellung dieses Schutzauftrages Informationen bekannt werden oder ermittelt werden müssen und die Weitergabe dieser Informationen zur Sicherstellung des Schutzauftrages erforderlich ist, bestehen keine die Wahrnehmung dieser Aufgabe einschränkenden datenschutzrechtlichen Vorbehalte. Insofern gilt der Grundsatz, dass Sozialdaten zu dem Zweck übermittelt oder genutzt werden dürfen, zu dem sie erhoben worden sind (§ 64 Abs. 1 SGB VIII, § 69 Abs. 1 Nr. 1 und 2 SGB X). Bei anvertrauten Daten sind die Regelungen des § 65 Abs. 1 Nr. 4 SGB VIII zu beachten. 353

Bei Zielkonflikten gilt der Grundsatz, dass ggf andere grundlegende Rechte wie etwa das autonome Betätigungsrecht freier Träger oder das Recht zur ungehinderten Berufsausübung hinter dem konkreten Schutzbedürfnis eines betroffenen Kindes oder Jugendlichen zurückstehen müssen.[705] Wenn **gewichtige Anhaltspunkte** für die Gefährdung des Wohls eines Kindes oder Jugendlichen bekannt werden, soll dies dem Jugendamt oder dem Familiengericht mitgeteilt werden. Nach den Vorschriften über die **Schweigepflicht** ist lediglich eine **unbefugte Offenbarung** von Daten rechtlich verboten. Eine befugte Offenbarung hingegen ist erlaubt. Bei dem Verdacht einer Kindeswohlgefährdung sollte zunächst das Gespräch mit dem Kind und den Sorgeberechtigten gesucht werden, damit die Gründe für eine mögliche Kindeswohlgefährdung eruiert werden und mögliche Hilfestellungen angeboten werden können. Wichtig ist an dieser Stelle, dem Betroffenen die mögliche **Hilfe** und nicht primär eine Bestrafung in Aussicht zu stellen. Grds. sollte versucht werden, die Einwilligung der Betroffenen in die Übermittlung der Daten einzuholen. Die Einwilligung in die Offenbarung der Daten, mithin also die Schweigepflichtentbindungserklärung sollte eingeholt werden. 354

Im Mittelpunkt jedes verantwortungsvollen Handelns muss jedoch stets das **Kindeswohl** stehen. Daten dürfen nur an jemanden weitergegeben werden, der am ehesten geeignet ist, zum Wohle des Kindes aktiv zu werden. IdR dürfte dies das Jugendamt sein, notfalls aber auch das Familiengericht. Strafverfolgungsbehörden sind nur in besonderen Fallkonstellationen mit akuter Gefährdungslage primärer Ansprechpartner. 355

In Fällen, in denen eine Einwilligung des Sorgeberechtigten in die Mittelung nicht zu bekommen ist, sieht § 34 StGB die Möglichkeit des **rechtfertigenden Notstandes** vor. Die Berufung auf den rechtfertigenden Notstand nach § 34 StGB setzt voraus, dass die Anhaltspunkte, die für die Gefährdung des Kindeswohls sprechen, **dokumentiert** sind und dass Hilfsangebote an die Sorgeberechtigten und die erfolgte Abwägung des Geheimhaltungsinteresses der Sorgeberechtigten mit dem Kindeswohl ebenfalls dokumentiert sind. 356

---

704 BayObLG FamRZ 1999, 318.
705 So die sozialpädagogischen Diagnosetabellen und die Empfehlungen zur Umsetzung des Schutzauftrags nach § 8 SGB VIII des Bayerischen Landesjugendamtes.

357 Sind die Hinweise auf eine Kindeswohlgefährdung begründet bzw belastbar und besteht die Notwendigkeit, diese Erkenntnis dem Jugendamt oder dem Familiengericht mitzuteilen, kann und darf sich keine verantwortliche Stelle mit dem Argument „Datenschutz" rechtfertigen, wenn eine erforderliche Mitteilung an das Jugendamt/Familiengericht unterbleibt.

358 Werden die obigen Kriterien berücksichtigt, kann vom Familiengericht eine **Auskunftssperre** bzgl des Informanten angeordnet werden oder, wenn die Information **anonym** erfolgt, trotzdem eine Überprüfung der Verhältnisse angeordnet werden.

3. Mangelnde Bereitschaft oder Fähigkeit der Eltern zur Gefahrenabwehr

359 Liegt eine Kindeswohlgefährdung vor, ist Voraussetzung für einen staatlichen Eingriff, dass die Eltern nicht willens oder in der Lage sind, die Gefahr abzuwenden. Dabei handelt es sich um ein zusätzliches negatives Tatbestandsmerkmal.[706] Zusätzlich zu den Eingriffstatbeständen hat das Familiengericht festzustellen, dass die Eltern „nicht gewillt oder nicht in der Lage sind, die Gefahr abzuwenden (sog **Subsidiaritätsklausel**). Der entscheidende Anknüpfungspunkt für staatliche Schutzmaßnahmen ist, dass die Eltern nicht gewillt oder nicht in der Lage sind, die Gefahr für das Kind abzuwenden. Dabei kommt es nicht darauf an, worauf die Unfähigkeit oder Unwilligkeit der Eltern beruht. Es bedarf nur einer sorgfältigen Prüfung der Bereitschaft der Eltern, öffentliche und nach § 1666a Abs. 1 vorrangige Hilfen in Anspruch zu nehmen. Auf eine mangelnde Abwendungsmöglichkeit deutet hin, wenn in der Vergangenheit bereits **erfolglos öffentliche Hilfen** über einen längeren Zeitraum hin gewährt wurden. Dadurch kann sich die Notwendigkeit gerichtlicher Gefahrenabwehrmaßnahmen ergeben.[707]

360 Vor allem wenn das Verhalten der Eltern in der Vergangenheit zu der konkreten Befürchtung zwingt, dass sie wegen Alkohol-, Drogen- oder Medikamentenmissbrauch oder wegen Spielsucht rückfällig werden, kann ein Eingreifen wegen fortdauernder Gefährdung des Kindeswohls geboten sein.[708]

361 Erforderlich ist, dass das Familiengericht mit den Eltern deren Vorstellung zur Beseitigung der Kindeswohlgefährdung erörtert und überprüft, ob die Vorstellung der Eltern geeignet ist, die Kindeswohlgefährdung abzuwenden.[709] Steht fest, dass die Eltern die Kindeswohlgefährdung nicht abwenden können oder wollen, hat das Gericht zu prüfen, wie ein effektiver Schutz des Kindes gewährleistet werden kann, wobei die Schwere des Eingriffs in einem angemessenen Verhältnis zum Ausmaß des Versagens der Eltern stehen muss.[710]

---

706 Johannsen/Henrich/Büte § 1666 Rn 42.
707 Vgl BayObLG FamRZ 1981, 86.
708 BayObLG FamRZ 1995, 948, 950; OLG Oldenburg FamRZ 1998, 38; Johannsen/Henrich/Büte § 1666 Rn 42.
709 BayObLG FamRZ 1980, 1150; 1981, 1105; Johannsen/Henrich/Büte § 1666 Rn 42.
710 BVerfG FamRZ 1989, 145, 146.

Heiß

II. Familiengerichtliche Maßnahmen zum Schutz des Kindes nach § 1666 Abs. 3

Wegen der Vielfalt denkbarer Kindeswohlgefährdungen hat das Familiengericht nach 362
§ 1666 eine Auswahlermessen, wobei das Maßnahmespektrum von Ermahnungen,
Ge- und Verboten bis hin zur teilweisen oder vollständigen Entziehung der Personensorge und sogar der Trennung des Kindes von der elterlichen Familie reicht. Dabei
darf die richterliche Verantwortung nicht einfach auf das Jugendamt verlagert werden, indem den Eltern die Personensorge vollständig entzogen und das Jugendamt als
Pfleger bestellt wird. **Der Richter muss stets die Grundrichtung zur Gefahrenabwehr-
maßnahme vorgeben,** also zB entscheiden, ob ein Kind in einem Heim untergebracht
werden soll, das angemessene therapeutische Möglichkeiten anbietet, weil andernfalls
im Widerspruch zum Gesetz eine Kompetenzverschiebung an die Executive stattfindet.[711] Die Auswahl der konkreten Einrichtung kann dann aber vom Jugendamt getroffen werden.[712] Das Kind hat ein Recht auf Lebensbedingungen, die ihm ein gesundes und ungefährdetes Aufwachsen ermöglichen.[713] Der Staat hat zunächst für eine **Verbesserung der familiären Situation** zu sorgen,[714] entweder durch einfache Un-
terstützungsmaßnahmen, wie zB durch **Entlastung bei der Haushaltsführung** oder
durch die **sozialpädagogische Familienhilfe** gem. § 31 SGB VIII. Der Grundsatz der
Verhältnismäßigkeit erfordert regelmäßig „Hilfe vor dem Eingriff".[715] Der Grundsatz der Verhältnismäßigkeit erfordert vom Familienrichter, dass er einerseits die Folgen gerichtlichen Handelns und die des Nicht-Eingreifens gegeneinander abwägen
muss, während andererseits im Hinblick auf die Eltern die Beeinträchtigung ihrer
Rechte und die voraussichtliche Verbesserung der Kindessituation gegenüberzustellen
ist, wobei letztlich die Abwägung stets kindeswohlorientiert zu erfolgen hat,
§ 1697 a.[716] An der **Erforderlichkeit** der Maßnahme fehlt es, wenn diese die Gefährdung des Kindeswohls nicht beseitigen kann oder wenn sie in anderen Belangen des
Kindeswohls wiederum eine Gefährdungslage schafft und deswegen in der Gesamtbetrachtung zu keiner Verbesserung der Situation des gefährdeten Kindes führt.[717] **Gebote und Verbote** sind mit den Zwangsmitteln der §§ 89 ff. FamFG **vollstreckbar.**[718]
Gleichzeitig müssen bei Nichtbefolgen weitere gerichtliche Maßnahmen geprüft werden.[719] Das Familiengericht kann die elterliche Sorge entziehen, wenn die gerichtlich
angeordneten Maßnahmen nicht befolgt werden, wobei eine **sofortige Entziehung** der
elterlichen Sorge nur in Betracht kommt, wenn Grund zur Annahme besteht, dass
weniger intensive Anordnungen zur Abwendung der Kindeswohlgefährdung nicht
ausreichen.[720]

---

711 Zenz, Kindesmisshandlung und Kindesrechte, 362, 366.
712 MüKo/Olzen § 1666 Rn 152.
713 BVerfG NJW 1968, 2233.
714 BVerfG NJW 1982, 1379; Coester FamRZ 1991, 253 (259).
715 Wiesner SGB VIII § 37 Rn 2; Coester FamRZ 1991, 253 (259).
716 MüKo/Olzen § 1666 Rn 152; Staudinger/Coester § 1666 a Rn 6.
717 BGH FF 2012, 67 m.Anm. Völker; BVerfG ZKJ 2012, 186 mAnm. Coester, ZKJ 2012, 182; Völker/
     Clausius § 1 Rn 163.
718 MüKo/Olzen § 1666 Rn 186.
719 BT-Drucks. 16/6815, 12.
720 BT-Drucks. 16/6815, 12; MüKo/Olzen § 1666 Rn 166.

Heiß   157

1. Gebote, öffentliche Hilfen wie zum Beispiel Leistungen der Kindes- und Jugendhilfe und der Gesundheitsfürsorge in Anspruch zu nehmen.

363   § 1666 Abs. 3 bietet mit dem Maßnahmenkatalog den Jugendämtern Unterstützung bei der Frage, welche konkreten Maßnahmen anzuregen oder zu beantragen sind.[721] Damit soll zugleich die Hemmschwelle der Jugendämter zur Anrufung des Familiengerichts gesenkt werden. IdR sollte das Jugendamt, bevor das Familiengericht die Eltern zur Inanspruchnahme konkreter Leistungen nach dem SGB VIII verpflichtet, eine **qualifizierte Hilfeplanung** durchgeführt haben.[722]

a) Gebote zur Inanspruchnahme öffentlicher Hilfen

364   Das Gericht kann Ermahnungen, Verwarnungen oder Verhaltensgebote bzw -verbote aussprechen.[723] Die Anordnungen müssen inhaltlich so **bestimmt** sein, dass die Eltern eindeutig erkennen können, welches konkrete Verhalten von ihnen erwartet wird. Ein Gebot etwa „vertrauensvolle Zusammenarbeit mit dem Jugendamt" wird dem nicht gerecht.[724] Die pauschale Anordnung, die Eltern hätten „den Weisungen des Jugendamtes Folge zu leisten", ist unzulässig, weil sie faktisch einem vollständigen Sorgerechtsentzug gleich kommt.[725] Zu den individuellen Erziehungshilfen gehören ambulante, stationäre und teilstationäre Hilfen nach § 27 SGB VIII. Der BGH[726] weist nachdrücklich darauf hin, dass die Familiengerichte das **ganze Arsenal** der ambulanten und stationären Jugendhilfe sowie alle rechtlichen Instrumentarien zur Wiederherstellung und Bewahrung des Kindeswohls kennen müssen und sich auch mit den in den Sachverständigengutachten festgestellten Störungsbildern auskennen müssen, um beurteilen zu können, welche Maßnahmen geeignet und wirklich erforderlich sind. Als **Leistungen der Kindes- und Jugendhilfe** kommen insbes. in Betracht:

- Hilfe zur Erziehung gem. § 27 SGB VIII,
- Bestellung eines Erziehungsbeistandes oder Betreuungshelfers gem. § 30 SGB VIII,[727]
- Erziehungsberatung,
- soziale Gruppenarbeit,
- Erziehungsbeistandschaft für Kinder oder Jugendliche,
- Sozialpädagogische Familienhilfe,
- die Erziehung in einer Tagesgruppe gem. § 32 SGB VIII,
- intensive sozialpädagogische Einzelbetreuung gem. § 35 SGB VIII,[728]
- die Vollzeitpflege, Unterbringung in Mutter-Kind-Heim (ausführlich dazu Rn 545 ff.)

---

721 Ernst FPR 2008, 602; Johannsen/Henrich/Büte § 1666 Rn 58.
722 Meysen NJW 2008, 2673.
723 OLG Karlsruhe FamRZ 2002, 1272.
724 OLG Nürnberg FamRZ 2011, 1306.
725 OLG Nürnberg FamRZ 2011, 1306.
726 FamRZ 2012, 1556.
727 BGH FamRZ 2012, 1556 (1558).
728 BGH FamRZ 2012, 156 Rn 21.

Heiß

- Heimerziehung (Hilfe zur Erziehung in einer Einrichtung über Tag und Nacht),

- eine sonstige betreute Wohnform, die Kinder und Jugendliche durch eine Verbindung von Alltagserleben mit pädagogischen und therapeutischen Angeboten in ihrer Entwicklung fördern, § 34 SGB VIII,[729]

- intensive sozialpädagogische Einzelbetreuung,

- Beratungsangebote nach §§ 16-18 SGB VIII,

- die Weisung einen Kindestagesbetreuungsplatz oder

- einen Kindergartenplatz nach §§ 22 ff SGB VIII zu besuchen, wenn ein Kind im Vergleich zu gleichaltrigen deutliche Entwicklungsstörungen aufweist.[730]

Des Weiteren kann das Gericht die Eltern anweisen: **365**

- Früherkennungsuntersuchungen vorzunehmen, um auf körperliche oder geistige Fehlentwicklungen des Kindes rechtzeitig zu reagieren,[731] wodurch Anzeichen einer Vernachlässigung oder einer sonstigen Form der Kindeswohlgefährdung frühzeitig erkannt werden können,

- hinsichtlich des Kindes[732] kann das Gericht anordnen, eine Psychotherapie aufzunehmen oder fortzusetzen;[733] § 1666 bietet keine Rechtsgrundlage für die Anordnung einer Psychotherapie bzgl eines Elternteils, da diese Vorschrift nur das rechtliche Band zwischen Elternteil und Kind betrifft.[734] Aus demselben Grund können einem Elternteil nicht Untersuchungen auf **Alkohol- oder Drogenkonsum** auferlegt werden[735] und kann ein gewalttätiger Elternteil auch nicht auf der Grundlage von § 1666 BGB zu einem **Anti-Gewalt-Training** oder einem **sozialen Trainingskurs** verpflichtet werden.[736] Das hindert aber nicht daran, dass das Gericht

- einem Elternteil die **Auflage** erteilt, ein Anti-Gewalt-Training zu absolvieren oder

- einen Kurs über Säuglingspflege.[737]

Dies gilt umso mehr als § 1666a Abs. 1 S. 1 klarstellt, dass der Grundsatz des **Vorrangs öffentlicher Hilfen** vor gerichtlichen Interventionen steht.[738]

---

729 BGH FamRZ 2012, 1556 Rn 21; BT-Drucks. 16/6815, 10, 13.
730 Palandt/Diederichsen § 1666 Rn 39.
731 BT-Drucks. 16/6815, 12, 18.
732 BVerfG ZKJ 2012, 186 mAnm. Coester ZKJ 2012, 182.
733 Rotax FPR 2001, 251.
734 BVerfG FamRZ 2011, 179; OLG Hamm FamFR 2012, 93; OLG Bremen FamRZ 2010, 821; OLG Nürnberger FamRZ 2011, 1306; aA wohl OLG Hamm FamRZ 2011, 23.
735 OLG Saarbrücken FamRZ 2012, 463.
736 AA Ernst FPR 2011, 195, 197.
737 Vgl Ernst FPR 2008, 602, 604, wo auch das Thema problematisiert ist, ob das Familiengericht einem Elternteil aufgeben kann, sich einer Therapie zu unterziehen.
738 MüKo/Olzen § 1666 Rn 166.

366 Sind die Eltern zur Zusammenarbeit mit einer Erziehungsberatungsstelle grds. **nicht bereit** ist eine entsprechende Anordnung zur Abwendung der Kindeswohlgefährdung nicht geeignet und damit unverhältnismäßig.[739]

b) Leistungen der Kinder- und Jugendhilfe nach SGB VIII

367 Das Gericht kann den Eltern gebieten, Leistungen der Kinder- und Jugendhilfe, insbes. die **Hilfe zur Erziehung** nach §§ 27 ff SGB VIII in Anspruch zu nehmen.[740] Es besteht also nicht nur die Möglichkeit, Hilfen **anzubieten**, sondern auch vom Familiengericht **anordnen** zu lassen. Die Leistungen der Kinder- und Jugendhilfe nach dem 8. Buch des SGB ergänzen § 1666 BGB und sollen der **Wiederherstellung der elterlichen Kompetenz** auf freiwilliger Basis dienen, bevor es zur Kindeswohlgefährdung kommt. Aber auch wenn eine solche bereits gegeben ist, kann das Gericht den Eltern aufgeben, Leistungen der Kinder- und Jugendhilfe in Anspruch zu nehmen.[741] Von praktischer Bedeutung für die Abwehr von Kindeswohlgefahren sind vor allem die Leistungen der Kinder- und Jugendhilfe nach §§ 11-40 SGB VIII.[742] Sind die öffentlichen Hilfen bereits gescheitert, kommt ein familiengerichtlicher Eingriff in Betracht.[743] Für die im Vorfeld des gerichtlichen Verfahrens erbrachten Leistungen an öffentlichen Hilfen ist das **Jugendamt** gem. § 50 Abs. 2 SGB VIII **berichtspflichtig**.[744] Die Prüfungspflicht des Gerichts beschränkt sich auf Ermessensfehler und die Frage einer Verletzung von Mitwirkungsbefugnissen der Personensorgeberechtigten. Das Gericht schafft die erforderlichen sorgerechtlichen Voraussetzungen für die Durchführung der Jugendhilfemaßnahmen.[745] Auch in den Fällen, in denen die Gefahr für das Kindeswohl nur durch familiengerichtliche Eingriffe abgewendet werden kann, kommt der Kinder- und Jugendhilfe häufig erhebliche Bedeutung zu. Muss das Kind von seiner Familie getrennt werden, ist der **Staat verpflichtet**, helfende Nachsorge zu betreiben, dh die Herkunftsfamilie des Kindes möglichst soweit zu stabilisieren, dass das Kind in den elterlichen Haushalt zurückkehren kann, §§ 37 Abs. 1, 33 Abs. 1, 34 Nr. 1 SGB VIII.[746] Besteht keine Erfolgsaussicht, dass das Kind in einem vertretbaren Zeitraum wieder in den elterlichen Haushalt zurückkehren kann, muss eine **dauerhafte Lebensperspektive** für das Kind außerhalb der Herkunftsfamilie geschaffen werden, § 37 Abs. 1 S. 2-4 SGB VIII. Aufgabe des Familiengerichts ist es, die Eltern anzuhalten und ggf zu verpflichten, entsprechende Hilfen anzunehmen. Etwas anderes kann dann gelten, wenn die Verpflichtung der erforderlichen Freiwilligkeit bei der Inanspruchnahme der Leistungen zuwiderläuft.[747] Das Gericht hat auch die Möglichkeit den Eltern das Antragsrecht zu entziehen oder den Elternantrag nach § 27

---

739 Zur Anordnung einer videogestützten Interaktionsdiagnostik vgl OLG Bremen FamRZ 2010, 821, wonach „zumindest eine gewisse Wahrscheinlichkeit" für die Zusammenarbeit bestehen muss; MüKo/Olzen § 1666 Rn 166.
740 Vgl Wiesner FPR 2088, 608 (610).
741 MüKo/Olzen § 1666 Rn 166.
742 Vgl Wiesner FuR 1990, 325, 329; FPR 2007, 6 ff.
743 Vgl BayObLG NJW 1999, 293; FamRZ 1995, 502.
744 Röchling ZfJ 2004, 257 (258.).
745 MüKo/Olzen § 1666 Rn 166; AG Kamen DAVorm. 1995, 996, 999.
746 BayObLG NJW 1992, 1971; Heilmann ZfJ 2000, 41 (45); MüKo/Olzen § 1666 Rn 166.
747 MüKo/Olzen § 1666 Rn 166.

Heiß

SGB VIII zu ersetzen.[748] Nach dem Wortlaut des Gesetzes ist es aber nicht ausgeschlossen, dass sich das Gebot auf die Behandlung einer eigenen Gesundheitsstörung eines **Elternteils**, zB einer Neurose, Depression oder Sucht bezieht und dass dem Familiengericht ein entsprechendes **Weisungsrecht** zusteht.[749]

c) Leistungen der Sozialhilfe nach SGB XII

Häufig sind (zumindest mittelbar) zur Abwehr von Gefahren für das Kindeswohl auch Leistungen der Sozialhilfe geeignet.[750] Der Gesetzgeber hat ausdrücklich betont,[751] dass sich **das gebotene Mittel nicht vom Aufwand, sondern allein vom Elternrecht und kindeswohlabhängig gemacht werden darf.**[752] Vor allem bei **Vernachlässigung** des Kindes kommen folgende Hilfen zur Abwendung der Trennung des Kindes von der Familie in Betracht: 368

- Installation einer „**Familienhebamme**": Aus mehreren Vorschriften des SGB VIII ergibt sich ein Anspruch auf eine Familienhebamme als Leistung der Kinder- und Jugendhilfe[753]

- **Unterstützung bei der Haushaltsführung** gem. § 70 SGB XII; § 20 SGB VIII und § 38 SGB V

- Betreuung von Haushaltsangehörigen gem. § 70 Abs. 2 SGB XII, also von den betroffenen Kindern durch

- Säuglingspflege

- Beaufsichtigung der Schulaufgaben

- Versorgung mit regelmäßigen Mahlzeiten

- Einsatz einer Dorfhelferin zur Strukturierung des Haushalts und der Versorgung

d) Zusammenarbeit von Jugendamt, Familiengericht und Verfahrensbeistand

Vorrangige Maßnahmen nach § 1666a BGB sind die öffentlichen Hilfen nach den §§ 11-40 SGB VIII. Das Gericht kann **ggü. den Eltern** anordnen, solche Hilfen in Anspruch zu nehmen, wenn sie sich im Hinblick auf den Verhältnismäßigkeitsgrundsatz als **milderes Mittel** darstellen. Das JA hat grds. in **eigener Verantwortung** die Eignung öffentlicher Hilfen zur Abwehr einer Kindeswohlgefährdung zu beurteilen und sie anzubieten, § 8a SGB VIII. Andererseits ist dem **Familiengericht** das staatliche Wächteramt aus Art. 6 Abs. 2 S. 2 GG in eigener Verantwortung auferlegt. Es besteht eine Verantwortungsgemeinschaft von Familiengericht und JA, sowie die **Pflicht zu einer kooperativen Zusammenarbeit.** Gelingt die vorrangige Verantwortungsgemeinschaft von Familiengericht und JA nicht, besteht zwingend eine **Letztverantwortlichkeit und ein Letztentscheidungsrecht des Familiengerichts.**[754]   369

---

748 BayObLG FamRZ 1995, 502; FamRZ 1997, 552; OLG Düsseldorf FamRZ 1997, 105.
749 Schwab/Motzer Teil III Rn 175.
750 Rünz, die Entscheidungsmöglichkeiten des Vormundschaftsgericht gem. § 1666a BGB, 85 ff.
751 Vgl BT-Drucks. 8/2788, 60.
752 So auch MüKo/Olzen § 1666 Rn 175.
753 Paul Wagener FamRZ 2008, 457 ff; Meysen/Schönecker FamRZ 2008, 1498.
754 OLG Koblenz FamRZ 2012, 1995.

370 Jugendamt, Familiengericht und Verfahrensbeistand stehen in einer **Verantwortungsgemeinschaft** – allerdings mit einer klaren Rollenverteilung und der letzten Entscheidungsbefugnis des Familiengerichts –,[755] die ein hohes Maß an Kommunikation erfordert. Nur wenn alle Beteiligten sich dessen bewusst sind, wird eine Kindeswohlgefährdung abgewendet werden können, zumal nicht gesichert ist, dass für die angeordnete Maßnahme immer ein entsprechendes Angebot zur Verfügung steht.[756] Ein **Weisungsrecht** steht dem Familiengericht im Verhältnis zum **Jugendamt** nicht zu, weil wegen des **Gewaltenteilungsprinzips** und der Garantie kommunaler Selbstverwaltung gem. Art. 28 GG für eine Anordnungskompetenz des Familiengerichts eine Rechtsgrundlage fehlt.[757] Vertritt also das Jugendamt bei der Frage, welche Maßnahme als milderes Mittel zur Abwendung der Gefahr für das Kindeswohl in Betracht kommt, eine andere Meinung als das Familiengericht oder findet sich das Jugendamt zur Durchführung aus finanziellen, tatsächlichen oder sonstigen Gründen nicht bereit, so müsste der Richter ohne entsprechende Befugnisse den härteren und somit grundsätzlich **unverhältnismäßigen Eingriff** wählen. Das aber verstößt gegen das verfassungsrechtlich verbürgte **Verhältnismäßigkeitsprinzip.** Da ein Weisungsrecht des Familiengerichts gegenüber dem Jugendamt fehlt, kann dann das Familiengericht nur den **Sorgeberechtigten selbst verpflichten** gegen das Jugendamt (im Wege vorläufigen Rechtsschutzes) vorzugehen, um so die entsprechende Maßnahme zu erzwingen.[758] Da letztlich ein Handeln des Jugendamtes nur über **verwaltungsgerichtliche Schritte** der Sorgeberechtigten erzwingbar ist, muss das Familiengericht den Sorgeberechtigten zunächst insoweit die **Personensorge** in entsprechendem Umfang **entziehen** und auf einen (auf vorläufigen Rechtsschutz im verwaltungsgerichtlichen Verfahren spezialisierten) **Pfleger** übertragen, wenn die Sorgeberechtigten selbst zur Durchführung der verwaltungsgerichtlichen Schritte unwillig oder unfähig sind. Dieser muss dann die etwaigen Ansprüche geltend machen. Dies ist der einzige Weg zur Lösung des Problems, der zwar umständlich ist, aber berücksichtigt, dass dem Gericht ein Weisungsrecht gegenüber dem Jugendamt nicht zusteht.[759] Dieser umständlichen Lösung bedarf es aber dann nicht, wenn Familiengericht, Jugendamt und Verfahrensbeistand sich ihrer „Verantwortungsgemeinschaft in Rollenklarheit" bewusst sind.[760] So schreibt das Gesetz zB in § 50 SGB VIII eine **kooperative Zusammenarbeit** zwischen Jugendamt und Familiengericht vor; beide sind aufgrund der **staatlichen Wächteraufgabe** aus Art. 6 Abs. 2 S. 2 GG zur Zusammenarbeit verpflichtet.[761]

2. Gebote für die Einhaltung der Schulpflicht zu sorgen

371 Fortgesetzte unentschuldigte Schulversäumnisse oder fortgesetztes unentschuldigtes Fernbleiben von der Tageseinrichtung deuten häufig auf Gefährdungssituationen hin,

---

755 Ernst FPR 2008, 602, 604; Meysen FamRZ 2008, 562; Sarres ZFE 2007, 414; Johannsen/Henrich/Büte § 1666 Rn 69 a.
756 OLG Oldenburg JAmt 2008, 330: Eltern-Kind-Einrichtung; Johannsen/Henrich/Büte § 1666 Rn 69 a.
757 Vgl Rünz S. 120-145; MüKo/Olzen § 1666 Rn 175; Schwab/Motzer Teil III Rn 175.
758 Wiesner SGB VIII vor § 27 Rn 31, 34; MüKo/Olzen § 1666 Rn 175 s. auch Rn 556.
759 MüKo/Olzen § 1666 Rn 175.
760 Ernst FPR 2008, 602 (604).
761 MüKo/Olzen § 1666 Rn 175; Ernst FPR 2008, 602; Meysen JAmt 2002, 277.

vor allem wenn die Personensorgeberechtigten keine ausreichende Problemeinsicht und Mitwirkungsbereitschaft zeigen. Bei erheblichen Schulversäumnissen liegt häufig eine Gefährdung des geistigen und seelischen Wohls des Kindes vor. Das Familiengericht kann daher sowohl Eltern als auch Kinder und ggf auch Dritte anweisen für die Einhaltung der Schulpflicht zu sorgen.[762] In Betracht kommen folgende Maßnahmen/Gebote/Auflagen:

- Verpflichtung der Eltern, das Kind regelmäßig zur Schule zu bringen.

- Verpflichtung der Eltern zur Kontaktaufnahme mit dem Lehrer, um sicherzustellen, dass das Kind tatsächlich am Schulunterricht teilnimmt oder um so von schulischen und sozialen Schwierigkeiten des Kindes zu erfahren.

- Verpflichtung der Eltern zur Kooperation mit der Schule, um auftretende Schwierigkeiten schnell zu lösen.

- Erforschung der Ursachen für die Schulverweigerung.[763]

- Übertragung von Teilen der elterlichen Sorge auf einen Ergänzungspfleger.[764]

- Androhung und Festsetzung eines Zwangsgeldes von bis zu 25.000 EUR nach § 89 Abs. 3 FamFG; das Zwangsgeld lässt sich **nicht in Haft** umwandeln, wenn es nicht beizutreiben ist.[765]

- Erziehungsgespräch nach § 157 FamFG an dem Richter, Eltern, Jugendamt und in geeigneten Fällen auch das Kind teilnehmen sollen.

- Einstweiliger Teil-Sorgerechtsentzug und Bestellung eines **Ergänzungspflegers** nach § 1909 BGB mit dem Wirkungskreis der „Sicherstellung der Beschulung und Ausbildung".[766] Diese Maßnahme kommt dann in Betracht, wenn sich niederschwellige Maßnahmen als ungeeignet erwiesen haben oder wenn sie bei vollständiger Schulverweigerung aus religiösen oder weltanschaulichen Gründen von vornherein erfolglos und damit unangemessen erscheinen.

§ 8 a SGB VIII erlaubt dem Jugendamt bereits bei **Anhaltspunkten** für die Gefährdung des Kindeswohls das Familiengericht einzuschalten. § 155 FamFG schreibt vor, dass aufgrund des **Beschleunigungsgebotes** spätestens einen Monat nach Beginn des Verfahrens ein Erörterungstermin stattfinden muss. Auf diese Weise ist sichergestellt, dass möglichst frühzeitig eine Zusammenarbeit von Schule, Jugendamt, Familiengericht und Verfahrensbeistand unter Einbeziehung der Eltern und des Kindes stattfindet und nicht erst nach langer, erfolgloser Intervention durch das Jugendamt. Frühzeitige Erziehungsgespräche nach § 157 FamFG haben, wenn sie zeitnah erfolgen und sowohl die Eltern als auch das Kind über die Folgen der Nichtannahme öffentlicher Hilfen aufgeklärt werden, regelmäßig mehr Erfolg als späte eingriffsintensive Maßnahmen wie die Festsetzung von Zwangsgeld, das regelmäßig nicht bezahlt werden

372

---

762 Zur familiengerichtlichen Durchsetzung: BGH FamRZ 2008, 45; Johannsen/Henrich/Büte § 1666 Rn 69 b.
763 Fischer/Meysen FPR 2007, 473; Richter FPR 2007, 478; Johannsen/Henrich/Büte § 1666 Rn 69 b.
764 OLG Koblenz FamRZ 2006, 57; OLG Köln JAmt 2003, 548; Raack FPR 2007, 478.
765 BayObLG FamRZ 1993, 823; Keidel/Zimmermann § 35 FamFG Rn 42.
766 OLG Brandenburg NJW 2006, 235; Meysen NJW 2008, 2673, 2674; Raak FPR 2007, 478; MüKo/Olzen § 1666 Rn 175.

kann.[767] Es kann dann auch rechtzeitig festgestellt werden, ob eine Kooperationsbereitschaft der Eltern gegeben ist. **Entzieht** das Familiengericht den Eltern das **Aufenthaltsbestimmungsrecht**, beschränkt auf die Tage des Schulbesuchs, und überträgt es dem JA als Ergänzungspfleger, handelt es sich der Sache nach nicht um einen (vollständigen) Entzug des Aufenthaltsbestimmungsrechts, sondern lediglich um eine Einschränkung.[768]

3. Verbote, vorübergehend oder auf unbestimmte Zeit, die Familienwohnung oder eine andere Wohnung zu nutzen, sich in einem bestimmten Umkreis der Wohnung aufzuhalten oder zu bestimmende andere Orte aufzusuchen, an denen sich das Kind regelmäßig aufhält

373 § 1666 Abs. 3 Nr. 3 dient dem präventiven Schutz des Kindes vor Gewalttaten, Bedrohungen oder Nachstellungen. Anders als im Gewaltschutzgesetz ist das Familiengericht **nicht an den Antrag** des Opfers gebunden. Soweit durch die gerichtliche Maßnahme das **Umgangsrecht** des Elternteils bzw des Kindes **beschränkt** wird, sind zusätzlich die Voraussetzungen des § 1684 Abs. 4 zu beachten;[769] ggf ist eine Umgangspflegschaft einzurichten. Nr. 3 beschränkt die Geltung nur auf Eltern, Vormünder und Pfleger, weil im Übrigen das Gewaltschutzgesetz gilt und dies lex specialis ist.[770] Das Kind gefährdende Erwachsene dürfen nicht nur aus der von dem Kind mitbenutzten Wohnung, sondern darüber hinaus auch aus einer von dem Kind gar nicht frequentierten Wohnung zB im selben Haus oder in der Nachbarschaft, verwiesen werden, sofern sie von dort aus das Kindeswohl gefährden.[771] Diese sog „**Wegweisung**" oder „Go-Order" eines das Kind gefährdenden Erwachsenen soll dazu dienen, das Kind vor der Trennung auch von dem nicht gefährdenden Erwachsenen und die Unterbringung des Kindes in einem Heim oder in einer Pflegefamilie zu bewahren.[772] Häufig wird die Wegweisung des gefährdenden Erwachsenen aus dem Umfeld des Kindes das mildere Mittel sein, setzt aber voraus, dass die zurückbleibende Person diese familiengerichtliche Maßnahme unterstützt oder zumindest akzeptiert. Will sich die zurückbleibende Person von ihrem Partner nicht trennen, fehlt der Wegweisung die erforderliche Geeignetheit des Mittels.[773] Der misshandelnden Person kann sowohl die Nutzung der Wohnung vorübergehend oder auf unbestimmte Zeit untersagt werden, wie auch der Aufenthalt in einem bestimmten Umkreis der Wohnung und es kann dieser Person verboten werden, sich Orten zu nähern oder dort mit dem Kind zusammenzutreffen, an denen sich das Kind regelmäßig aufhält zB einer Kindertageseinrichtung, einem Kindergarten oder der Schule.[774] Die Dauer der Wegweisung hängt davon ab, ob und bis wann eine Chance besteht, dass sich die Verhältnisse

---

767 Vgl auch Raak FPR 2007, 478.
768 OLG Koblenz FamRZ 2012, 1953.
769 BT-Drucks. 14/8131, 9; Janzen FamRZ 2002, 785, 789.
770 Nach aA sind auch Dritt zB Lebensgefährten, Verwandte oder außenstehende taugliche Adressaten einer derartigen Anordnung, MüKo/Olzen § 1666 Rn 175; Staudinger/Coster § 1666 a Rn 27.
771 MüKo/Olzen § 1666 Rn 175 u. Rn 209 f.
772 BT-Drucks. 14/8131, 8.
773 Janzen FamRZ 2002, 785, 788; Höflinger ZfJ 2004, 63, (66).
774 OLG Frankfurt NJW-RR 2002, 649 zur Untersagung der Ausübung eines dinglichen Wohnrechts an der Familienwohnung.

wieder normalisieren; auch wenn eine negative Zukunftsprognose gestellt werden muss, kommt eine befristete Wegweisung aus der Wohnung dann in Betracht, wenn langfristig eine anderweitige Lösung gesucht werden muss zB eine Fremdunterbringung des Kindes. Dann kann die Wohnungsausweisung für den Zeitraum ausgesprochen werden, der benötigt wird, um die Fremdunterbringung vorzubereiten. Es muss auch berücksichtigt werden, ob dem Betroffenen ein dingliches oder mietvertragliches Nutzungsrecht an der Wohnung bzw dem Grundstück zusteht. Eine Wegweisung auf **unbestimmte Zeit** ist nicht zulässig, wenn der Gewaltanwender Eigentümer oder sonst dinglich Berechtigter ist.[775] In diesem Fall muss dem Kind und dem mit ihm verbleibenden Elternteil zugemutet werden, mittel- bzw langfristig eine neue Wohnung zu suchen, wenn sich für die Gefährdungssituation keine andere Lösung findet.[776] Auch eine Wegweisung auf unbestimmte Zeit muss nach § 1696 Abs. 3 in angemessenen Zeitabständen **überprüft** werden.

4. Verbote, Verbindung zum Kind aufzunehmen oder ein Zusammentreffen mit dem Kind herbeizuführen

Nr. 4 beschränkt die Geltung auf die in § 3 GewSchG genannten Personen, somit auf   374
Eltern, Vormünder und Pfleger, weil das GewSchG für seinen Regelungsbereich lex specialis ist. Das Familiengericht kann dem betroffenen Erwachsenen ein Kontaktverbot erteilen, das sich auf alle denkbaren Kommunikationsmittel wie Telefon, Mobiltelefon, SMS, Internet/E-Mail, Telefax usw bezieht. Es kann jegliches Zusammentreffen mit dem Kind verboten werden, worunter auch die Anordnung fällt, unverzüglich einen bestimmten Abstand zum Kind einzunehmen, falls es zu einer zufälligen Begegnung kommt.[777]

Die familiengerichtlichen Anordnungen sind mit den Zwangsmitteln der §§ 89 ff.   375
FamFG **vollstreckbar** und geben idR Anlass zur Prüfung weiterer gerichtlicher Maßnahmen, insbes. bei der Entziehung jedenfalls von Teilbereichen der elterlichen Sorge.

5. Die Ersetzung von Erklärungen des Inhabers der elterlichen Sorge

Nr. 5 ist Anspruchsgrundlage für die Ersetzung von Erklärungen des Inhabers der el-   376
terlichen Sorge, wenn dieser sie nicht abgeben kann oder will.[778] Zur Abwendung einer Gefährdung des Kindeswohls kann das Familiengericht notwendige Erklärungen der Eltern **ersetzen**, ohne dass es der Bestellung eines Ergänzungspflegers nach § 1909 BGB bedarf. Bei Nr. 5 handelt es sich um eine spezialgesetzliche Ausweitung der Kompetenz des Familiengerichts gem. § 1693 BGB. Besondere praktische Bedeutung hat diese Vorschrift für die Einwilligung in **Heileingriffe** und **ärztliche Untersuchungen**, ebenso für den Abschluss eines entsprechenden **Arztvertrages** sowie für die Ersetzung der **Zustimmung zur psychologischen Begutachtung**.[779]

---

775 BT-Drucks. 14/8131, 9.
776 Staudinger/Coester § 1666 a Rn 27; MüKo/Olzen § 1666 Rn 175.
777 BT-Drucks. 14/5429, 29.
778 Ehmann/Michalski § 1666 Rn 22; Johannsen/Henrich/Büte § 1666 Rn 69 d
779 OLG Brandenburg FamRZ 2008, 2147; MüKo/Olzen § 1666 Rn 191; OLG Zweibrücken FamRZ 1999, 521; OLG Hamm NJW 1998, 3424; OLG Celle NJW 1995, 792.

377 Ist dem Sorgeberechtigten das Recht auf Inanspruchnahme von Hilfen zur Erziehung nicht entzogen worden und nicht auf den Ergänzungspfleger nach § 1909 BGB übertragen worden, kann die Ersetzung gem. Nr. 5 auch für **Anträge** auf Leistungen der Kinder- und Jugendhilfe gem. SGB VIII erforderlich werden, ebenso für das Entscheidungs- und Vertretungsrecht bzgl der **medizinischen Versorgung** und in **schulischen Angelegenheiten** des Kindes, wenn sich das Elternversagen auch auf diese Bereiche bezieht.[780] Der Anwendungsbereich der Nr. 5 erstreckt sich sowohl auf die **Personensorge** als auch auf die **Vermögenssorge**, so dass zB die Kündigung von Mietverhältnissen in einem dem Kind gehörenden Haus ersetzt werden kann.[781] Die Erklärung gilt mit Wirksamkeit der gerichtlichen Verfügung als abgegeben, § 40 Abs. 1 FamFG.[782]

378 Bei drohender **Interessenkollision** zwischen Eltern und Kind, beispielsweise bei der Entscheidung über die Wahrnehmung eines Zeugnisverweigerungsrechts bei strafrechtlichen Ermittlungen gegen nahe Angehörige, bei der Ausübung eines Pflichtteilsrechts, der Kündigung von Dauerschuldverhältnissen oder der Führung eines Rechtsstreits kommt eine **Pflegerbestellung** auf der Grundlage von § 1629 Abs. 2 S. 3 iVm § 1796 in Frage. Die Notwendigkeit der Pflegschaft entfällt, wenn durch die **Ersetzung von Erklärungen** der Eltern nach § 1666 Abs. 3 Nr. 5 so zB der Zustimmung zu einer dringend erforderlichen Operation, die Gefährdung des Kindeswohls beseitigt werden kann. Um zu vermeiden, dass das Familiengericht fortwährend um Entscheidungen dieser Art angegangen wird und so **faktisch zum Pfleger** des Kindes wird, kommt die Anwendung der Nr. 5 nur für **singuläre** und idR **unaufschiebbare** Entscheidungen in Betracht.[783] Sofern dies für das Kindeswohl erforderlich ist, kann auch in einem Sorgerechtsverfahren die Zustimmung der Eltern oder eines Elternteils zur **gerichtlich angeordneten psychologischen Begutachtung** des Kindes ersetzt werden.[784] Auch die Entbindung von Lehrern und Erziehern von ihrer **Schweigepflicht** gegenüber einem Verfahrensbeistand kann durch das Gericht ersetzt werden.[785]

6. Die teilweise oder vollständige Entziehung der elterlichen Sorge.

379 Um dem Gebot der Verhältnismäßigkeit, insbes. dem des geringstmöglichen Eingriffs,[786] gerecht zu werden, soll im Rahmen der nach § 157 FamFG vorgesehenen **Erörterung** mit den Eltern und in geeigneten Fällen auch mit dem Kind, dem Jugendamt und dem Verfahrensbeistand geklärt werden, welche öffentlichen Hilfen bereit gestellt werden können, um die Kindeswohlgefährdung abzuwenden und damit Eingriffe in das elterliche Sorgerecht überflüssig zu machen.[787] Stellt sich heraus, dass Eingriffe in das elterliche Sorgerecht unumgänglich sind, so muss das gewählte Mittel

---

780 Schwab/Motzer Teil III Rn 176.
781 Vogel FPR 2008, 617, 618.
782 MüKo/Olzen § 1666 Rn 191.
783 Schwab/Motzer Teil III Rn 190.
784 OLG Karlsruhe FamRZ 2002, 1210; OLG Zweibrücken FamRZ 1999, 521; aA OLG Rostock, welches in einem solchen Fall die Entziehung der elterlichen Sorge und Bestellung eines Ergänzungspflegers für erforderlich erachtet.
785 OLG München FamRZ 2009, 2101.
786 BVerfG FamRZ 2008, 2185; FamRZ 2002, 1021; FamRZ 1994, 223.
787 BT-Drucks. 16/6815, 17; Wagner FPR 2008, 605.

zur Beseitigung der aufgetretenen Gefahr **geeignet** sein und darf über das zur Gefahrbeseitigung Erforderliche nicht hinausgehen.[788] Da der völlige oder teilweise Entzug der elterlichen Sorge **nachrangig** gegenüber weniger einschneidenden Anordnungen ist, wenn der Kindeswohlgefahr auch dadurch begegnet werden kann,[789] muss zunächst geprüft werden, ob familiengerichtliche Entscheidungen nach §§ 1667 Abs. 1-3 (gerichtliche Maßnahmen bei Gefährdung des Kindesvermögens), 1687 Abs. 2 oder durch Ersetzung von Erklärungen der Eltern, die diese nicht abgeben können oder wollen gem. § 1666 Abs. 3 Nr. 5 zur Abwehr der Gefahr geeignet und ausreichend sind.

Das Gericht kann die elterliche Sorge **teilweise**, zB   380

■ das Aufenthaltsbestimmungsrecht und die Wohnsitzbestimmung,

■ das Vertretungsrecht im Bereich der schulischen Ausbildung, in Kindergartenangelegenheiten, beim Abschluss eines Lehrvertrages,

■ im Bereich der Gesundheitsfürsorge und der medizinischen Betreuung

oder **vollständig** zum Zwecke der Gefahrabwendung entziehen – unter Berücksichtigung der Vorgaben des § 1666 a Abs. 2.

Aus der gerichtlichen Entscheidung muss sich eindeutig entnehmen lassen, ob nur die   381
Entscheidungs- oder auch die **Vertretungsbefugnis** entzogen wird. Eine Entziehung der **gesamten Personensorge** liegt nur vor, wenn die Sorgeberechtigten durch gerichtliche Maßnahme beide Teilbereiche, dh die **tatsächliche Sorge** für die Person des Kindes und das **Vertretungsrecht** gem. §§ 1626 Abs. 1 S. 2, 1629 Abs. 1 S. 1 verlieren.[790] Entzieht das Familiengericht den Eltern lediglich die gesamte **Personen-**, nicht aber die **Vermögenssorge**, so ist nur ein **Pfleger**[791] zu bestellen und **nicht ein Vormund**.[792]

a) Entzug des Aufenthaltsbestimmungsrechts, des Entscheidungs- und Vertretungsrechts bzgl der medizinischen Versorgung sowie in schulischen Angelegenheiten
aa) Tatsächliche Sorge und Vertretungsrecht

Der wichtigste Teilbereich der Personensorge iSv § 1631 Abs. 1 ist das **Aufenthaltsbe-**   382
stimmungsrecht und kann durch das Familiengericht **eingeschränkt** oder gänzlich **entzogen** werden[793] und zwar auch **vorübergehend** zB zu Untersuchungszwecken oder zur psychologischen Begutachtung des Kindes.[794]

Das Familiengericht darf das gerichtliche Einschreiten dabei aber **nicht** auf den Ent   383
zug des Aufenthaltsbestimmungsrechts **beschränken**, falls von den sorgeberechtigten Eltern eine Kooperation mit den künftigen Obhutspersonen und dem Jugendamt nicht zu erwarten ist.[795] Die Behörden haben bei der Gewährung öffentlicher Jugend-

---

788 BGH NJW-RR 1986, 1264.
789 BT-Drucks. 13/4899, 97.
790 Erman/Michalski/Döll § 1626 Rn 14; Soergel/Strätz § 1626 Rn 12; MüKo/Olzen § 1666 Rn 192.
791 BayObLG FamRZ 1997, 1553.
792 MüKo/Olzen § 1666 Rn 192.
793 BayObLG FamRZ 1999, 1154; FamRZ 1997, 954; FamRZ 1995, 502; MüKo/Olzen § 1666 Rn 192.
794 BayObLG ZfJ 1996, 106; MüKo/Olzen § 1666 Rn 192.
795 Schwab/Motzer Teil III Rn 186.

hilfe die sorgerechtlichen Entscheidungen zu beachten. Ist dem Sorgeberechtigten das Recht auf **Inanspruchnahme von Hilfen** zur Erziehung nicht entzogen worden, so ist die Gewährung von Jugendhilfe gegen dessen erklärten Willen rechtswidrig.[796] Dies hat zur Konsequenz, dass die **Befugnis zur Antragstellung** von der (teilweisen) Sorgerechtsentziehung umfasst sein muss,[797] damit dem Ergänzungspfleger (§ 1909) das diesbezügliche Antragsrecht mit **übertragen** werden kann.[798] Andernfalls bleibt das Kind von zahlreichen Hilfeangeboten ausgeschlossen und es droht ein zermürbender Streit zwischen Jugendamt, Eltern und Pflegefamilie bzw Heim über den Umfang der jeweiligen Befugnisse. Entsprechendes gilt für das Entscheidungs- und Vertretungsrecht bzgl der **medizinischen Versorgung** sowie in schulischen Angelegenheiten des Kindes, wenn sich das Elternversagen auch auf diese Bereiche bezogen hat.[799] Aufgabe des Familiengerichts ist es, die Grundrechte des Kindes/Jugendlichen aus Art. 1, 2 GG zu sichern und „positiv die Lebensbedingungen für ein gesundes Aufwachsen des Kindes zu schaffen"[800] – und zwar unter Umständen außerhalb der Herkunftsfamilie, § 37 Abs. 1 SGB VIII.[801]

384   Da allein mit dem Entzug des Aufenthaltsbestimmungsrechts den Sorgerechtsinhabern nicht die Entscheidungsmöglichkeit über die Inanspruchnahme von **Jugendhilfeleistungen** entzogen ist, können sie jederzeit zB ihr Einverständnis mit der Unterbringung des Kindes in der Pflegefamilie zurückziehen mit der Folge, dass die gewährte Hilfe rechtswidrig wird.[802] Dem muss idR dadurch vorgebeugt werden, dass gleichzeitig mit der Entziehung des Aufenthaltsbestimmungsrechts das Recht auf Inanspruchnahme von Hilfen zur Erziehung entzogen und auf einen Pfleger übertragen wird. Allein die Übertragung des Aufenthaltsbestimmungsrechts verschafft dem Pfleger noch keine weiteren Befugnisse, solange diese ihm nicht ausdrücklich in der gerichtlichen Entscheidung übertragen worden sind.[803] Die **Zustimmung** des alleinsorgeberechtigten Elternteils zur **Fremdunterbringung** des eigenen Kindes ist nicht geeignet, eine in seinem Haushalt bestehende Gefährdung für das kindliche Wohl abzuwenden, wenn die akute und gegenwärtige Gefahr eines jederzeitigen **Widerrufs** seiner Zustimmung zur Fremdunterbringung besteht.[804]

bb) Alleinsorge des anderen Elternteils

385   Kommt zur Beseitigung einer Gefährdung des Kindeswohls nur eine teilweise Entziehung des Sorgerechts eines Elternteils in Betracht, so führt dies gem. § 1680 Abs. 3 iVm Abs. 1 dazu, dass der entzogene Sorgerechtsteil dem bisher **mitsorgeberechtigten Elternteil** von **Gesetzes wegen** alleine zusteht.[805] Der Vorrang des anderen Elternteils gegenüber der Bestellung eines Pflegers steht m Einklang mit dem **Subsidiaritätsprin-**

---

796 BVerwG FamRZ 2002, 668; aA OLG Frankfurt JAmt 2001, 90, 91 mAnm. Meysen.
797 KG FamRZ 2004, 483.
798 Schwab/Motzer Teil III Rn 176.
799 Schwab/Motzer Teil III Rn 176.
800 BVerfGE 24, 119 (145).
801 MüKo/Olzen § 1666 Rn 192.
802 BVerwG FamRZ 2002, 668.
803 AA LG Darmstadt FamRZ 1995, 1435, 1436.
804 OLG Hamm FamRZ 2012, 1954.
805 BT-Drucks. 13/4899, 103.

Heiß

zip, welches seinen Niederschlag in § 1666 Abs. 1 S. 1 BGB gefunden hat.[806] Die Wahrnehmung der Belange des Kindes durch staatliche Behörden wie dem Jugendamt oder dritte Personen ist nachrangig, solange ein Elternteil zur Abwendung der Gefahr **gewillt** und **in der Lage** ist.[807]Eine gerichtliche Feststellung oder gerichtliche Ermittlungen sind nicht erforderlich und vom Gesetz auch nicht vorgesehen, sondern derjenige Elternteil, der zusammen mit dem anderen schon bisher die Verantwortung getragen hat, übernimmt von Gesetzes wegen nunmehr die alleinige Verantwortung in den dem anderen Elternteil entzogenen Bereichen. Ist der Elternteil **ungeeignet oder überfordert** sind ggf bzgl des übernehmenden Elternteils Maßnahmen nach § 1666 BGB vorzunehmen. In erster Linie aber hat das Jugendamt Unterstützung und Hilfe zu leisten.

Hatte der Elternteil, dem Teilbereiche der elterlichen Sorge entzogen wurden, die elterliche Sorge gem. § 1626a Abs. 3 oder § 1671 **alleine inne**, so hat das Familiengericht die entzogenen Teilbereiche dem bisher **nicht mitsorgeberechtigten** Elternteil zu übertragen, § 1680 Abs. 3 iVm Abs. 2. **Die Übertragung darf jedoch dem Kindeswohl nicht widersprechen.**[808] Deshalb soll der Übergang der Befugnisse auf den anderen Elternteil nur nach gerichtlicher Überprüfung und entsprechender gerichtlicher Anordnung erfolgen. Dabei ist von einer Übertragung nicht erst dann abzusehen, wenn eine Gefährdungslage des Kindes besteht, sondern ausreichend ist, wenn die mit der Übertragung verbundenen Veränderungen für das Kind zu erheblichen Belastungen führen.[809] **Widerspricht** die Übertragung der entzogenen Teilbereiche auf den anderen Elternteil dem Kindeswohl, muss für die entzogenen Teilbereiche nach § 1909 BGB ein **Pfleger** eingesetzt werden. 386

Hat der bisher nicht mitsorgeberechtigte Eltern in der Vergangenheit zum Kind **keinen Kontakt** unterhalten und hat er sein Umgangsrecht in der Vergangenheit nicht wahrgenommen, wird idR eine Übertragung der Teilbereiche auf den bisher abwesenden Elternteil nicht in Betracht kommen. Unter Berücksichtigung des verfassungsrechtlich geschützten **Selbstbestimmungsrechts** des Kindes sind seine Vorstellungen, Wünsche und geäußerten Absichten zu berücksichtigen. Dem Willen von Jugendlichen kann dabei durchaus eine entscheidende Bedeutung zukommen, im Besonderen wenn die erforderliche tatsächliche Einsichtsfähigkeit bereits gegeben ist. Bei der **Kindeswohlprüfung** sind dieselben Gesichtspunkte von enormer Bedeutung, die auch für die Übertragung der gemeinsamen Sorgeverantwortung maßgeblich sind.[810] 387

Sind die Voraussetzungen für den Teil-Sorgerechtsentzug nachträglich weggefallen oder kann der Elternteil, dem seine Befugnisse genommen worden sind wieder Verantwortung für das Kind übernehmen, erfolgt die **Rückübertragung** nach §§ 1696, 1666 BGB.[811] 388

---

806 Schwab/Motzer Teil III Rn 181.
807 BVerfG FamRZ 2008, 1185.
808 BayObLG FamRZ 1999, 103.
809 Staudinger/Coester § 1680 Rn 9; MuKo/Hennemann § 1680 Rn 8.
810 S. o. Rn 61ff.; 198f, „nur negative Kindeswohlprüfung".
811 MüKo/Hennemann § 1680 Rn 21.

cc) Anordnung von Ergänzungspflegschaft

389 Bei teilweiser Sorgerechtsentziehung muss **Pflegschaft** in Form der sog **Ergänzungspflegschaft** nach § 1909 BGB angeordnet werden, wenn die Alleinsorge des anderen Elternteils nach § 1680 Abs. 3 nicht in Betracht kommt. Die Aufspaltung des Sorgerechts findet hier ihren Grund im Elternrecht, in dessen Ausübung nur soweit als unbedingt erforderlich eingriffen werden darf.[812] Als Pfleger kann eine **natürliche Person**, ein **Verein** unter den Voraussetzungen des § 1791 a oder das **Jugendamt** bestellt werden. § 1779 Abs. 2 schreibt vor, dass das Gericht eine Person auszuwählen hat, die nach ihren persönlichen Verhältnissen und nach ihrer Vermögenslage unter Berücksichtigung der gesamten Lebensumstände zur Übernahme des Amtes geeignet ist. Auch zwei Personen können zusammen als Pfleger bestellt werden, beispielsweise die Großeltern des Kindes. Die **Anordnung** der Pflegschaft, die **Auswahl** des Pflegers, seine Bestellung sowie Überwachung sind nach § 151 Nr. 4 und 5 FamFG **Aufgabe des Familiengerichts**.

390 Als weniger einschneidende Maßnahme ist die sog **Aufsichtspflegschaft** zu nennen, bei der zwar das **Personensorgerecht** dem Pfleger zusteht, die **tatsächliche Personensorge** aber zunächst versuchsweise von den Eltern ausgeübt wird.[813] Die Übertragung des Rechts der **Aufenthaltsbestimmung** auf einen Pfleger mit dem Zweck, den Lebensmittelpunkt des Kindes zu bestimmen, ist auch dann angezeigt, wenn seitens der Eltern eine Entscheidung getroffen wurde, die dem Kindeswohl in krasser Weise widerspricht, wie zB die **Verbringung ins Ausland** mit drohendem Verlust sämtlicher gewachsener Verbindungen.

391 Erweist sich die **Unterbringung** des Kindes außerhalb der Familie zur Beseitigung einer Kindeswohlgefährdung als notwendig, so ist nach Entzug des Aufenthaltsbestimmungsrechts die Pflegerbestellung mit **entsprechendem Aufgabenbereich** erforderlich.[814]

392 Die Anordnung einer **Umgangspflegschaft** und Bestellung eines Aufenthaltspflegers kommt zur Sicherstellung des Umgangsrechts des Kindes mit einem Elternteil in Betracht, wenn der andere Elternteil diesen Umgang entgegen dem Kindeswohl verhindert.[815]

393 Auch für den Aufgabenkreis **gesetzliche Vertretung** in persönlichen Angelegenheiten oder für die **Verwaltung des Vermögens** oder von Vermögensbestandteilen des Kindes, beispielsweise eines Gesellschaftsanteils oder einer Immobilie, kommt eine (teilweise) Sorgerechtsentziehung bei Pflegerbestellung in Betracht.[816] **Nicht notwendig** ist die Anordnung einer Pflegschaft, wenn die Erklärungen der Eltern nach § 1666 Abs. 3 Nr. 5 **ersetzt** werden können wie beispielsweise die Zustimmung zu einer dringend erforderlichen Operation, soweit die Gefährdung des Kindeswohls bereits dadurch beseitigt werden kann.

---

812 BGH NJW-RR 1986, 1264; Schwab/Motzer Teil III Rn 187, 189.
813 OLG Celle FamRZ 2003, 549, 550; MüKo/Schwab § 1909 Rn 34.
814 Schwab/Motzer, Teil III Rn 189.
815 Schwab/Motzer Teil III Rn 270, 189.
816 Schwab/Motzer Teil III Rn 189.

Heiß

Die **Beistandschaft des Jugendamts** bei Feststellung der Vaterschaft oder der Geltend- 394
machung von Unterhaltsansprüchen gem. § 1712 Abs. 1 ist mit keiner Einschränkung
der elterlichen Sorge verbunden, wobei für die Beistandschaft im Übrigen die meisten
Vorschriften über die Pflegschaft gem. § 1716 BGB entsprechend gelten.[817]

b) Entzug der gesamten elterlichen Sorge (Personen- und Vermögenssorge)

Wenn einem Sorgeberechtigten durch das Gericht beide Teilbereiche der elterlichen 395
Sorge, dh die **tatsächliche Sorge** für die Person des Kindes und das **Vertretungsrecht**
gem. §§ 1626 Abs. 1 S. 2, 1629 Abs. 1 S. 1 entzogen werden, liegt eine Entziehung
der **gesamten Personensorge** vor. Hierzu muss das Familiengericht feststellen, dass es
keine Alternative zu dem Entzug gibt, und was mit dem Kind geschehen soll. Eine
Verlagerung aller weiteren Entscheidungen auf den gem. § 1909 Abs. 1 S. 1 zu bestel-
lenden **Pfleger** ist nicht zulässig.[818]

Wird den Eltern zwar die **gesamte Personen-, nicht aber die Vermögenssorge** entzo- 396
gen, so bestellt das Gericht **keinen Vormund**, sondern einen **Pfleger**[819] gem. § 1909
Abs. 1 S. 1 (**Ergänzungspflegschaft**).

aa) Entzug der Personensorge/Vermögenssorge

Die gesamte Personensorge darf nur entzogen werden, wenn andere Maßnahmen er- 397
folglos geblieben sind oder wenn anzunehmen ist, dass sie zur Abwendung der Gefahr nicht ausreichen, § 1666a Abs. 2. Wird zum Zwecke der Gefahrabwendung einem Elternteil die gesamte Personensorge entzogen, muss klargestellt werden, dass
durch die gerichtliche Maßnahme beide Teilbereiche der Personensorge, dh die tatsächliche Sorge für die Person des Kindes und das Vertretungsrecht entzogen werden.
Da mit dem vollständigen Entzug der Personensorge regelmäßig die Trennung des
Kindes von der elterlichen Familie verbunden ist, müssen die Vorgaben des § 1666a
Abs. 2 beachtet werden. Es muss festgestellt werden, dass der Entzug der gesamten
Personensorge alternativlos ist und das Gericht muss für die künftigen Lebensbedingungen, die ein gesundes Aufwachsen des Kindes gewährleisten, Vorgaben machen;
dies darf nicht dem Vormund oder Pfleger überlassen werden, insbes. darf das Gericht seine Verantwortung bzgl aller erforderlichen weiteren Entscheidungen nicht
auf den Pfleger verlagern. Das Gericht muss vor allem bestimmen, ob das Kind in einem Heim oder in einer Pflegefamilie aufwachsen soll.

Im Bereich der **Vermögenssorge** darf die vollständige Entziehung der Vermögenssor- 398
ge nur das letzte Mittel des Vermögensschutzes darstellen, § 1667 BGB. Es muss stets
geprüft werden, ob ein teilweiser Entzug der Vermögenssorge zur Abwehr einer Vermögensgefährdung ausreicht, so kann zB den Eltern nur die Verwaltung eines Miets-
hauses entzogen werden[820] oder untersagt werden, Vermächtnisansprüche des Kindes
geltend zu machen.[821] Werden gerichtliche Anordnungen zur **Inventarisierung** des

---

817 Schwab/Motzer Teil III Rn 190.
818 Zenz Kindesmisshandlung und Kindesrechte, 1979, 362.
819 BayObLG FamRZ 1997, 1553; MüKo/Olzen § 1696 Rn 192.
820 BayObLG FamRZ 1983, 528, 530.
821 BayObLG FamRZ 1982, 640.

Kindesvermögens gem. § 1667 Abs. 1 S. 1, 2 nicht befolgt und kein Verzeichnis eingereicht, kommt der Entzug der Vermögenssorge in Betracht.[822] Jedenfalls wenn die Androhung eines Zwangsgeldes nach §§ 89 ff. FamFG erfolglos geblieben ist; der effektive Schutz des Kindesvermögens hat regelmäßig Vorrang. Mit der gerichtlichen Anordnung der Entziehung der Vermögenssorge ist dieser Teilbereich der elterlichen Sorge sowohl in tatsächlicher als auch in rechtlicher Hinsicht aufgehoben. Geht die Gefährdung des Kindesvermögens nur von einem der beiden vermögenssorgeberechtigten Elternteile aus, kommt dennoch ein Entzug der Vermögenssorge bei **beiden Elternteilen** in Betracht, wenn der andere seine **Überwachungspflicht** unzureichend erfüllt hat.[823] Nach Verlust der Vermögenssorge muss der Sorgerechtsinhaber **Rechnung legen** über das Kindesvermögen und es **herausgeben**, § 1698 BGB, und es entfällt das **Verwendungsrecht** nach § 1649 Abs. 2.[824] Weiterer Eingriffstatbestand des § 1666 ist die Vermögensgefährdung zum Nachteil des Kindes,[825] wobei die Verfahren gem. § 3 Nr. 2 lit. a RPflG dem **Rechtspfleger** übertragen sind, weil der Richtervorbehalt in § 14 Abs. 1 Nr. 8 RPflG bei den Maßnahmen nach § 1666 nur das körperliche, geistige oder seelische Wohl des Kindes erwähnt.[826] Bei einer **Verletzung der Unterhaltspflicht** seitens eines (Mit-)Inhabers der Vermögenssorge liegt eine Gefährdung des Vermögens des Kindes vor. Zu beachten ist, dass Anordnungen nach § 1667 (gerichtliche Maßnahmen bei Gefährdung des Kindesvermögens) vorrangig vor einem Einschreiten nach § 1666, etwa durch Entziehung der Vermögenssorge, sind.[827] Droht bei einem konkreten Rechtsgeschäft in Vertretung des Kindes ein **Interessenkonflikt**, so hat ein Entzug des Vertretungsrechts nach § 1629 Abs. 2 S. 3 iVm § 1796 Vorrang vor einem Eingriff in die Vermögenssorge nach § 1666 BGB.[828]

bb) Begründung der Alleinsorge des anderen Elternteils

399 Wurde zur Beseitigung einer Gefährdung des Kindeswohls eine teilweise oder vollständige Entziehung des Sorgerechts eines Elternteils angeordnet, so führt dies bei **gemeinsamer Sorge** gem. § 1680 Abs. 3 iVm Abs. 1 dazu, dass insoweit das Sorgerecht dem anderen Elternteil alleine zusteht. Einer gerichtlichen Feststellung oder gerichtlicher Ermittlungen bedarf es nicht und sind vom Gesetz auch nicht vorgesehen, sondern derjenige Elternteil, der zusammen mit dem anderen schon bisher die Verantwortung getragen hat, übernimmt von Gesetzes wegen nunmehr die alleinige Verantwortung bzw die alleinige Verantwortung in dem entzogenen Teil. Ist der Elternteil ungeeignet oder überfordert, sind ggf Maßnahmen nach § 1666 BGB vorzunehmen. In erster Linie aber hat das Jugendamt Unterstützung und Hilfe zu leisten. Kommt der andere Elternteil zur Übernahme des entzogenen Sorgerechts nicht in Betracht, ist für das Kind Vormundschaft einzurichten. Es stellt sich stets die Frage, ob der Sorge-

---

822 MüKo/Olzen § 1666 Rn 192.
823 Staudinger/Coester § 1626 Rn 245; MüKo/Olzen § 1666 Rn 192.
824 MüKo/Olzen § 1666 Rn 192.
825 Johannsen/Henrich/Büte § 1666 Rn 43.
826 Schwab/Motzer Teil III Rn 172.
827 OLG Frankfurt NJW-RR 2005, 1382; BT-Drucks. 13/4899; Johannsen/Henrich/Büte § 1667 Rn 3.
828 OLG Köln FamRZ 2001, 430 für den Fall einer Erbeinsetzung der Kinder neben dem Vater; Schwab/Motzer Teil III Rn 172.

Heiß

rechtsentzug bei einem Elternteil schon die Kindeswohlgefährdung abwendet, oder ob der andere Elternteil nicht einen so starken Einfluss ausübt, dass dem Sorgeberechtigten die Ausübung der elterlichen Sorge zum Wohle des Kindes unmöglich ist.[829]

Bestand **keine gemeinsame Sorge**, sondern hatte der Elternteil, dem die elterliche Sorge entzogen wurde bis dahin gem. § 1626 a Abs. 3 oder § 1671 BGB die Alleinsorge, so hat gem. § 1680 Abs. 3 iVm Abs. 2 das Familiengericht die entzogene elterliche Sorge oder die entzogenen Teilbereiche dem anderen Elternteil zu dem anderen bisherigen nicht mitsorgeberechtigten Elternteil zu übertragen, wenn dies **dem Wohl des Kindes nicht widerspricht.** Es gelten die Ausführungen oben Rn 385 f, sowie oben Rn 253 ff. entsprechend. **400**

Wurde der alleinsorgeberechtigten Mutter das Sorgerecht insgesamt oder Teilbereiche davon entzogen, bedeutet dies wegen des Vorrangs des § 1666 gegenüber § 1626 a nicht nur den Entzug der Ausübung der elterlichen Sorge, sondern auch den Entzug von deren **Substanz**. Dies hat zur Folge, dass nach einem (teilweisen) Entzug des Sorgerechts der Mutter der Vater die der Mutter entzogenen Sorgerechtsteile weder durch Heirat noch durch Sorgeerklärung erlangen kann,[830] sondern nur über eine Entscheidung des Familiengerichts gem. § 1680 Abs. 3 iVm Abs. 2.[831] **401**

cc) Bestellung eines Vormunds oder Pflegers

Bei Entziehung des gesamten Sorgerechts ist gem. § 1773 Abs. 1 BGB **Vormundschaft** anzuordnen. Wird nur die Personensorge, nicht aber die Vermögenssorge entzogen, ist eine Pflegschaft nach § 1909 BGB, die sog Ergänzungspflegschaft anzuordnen, wobei für die **Bestellung und Überwachung** des Vormunds bzw des Pflegers **ausschließlich das Familiengericht** zuständig ist.[832] Bei Ausübung der elterlichen Sorge durch einen Vormund oder Pfleger gilt § 1666 über § 1837 Abs. 4 bzw §§ 1915 Abs. 1, 1909 entsprechend.[833] **402**

Voraussetzung für die Anordnung von Vormundschaft ist gem. § 1773 Abs. 1 die komplette Entziehung des elterlichen Sorgerechts nach § 1666 Abs. 1 oder dessen Ruhen nach § 1674 Abs. 1. Die Anordnung von Vormundschaft ist auf **seltene Ausnahmefälle** der völligen Ungeeignetheit bzw Unfähigkeit **beider Eltern** zur Ausübung der elterlichen Sorge beschränkt.[834] Selbst wenn sie einen bedeutenden Teilbereich der elterlichen Sorge betrifft, ist eine partielle Ungeeignetheit eines Elternteils zur Ausübung der elterlichen Sorge nicht ausreichend für die Bestellung eines Vormunds.[835] Auch die Entziehung der gesamten Personensorge (ohne Vermögenssorge) rechtfertigt nicht die Anordnung einer Vormundschaft.[836] Geht es lediglich um die Überbrü- **403**

---

829 Vgl BayObLG NJW 1999, 293, 294 zur Beeinflussung eines Elternteils durch den anderen.
830 MüKo/Olzen § 1666 Rn 157; BGH NJW 2005, 2456; OLG Nürnberg FamRZ 2000, 1035.
831 BGH NJW 2005, 2456, 2457; OLG Nürnberg FamRZ 2000, 1035.
832 OLG Karlsruhe FamRZ 2007, 742.
833 MüKo/Olzen § 1666 Rn 157.
834 BGH FamRZ 1985, 169 (171); Schwab/Motzer Teil III Rn 188.
835 BayObLG FamRZ 1997, 1553; FamRZ 1999, 179.
836 BayObLG FamRZ 1999, 316 (318).

ckung auch längerer Zeiten des Unversorgtseins des Kindes durch die Eltern, reicht meist die Entziehung des Aufenthaltsbestimmungsrechts zur Ermöglichung von **Vollzeitpflege oder betreutem Wohnen** nach §§ 33, 34 SGB VIII aus, wobei aber die Entscheidungsbefugnis in wichtigen Angelegenheiten des Kindes mitentzogen und übertragen werden muss.[837] Wird im Überprüfungsverfahren nach § 166 FamFG iVm § 1696 Abs. 2 BGB festgestellt, dass eine vollständige Sorgerechtsentziehung in eine **teilweise** abzuändern ist, so ist die Bestellung des Vormunds in eine Pflegerbestellung umzuwandeln.[838] Zu der Ausgestaltung einer **Pflegschaft** s. o. Rn 389 ff.

dd) Amtsvormundschaft bzw Amtspflegschaft

404 Die Anordnung einer Amtsvormundschaft oder Amtspflegschaft ist **nachrangig**, wenn Pflegeeltern oder ein Einzelpfleger bzw ein Einzelvormund zur Verfügung stehen.[839] Das Gericht muss von Amts wegen Nachforschungen anstellen und hierzu auch beim Jugendamt nachfragen, um eine solche Person zu finden.[840] Für die Bestellung des **Jugendamts als Vormund** bzw Pfleger sowie für die Wahrnehmung dieser Aufgabe durch die Behörde enthalten §§ 1791 b, 1915 Abs. 1, §§ 55 ff SGB VIII Sondervorschriften.[841] **Weigert** sich das Jugendamt, eine Vormundschaft oder Pflegschaft zu übernehmen, so ist gegen den anordnenden Beschluss des Familiengerichts die **Beschwerde** gem. § 58 FamFG zulässig. Ändert sich die örtliche Zuständigkeit des beauftragten Jugendamts wegen eines Wechsels des gewöhnlichen Aufenthaltsorts des Kindes, so ist auf Antrag das bisher zuständige Jugendamt von seiner **Aufgabe zu entbinden;**[842] gleichzeitig ist eine Neubestellung des nunmehr örtlich zuständigen Jugendamts vorzunehmen. Bei Bestellung des Jugendamts zum Amtsvormund/Amtspfleger ist **gesetzlicher Vertreter des Kindes** das Jugendamt, auch dann wenn eine Aufgabenübertragung auf einen bestimmten Mitarbeiter erfolgt.[843] Gem. § 1887 Abs. 1 BGB hat das Familiengericht das JA **als Vormund zu entlassen**, wenn dies dem Wohl des Mündels dient und eine andere als Vormund geeignete Person vorhanden ist. Liegen diese Voraussetzungen vor, ist die Entscheidung des Gerichts zur Entlassung des Amtsvormunds **zwingend. Ein Ermessen besteht nicht.** [844] Eine vorrangige Bestellung des JA als Vormund sehen die gesetzlichen Vorschriften nicht vor, wie sich auch aus § 56 Abs. 4 SGB VIII ergibt, wonach das JA idR jährlich zu prüfen hat, ob seine Entlassung und die Bestellung einer **Einzelperson** oder eines Vereins im Interesse des Kindes angezeigt ist. Vielmehr hat die Bestellung geeigneter Einzelvormünder **grds. Vorrang vor einer Amtsvormundschaft**, da die Einzelvormünder dem Wohl des Kindes im Allgemeinen besser und individueller dienen können als ein Amtsvormund. Denn eine Vormundschaft erfüllt ihren **Sinn** dann am besten, wenn das Kind

---

837 Schwab/Motzer Teil III Rn 188.
838 BayObLG FamRZ 1999, 316, (318); Schwab/Motzer Teil III Rn 188.
839 LG Flensburg FamRZ 2001, 445.
840 OLG Stuttgart Rpfleger 1982, 183, 184; BayObLG FamRZ 1990, 562; MüKo/Wagenitz § 1791 b Rn 2; Schwab/Motzer Teil III Rn 191.
841 MüKo/Wagenitz § 1791 b Rn 5 ff; MüKo/Tillmanns §§ 55 ff SGB VIII Rn 2 ff; Schwab/Motzer Teil III Rn 191.
842 OLG Zweibrücken FamRZ 1992, 1325.
843 BGH NJW 1966, 1808, 1809; MüKo/Tillmanns § 55 SGB VIII Rn 3.
844 OLG Nürnberg FamRZ 2012, 1959.

Heiß

erlebt, dass die Person, die es täglich erzieht, auch rechtlich zu dieser Erziehung befugt ist. Stabilität und Verlässlichkeit können ihm vermittelt werden, wenn seine „sozialen Eltern" künftig auch in der Lage sind, die erzieherischen Entscheidungen eigenständig zu treffen.[845] Dabei hat das Gericht die **Eignung** der Pflegeeltern, die an den in § 1779 Abs. 2 BGB genannten **Kriterien** zu messen ist – wie etwa Charakter, Kenntnisse und Erfahrungen sowie persönliche und wirtschaftliche Verhältnisse (Gesundheit, berufliche und familiäre Belastungen usw.) zu prüfen.[846] Des Weiteren ist zu prüfen, ob die Entlassung des Amtsvormunds und die Bestellung der Pflegeeltern zu Einzelvormündern dem Wohl des betroffenen Kindes dient. Die mit der Übertragung der Vormundschaft einhergehende größere rechtliche Verbundenheit der Pflegeeltern zu den Kindern und die dadurch erhöhte Sicherheit, dass die Verbindung aufrecht erhalten bleibt, spricht idR ganz entscheidend für eine Übertragung der Vormundschaft auf die Pflegeeltern. Es ist für die Betroffenen von erzieherischem Vorteil, wenn sie erleben, dass die emotionale Bezugsperson auch **rechtliche Befugnisse** hat.[847] Pflegeeltern stehen als ehrenamtliche Vormünder weiterhin unter der **Überwachung des JA und des Familiengerichts**, so dass die weitere Entwicklung des Kindes überwacht werden kann.

c) Anstreben einer Adoption/Ersetzung der Einwilligung eines Elternteils

Ist ein Sorgerechtsentzug gem. § 1666 alternativlos als Dauermaßnahme gerechtfertigt, ist zu prüfen, ob die Voraussetzungen für die Ersetzung der Einwilligung eines Elternteils in die Adoption nach § 1748 BGB vorliegen, weil andernfalls dem Kind eine dauerhafte und gesicherte Entwicklungsperspektive mangels Adoption vorenthalten bleibt.[848] Allerdings stellt das Gesetz in § 1748 an die Ersetzung der notwendigen elterlichen Zustimmung höhere Anforderungen als § 1666 an einen familiengerichtlichen Eingriff zur Gefahrenabwehr.[849] Das Familiengericht hat auf Antrag des Kindes die Einwilligung eines Elternteils in die Adoption zu ersetzen, wenn dieser seine Pflichten gegenüber dem Kind anhaltend gröblich verletzt hat oder durch sein Verhalten gezeigt hat, dass ihm das Kind gleichgültig ist, und wenn das Unterbleiben der Annahme dem Kind zu unverhältnismäßigem Nachteil gereichen würde. Die Einwilligung kann auch ersetzt werden, wenn die Pflichtverletzung zwar nicht anhaltend, aber besonders schwer ist und das Kind voraussichtlich dauernd nicht der Obhut des Elternteils anvertraut werden kann. Wegen Gleichgültigkeit, die nicht zugleich eine anhaltende gröbliche Pflichtverletzung ist, darf die Einwilligung nicht ersetzt werden, bevor der Elternteil vom Jugendamt über die Möglichkeit ihrer Ersetzung belehrt und beraten worden ist, § 1748 Abs. 1, 3. Die Einwilligung eines Elternteils kann nach Abs. 3 ferner ersetzt werden, wenn er wegen einer besonders schweren psychischen Krankheit oder einer besonders schweren geistigen oder seelischen Behinderung zur Pflege und Erziehung des Kindes dauernd unfähig ist und wenn das Kind bei Unter-

405

---

845 OLG Nürnberg FamRZ 2012, 1959.
846 Vgl Palandt/Götz, § 1779 Rn 5; OLG Nürnberg FamRZ 2012, 1959.
847 Vgl LG Frankfurt FamRZ 2009, 2103.
848 MüKo/Olzen § 1666 Rn 192.
849 Staudinger/Coester § 1666 Rn 227; Longino, Die Pflegekinderadoption, Heidelberg 1998, 81; Röchling ZfJ 2000, 214 (217); MüKo/Olzen § 1666 Rn 192.

bleiben der Annahme nicht in einer Familie aufwachsen könnte und dadurch in seiner Entwicklung schwer gefährdet würde. Kann die Kindeswohlgefährdung auf andere Weise nicht beseitigt werden, hat das Gericht jedoch im Interesse des Kindes die Adoption anzustreben.[850]

7. Schutzmaßnahmen gegenüber Dritten

406 In Angelegenheiten der Personensorge kann das Gericht auch Maßnahmen mit Wirkung gegen einen Dritten treffen, § 1666 Abs. 4. Das bedeutet, dass im Bereich der Personensorge das Familiengericht Maßnahmen mit unmittelbarer Wirkung auch gegenüber Dritten zum Schutz des Kindes ergreifen kann und muss. Das Familiengericht wird von Amts wegen tätig und trifft selbst Maßnahmen,[851] wobei ein Eingriff von Amts wegen voraussetzt, dass die Eltern nicht gewillt oder nicht in der Lage sind, die von Dritten ausgehende Gefahr für das Wohl des Kindes abzuwenden.[852] **Dritter** iSd § 1666 Abs. 4 ist jede **nicht sorgeberechtigte** Person, wobei eine Obhutsbeziehung nicht Voraussetzung ist. Dazu zählen zB **die biologischen Eltern**, wie der mit der Mutter nicht verheiratete Vater, soweit er nicht sorgeberechtigt ist.[853] Ein Freund oder Lebensgefährte des Elternteils,[854] ein Stiefelternteil, eine Pflegeperson,[855] ein Nachbar.[856] Auch eine **psychiatrische Klinik**, die die Aufnahme des behandlungsbedürftigen Kindes grundlos verweigert, ist als Dritter einzuordnen.[857] Durch § 1666 Abs. 4 soll den Eltern ein eigenes gerichtliches Vorgehen gegen Dritte erspart werden,[858] indem gefahrenabwehrende Maßnahmen angeordnet werden. Dabei müssen ein etwaiger Grundrechtseingriff auf Seiten des Dritten und die Folgen einer Untätigkeit für das Kind gegeneinander abgewogen werden, wobei der Schutz des Elternrechts gem. Art. 6 Abs. 2 S. 1 GG Vorrang hat.[859] In Betracht zu ziehen sind Maßnahmen wie Ermahnungen, Verwarnungen, Verbote und Gebote, **Umgangsverbote** (Kontakt- und Einwirkungsverbote), Herausgabegebote, eine Wegweisung aus der mitbewohnten oder einer anderen Wohnung sowie Weisungen.[860] Es kann auch gegen einen Dritten ein Wohnungswechsel angeordnet werden.[861] Das gilt sowohl für den mit der Mutter zusammenlebenden neuen Partner als auch für einen in der Nachbarschaft lebenden Dritten, § 1666a Abs. 1 S. 3.[862] Ohne Belang ist, ob die Eltern

---

850   Wiesner SGB VIII, § 37 Rn 29; Salgo, Pflegekindschaft und Staatsintervention, 1987, S. 370; Longino S. 1; MüKo/Olzen § 1666 Rn 192.
851   OLG Zweibrücken FamRZ 1994, 976.
852   FA-FamR/Maier Kap. 4 Rn 139; s. auch o. E. I. 2. l).
853   Johannsen/Henrich/Büte § 1666 Rn 70; MüKo/Olzen § 1666 Rn 209; Staudinger/Coester § 1666 Rn 193.
854   OLG Düsseldorf NJW 1995, 1970: bei sexuellem Missbrauch.
855   Veit in Bamberger/Roth § 1666 Rn 15.
856   BT-Drucks. 8/2788, 59; OLG Zweibrücken FamRZ 1994, 976; Johannsen/Henrich/Büte § 1666 Rn 70.
857   MüKo/Olzen § 1666 Rn 209; Staudinger/Coester § 1666 Rn 193; Johannsen/Henrich/Büte § 1666 Rn 70; AG Kassel DAVorm. 1996, 441.
858   BT-Drucks. 8/2788, 59; MüKo/Olzen § 1666 Rn 206, 209.
859   HK-FamR/Rakete/Dombek § 1666 Rn 22; MüKo/Olzen § 1666 Rn 206, 210.
860   Johannsen/Henrich/Büte § 1666 Rn 71; MüKo/Olzen § 1666 Rn 209, 210; FA-FamR Maier Kap. 4 Rn 140.
861   OLG Zweibrücken FamRZ 1994, 976; Knittel FF 2003, 14 (17).
862   BT-Drucks. 14/8131, 9.

Heiß

sich pflichtgemäß um Gefahrabwendung bemüht haben oder nicht.[863] Der häufigste Anwendungsfall des § 1666 Abs. 4 ist, dass **Umgangsverbote** gegen einen Dritten erteilt werden, wobei der Umgang mit dem Kind sowohl die **persönliche Begegnung** durch Sprechen/Schreiben/Sehen umfasst.[864] Um den Umgang zu untersagen, kommen zunächst Kontakt- und sonstige Einwirkungsverbote in Betracht. Reichen diese nicht aus, kann zB der **Wegzug** eines Dritten aus der Umgebung des Kindes angeordnet werden oder dem Vermieter der elterlichen Wohnung aufgegeben werden, einen das Kind gefährdenden Hausmeister in Form der Go-Order zu ersetzen.[865] Möglich ist aber auch die Anordnung eines **Umgangsverbotes** auf der Grundlage des § 1632 Abs. 2, 3 wobei § 1632 Abs. 3 jedoch den **Antrag** mindestens eines Elternteils erfordert. Dem Täter eines sexuellen Kindesmissbrauchs können weitgehende Verhaltenspflichten und Kontaktverbote auferlegt werden, wie zB den Wohnort des Kindes zu betreten.[866] Der Beschluss des Familiengerichts mit den nach § 1666 getroffenen Maßnahmen ist den Beteiligten bekannt zu machen und wird mit der **Bekanntgabe** wirksam, §§ 15, 40 Abs. 1 FamFG.[867] Der Dritte ist **Verfahrensbeteiligter**.[868] Und daher auch **anzuhören**.[869] Die familiengerichtlichen Maßnahmen sind nach §§ 89 ff. FamFG **vollstreckbar**.

Wenn zum Schutz des Kindes ein **dringendes Bedürfnis** für ein unverzügliches Einschreiten besteht, das ein Abwarten bis zur Hauptsacheentscheidung nicht gestattet, kann sowohl das Familiengericht als auch das Beschwerdegericht eine **einstweilige Anordnung** erlassen. Das Familiengericht hat nach § 157 Abs. 3 FamFG unverzüglich den Erlass einer einstweiligen Anordnung zu prüfen. | 407

§ 1666 Abs. 4 findet im Bereich der **Vermögensangelegenheiten** keine Anwendung. Geht von einem Dritten eine Gefahr für das Kindesvermögen aus, kann dieser Gefahr nur mit den allgemeinen zivilrechtlichen Abwehrmöglichkeiten begegnet werden.[870] In Fällen besonderer Eilbedürftigkeit, zB zur Fristwahrung, wenn sonst ein effektiver Kinderschutz nicht gewährleistet werden kann, dürfen nach Sinn und Zweck des Abs. 4 einzelne Vermögensangelegenheiten durch unmittelbare Maßnahmen gegen Dritte getroffen werden.[871] | 408

III. Besonderheiten des Verfahrens gem. §§ 1666, 1666 a BGB

1. Zuständigkeit

Die Zuständigkeit des Familiengerichts für Maßnahmen nach §§ 1666, 1666 a BGB bestimmt sich nach §§ 111 Nr. 2, 151 Nr. 1 FamFG. Gem. § 14 Abs. 1 Nr. 2 RPflG | 409

---

863 MüKo/Olzen § 1666 Rn 210; nach aA ist Voraussetzung für einen Eingriff von Amts wegen, dass die Eltern nicht willens oder in der Lage sind, die von einem Dritten ausgehenden Gefahren für das Kindeswohl abzuwenden: Johannsen/Henrich/Büte § 1666 Rn 71; BT-Drucks. 13/4899, 97.

864 Palandt/Diederichsen § 1664 Rn 3, 14; MüKo/Olzen § 1666 Rn 211 u. Rn 85 ff.

865 OLG Zweibrücken NJW 1994, 1741; MüKo/Olzen § 1666 Rn 211.

866 Vgl OLG Zweibrücken FamRZ 1994, 976; MüKo/Olzen § 1666 Rn 211.

867 Zum Wirksamwerden eines Sorgerechtsbeschlusses durch telefonische Bekanntgabe: BGH FamRZ 2000, 813.

868 BT-Drucks. 8/2788, 59; Musielak/Borth § FamFG Rn 3 ff.

869 MüKo/Olzen § 1666 Rn 209.

870 BT-Drucks. 13/4899, 97; MüKo/Olzen § 1666 Rn 207.

871 Staudinger/Coester § 1666 Rn 249; MüKo/Olzen § 1666 Rn 207.

ist der Richter zuständig. Die örtliche Zuständigkeit bestimmt sich nach § 152 FamFG; bei einseitiger Änderung des Aufenthalts des Kindes kommt § 154 FamFG zur Anwendung.

2. Amtsermittlungsverfahren

410 Anregungen, Anträge Dritter, Hinweise, Mitteilungen durch das Jugendamt oder durch die Eltern stellen keine Sachanträge dar, sondern verpflichten das Gericht ein Verfahren einzuleiten und die Sache zu prüfen. Die Einleitung des Verfahrens erfolgt stets von Amts wegen;[872] auch wenn das gefährdete Kind vom Jugendamt **in Obhut** genommen wurde und die Personensorgeberechtigten widersprechen, handelt es sich um eine Einleitung von Amts wegen.[873] Unabhängig davon, ob „formelle Anträge" oder Hinweise bzw Anregungen von Dritten erfolgen, sind die Dritten **keine Kostenschuldner.**[874] Dabei handelt es sich regelmäßig um Anregungen von Notärzten, Sanitätern, Schulen, Kindergärten, Stiefeltern, Verwandten oder Nachbarn, die die Einleitung eines Verfahrens verursachen, die aber nicht dazu führen, dass diese „Dritten" Kostenschuldner werden – ebenso wenig wie das Jugendamt, unabhängig davon, ob ein förmlicher Antrag gestellt wird oder das Jugendamt formlos gem. § 50 Abs. 3 S. 1 SGB VIII seiner **Anzeigepflicht** nachkommt, wenn das Kindeswohl gefährdet ist und das Jugendamt ein Tätigwerden für erforderlich hält.[875] Das **Kind** ist formell und materiell **Beteiligter** am Verfahren[876] und ist gem. § 60 FamFG nach Vollendung des 14. Lebensjahres in allen seine Person betreffenden Angelegenheiten **beschwerdebefugt**, hat aber **kein förmliches Antragsrecht.**[877] Anträge des Kindes hat das Familiengericht jedoch unabhängig von dem formellen Antragsrecht pflichtgemäß zu überprüfen.

411 Sollen Maßnahmen gegen Dritte nach § 1666 Abs. 4 BGB ergriffen werden, ist der Dritte am Verfahren zu beteiligten und anzuhören.

3. Zwingende Beteiligung des Jugendamtes in Verfahren nach § 1666, 1666 a BGB

412 In Verfahren nach den §§ 1666, 1666 a BGB ist das Jugendamt zu **beteiligen**, § 162 Abs. 2 FamFG. Die Vorschrift regelt eine „**Mussbeteiligung**" des Jugendamtes an Verfahren wegen der Gefährdung des Kindeswohls. Solche Verfahren werden häufig auf Anregung der Jugendämter eingeleitet. Da es sich nicht um ein Antragsverfahren handelt, sondern um ein Amtsverfahren, führt die Anregung des Verfahrens nicht zwangsläufig zur Beteiligtenstellung des Jugendamtes nach § 7 Abs. 1 FamFG. In Verfahren wegen Kindeswohlgefährdung ist jedoch die Beteiligung des Jugendamtes immer notwendig. Daher ist für diese Fälle eine **Mussbeteiligung des Jugendamtes** vorgesehen. In den übrigen Kindschaftssachen bleibt es bei der flexiblen Möglichkeit einer Beteiligung des Jugendamtes auf Antrag hin.

---

872 OLG Koblenz FamRZ 2006, 143; Johannsen/Henrich/Büte § 1666 Rn 74.
873 Staudinger/Coester § 1666 Rn 208.
874 BayObLG FamRZ 1997, 959, 960.
875 MüKo/Olzen § 1666 Rn 213.
876 Staudinger/Coester § 1666 Rn 209.
877 Johannsen/Henrich/Büte § 1666 Rn 74; Staudinger/Coester § 1666 Rn 209; BT-Drucks. 7/2060, 29.

Heiß

Gem. § 162 Abs. 3 S. 1 ist in Verfahren, die die Person des Kindes betreffen, das Jugendamt von **Terminen zu benachrichtigen** und ihm sind **alle Entscheidungen** bekannt zu machen. Durch die Benachrichtigungspflicht soll das Jugendamt in den gerichtlichen Entscheidungsprozess eingebunden werden. Sie knüpft an die Mitwirkungspflicht des Jugendamtes im gerichtlichen Verfahren an und verpflichtet das Jugendamt nicht zur Teilnahme am Termin. Sie ermöglicht es dem Jugendamt aber, sich über den Stand des Verfahrens zu informieren. Das Jugendamt hat dann im Einzelfall nach pflichtgemäßem Ermessen zu entscheiden, ob seine Anwesenheit im Termin erforderlich ist. 413

In Verfahren wegen Kindeswohlgefährdung (§ 155 Abs. 1 und Abs. 2 S. 3) sieht das FamFG die Anhörung des Jugendamtes im frühen Erörterungstermin vor. In Verfahren, in denen die Expertise des Jugendamtes besonders gefordert ist, wird die Beteiligung des Jugendamtes in besonderem Maße berücksichtigt. 414

4. Vorrang- und Beschleunigungsgebot

Verfahren wegen Gefährdung des Kindeswohls sind gem. § 155 FamFG vorrangig und beschleunigt durchzuführen. Der Termin zur Erörterung mit den Beteiligten soll spätestens 1 Monat nach Beginn des Verfahrens stattfinden, wobei in diesem Termin auch das Jugendamt anzuhören ist. Das persönliche Erscheinen der verfahrensfähigen Beteiligten zu dem Termin soll angeordnet werden. Eine **Verlegung** des Termins ist nach § 155 Abs. 2 S. 4 nur aus zwingenden Gründen zulässig, wobei der Verlegungsgrund mit dem Verlegungsgesuch **glaubhaft** zu machen ist. 415

5. Verfahrensbeistand für das Kind

Das Familiengericht hat dem minderjährigen Kind in Verfahren nach §§ 1666 und 1666a, wenn die teilweise oder vollständige Entziehung der Personensorge in Betracht kommt oder eine Trennung des Kindes von der Person erfolgen soll, in deren Obhut es sich befindet gem. § 158 Abs. 1, 2 so **früh wie möglich** einen Verfahrensbeistand zu bestellen, der durch seine Bestellung als **Beteiligter** zum Verfahren hinzugezogen wird. **Zweck** des § 158 FamFG ist es, zu verhindern, dass das Kind, das formell nicht Verfahrensbeteiligter ist, zum „bloßen Verfahrensobjekt" gemacht wird.[878] 416

Die Bestellung des **Jugendamtes** als solches zum Verfahrenspfleger ist nicht möglich.[879] Als Verfahrensbeistand kommen vor allem in Betracht: Sozialarbeiter, Sozialpädagogen, Kinderpsychologen, Mitarbeiter des Jugendamtes, in der Jugendarbeit engagierte Laien, Verwandte oder andere Vertrauenspersonen, insbes. aber hauptberufliche Verfahrensbeistände, wobei es sich nicht notwendig um einen Rechtsanwalt oder Rechtsbeistand handeln muss. Die Auswahl des Verfahrensbeistand steht im pflichtgemäßen Ermessen des Gerichts.[880] Das Gericht hat gem. § 158 Abs. 4 S. 4 FamFG **Art und Umfang** der Beauftragung konkret festzulegen und die Beauftragung 417

---

878 BT-Drucks. 13/4899, 46.
879 OLG Naumburg FamRZ 2300.
880 Johannsen/Henrich/Büte § 1666 Rn 83.

zu begründen. Da in Verfahren nach §§ 1666, 1666 a es regelmäßig erforderlich ist, Gespräche mit den Eltern und weiteren Bezugspersonen des Kindes zu führen sowie am Zustandekommen einer einvernehmlichen Regelung über den Verfahrensgegenstand mitzuwirken, ist der Wirkungskreis des Verfahrensbeistandes regelmäßig nach § 158 Abs. 4 S. 3 FamFG zu **erweitern.** Sieht das Gericht von der Bestellung eines Verfahrensbeistandes ab, ist dies in der Endentscheidung zu **begründen,** § 158 Abs. 3 S. 3 FamFG.

6. Erörterung der Kindeswohlgefährdung/einstweilige Anordnung

418 In Verfahren nach §§ 1666 und 1666 a hat das Gericht unverzüglich den Erlass einer einstweiligen Anordnung zu prüfen, § 157 Abs. 3 FamFG.

419 Außerdem soll das Gericht mit den Eltern und in geeigneten Fällen auch mit dem Kind und der Beteiligung des Jugendamtes und des Verfahrensbeistandes erörtern, wie einer möglichen Gefährdung des Kindeswohls, insbes. durch öffentliche Hilfen, begegnet werden kann und welche Folgen die Nichtannahme notwendiger Hilfen haben kann, vgl § 157 Abs. 1 FamFG. Das Familiengericht soll möglichst frühzeitig zur Vermeidung einschneidenderer Maßnahmen mit den Eltern, dem Jugendamt, dem Kind und dem Verfahrensbeistand ein Gespräch führen, um möglichen Kindeswohlgefährdungen in einem frühen Stadium durch Sensibilisierung oder durch Eingreifen präventiver Maßnahmen zu begegnen.[881] § 157 FamFG kommt jedoch nur zur Anwendung, wenn die tatbestandsmäßigen Voraussetzungen des § 1666 BGB vorliegen, sodass die Erörterung nach § 157 nur stattfinden kann, wenn die Gefährdung bereits konkret zu befürchten ist. Das Gericht führt die Erörterung in **Abwesenheit eines Elternteils** durch, wenn dies zum Schutz eines Beteiligten oder aus anderen Gründen erforderlich ist, § 157 Abs. 2 S. 2 FamFG, was vor allem in Fällen häuslicher Gewalt oder bei erheblicher räumlicher Distanz der Fall sein kann.[882]

420 Die bei einer Anhörung getroffenen Feststellungen muss das Gericht gem. §§ 29 Abs. 3, 28 Abs. 4 aktenkundig machen oder in den Entscheidungsgründen niederlegen.[883]

421 Für den **Zeugenbeweis** gelten über §§ 29 Abs. 2, 30 Abs. 1 FamFG die §§ 374-401 ZPO, auch bzgl des Zeugnisverweigerungsrechts gem. § 383 Abs. 1 Nr. 6 ZPO (zB für einen Sozialarbeiter, der ein besonderes Vertrauen der Eltern in Anspruch genommen hat).[884]

7. Familiengerichtliche Ermittlungen

422 Das Gericht hat von Amts wegen die zur Feststellung der entscheidungserheblichen Tatsachen erforderlichen Ermittlungen durchzuführen, § 26 FamFG, wobei das Familiengericht nach **pflichtgemäßem Ermessen** über Umfang und Art der Aufklärung

---

881 FA-FamR Maier Kap. 4 Rn 148.
882 BT-Drucks. 16/8914, 16.
883 MüKo/Olzen § 1666 Rn 220; Johannsen/Henrich/Büte § 1666 Rn 77; BayObLG NJW-RR 1994, 1225 (1226).
884 OLG Hamm FamRZ 1992, 201.

Heiß

des Sachverhalts entscheidet,[885] insbes. ist das Gericht nicht verpflichtet allen nur denkbaren Möglichkeiten nachzugehen. Eine **Aufklärungspflicht** besteht nur insoweit, als das Vorbringen der Beteiligten und der festgestellte Sachverhalt dazu Anlass geben.[886]

Bei Verdacht des sexuellen Missbrauchs empfiehlt sich häufig, ein **förmliches Beweis-** **423** **verfahren** nach § 30 FamFG durchzuführen, wobei schnelle und umfassende Ermittlungen geboten sind.[887] Dem Bericht des Jugendamtes, den Feststellungen des Verfahrensbeistandes und des Sachverständigen kommen eine erhebliche Bedeutung zu. Wird der Sachverhalt von den Beteiligten unterschiedlich dargestellt, sind häufig weitere Ermittlungen veranlasst.

8. Sachverständigengutachten

Das Familiengericht ist zwar nicht verpflichtet, jeden Antrag auf Einholung eines **424** Sachverständigengutachtens nachzukommen,[888] aber die Nichteinholung kann im Einzelfall **ermessensfehlerhaft** sein und damit einen Verstoß gegen die richterliche Ermittlungspflicht darstellen,[889] wenn das Gericht nicht den Nachweis eigener Sachkunde erbringt. Grds. stehen die Einholung des Gutachtens und die Auswahl des Sachverständigen im pflichtgemäßen Ermessen des Familiengerichts.[890]

Wird schriftliche Begutachtung angeordnet, setzt das Gericht dem Sachverständigen **425** zugleich eine **Frist**, innerhalb derer er das Gutachten einzureichen hat, § 163 Abs. 1 FamFG. Das Gericht kann anordnen, dass der Sachverständige bei der Erstellung des Gutachtenauftrags auch auf die **Herstellung des Einvernehmens** zwischen den Beteiligten hinwirken soll, § 163 Abs. 2 FamFG. Grds. ist für die **Begutachtung**[891] des Kindes die **Einwilligung des Sorgeberechtigten** erforderlich.[892] Weigern sich die Eltern, die Begutachtung des Kindes zu erlauben, kann das Familiengericht die notwendigen Erklärungen der Eltern **ersetzen**[893] oder es kann ihnen die elterliche Sorge zum Zwecke der Begutachtung für die Dauer von wenigen Wochen entzogen und auf einen Ergänzungspfleger übertragen werden, damit durch das Gutachten Entscheidungsgrundlagen für die Beantwortung der Frage geschaffen werden, ob und inwieweit eine Gefährdung des Kindeswohls tatsächlich vorliegt und ob zum Schutz des Kindes entsprechende gerichtliche Maßnahmen getroffen werden müssen.[894] Auch wenn für die Begutachtung die stationäre Unterbringung und Untersuchung in einer

---

885 BayObLG NJW-RR 1996, 583.
886 BGHZ 40, 54 (57); BayObLG FamRZ 1976, 43, 45.
887 MüKo/Olzen § 1666 Rn 220; Johannsen/Henrich/Büte § 1666 Rn 76; BayObLG NJW-RR 1994, 1225 (1226).
888 BVerfG FamRZ 2000, 1489 (1490).
889 BayObLG FamRZ 1987, 86 (88).
890 BayObLG FamRZ 1993, 1350 (1351); Johannsen/Henrich/Büte § 1666 Rn 78.
891 Vgl Metzger FPR 2008, 273.
892 BayObLG FamRZ 1987, 87, 88.
893 S. o. E. II. 5. „Die Ersetzung von Erklärungen des Inhabers der elterlichen Sorge".
894 BayObLG FamRZ 1995, 501; OLG Frankfurt FF 2000, 176; FA-FamR/Maier Kap. 4 Rn 114.

jugend-psychiatrischen Klinik erforderlich ist, kann das Familiengericht die Einwilligung des Sorgeberechtigten gem. § 1666 Abs. 3 ersetzen.[895]

426 Bei einer außerordentlichen Belastung durch das Gutachten für das Kind kann von der Einholung eines Gutachtens auch abgesehen werden, wobei eine möglicherweise unzumutbare Belastung des Kindes auch bei der Frage zu berücksichtigen ist, ob ein weiteres Gutachten einzuholen ist.[896]

427 Das Erscheinen der **Eltern** beim Sachverständigen sowie deren körperliche oder psychiatrisch-psychologische Untersuchung kann **nicht erzwungen werden**[897] – auch nicht nach den Grundsätzen der Beweisvereitelung gewürdigt werden. **Zulässig ist es aber**, den die Begutachtung verweigernden Elternteil in Anwesenheit eines Sachverständigen **gerichtlich anzuhören** und das persönliche Erscheinen des Elternteils anzuordnen und ggf mit Zwangsmitteln durchzusetzen.[898]

9. Anhörungspflichten

428 **Das Kind** ist gem. § 159 FamFG persönlich anzuhören, wobei es über den Gegenstand, Ablauf und möglichen Ausgang des Verfahrens in geeigneter und seinem Alter entsprechender Weise informiert werden soll, soweit nicht Nachteile für seine Entwicklung, Erziehung oder Gesundheit zu befürchten sind und es ist ihm Gelegenheit zur Äußerung zu geben. Hat das Kind einen **Verfahrensbeistand**, soll die persönliche Anhörung in dessen **Anwesenheit** stattfinden, § 159 Abs. 4 S. 4 FamFG; grds. ist auch ein **Kleinkind** ab dem Alter von 3 Jahren anzuhören.[899] Von einer persönlichen Anhörung des Kindes darf das Gericht gem. § 159 Abs. 3 FamFG absehen, wenn eine Gefährdung des Kindeswohls von vornherein ausscheidet oder wenn der Sachverhalt aufgrund anderer Ermittlungen feststeht und das Kindeswohl eine bestimmte Entscheidung erfordert,[900] wenn das Kind zur selben Problematik bereits kurz zuvor richterlich vernommen worden ist, oder wenn die Anhörung zu einer **unverhältnismäßigen Belastung** des Kindes führen würde.[901]

429 Die **Eltern** sind nach § 160 Abs. 1 S. 2 FamFG in Verfahren nach §§ 1666 und 1666 a persönlich anzuhören. Von der Anhörung darf nur aus schwerwiegenden Gründen abgesehen werden und ist daher unverzüglich nachzuholen.

430 **Pflegepersonen** sind als Beteiligte hinzuzuziehen und anzuhören, wenn das Kind seit längerer Zeit in Familienpflege lebt, § 161 FamFG.

431 Das **Jugendamt** ist gem. § 162 FamFG anzuhören. Es ist gem. § 162 Abs. 2 FamFG Mussbeteiligter an diesem Verfahren. Ein **Dritter**, gegen den wegen Kindeswohlge-

---

895 BayObLG FamRZ 1995, 501; OLG Karlsruhe FamRZ 1993, 1479; OLG Zweibrücken DAVorm. 1999, 139.
896 BayObLG FamRZ 1997, 86, 88; BGH NJW 1996, 730; 1999, 1778; 2001, 1787; 2001, 3054; BayObLG FamRZ 1995, 626; Staudinger/Coester § 1666 Rn 222; Johannsen/Henrich/Büte § 1666 Rn 78.
897 BVerfG FamRZ 2009, 944.
898 BGH FamRZ 2010, 720 m.abl.Anm. Stößer; FA-FamR/Maier Kap. 4 Rn 115.
899 BVerfG FamRZ 2007, 1098.
900 BayObLG FamRZ 1984, 928 bei Kindesmisshandlung.
901 OLG Hamm FamRZ 1999, 37; BayObLG FamRZ 1987, 86, 88; 1995, 501; Johannsen/Henrich/Büte § 1666 Rn 81.

Heiß

fährdung Maßnahmen nach § 1666 Abs. 4 ergriffen werden sollen, muss ebenfalls als Beteiligter angehört werden.[902]

10. Einstweilige Anordnungen

In Verfahren nach §§ 1666 und 1666 a hat das Gericht unverzüglich den Erlass einer   432 einstweiligen Anordnung zu prüfen, § 157 Abs. 3 FamFG. Die Voraussetzungen für die einstweilige Anordnung müssen **glaubhaft gemacht** werden, § 51 Abs. 1 S. 2 FamFG. Die im Eilverfahren zur Verfügung stehenden Aufklärungs- und Prüfungsmöglichkeiten müssen ausgeschöpft werden,[903] sodass grds. Eltern und Kind vor Erlass der einstweiligen Anordnung anzuhören sind, wenn dies nicht wegen **Gefahr in Verzug** unterlassen werden muss. Die einstweilige Anordnung ist **aufzuheben**, wenn das dringende Bedürfnis entfällt, weil zB das Hauptsacheverfahren ruht oder sich außergewöhnlich lange hinzieht.[904] Die Entscheidung ist unter den Voraussetzungen des § 57 Nr. 1 FamFG mit der **befristeten Beschwerde** nach §§ 58 Abs. 1, 63 Abs. 2 FamFG anfechtbar (Frist: 2 Wochen).

IV. Überprüfung und Aufhebung von Maßnahmen nach §§ 1666-1667 gem. § 1696 Abs. 2 BGB

Kindesschutzrechtliche Maßnahmen sind aufzuheben, wenn eine Gefahr für das   433 Wohl des Kindes nicht mehr besteht oder die Erforderlichkeit der Maßnahmen entfallen ist, § 1696 Abs. 2 BGB.

1. Kindesschutzrechtliche Maßnahmen/Grundsatz der Verhältnismäßigkeit

Neben den im Gesetz ausdrücklich benannten Eingriffstatbeständen der   434 §§ 1666-1667 unterliegen dem Grundsatz der Erforderlichkeit und Verhältnismäßigkeit weitere Maßnahmen zur Abwehr einer Kindeswohlgefährdung und sind deshalb – ohne dass es eines Antrags bedarf – aufzuheben, wenn eine Gefahr für das Wohl des Kindes nicht mehr besteht.[905] Das sind insbes. Eingriffe auf der Grundlage der §§ 1631 b, 1632 Abs. 4, 1682, 1684 Abs. 4, auch iVm §§ 1685 Abs. 3, 1687 Abs. 2, 1688 Abs. 3 S. 2, Abs. 4.[906]

Bereits aus dem Grundsatz der Erforderlichkeit und Verhältnismäßigkeit ergibt sich,   435 dass die gerichtlichen Maßnahmen bei einer Veränderung der Umstände durch eine Abmilderung, durch eine Verschärfung oder durch eine Ersetzung durch geeignetere Maßnahmen anzupassen sind.[907]

---

902 MüKo/Olzen § 1666 Rn 224; Staudinger/Coester § 1666 Rn 215; Johannsen/Henrich/Büte § 1666 Rn 80.
903 BVerfG FamRZ 2002, 1021, 1023.
904 Johannsen/Henrich/Büte § 1666 Rn 95.
905 BGH FamRZ 1990, 1224; BT-Drucks. 8/2788, 68; OLG Celle FamRZ 1998, 1188; Johannsen/Henrich/Büte § 1696 Rn 33.
906 MüKo/Olzen § 1696 Rn 42.
907 BayObLG FamRZ 1982, 737; FamRZ 1984, 1048 (1053); Johannsen/Henrich/Büte § 1696 Rn 33.

2. Überprüfungspflicht

436 Eine länger dauernde kindesschutzrechtliche Maßnahme hat das Gericht in angemessenen Zeitabständen zu überprüfen, § 166 Abs. 2 FamFG, im Besonderen ob diese noch erforderlich oder zweckdienlich ist und ob die Voraussetzungen der kindesschutzrechtlichen Maßnahme noch vorliegen.

437 Der **angemessene Zeitabstand** für die Überprüfung richtet sich nach dem Umfang und der Intensität des Eingriffs und ist individuelle festzulegen.[908] Ein Zeitraum von **1 bis 3 Jahren** scheint angemessen,[909] wobei eine **Erstüberprüfung** nach kurzer Zeit angezeigt ist.[910] Ist von vornherein ein zeitlich begrenzter Eingriff beabsichtigt, sollte vom Familiengericht von Anfang an ein Zeitplan für die Überprüfung festgelegt werden. Erlangt das Familiengericht vor Ablauf der Überprüfungsfrist Kenntnis von einer Veränderung der Verhältnisse, die die Rechtfertigung der Maßnahmen berühren, so ist es verpflichtet, alsbald **von Amts wegen** eine Überprüfung vorzunehmen.[911] Es gilt der **Amtsermittlungsgrundsatz** des § 26 FamFG.

438 Die Überprüfung erfolgt im Hinblick auf die Notwendigkeit eines Abänderungsverfahrens,[912] wobei das Verfahren jedoch **nicht neu aufzurollen** ist.[913]

439 Das Überprüfungsverfahren, ob die angeordnete gerichtliche Maßnahme noch sachgerecht ist,[914] ist ein **selbständiges, informelles Verfahren**, das der Prüfung dient, ob ein Abänderungsverfahren einzuleiten ist, wobei auch obergerichtliche Entscheidungen zu überprüfen sind.[915] In klar gelagerten Fällen kann die Einholung eines Jugendamtsberichts ausreichend sein; um dem Amtsermittlungsgrundsatz des § 26 FamFG gerecht zu werden, wird es aber häufig geboten sein, für das Überprüfungsverfahren einen **Verfahrensbeistand** nach § 158 FamFG zu bestellen und die **Beteiligten anzuhören**.[916] Insbes. bei einer gesteigerten Eingriffsintensität wird die Einholung eines Berichts des Jugendamts regelmäßig nicht genügen; geboten ist dann vielmehr auch die persönliche Anhörung der Beteiligten.[917]

3. Verfahren

440 Das Überprüfungsverfahren ist ein selbständiges Verfahren durch das das Gericht befugt und verpflichtet ist, sich die Informationen zu verschaffen, um darüber zu entscheiden, ob es von Amts wegen ein Abänderungsverfahren einzuleiten hat.[918] Die **örtliche Zuständigkeit** bestimmt sich nach den §§ 152, 153 FamFG und kann deshalb eine andere sein als bei der zu überprüfenden Endentscheidung.[919] Im Falle der

---

908 Johannsen/Henrich/Büte § 1696 Rn 35.
909 Johannsen/Henrich/Büte § 1696 Rn 35; Schwab/Motzer Teil III. Rn 177.
910 Staudinger/Coester § 1696 Rn 106.
911 Schwab/Motzer Teil III Rn 177.
912 OLG Stuttgart FamRZ 2005, 1273.
913 FA-FamR/Büte Kap. 4 Rn 377.
914 FA-FamR/Büte Kap. 4 Rn 378.
915 BayObLG MDR 1999, 549, 550; OLG Hamm NJW 1999, 432 (433); Johannsen/Henrich/Büte § 1696 Rn 36; vgl OLG Düsseldorf FamRZ 1999, 615 (616).
916 Vgl Johannsen/Henrich/Büte § 1696 Rn 36.
917 Haußleiter FamFG-Kommentar § 166 Rn 13; Thomas/Putzo § 166 Rn 8.
918 BayObLG FamRZ 2000, 1233; OLG Hamm NJW 1999, 432; Haußleiter § 166 Rn 2.
919 BGH FamRZ 1990, 1101; Haußleiter § 166 Rn 4.

Heiß

Änderung der die Zuständigkeit des vorangehenden Verfahrens begründenden Umstände kann also auch ein anderes Familiengericht zuständig werden.[920]

Das Gericht, das die Ausgangsentscheidung getroffen hat, ist selbst für die Setzung **441** und Einhaltung der Überprüfungsfristen verantwortlich.[921] Hat sich die örtliche Zuständigkeit geändert, so ist das Verfahren an das nun zuständige Familiengericht abzugeben. Wurde die zu überprüfende Maßnahme durch das Beschwerdegericht getroffen, so obliegt die Überprüfung und ggf Abänderung dem erstinstanzlichen Familiengericht.[922]

Erforderlich ist die Einholung eines **Berichts des Jugendamtes**, aus dem zu erkennen **442** ist, ob sich Veränderungen ergeben haben, die eine Korrektur der getroffenen gerichtlichen Maßnahme nahelegen. Sind von der gerichtlichen Maßnahme Grundrechte der Eltern betroffen oder bedeutet sie für das Kind eine Veränderung der bisherigen Obhuts- und Lebensverhältnisse, so sind die **Anhörungspflichten** gem. §§ 159, 160 FamFG zu beachten.[923] Soweit die Aufhebung der ursprünglichen Maßnahmen Veränderungen in den Lebensverhältnissen des Kindes haben würde, ist auch der **Wille des Kindes** zu erforschen und ihm ein **Verfahrensbeistand** beizuordnen, § 158 FamFG.

Führt das Überprüfungsverfahren zu dem Ergebnis, dass die getroffene kindesschutz- **443** rechtliche Maßnahme nicht aufgehoben werden kann, weil die Erforderlichkeit der Maßnahme nicht entfallen ist oder eine Kindeswohlgefährdung nach wie vor besteht, stellt das Familiengericht idR durch **Beschluss** fest, dass die familiengerichtlichen kindesschutzrechtlichen Maßnahmen aufrecht erhalten bleiben. Ob das Ergebnis der Prüfung der Beteiligten **mitzuteilen** ist, wird in § 166 FamFG nicht geregelt, ist aber im Hinblick auf den Zweck der Regelung des § 1696 Abs. 2 BGB **geboten**, da die Eltern einen Anspruch auf die Überprüfung haben, damit auch einen Anspruch auf Information über die Tatsache, dass diese stattgefunden hat, aber eine Änderung der bestehenden Regelung nicht in Betracht kommt.[924] Die Beteiligten haben damit auch die Möglichkeit, selbst einen Antrag nach § 1696 BGB zu stellen.[925]

Da es sich bei dem Überprüfungsverfahren um ein informelles Verfahren handelt, bei **444** dem geprüft wird, ob ein Abänderungsverfahren einzuleiten ist und § 166 FamFG die Form der Mitteilung nicht regelt, ist es auch zulässig, das Ergebnis der Prüfung nicht durch Beschluss, sondern lediglich durch einen gerichtlichen Vermerk festzustellen und den Beteiligten **formlos** mitzuteilen, dass die Überprüfung stattgefunden hat, aber eine Änderung der bestehenden Regelung nicht in Betracht kommt.

Gelangt das Familiengericht zu dem Ergebnis, dass eine **Abänderung geboten** ist, lei- **445** tet es durch **Beschluss**, der eine Zwischenentscheidung ist, ein **Abänderungsverfahren**

---

920 Musielak/Borth, Familiengerichtliches Verfahren – Kommentar § 166 Rn 3 wobei hier die Auffassung vertreten wird, dass das Überprüfungsverfahren die Fortsetzung des Ausgangsverfahrens ist (Rn 4.).
921 Schwab/Motzer Teil III Rn 179.
922 Schwab/Motzer Teil III Rn 179.
923 OLG Bamberg FamRZ 1998, 1130.
924 Musielak/Borth § 166 Rn 4.
925 Musielak/Borth § 166 Rn 4.

von Amts wegen ein. Ist eine Veränderung der die örtliche Zuständigkeit begründenden Verhältnisse eingetreten, gibt das Familiengericht dieses Verfahren an das zuständige Familiengericht ab; dies rechtfertigt sich aus dem in § 4 enthaltenen Regelungszweck der vor allem von der **Ortsnähe** im Hinblick auf die anzustellenden Ermittlungen geprägt ist.[926]

4. Aufhebung von kindesschutzrechtlichen Maßnahmen

446 Kindesschutzrechtliche Maßnahmen sind aufzuheben, falls die Gefahr für das Wohl des Kindes nicht mehr besteht oder die Erforderlichkeit der Maßnahme entfallen ist, § 1696 Abs. 2. Die Maßnahmen dürfen nur solange aufrechterhalten werden, wie eine Gefahr für das Kindeswohl besteht und sie zu ihrer Abwehr geeignet, erforderlich und angemessen sind. Haben sich seit der Entscheidung entweder die tatsächlichen Verhältnisse geändert oder sind Umstände zu Tage getreten, die eine andere rechtliche Beurteilung des Sachverhalts erfordern, muss eine Entscheidung abgeändert werden.[927] Bei der Überprüfung ist auch auf die Frage einzugehen, ob die Maßnahme nicht nach Wegfall der ursprünglichen Gefährdungsursache aufgrund **anderer Umstände** aufrechterhalten werden muss.[928] Im Rahmen der Prüfung der Erforderlichkeit der Maßnahme ist auch zu überprüfen, ob eine weniger einschneidende Maßnahme ausreichend ist, wobei im Rahmen der regelmäßigen Überprüfung bei Entziehung des Aufenthaltsbestimmungsrechts und Unterbringung des Kindes in einer **Pflegefamilie** neben dem Fortbestand der Kindeswohlgefährdung auch die Tragweite der Trennung des Kindes von seinen Pflegeeltern und die Bereitschaft der künftigen Betreuungsperson, einen schonenden Übergang zu gewährleisten, mit zu berücksichtigen ist. Das Kindeswohl kann es erfordern, dass das Kind in der Pflegefamilie verbleibt, insbes. dann, wenn die Betreuung durch einen nahen Verwandten, der nicht Elternteil ist, erfolgen würde.[929] Es ist dann entweder von einer Aufhebung der sorgerechtlichen Maßnahme abzusehen oder es ist der Erlass einer **Verbleibensanordnung** zu prüfen.[930] Die Tragweite der Trennung von der Pflegefamilie, die Intensität der entstandenen Bindungen und die Erziehungsfähigkeit der Herkunftsfamilie sind zu berücksichtigen.[931] Bei einer Veränderung der Umstände, ist die Ursprungsmaßnahme **anzupassen**, zB indem anstelle des ursprünglichen Entzugs der Personensorge die Entscheidung auf einen Entzug des Aufenthaltsbestimmungsrechts abgemildert wird;[932] auch eine Ersetzung durch eine besser geeignete Maßnahme ist zu prüfen.[933] Das Elternrecht darf durch familiengerichtliche Maßnahmen in Ausübung des staatlichen Wächteramtes nicht länger beschnitten werden, als es zur Beseitigung einer Gefährdung des Kindeswohls unbedingt erforderlich ist. Andererseits muss das **Konti-**

---

926 Musielak/Borth § 166 Rn 4.
927 BayObLG FamRZ 1997, 956.
928 OLG Düsseldorf FamRZ 1992, 205; OLG Stuttgart FamRZ 2005, 1273; OLG Karlsruhe FamRZ 2005, 1501.
929 Schwab/Motzer Teil III Rn 177; OLG Stuttgart FamRZ 2005, 1273 (Großmutter).
930 Schwab/Motzer Teil III Rn 180.
931 OLG Stuttgart FamRZ 2005, 1372.
932 Johannsen/Henrich/Büte § 1696 Rn 33; FA-FamR/Büte Kap. 4 Rn 376.
933 BayObLG FamRZ 1982, 737.

Heiß

nuitätsinteresse des Kindes oder sein klar geäußerter **Wille** für die Beibehaltung der kindesschutzrechtlichen Maßnahme mitberücksichtigt werden, damit das Kind nicht ein weiteres Mal zum Leidtragenden wird, wenn es aus Verhältnissen wieder herausgerissen wird, in denen es sich eingelebt hat[934] und die oft eine Verbesserung seiner Gesamtsituation und seiner Entwicklungsmöglichkeiten darstellen.

5. Verbleibensanordnung nach § 1632 Abs. 4 BGB

Erfolgt nach Aufhebung von Maßnahmen nach § 1666 bei denen das Kind in einer Pflegefamilie untergebracht war, ein Herausgabeverlangen der Eltern, kann nach § 1632 Abs. 4 eine Verbleibensanordnung erlassen werden, wenn durch das Herausgabeverlangen das Kindeswohl in einem Ausmaß gefährdet würde, das dem Grad der Gefahr iSd § 1666 BGB entspricht.[935] Die Gefährdung des Kindeswohls kann sich hier daraus ergeben, dass es aus Verhältnissen herausgerissen wird, in denen es sich wohlfühlt und eingelebt hat und durch die eine gedeihliche Entwicklung gesichert ist. Dabei sind die Grundrechtspositionen der leiblichen Eltern, der Pflegeeltern und des Kindes gegeneinander abzuwägen.[936] Gem. § 158 Abs. 2 Nr. 3 und 4 handelt es sich um einen Regelfall, bei dem dem Kind ein **Verfahrensbeistand** bestellt werden muss. Gem. § 1697 a BGB steht das **Kindeswohl** bei der Abwägung im Vordergrund, wobei die gewachsenen Bindungen an die Pflegefamilie und die negativen Folgen einer möglichen Traumatisierung des Kindes im Fall eines Beziehungsabbruchs zu berücksichtigen sind.[937] Die Belange des Kindes sind vorrangig, aber es ist auch zu berücksichtigen, dass eine spätere Rückkehr zu den Eltern belastender sein kann als eine zeitnah erfolgende, weil die Entfremdung fortschreitet. Wird eine Verbleibensanordnung erlassen, ist gleichzeitig zu prüfen, ob und in welcher Weise der Kontakt des Kindes zu den leiblichen Eltern mittels einer **Umgangsregelung** zu gewährleisten ist.[938]

447

V. Überprüfungspflicht bei Absehen von Maßnahmen

1. Einmalige Überprüfungspflicht

Hat das Familiengericht Maßnahmen nach den §§ 1666-1667 BGB zunächst **abgelehnt**, soll es seine Entscheidung in einem angemessenen Zeitraum überprüfen. Als angemessener Zeitabstand gelten **3 Monate**, § 166 Abs. 3 FamFG.

448

§ 166 Abs. 3 FamFG legt verbindlich fest, dass das Familiengericht einen Beschluss, mit dem eine kindesschutzrechtliche Maßnahme abgelehnt wurde, zur Sicherung des Kindeswohls in einem angemessenen zeitlichen Abstand daraufhin überprüft, ob die getroffene Entscheidung weiterhin aufrecht erhalten bleiben kann und sich die Erwartungen, dass eine Kindeswohlgefährdung nicht eingetreten ist, – weil zB eingeleitete öffentliche Hilfemaßnahmen wirksam waren – erfüllt haben.[939]

449

---

934 OLG Frankfurt FamRZ 2002, 1277 (Aufrechterhaltung des Sorgerechtsentzugs trotz wiedergewonnener Erziehungsfähigkeit der Mutter); Schwab/Motzer Teil III Rn 179.
935 BT-Drucks. 13/4899, 96; Schwab/Motzer Teil III Rn 180.
936 BVerfG FamRZ 2005, 783; OLG Hamm FamRZ 2007, 659.
937 BVerfG FamRZ 1993, 783, 784; FamRZ 1999, 1417 (1418); FamRZ 2000, 1489; Schwab/Motzer Teil III Rn 180.
938 BayObLG FamRZ 2000, 633 (635); OLG Frankfurt FamRZ 2000, 1037; Schwab/Motzer Teil III Rn 180.
939 Musielak/Borth § 166 Rn 5.

450 Stellt das Familiengericht fest, dass sich die Verhältnisse seit der vorangehenden Entscheidung zu Lasten des Kindes verschlechtert haben, leitet es von Amts wegen ein Verfahren nach §§ 1666, 1666 a iVm § 166 FamFG ein. Dadurch wird der Möglichkeit begegnet, dass die Eltern sich nach der eine Maßnahme ablehnenden Entscheidung der Zusammenarbeit mit dem Jugendamt entziehen und sich deshalb die Gefahr einer Kindeswohlgefährdung erhöht.[940] Im Prüfungsverfahren wird regelmäßig ein **Bericht des Jugendamtes** eingeholt, vor allem dann, wenn das Jugendamt im Ausgangsverfahren eine Maßnahme für erforderlich gehalten hat.[941] Das Gericht kann aber auch nochmals eine Erörterung nach § 157 FamFG durchführen. Sind weiterhin Maßnahmen nach § 1666 ff nicht erforderlich, so wird dies durch einen Vermerk aktenkundig gemacht. Eine **wiederholte Überprüfung** der Kindeswohlsituation ist in der Folgezeit nur dann angezeigt, wenn **konkrete Anhaltspunkte** für eine Verschlechterung vorliegen, etwa durch Mitteilungen des Jugendamtes oder von Personen aus dem Umfeld des Kindes.

451 Der Kindesschutz soll durch § 166 Abs. 3 FamFG in den Fällen verbessert werden, in denen das Gericht andernfalls nicht von einer misslungenen Gefahrabwendung erfahren würde, etwa weil die Eltern **nicht mit dem Jugendamt kooperieren** oder entgegen ihrer Zusage im Verhandlungstermin **keine sozialpädagogischen Leistungen** in Anspruch nehmen.[942]

452 Die Möglichkeit, sich ohne konkreten Anlass erneut mit der Familie zu beschäftigen ist zwar ein staatlicher Eingriff in das Elternrecht, der allerdings dadurch abgeschwächt wird, dass die Überprüfung **nur einmal** stattfindet, sodass die Sorgeberechtigten diese reduzierte Eingriffsbefugnis zum Schutz des Kindes dulden müssen.[943] Das Gericht genügt seiner Überprüfungspflicht, wenn es den zuständigen Sachbearbeiter des Jugendamtes anruft und in den Akten dessen Bestätigung vermerkt, dass die Eltern ordnungsgemäß mit der Jugendhilfe zusammenarbeiten und die Kindeswohlgefährdung daher ausreichend abgewendet ist.[944] Wenn zunächst keine gerichtlichen Maßnahmen ergriffen werden, fühlen sich Eltern gelegentlich als „Sieger" gegen das Jugendamt und verweigern in der Folgezeit jegliche Kooperation mit diesem, mit der Folge, dass dem Kind notwendige Hilfen nicht zuteilwerden können. Sinn und Zweck des § 166 Abs. 3 ist es auch, sicherzustellen, dass in diesen Fällen dem Kind die erforderlichen Hilfen nicht länger vorenthalten bleiben.[945]

2. Verfahren

453 Das **Überprüfungsverfahren** ist ein informelles, selbständiges Verfahren, das von Amts wegen gem. § 26 FamFG eingeleitet wird; Änderungsanträge stellen lediglich Anregungen dar.[946] Das Jugendamt ist gem. § 162 FamFG zu beteiligten und gem.

---

940 Musielak/Borth § 166 Rn 5.
941 BT-Drucks. 16/6815, 16; Palandt/Diederichsen § 1696 Rn 26.
942 BT-Drucks. 16/6308, 242; Meysen NJW 2008, 2673 (2677).
943 MüKo/Olzen § 1696 Rn 48.
944 Völker/Clausius § 3 Rn 32.
945 Vgl Völker/Clausius § 3 Rn 32.
946 BGH FamRZ 1990, 1224.

Heiß

§ 158 FamFG ist die Bestellung eines Verfahrensbeistandes zu prüfen[947] – nach pflichtgemäßem Ermessen.

Das **Abänderungsverfahren** ist ein selbständiges Verfahren und nicht die Fortsetzung des früheren Verfahrens.[948] Die örtliche Zuständigkeit für das Abänderungsverfahren richtet sich gem. § 152 Abs. 2 FamFG nach dem **gewöhnlichen Aufenthalt des Kindes** im Zeitpunkt der Befassung des Gerichts mit der Sache oder nach Abs. 3 bei Bestehen einer Fürsorgebedürftigkeit. Ist ein anderes Gericht zuständig, ist das Verfahren dorthin zu verweisen.[949]   454

Für das Abänderungsverfahren gelten die Bestimmungen, die auch für ein Erstverfahren gelten. Dh, das Jugendamt ist gem. § 162 FamFG zu beteiligen, gem. § 158 FamFG ist die Bestellung eines Verfahrensbeistands zu prüfen. Die Eltern, das Kind und andere Beteiligte sind gem. §§ 159-161 FamFG **anzuhören** und gem. § 156 FamFG hat das Gericht auf ein Einvernehmen der Beteiligten hinzuwirken, wenn dies dem Kindeswohl nicht widerspricht.   455

F. Inobhutnahme gem. § 42 SGB VIII

Gem. § 42 SGB VIII ist das Jugendamt berechtigt und verpflichtet, ein Kind oder einen Jugendlichen in seine Obhut zu nehmen, wenn   456

1. das Kind oder der Jugendliche um Obhut bittet (sog Selbstmelder) oder

2. eine dringende Gefahr für das Wohl des Kindes oder des Jugendlichen die Inobhutnahme erfordert (dabei kann ein Kind oder ein Jugendlicher auch einer anderen Person weggenommen werden) und

   a) die Personensorgeberechtigten **nicht widersprechen** oder

   b) eine **familiengerichtliche Entscheidung nicht rechtzeitig eingeholt werden kann** oder

3. ein ausländisches Kind oder ein ausländischer Jugendlicher unbegleitet nach Deutschland kommt und sich weder Personen- noch Erziehungsberechtigte im Inland aufhalten.

Widersprechen die Personensorge- oder Erziehungsberechtigten der Inobhutnahme, so hat das Jugendamt **unverzüglich** das Kind oder den Jugendlichen den Personensorge- oder Erziehungsberechtigten zu übergeben, sofern nach der Einschätzung des Jugendamts eine Gefährdung des Kindeswohls nicht besteht oder die Personensorge- oder Erziehungsberechtigten bereit und in der Lage sind, die Gefährdung abzuwenden oder eine **Entscheidung des Familiengerichts** über die erforderlichen Maßnahmen zum Wohl des Kindes oder des Jugendlichen herbeizuführen, § 42 Abs. 3 SGB VIII. Bei einem **ausländischen** Kind oder Jugendlichen ist unverzüglich die Bestellung eines Vormunds oder Pflegers zu veranlassen.   457

---

947 BayObLG FamRZ 2000, 633 (635); Johannsen/Henrich/Büte § 1696 Rn 41.
948 BGH FamRZ 1990, 1101; 1990, 1224; 1993, 49; Johannsen/Henrich/Büte § 1696 Rn 37.
949 BGH FamRZ 1990, 1226; 1993, 307.

458   Erfährt das Jugendamt von einer Kindeswohlgefährdung, kann es das Kind oder den Jugendlichen in Obhut nehmen, wenn es **keine andere Hilfsmöglichkeit** gibt. IdR finden Kinder und Jugendliche Obhut in Bereitschaftspflegefamilien und Heimeinrichtungen. Während der Inobhutnahme befindet sich das **Aufenthaltsbestimmungsrecht** beim Jugendamt. Die Inobhutnahme ist als Krisenintervention in kurzfristigen pädagogischen Ausnahmesituationen vorgesehen.[950] In **Eil- und Notfällen** soll die Jugendhilfe (zB der Kindernotdienst) zum Schutz von Kindern und Jugendlichen handeln können.[951]

459   Die Inobhutnahme darf nur erfolgen, wenn sie **zwingend notwendig** ist. Aufgabe des Jugendamtes ist es dabei, das **Elternrecht** und die Erfordernisse des **staatlichen Wächteramtes** im Interesse der eigenen Rechte der betroffenen Kinder und Jugendlichen in Einklang zu bringen.[952] **Unbegründete Inobhutnahmen** wiegen vor dem Hintergrund der damit verbundenen Verletzung des verfassungsrechtlich verbrieften **Elternrechts** gem. Art. 6 Abs. 2 GG bzw den Schutz nach Art. 8 Abs. 1 EMRK schwer. Dies gilt umso mehr, als die **Rückführung** eines Kindes in den elterlichen Haushalt im Einzelfall scheitern kann.[953]

460   Die der Inobhutnahme zugrundeliegende Entscheidung des Jugendamts ist ein **Verwaltungsakt**, der den Adressaten – also sowohl dem Kind als auch dem Personensorgeberechtigten – bekannt zu geben und zu begründen ist.[954]

461   Gegen die Inobhutnahme kann beim Jugendamt Widerspruch eingelegt werden. Ein solcher Anfechtungswiderspruch hat gem. § 80 Abs. 1 VwGO grundsätzlich **aufschiebende Wirkung**, sodass im Fall eines eingelegten Widerspruchs immer auch zu prüfen ist, ob die sofortige Vollziehung gem. § 80 Abs. 2, 3 VwGO angeordnet wurde. Die Bewertung der Rechtmäßigkeit der Inobhutnahme und insbes. deren Aufrechterhaltung nach eingelegtem Widerspruch einschließlich der Frage der Kostentragung unterliegt – in Abgrenzung zu Fragen der Personensorge – der **verwaltungsgerichtlichen Prüfung**.[955]

I. Voraussetzung der Inobhutnahme

462   Die häufigsten Fälle in der Praxis sind neben den sog Selbstmeldern, bei denen ein Kind oder Jugendlicher um Inobhutnahme bittet, was zu einer Handlungspflicht des Jugendamtes führt, die Fälle einer **dringenden Gefahr** für das Wohl des Kindes oder des Jugendlichen, wenn entweder die Personenberechtigten nicht widersprechen oder eine familiengerichtliche Entscheidung nicht rechtzeitig eingeholt werden kann, § 42 Abs. 1 Nr. 2 SGB VIII.

463   Bei den Selbstmeldern nach § 42 Abs. 1 Nr. 1 SGB VIII entsteht die Leistungsverpflichtung des Jugendamtes allein dadurch, dass ein Kind/Jugendlicher von sich aus

---

950   BT-Drucks. 11/5948, 79.
951   Völker/Clausius § 12 Rn 13.
952   BGH FamRZ 2006, 544.
953   Völker/Clausius § 12 Rn 13 mit Hinw. auf die damit verbundene Amtshaftungsgefahr, § 12 Rn 8.
954   Hoffmann JAmt 2012, 244.
955   OVG Lüneburg FamRZ 2010, 769; OVG Sachsen JAmt 2010, 244; Völker/Clausius § 12 Rn 15.

ein subjektives Schutzbedürfnis schildert, wobei eine wirksame Bitte um Inobhutnahme bereits vorliegt, wenn der Hilfesuchende die Fähigkeit zur natürlichen Willensbildung besitzt.[956] Der um Inobhutnahme Bittende muss keine weitere Begründung angeben und es bedarf auch keiner Vorprüfung der tatsächlichen Situation.[957] Das Jugendamt muss aber bei der Inobhutnahme den mutmaßlichen Willen des Personensorgeberechtigten beachten und entweder dessen Einverständnis oder die Entscheidung des Familiengerichts einholen um eine Verletzung des Elternrechts zu vermeiden.[958]

Bei **dringender Gefahr** für das Wohl des Kindes/Jugendlichen schreibt das Gesetz ausdrücklich vor, dass, wenn der Personensorgeberechtigte widerspricht, die Inobhutnahme nur erlaubt ist, wenn eine familiengerichtliche Entscheidung nicht rechtzeitig eingeholt werden kann.   464

Eine **dringende Gefahr** liegt bei einer Situation vor, die bei weiterer Entwicklung eine erhebliche Schädigung des geistigen oder seelischen Wohls des Kindes mit an Sicherheit grenzender Wahrscheinlichkeit erwarten lässt[959] und sich zudem nach dem objektiv anzunehmenden Verlauf alsbald auswirken wird,[960] wobei Beurteilungsmaßstab § 1666 BGB ist. Damit dem Grundsatz der **Verhältnismäßigkeit** ausreichend Rechnung getragen ist, bedarf es einer sorgfältigen fachgerechten Prüfung durch das Jugendamt, ob die festgestellten Umstände, die Wahrscheinlichkeit eines Schadenseintrittes naheliegen und die Inobhutnahme berechtigt ist.   465

Jede vermeidbare **Fehleinschätzung** geht zu Lasten des Jugendamtes, und dann auch die Kostenübernahme der rechtswidrigen Inobhutnahme.[961]   466

Zum Wohl des Kindes muss die Inobhutnahme erfolgen, wenn ein Widerspruch der Eltern vorliegt, ohne dass die Eltern willens oder in der Lage wären, die Gefahrensituation abzuwenden und rechtzeitig eine familiengerichtliche Entscheidung nicht eingeholt werden kann. Erfolgt demgegenüber ein Widerspruch gegen die Inobhutnahme und sind die Eltern gleichzeitig bereit und in der Lage, die Gefahrensituation **abzuwenden**, ist die Inobhutnahme nicht erlaubt. Vor allem, wenn das Kind bereits bei einer als geeignet anzusehenden Person untergebracht ist und dort auch bleiben möchte, ist die Inobhutnahme nicht gerechtfertigt.[962]   467

Ein effektiver Kindesschutz ist nur gewährleistet, wenn bei Bestehen einer dringenden Gefahr für das Wohl des Kindes/Jugendlichen, die von einer bestimmten Person ausgeht, die zur Abwendung dieser Gefahr nicht willens und in der Lage ist, das Jugendamt zur Wegnahme des Kindes auch und gerade gegenüber dem Erziehungsberechtigten selbst berechtigt ist.[963] Die **Wegnahme eines Säuglings von seiner Mutter** unmittelbar nach der Geburt bedarf jedoch **außergewöhnlich zwingender Gründe** und einer   468

---

956 Völker/Clausius § 12 Rn 16; Finke JAmt 2011, 251; Hoffmann JAmt 2012, 244.
957 Trenczek Inobhutnahme, 2. Aufl. S. 195 ff.
958 Völker/Clausius § 12 Rn 17.
959 BGH NJW 1956, 1434.
960 OVG Sachsen JAmt 2010, 244.
961 Völker/Clausius § 12 Rn 18.
962 Ollmann FamRZ 2000, 261 zum Geltungsbereich des § 42 SGB VIII.
963 BT-Drucks. 15/3676, 50; Völker/Clausius § 12 Rn 19.

vorherigen Anhörung der Eltern.[964] Die **Inobhutnahme eines Säuglings** ist unter Umständen dann rechtswidrig, wenn sich das Kind zum Zeitpunkt der Inobhutnahme zu einer mehrtägigen Diagnose mit Einverständnis des Personensorgeberechtigten im Krankenhaus befindet und deshalb rechtzeitig vor der Entlassung aus dem Krankenhaus eine **familiengerichtliche Entscheidung** nach § 1666 BGB erwirkt werden kann, die sich gegenüber dem direkten Eingriff durch das Jugendamt in das Elternrecht als das **mildere Mittel** darstellt.[965] Macht jedoch der Personensorgeberechtigte einen Herausgabeanspruch nach § 1632 Abs. 1 BGB geltend und wäre die Herausgabe an ihn mit einer dringenden Gefahr für das Kind/den Säugling verbunden, ist eine kurzfristige Inobhutnahme gerechtfertigt, wenn eine familiengerichtliche Entscheidung nicht rechtzeitig eingeholt werden kann.[966]

469 Das Jugendamt muss das Kind oder den Jugendlichen nach der Inobhutnahme ausdrücklich darauf hinweisen, dass die Möglichkeit besteht, sich unverzüglich – dh ohne schuldhafte Verzögerung – mit einer **Vertrauensperson** in Verbindung zu setzen, § 42 Abs. 2 S. 2 SGB VIII. Dabei entscheidet das Kind bzw der Jugendliche selbst darüber, wer seine Vertrauensperson ist. Allerdings hat das Jugendamt einen solchen Kontakt zu unterbinden, bei dem von der betreffenden Person Gefahren iSd § 1666 BGB ausgehen oder die Inobhutnahme selbst gefährden.[967]

II. Herbeiführung einer familiengerichtlichen Entscheidung

470 Kommt das Jugendamt aufgrund sorgfältiger Risikoeinschätzung zu dem Ergebnis, dass die Herausgabe des Kindes an den Personensorge- bzw Erziehungsberechtigten zu einer Kindeswohlgefährdung führen würde, muss es **unverzüglich eine familiengerichtliche Entscheidung** herbeiführen.[968] Die Entscheidung des Familiengerichts richtet sich nicht auf die Prüfung der Rechtmäßigkeit der Entscheidung des Jugendamtes zur Vornahme oder Aufrechterhaltung der Inobhutnahme.[969] Die Frage der Rechtmäßigkeit der Inobhutnahme ist ggf in einem **verwaltungsrechtlichen Verfahren** zu prüfen.[970] Die **familiengerichtliche Entscheidung** richtet sich allein auf die im Zusammenhang mit der Kindeswohlgefährdung zu treffenden sorgerechtlichen Maßnahmen nach §§ 1666, 1666 a BGB.[971] Dabei sind aber auch die erforderlichen notwendigen Eingriffe zur Abwehr der Kindeswohlgefährdung zu prüfen.[972] Bei fehlendem Einverständnis des Personensorgeberechtigten ist die **Fortdauer der Inobhutnahme** nur rechtmäßig, wenn das Jugendamt unverzüglich eine familiengerichtliche Entscheidung herbeiführt.[973]

---

964 EuGHMR FamRZ 2005, 585.
965 VG Gelsenkirchen FF 2012, 132; Völker/Clausius § 12 Rn 19.
966 Vgl Hoffmann JAmt 2012, 244; Völker/Clausius § 12 Rn 19.
967 Völker/Clausius § 12 Rn 23.
968 Czerner, Probleme bei der Inobhutnahme gem. § 42 SGB VIII ZfJ 2000, 372; Völker Clausius § 12 Rn 25 mwN.
969 BVerfG FamRZ 2007, 1627; OLG Bamberg FamRZ 1999, 663.
970 Zum Rechtsweg für Widerspruch gegen andauernde Inobhutnahme vgl Trenczek/Meysen JAmt 2010, 543.
971 Vgl OVG Lüneburg FamRZ 2010, 769.
972 BVerfG FamRZ 2007, 1627.
973 VG Freiburg, Urteil v. 24.4.2012 – 3 K 2715/10 –, Juris; Völker/Clausius § 12 Rn 25.

Freiheitsentziehende Maßnahmen im Rahmen der Inobhutnahme zur Abwehr von 471
Gefahr für Leib oder Leben des Kindes/Jugendlichen bedürfen zwingend der familiengerichtlichen Genehmigung nach § 1631 b BGB; auch ein Einverständnis des Kindes/
Jugendlichen ändert daran nichts.[974] Wird die Maßnahme wegen Gefahr im Verzug
ohne vorherige familiengerichtliche Entscheidung durchgeführt, so ist diese **unverzüglich nachzuholen**, und zwar spätestens mit Ablauf des Tages, der dem Tag der Freiheitsentziehung folgt, § 42 Abs. 5 S. 1 SGB VIII[975] – andernfalls ist die Freiheitsentziehung aufzuheben.

Ist der Sorgeberechtigte mit der freiheitsentziehenden Maßnahme nicht einverstan- 472
den, so ist **neben der Genehmigung** nach § 1631 b BGB auch über die **Zustimmungs-
ersetzung** nach § 1666 Abs. 3 Nr. 5 zu entscheiden oder über Einschränkungen der
elterlichen Sorge.[976]

Ist bei der Inobhutnahme die Anwendung **unmittelbaren Zwangs** erforderlich, so 473
sind die dazu befugten Stellen hinzuzuziehen; allein die Polizeibehörden sind zur Anwendung unmittelbaren Zwangs legitimiert.[977]

III. Beendigung der Inobhutnahme

Die Inobhutnahme ist unverzüglich zu beenden, wenn diese nicht mehr erforderlich 474
und angemessen ist und beim Verlassen der Schutzstelle keine Gefahr mehr droht.[978]
Die Inobhutnahme endet mit der Übergabe des Kindes/Jugendlichen an die Personen-
sorge- oder Erziehungsberechtigten oder der Entscheidung über die Gewährung von
Hilfen nach § 42 Abs. 4 SGB VIII oder wenn sich das Kind oder der Jugendliche –
trotz ausreichender Sicherungsmaßnahmen des Jugendamtes – aus einer Schutzein-
richtung entfernt.[979] Nach Beendigung der Inobhutnahme ist das Jugendamt nicht
verpflichtet, den Minderjährigen an den Wohnort des Sorgeberechtigten zu begleiten,
außer wenn im Einzelfall dieser aus vertretbaren Gründen an der Abholung gehindert
ist.[980]

G. Freiheitsentziehende Unterbringung nach §§ 1631 b, 1800 und 1915 BGB und nach den Landesgesetzen

§ 1631 b BGB
Eine Unterbringung des Kindes, die mit Freiheitsentziehung verbunden ist, bedarf der Genehmigung des Familiengerichts. Die Unterbringung ist zulässig, wenn sie zum Wohl des Kindes insbesondere zur Abwendung einer erheblichen Selbst- oder Fremdgefährdung, erforderlich ist und der
Gefahr nicht auf andere Weise, auch nicht durch andere öffentliche Hilfen begegnet werden kann.
Ohne die Genehmigung ist die Unterbringung nur zulässig, wenn mit dem Aufschub Gefahr verbunden ist; die Genehmigung ist unverzüglich nachzuholen.

---

974 Salgo FPR 2011, 546, 548.
975 Kunkel, das Zusammenspiel von Jugendamt und Familiengericht nach § 42 SGB VIII, Kind-Prax 2002,
159; Czerner, Problem bei der Inobhutnahme, ZfJ 2000, 372.
976 BVerfG FamRZ 2007, 1627.
977 BT-Drucks. 11/5948, 81; Finke, Zur Vollstreckung von Inobhutnahmen – insbes. zum Verhältnis von Polizei und Jugendamt bei der Anwendung unmittelbaren Zwangs JAmt 2011, 251.
978 VG Würzburg JAmt 2004, 597.
979 Wiesner, HK SGB VIII § 42 Rn 54.
980 Völker/Clausius § 12 Rn 30.

475 Eine Freiheitsentziehung ist ein so starker Eingriff in die Kindesentwicklung, dass eine gerichtliche Genehmigung gefordert wird. Das Genehmigungserfordernis rechtfertigt sich aus der besonderen Schutzwürdigkeit des Kindes angesichts einer drohenden Unterbringung mit Freiheitsentziehung.[981]

476 Verfahren, welche die Unterbringung Minderjähriger betreffen, sind **Familiensachen** gem. § 111 Nr. 2 FamFG und **Kindschaftssachen** iSv § 151 Nr. 6, 7 FamFG. Die freiheitsentziehende Unterbringung Minderjähriger nach den Landesgesetzen über die Unterbringung psychisch Kranker nennt § 151 Nr. 7 FamFG. Diese Regelung gilt auch für sog unterbringungsähnliche Maßnahmen iSd § 1906 Abs. 4 wie zB Fixierung, Sistierung durch mechanische Vorrichtungen, verschlossene Eingangstüren oder Medikamente. Zuständig für die Verfahren nach § 151 Nr. 6 und Nr. 7 FamFG ist der Richter, da dem Rechtspfleger nach § 3 RPflG keine Maßnahmen übertragen werden, die eine freiheitsentziehende Unterbringung zum Inhalt haben.[982]

I. Voraussetzungen

477 Eine **Freiheitsentziehung** liegt vor, wenn der Betroffene gegen seinen Willen oder im Zustand der Willenlosigkeit in einem räumlich begrenzten Bereich einer geschlossenen Einrichtung festgehalten, sein Aufenthalt ständig überwacht und die Kontaktaufnahme mit Personen außerhalb des Bereichs eingeschränkt wird.[983] Sie liegt insbes. vor, wenn die persönliche Bewegungsfreiheit des Kindes gegen seinen natürlichen Willen allseitig und umfassend beeinträchtigt wird, vor allem durch Einschließen oder Einsperren. Dies ist bei einer Unterbringung in einem geschlossenen psychiatrischen Krankenhaus oder in einer geschlossenen Abteilung eines Heims oder eines solchen Krankenhauses der Fall.[984] Auch mit einer Einweisung zu einer stationären Kur in eine Fachklinik für Suchtkranke oder Klinik für Rehabilitation wird idR eine Freiheitsentziehung verbunden sein.[985]

478 **Abzugrenzen** ist die Unterbringung in einer geschlossenen Abteilung einer entsprechenden Einrichtung von den allgemeinen Erziehungsmaßnahmen, etwa einem Stubenarrest oder der Unterbringung in einem Internat. Ob von einer freiheitsentziehenden Maßnahme auszugehen ist, wenn es sich um eine **halboffene Unterbringung** handelt, ist umstritten; letztlich kommt es darauf an, ob dem Betroffenen die eigene Entscheidungskompetenz genommen wird, einen bestimmten Ort dauerhaft aufzusuchen oder zu verlassen.[986]

479 Die Frage, ob von der Genehmigungspflicht auch **unterbringungsähnliche Maßnahmen**, wie etwa die **Körperfixierung**, erfasst sind, ist umstritten und derzeit beim BGH anhängig.[987] Überwiegend wird in der Rechtsprechung – jedenfalls bei erwachsenen – bei **regelmäßiger Fixierung** durch einen Bauchgurt am Stuhl tagsüber oder bei Eingit-

---

981 Vgl Staudinger/Salgo § 1631 b Rn 4; MüKo/Huber § 1631 b Rn 1.
982 Musielak/Borth § 151 Rn 11.
983 BGH FamRZ 2001, 149; OLG Düsseldorf FamRZ 1963, 312.
984 MüKo/Huber § 1631 b Rn 4; BT-Drucks. 8/2788, 51.
985 BT-Drucks. 8/2788, 51.
986 Salgo FPR 2011, 546 (547).
987 Verneinend OLG Oldenburg FamRZ 2012, 39; DIJuF-Rechtsgutachten JAmt 2010, 236.

Heiß

terung des Bettes, die sog unterbringungsähnliche Maßnahme als freiheitsentziehend angesehen, ebenso wie mechanische Vorrichtungen oder Medikamente, die die persönliche Bewegungsfreiheit individuell über einen längeren Zeitraum oder regelmäßig entziehen.[988] **Häusliche Maßnahmen** wie das Schutzgitter vor dem Bett des Kleinkindes oder das Ausgangsverbot aus erzieherischen Gründen ist genehmigungsfrei. Erfasst werden nur Maßnahmen, die während des Aufenthalts des Kindes in einer Anstalt oder eine Institution erfolgen, wobei aber das Schutzgitter vor dem Bett eines Babys auch im Krankenhaus genehmigungsfrei ist.[989]

Unabhängig davon ist aber die Vornahme einer freiheitsentziehenden Maßnahme (zB Fixierung) innerhalb einer bereits genehmigten freiheitsentziehenden Unterbringung in einer geschlossenen Klinik eine **neue Stufe** des Freiheitsentzugs, die von der bisherigen Genehmigung nicht gedeckt ist und deshalb neuer Genehmigung bedarf.[990]   **480**

Das **Einverständnis des Kindes** ändert an dem Genehmigungserfordernis nach § 1631 b nichts.[991]   **481**

Auf Fälle der Beendigung lebenserhaltender Maßnahme für ein Kind ist § 1631 b BGB nicht entsprechend anwendbar.[992]   **482**

1. Freiheitsentziehung nach § 1631 b BGB

Die **geschlossene Unterbringung** ist nur zulässig, wenn sie zum **Wohl des Kindes**, hauptsächlich zur Abwehr einer erheblichen Selbst- oder Fremdgefährdung erforderlich ist, Abwehr einer erheblichen Selbst- oder Fremdgefährdung und der Gefahr nicht auf andere Weise, auch nicht durch andere öffentliche Hilfen begegnet werden kann.   **483**

Die gerichtliche Genehmigung einer mit Freiheitsentziehung verbundenen Unterbringung ist daher nur zu erteilen, wenn das wohlverstandene Interesse des Kindes eine solche Maßnahme erfordert. Im Mittelpunkt des Genehmigungsverfahrens steht die Frage, ob das Kind wegen seines körperlichen, geistigen oder seelischen Zustandes gerade der Pflege, Erziehung oder Verwahrung in einer mit Freiheitsentziehung verbundenen Form bedarf. Bei einer Fremdgefährdung steht der Gedanke im Vordergrund, dass sich das Kind dem Risiko von Notwehrmaßnahmen oder Ersatzansprüchen Dritter sowie Zivil- und Strafprozessen aussetzt.[993]   **484**

Typische Fälle von **Selbstgefährdung** liegen etwa bei S-Bahn- und Aufzug-Surfern oder Crash-Kids, bei vergleichbar anderen vorsätzlich hochgefährlichen Verhaltensweise, bei Alkohol-, Drogen- oder Tablettenmissbrauch, bei akuten psychiatrischen   **485**

---

988 LG Berlin FamRZ 1991, 365; AG Frankfurt FamRZ 1988, 1209; aA AG Recklinghausen FamRZ 1988, 653: Lediglich freiheitsbeschränkend.
989 MüKo/Huber § 1631 b Rn 8.
990 MüKo/Huber § 1631 b Rn 9.
991 Salgo FPR 2011, 546 (548 f); vgl auch aus kinder- und jugendpsychiatrischer Sicht Schepker FPR 2011, 570.
992 So OLG Brandenburg FamRZ 200, 1033.
993 OLG Saarbrücken FamRZ 2010, 1920; Völker/Clausius § 1 Rn 78.

Erkrankungen mit eigenverletzenden Tendenzen oder bei depressiv-suizidalen Zuständen, ferner bei Prostitution des Kindes vor.[994]

486 **Fremdgefährdung** kann bei Kindern und Minderjährigen vorliegen, die permanent andere Menschen persönlich massiv angreifen oder sexuell heftig übergriffig sind.[995]

487 Da eine psychische Krankheit oder geistige bzw körperliche Behinderung keine Voraussetzung für eine geschlossene Unterbringung eines Kindes ist, muss die geschlossene Einrichtung, in der die Unterbringung erfolgen soll, über ein geeignetes **therapeutisches und pädagogisches Konzept** zur Gefährdungsbeseitigung verfügen. Andernfalls scheidet eine Unterbringung aus.[996]

488 Die mit Freiheitsentziehung verbundene Unterbringung eines Kindes ist nur mit Genehmigung des Familiengerichts zulässig. Bei der Genehmigung sind die verfassungsrechtliche verbrieften Freiheitsgrundrechte des Kindes nach Art. 2 Abs. 2 S. 2 GG zu berücksichtigen. Die Freiheit des Kindes/Minderjährigen ist ein so hohes Rechtsgut, dass sie nur aus besonders wichtigem Grund angetastet werden darf.[997] Die Einschränkung der Grundrechte ist daher stets der strengen Prüfung am **Grundsatz der Verhältnismäßigkeit** zu unterziehen. Zur Vermeidung einer lebensbedrohenden Selbstgefährdung kann aber auch dann die Unterbringung genehmigt werden, wenn eine gezielte Therapiemöglichkeit nicht besteht;[998] das gilt nicht, wenn die Gefahr durch andere Mittel als die freiheitsentziehende Unterbringung abgewendet werden kann.[999] In weniger gewichtigen Fällen muss eine derart einschneidende Maßnahme sogar generell **unterlassen** werden.[1000] Ist ein Kind schon lange geschlossen untergebracht und hat es dort nur **geringe Fortschritte** gemacht, muss dies im Rahmen der Verhältnismäßigkeitsprüfung mitberücksichtigt werden.[1001] Der Freiheitsentzug für Jugendliche wirkt sich in besonders einschneidender Weise aus, weil das Zeitempfinden Jugendlicher anders ist als das Erwachsener. Typischerweise leiden Jugendliche stärker unter der Trennung von ihrem gewohnten sozialen Umfeld. Aus alledem ergeben sich spezielle Bedürfnisse, besondere Chancen und Gefahren durch den Freiheitsentzug und eine diesbezüglich besondere Empfindlichkeit Jugendlicher.[1002]

2. Vorrang anderer öffentlicher Hilfen

489 Die Entscheidung des Familiengerichts hat zugleich dem Freiheitsrecht des Minderjährigen Rechnung zu tragen. Eine geschlossene Unterbringung kommt daher nur als **letztes Mittel** und nur für **kürzeste angemessene Zeit** in Betracht.[1003] Im Fall der Fremdgefährdung kann die Unterbringung des Kindes geboten sein, wenn das Kind

---

994 Vgl Eckebrecht/Schael, Verfahrenshandbuch Familiensachen § 2 Rn 177.
995 OLG Hamm Beschluss v. 21.12.2011 – 8 UR 271/11 – juris; Völker/Clausius § 11 Rn 78; Eckebrecht/Schael § 2 Rn 177.
996 Eckebrecht/Schael § 2 Rn 177.
997 BVerfGE 45, 187.
998 BGH FamRZ 2011, 1725.
999 BGH FamRZ 2010, 365.
1000 BVerfGE 58, 208; BVerfG FamRZ 2007, 1627.
1001 OLG Saarbrücken, FamRZ 2010, 1920.
1002 BVerfGE 116, 69; OLG Saarbrücken, FamRZ 2010, 1920.
1003 Vgl auch Art. 37 b der UN-Kinderrechtskonvention.

sich sonst dem Risiko von Notwehrmaßnahmen, Ersatzansprüchen und Prozessen aussetzt. Eigen- und Fremdgefährdung sind insoweit eng miteinander verbunden.[1004]

Auch wenn bei zunehmend dissozialem Verhalten mit Schulabsentismus, wiederholter Straffälligkeit und Drogenkonsum eine hohe Gefährdung der weiteren Entwicklung in allen relevanten Bereichen des Jugendlichen vorliegt und bei dieser Sachlage das Kindeswohl in erheblicher Weise gefährdet ist, muss vor der Genehmigungserteilung festgestellt werden, dass dieser Gefahr nicht auf andere Weise begegnet werden kann. Es ist zu prüfen, ob eine Hilfe zur Erziehung nach § 27 SGB VIII in Anspruch genommen wurde und für den Betroffenen ein Erziehungsbeistand oder Betreuungshelfer nach § 30 SGB VIII bestellt wurde sowie ob von den gegenüber einer geschlossenen Unterbringung vorrangigen anderen Möglichkeiten öffentlicher Hilfe Gebrauch gemacht wurde, sei es von einer Erziehung in einer Tagesgruppe nach § 32 SGB VIII, der intensiven sozialpädagogischen Einzelbetreuung nach § 35 SGB VIII oder der Hilfe zur Erziehung in einer Einrichtung über Tag und Nacht (Heimerziehung) oder einer sonstigen betreuten Wohnform, die Kinder und Jugendliche durch eine Verbindung von Alltagserleben mit pädagogischen und therapeutischen Angeboten in ihrer Entwicklung fördern soll, gem. § 34 SGB VIII.[1005]   **490**

Solange von diesen Maßnahmen, die nicht zwingend in einer geschlossenen Einrichtung erfolgen, also nicht notwendigerweise mit einer Freiheitsentziehung verbunden sind, erfolglos Gebrauch gemacht wurde, ist eine Freiheitsentziehung nicht gerechtfertigt und damit unverhältnismäßig.[1006] Auch wenn ein Sachverständigengutachten zu dem Ergebnis kommt, dass der Betroffene keine **Krankheits- und Problemeinsicht** zeigt, ist zu prüfen, ob nicht Anhaltspunkte dafür vorliegen, dass etwa eine Heimerziehung in einer **offenen Einrichtung** nicht aussichtslos ist. Da die Genehmigung einer mit Freiheitsentziehung verbundenen Unterbringung aber nur die letzte Möglichkeit sein darf, um einer Gefährdung des Kindeswohls zu begegnen, fehlt ansonsten der erteilten Genehmigung die erforderliche tatsächliche Grundlage und der Beschluss kann keinen Bestand haben.[1007] Im **Mittelpunkt** des familiengerichtlichen Genehmigungsverfahrens steht die Frage, ob diese Form der Unterbringung „unerlässlich" ist, dh ob nicht weniger einschneidende Maßnahmen ausreichen. Insofern begrenzt § 1631 b BGB elterliches Auswahlermessen als die Vorschrift die Elternentscheidung einer idR vorausgehenden Kontrolle unterwirft. Trotz des hier geltenden Amtsermittlungsgrundsatzes trifft die zur Antragstellung verpflichteten **Eltern** (bzw den Vormund) die **Feststellungslast dafür**, dass das Kind wegen seines körperlichen, geistigen oder seelischen Zustandes gerade der Pflege, Erziehung oder Verwahrung oder Behandlung in einer mit Freiheitsentziehung verbundenen Form bedarf. Die Familiengerichte müssen das **ganze Arsenal** der ambulanten und stationären jugendhilferechtlichen Instrumentarien zur Wiederherstellung und Bewahrung des Kindeswohls kennen.[1008] Die Fami-   **491**

1004 BGH FamRZ 2012, 1556 (1558); BT-Drucks. 16/6815.
1005 BGH FamRZ 2012, 1556 (1558); BT-Drucks. 16/6815, 10, 13.
1006 BGH FamRZ 2012, 1556 (1558).
1007 BGH FamRZ 2012, 1556 (1558) Rn 22.
1008 Salgo Anm. zu BGH FamRZ 2012, 1556, S. 1559.

liengerichte müssen sich auch mit den in den Sachverständigengutachten festgestellten **Störungsbildern** auskennen, um beurteilen zu können, ob die von den Eltern favorisierten Maßnahmen **wirklich erforderlich** sind. Nachhaltig betont der BGH die Breite und Intensität der Abwägungen zu den anderen öffentlichen Hilfen, die eine Freiheitsentziehung überflüssig machen können. Wenn aber andere ambulante Hilfen bereits gescheitert sind, sollen die Familiengerichte die Eltern nicht auf ambulante Hilfe verweisen, zu deren Erbringung die Jugendämter nicht (mehr) bereit sind. Auch sollten wenig aussichtsreiche Versuche, die dringend notwendigen, therapeutischen Maßnahmen **nicht immer wieder verzögern**, zumal ein Streit unter den staatlichen Instanzen auch kontraproduktive Effekte beim betroffenen Minderjährigen auslösen kann.[1009]

492   Das Gesetz sieht davon ab, Gründe für eine geschlossene Unterbringung abschließend aufzuzählen, da diese Gründe zu vielschichtig sind.[1010] Die Unterbringung dient dem Wohl des betroffenen Kindes, wenn sie zur Abwendung einer erheblichen Selbst- oder Fremdgefährdung erforderlich ist. Das ist zB der Fall, wenn aufgrund eines überzeugenden Sachverständigengutachtens feststeht, dass das Kind derzeit weder in einer offenen Einrichtung noch in einem ambulanten Rahmen ausreichend therapeutisch betreut werden kann und außerhalb einer geschlossenen Unterbringung die Gefahr besteht, dass sich das Kind zB Dritten gegenüber erneut sexuell auffällig verhält.[1011] Dabei ist es rechtlich nicht zu beanstanden, wenn die geschlossene Unterbringung nach **Anhörung des Kindes in Anwesenheit des Verfahrensbeistands** für den Zeitraum von 1 Jahr und 4 Monaten genehmigt wird (in einer geschlossenen Intensivgruppe für sexuelle übergriffig agierende Jungen und Jugendliche bei nächtlichem Einschließen des betroffenen Kindes in seinem Zimmer in der Zeit von 21.30 Uhr bis maximal 8.00 Uhr sowie während der Teamkonferenz für die Dauer von maximal 3 Stunden), wenn aufgrund des vom Sachverständigen dargestellten Krankheitsbildes davon auszugehen ist, dass das Kind einer pädagogischen und therapeutischen Betreuung bedarf, die nur im Rahmen einer geschlossenen Einrichtung erbracht werden kann.[1012]

3. Freiheitsentziehung nach öffentlichem Unterbringungsrecht

493   Die Freiheitsentziehung nach den Ländergesetzen zur Unterbringung psychisch oder suchtkranker Menschen erfolgt im Wesentlichen aufgrund einer **psychischen Krankheit**, einer in den Auswirkungen einer psychischen Krankheit vergleichbaren psychischen Störung oder einer Suchtkrankheit und einer dadurch bestehenden **erheblichen Gefahr**.[1013] Die Gefahr muss **konkret und gegenwärtig** in dem Sinne sein, dass eine Rechtsgutverletzung mit an Sicherheit grenzender Wahrscheinlichkeit in aller nächster Zeit zu erwarten ist.[1014] Auch nach öffentlichem Unterbringungsrecht ist – wie im

---

1009   Salgo FamRZ 2012, 1559, 1560.
1010   BGH Beschluss vom 24.10.2012 Az XII ZB 386/12 i.Anschl. BGH FamRZ 2012, 1556.
1011   BGH Beschluss vom 24.10.2012 Az XII ZB 386/12 Rn 23.
1012   BGH Beschluss vom 24.10.2012 Az XII ZB 386/12.
1013   Eckebrecht/Schael § 2 Rn 177; Marschner in Marschner/Volckart B Rn 108, 114.
1014   Marschner/Volckart B Rn 124, 128; Eckebrecht/Schael § 2 Rn 177.

BGB – zwischen **Fremdgefahr**, also einer Gefahr für Dritte, und **Selbstgefährdung**, also einer Gefahr für den Betroffenen selbst, zu unterscheiden. In beiden Fällen stehen Gefahren für das Leben und die Gesundheit im Vordergrund. Die Anordnung geschlossener Unterbringung trifft hier das Familiengericht auf Antrag der nach Landesrecht zuständigen Behörde.[1015]

II. Gestaltung des Unterbringungsverfahrens

1. Verfahrensrechtliche Formvorschriften

Nach § 167 Abs. 1 FamFG sind im Verfahren nach § 151 Nr. 6 FamFG – das sind die Verfahren gem. §§ 1631 b, 1800, 1915 BGB die für Unterbringungssachen nach § 312 **Nr. 1** geltenden Vorschriften anzuwenden.   **494**

In Verfahren nach den Unterbringungsgesetzen der Länder (§ 151 Nr. 7 FamFG) sind die für Unterbringungssachen nach § 312 **Nr. 3** FamFG geltenden Vorschriften anzuwenden.   **495**

In Verfahren, die die Genehmigung einer freiheitsentziehenden Unterbringung eines Minderjährigen nach § **1631 b BGB** betreffen, sind gem. § 167 Abs. 1 S. 1 FamFG die für Unterbringungsverfahren nach § 312 Nr. 1 FamFG geltenden Vorschriften anwendbar.[1016] Die **Beschwerdeberechtigung** anderer Beteiligter als dem betroffenen Kind bestimmt sich in diesen Verfahren nach § 335 FamFG, sofern nicht eine Verletzung eigener Rechte geltend gemacht wird.[1017]   **496**

§ 167 Abs. 1 S. 1 FamFG verweist in Verfahren über die Genehmigung einer freiheitsentziehenden Unterbringung von Minderjährigen nach § 151 Nr. 6 FamFG uneingeschränkt auf die für die Unterbringung von Volljährigen maßgeblichen Vorschriften der §§ **312 ff. FamFG**. Die allgemein für Kindschaftssachen geltenden Vorschriften der §§ 151 ff werden nach dem Wortlaut der Verweisung in § 167 Abs. 1 S. 1 FamFG **vollständig und abschließend** durch die Vorschriften für das Verfahren in Unterbringungssachen **ersetzt**. Die §§ 151 ff. FamFG können daher in einem Verfahren über die Genehmigung einer Unterbringung eines Minderjährigen **weder direkt noch entsprechend angewendet werden**.[1018] Allerdings bleibt das Verfahren auch weiterhin eine Kindschaftssache iSv § 151 FamFG. Deshalb können im Hinblick auf die besondere Bedeutung des **Kindeswohls** in diesem Verfahren[1019] bei der **Auslegung** der Unterbringungsvorschriften die Wertungen, die in §§ 155 ff zum Ausdruck kommen, berücksichtigt werden.[1020]   **497**

Minderjährige sind nach § 167 Abs. 3 FamFG in Unterbringungssachen **erst mit Vollendung des 14. Lebensjahres** verfahrensfähig. Bis zu diesem Zeitpunkt können Kinder ihre Verfahrensrechte **nicht selbst wahrnehmen**. Die **Auslegung** des § 335 Abs. 1 Nr. 2 FamFG führt dazu, dass von einem Kind, das das 14. Lebensjahr noch nicht   **498**

1015   Eckebrecht/Schael § 2 Rn 177.
1016   BGH Beschluss vom 24.10.2012 Az XII ZB 386/12 Rn 12.
1017   Zur Beschwerdebefugnis der Großeltern vgl BGH Beschluss vom 24.10.2012 Az XII ZB 386/12 Rn 12.
1018   BGH Beschluss vom 24.10.2012 Az XII ZB 386/12.
1019   BVerfG FamRZ 2007, 1078, 1079.
1020   BGH Beschluss vom 24.10.2012 Az XII ZB 386/12.

vollendet hat, in einem Verfahren nach § 1631 b BGB auch nicht verlangt werden kann, dass es eine **Vertrauensperson ausdrücklich benennt**, damit diese gem. § 315 Abs. 4 Nr. 2 FamFG am Verfahren beteiligt werden kann. In diesem Fall genügt es, wenn das Familiengericht aus den Äußerungen des Kindes oder den übrigen Umständen heraus erkennt, dass eine weitere Person existiert, der das Kind sein **Vertrauen schenkt** und deren Beteiligung an dem Verfahren im Interesse des Kindes geboten ist. Es steht dann im Ermessen des Familiengerichts, ob es diese Vertrauensperson am Verfahren beteiligt. Wird die Vertrauensperson am Verfahren beteiligt, steht ihr auch eine Beschwerdebefugnis nach § 335 Abs. 1 Nr. 2 FamFG zu, ohne dass sie von dem Kind benannt worden sein muss.[1021]

2. Verfahrensbeistand

499 Dem Kind ist regelmäßig nach §§ 167 Abs. 1 S. 2, 158 Abs. 2 Nr. 3 FamFG ein Verfahrensbeistand zu bestellen.[1022] Das Gericht muss vor der Genehmigung einer längerfristigen Unterbringung das betroffene Kind oder den betroffenen Jugendlichen **im Beisein des bestellten Verfahrensbeistands** anhören.[1023] § 159 Abs. 4 S. 3 FamFG schreibt für die Anhörung des Kindes vor, dass dieses **in Anwesenheit des bestellten Verfahrensbeistands** stattfinden soll. Hiervon kann ausnahmsweise abgesehen werden, wenn dies im Einzelfall aus Gründen einer besseren Sachaufklärung geboten ist. Darüber hat das Gericht nach pflichtgemäßem Ermessen zu befinden. In jedem Fall ist aber zu beachten, dass es dem Verfahrensbeistand möglich sein muss, seine gesetzliche Aufgabe, **dem Willen und den Interessen des Kindes** Geltung zu verschaffen, sinnvoll zu erfüllen.[1024] Wird der Verfahrensbeistand zur Anhörung des Betroffenen nicht hinzugezogen, muss aus den Gründen der Entscheidung zu entnehmen sein, aus welchen Gründen davon abgesehen wurde; sonst kann nicht festgestellt werden, dass die zugrundeliegenden Erwägungen auf pflichtgemäßer Ermessensausübung beruhen.[1025] Da die Genehmigung der Unterbringung eines Kindes, die mit Freiheitsentziehung verbunden ist, unzulässig ist, solange insbes. eine **Heimerziehung** in einer offenen Einrichtung **nicht aussichtslos erscheint**, muss dem Verfahrensbeistand auch vor der Anhörung das entsprechende Sachverständigengutachten zugänglich gemacht werden.[1026]

500 Die Vergütung des Verfahrensbeistandes richtet sich nicht nach § 318 FamFG, sondern nach § 158 Abs. 7 FamFG.[1027]

3. Gegenseitige Mitteilungspflicht

501 Gem. § 167 Abs. 2 FamFG ist eine gegenseitige Unterrichtungspflicht der Gerichte vorgeschrieben, wenn für die Anordnung der Unterbringung in einer Kindschaftssa-

---

1021 BGH Beschluss vom 24.10.2012 Az XII ZB 386/12.
1022 Völker/Clausius § 1 Rn 79; zur Rolle des Verfahrensbeistandes im Unterbringungsverfahren Stötzel FPR 2011, 558.
1023 BGH FamRZ 2011, 805 Rn 11; BGH FamRZ 2012, 1556 Rn 14.
1024 BGH FamRZ 2012, 1556 Rn 14.
1025 BGH FamRZ 2012, 1556 Rn 15.
1026 Vgl BGH FamRZ 2012, 1556 mAnm. Salgo S. 1559.
1027 Salgo in Anm. zu BGH FamRZ 2012, 1556, S. 1559.

che ein anderes Gericht zuständig ist als dasjenige, bei dem eine Vormundschaft oder eine die Unterbringung erfassende Pflegschaft für den Minderjährigen eingeleitet ist. Die Unterrichtungspflichten sollen sicherstellen, dass die jeweils zuständigen Richter über den jeweiligen Verfahrensstand beim anderen Richter unterrichtet werden, um diese ggf in ihren Entscheidungen berücksichtigen zu können.[1028]

4. Anhörungspflichten

§ 167 Abs. 4 legt fest, dass die **Eltern** des Minderjährigen, denen die Personensorge   **502** zusteht, der gesetzliche Vertreter in persönlichen Angelegenheiten sowie die **Pflegeeltern** persönlich anzuhören sind. Das Familiengericht hat deshalb diesen Personenkreis in einem Termin persönlich anzuhören; diese Anhörung ist zwingend. Überwiegend wird die Auffassung vertreten, dass die Vorschriften über das kindschaftsrechtliche Verfahren im Unterbringungsverfahren nicht gelten, und zwar auch nicht ergänzend, sodass sich die Erforderlichkeit der **Anhörung der Eltern** nach § 167 Abs. 4 und nicht nach § 160 FamFG richtet,[1029] mit der Frage, dass ein nichtsorgeberechtigter Elternteil nur angehört werden muss, wenn § 26 FamFG dies erfordert. Aus denselben Gründen richtet sich die **Anhörung des Kindes** nicht nach § 159 FamFG, sondern nach § 319 FamFG.[1030]

5. Verfahrensfähigkeit des Betroffenen

§ 167 Abs. 3 bestimmt, dass der Betroffene einer Maßnahme ohne Rücksicht auf sei-   **503** ne Geschäftsfähigkeit **verfahrensfähig** ist, wenn er das 14. Lebensjahr vollendet hat. Dadurch wird betont, dass der Betroffene nicht als bloßes Objekt des Verfahrens behandelt werden darf, sondern selbständig Beteiligter des Verfahrens ist, mit der Folge, dass der Betroffene alle **Befugnisse eines Geschäftsfähigen** hat. Er kann deshalb Verfahrenskostenhilfe beantragen, sich selbständig zur Sache einlassen und Einwendungen vorbringen, ferner Rechtsmittel einlegen, ohne dass hierzu eine dritte Person beteiligt werden muss. Auch können die Zustellungen an ihn wirksam vorgenommen werden. Diese Verfahrensstellung wird auch nicht durch den Verfahrensbeistand eingeschränkt, sodass dieser ein eingelegtes Rechtsmittel des Betroffenen gegen dessen Willen nicht zurücknehmen kann.[1031]

6. Unterstützungspflicht des Jugendamts

§ 167 Abs. 5 FamFG legt die **Unterstützungspflicht** des Jugendamts in diesen Verfah-   **504** ren in Bezug auf die Eltern, dem Vormund oder Pfleger fest, wenn diese Personen eine solche erbitten. Hierdurch soll bei der **Zuführung zur Unterbringung** von einer fachlich geeigneten Einrichtung eine Hilfestellung gewährt werden; das Jugendamt soll die Eltern bei der Zuführung zur Unterbringung unterstützen. Die Notwendigkeit der Unterstützung kann sich aufgrund von Widerstand des Betroffenen und daraus folgender Erforderlichkeit der Benutzung eines **besonderen Fahrzeugs** oder Hinzuzie-

---

1028 Musielak/Borth § 167 Rn 4.
1029 OLG Saarbrucken FamRZ 2010, 1920; ebenso Völker/Clausius § 1 Rn 79.
1030 So zutreffend Völker/Clausius § 1 Rn 79.
1031 Musielak/Borth § 167 Rn 5.

hung von Fachpersonal für die Zuführung zur Unterbringung ergeben.[1032] Die Inanspruchnahme der Unterstützung hängt allein vom Wunsch desjenigen ab, der eine Unterbringungsgenehmigung erwirkt hat.

7. Qualifikation des Sachverständigen

505 Die Vorschrift des § 167 Abs. 6 regelt die Qualifikation des Sachverständigen, der gem. §§ 167 Abs. 1, 321 Abs. 1 FamFG vor einer Unterbringungsmaßnahme im Wege der **förmlichen Beweisaufnahme** ein Gutachten zu erstatten hat. Der Sachverständige soll idR nicht mehr (nur) Arzt für Psychiatrie, sondern **Arzt für Kinder- und Jugendpsychiatrie und -psychotherapie**, also die einschlägige **Facharztausbildung** erfolgreich abgeschlossen haben. Ausnahmsweise kann das Gutachten auch durch einen in Fragen der Heimerziehung ausgewiesenen Psychotherapeuten, Psychologen, Pädagogen oder Sozialpädagogen erstattet werden. Das ist sachgerecht etwa in Fällen eindeutigen Erziehungsdefizits, in denen von vornherein nur eine Unterbringung in einem Heim der Kinder- und Jugendhilfe in Betracht kommt, **ohne dass ein psychiatrischer Hintergrund** im Raum steht,[1033] wenn also bei dem Minderjährigen kein psychiatrischer Befund erforderlich ist, sondern Fragen zur Erziehung zu beantworten sind.

8. Persönliche Anhörung des Minderjährigen

506 Dem Gebot der persönlichen Anhörung kommt angesichts der Bedeutung des Freiheitsgrundrechts nach Art. 2 Abs. 2 S. 2 GG besonderes Gewicht zu.[1034] Deshalb soll es auch nicht im Wege der **Rechtshilfe** umgesetzt werden, § 319 Abs. 4 FamFG. Lediglich bei der **vorläufigen Unterbringung** im Wege einer einstweiligen Anordnung kann davon eine **Ausnahme** gemacht werden, wenn der Minderjährige bereits wegen Gefahr im Verzug in einer weiter entfernten psychiatrischen Klinik untergebracht ist, ein psychiatrisches Kurzgutachten vorliegt und mit einer Entlassung binnen 6 Wochen gerechnet werden kann.

507 Formell Beteiligte sind über Antragsteller und Minderjährigen hinaus der **Verfahrensbeistand,** der bei einer gerichtlichen Anhörung in jedem Fall mit anwesend sein muss, die Eltern in den Fällen, in denen sie nicht Antragsteller sind sowie das – anzuhörende – Jugendamt auf seinen Antrag und eine **Vertrauensperson** kraft Hinzuziehung.[1035]

9. Entscheidung

508 Die Entscheidung ergeht durch Beschluss gem. § 38 Abs. 1 FamFG, dessen Formel die nähere Bezeichnung der Unterbringungsmaßnahme und ihren **Endzeitpunkt** (§ 323 FamFG) enthält und der außerdem mit einer **Begründung und einer Rechtsbehelfsbelehrung** versehen sein muss. Statthaftes Rechtsmittel ist die **Beschwerde** gem. §§ 58 ff. FamFG.

1032 BT-Drucks. 11/4528, 185; Eckebrecht/Schael § 2 Rn 178.
1033 BT-Drucks. 16/6308, 243; Eckebrecht/Schael § 2 Rn 178.
1034 BVerfG FamRZ 2007, 1627.
1035 Eckebrecht/Schael § 2 Rn 179.

10. Aufhebung

Die Aufhebung der Genehmigung oder Anordnung einer Unterbringungsmaßnahme   509
erfolgt, wenn die Voraussetzungen für eine Unterbringung des Minderjährigen wegfallen, §§ 167 Abs. 1, 330 FamFG. Die Aufhebung erfolgt **von Amts wegen.** Jede mit
Freiheitsentziehung einhergehende Maßnahme des Familiengerichts unterliegt der
Überprüfung in regelmäßigen Abständen.

Bei **Antragsrücknahme** in den Fällen von § 1631 b BGB kann eine Unterbringungs-   510
maßnahme gegen den Willen des Sorgerechtsinhabers nur erfolgen bzw aufrecht erhalten werden, wenn sie zur Abwehr einer Kindeswohlgefährdung nötig und dem
Sorgerechtsinhaber mindestens das Aufenthaltsbestimmungsrecht sowie das Recht
zur Gesundheitsfürsorge nach § 1666 BGB entzogen und auf einen Ergänzungspfleger übertragen worden ist.[1036] Eine **Beschwerde gegen eine einstweilige Anordnung**
der geschlossenen Unterbringung eines Kindes ist zulässig; **Voraussetzung** für die Zulässigkeit der Beschwerde ist aber wegen § 57 S. 2 FamFG, dass aufgrund mündlicher
Anhörung des Kindes entschieden worden ist.[1037]

H. Aktuelle Einzelprobleme

I. Auswanderungsabsicht eines Elternteils

Eine angebliche Gefahr der Entführung des Kindes durch einen Elternteil kann über   511
die Übertragung des Aufenthaltsbestimmungsrechts auf den anderen Elternteil hinaus
eine Alleinsorge nicht rechtfertigen.[1038] Gegen die Gefahr der Entführung durch den
anderen Elternteil schützt bereits die Übertragung des Aufenthaltsbestimmungsrechts
ausreichend; auch die volle elterliche Sorge könne bei einem entsprechenden Willen
nicht verhindern, dass der andere Elternteil das Kind entführt. Ein Verbringen oder
Zurückhalten des Kindes im Ausland wäre schon im Hinblick auf das Aufenthaltsbestimmungsrecht widerrechtlich, so dass die Rückführung nach dem HÜK veranlasst
werden könnte, soweit das Kind in einen Vertragsstaat dieses Abkommens entführt
wird.[1039] Eine **abstrakte Gefahr** als solche reicht nicht aus, um gerichtliche Maßnahmen zu veranlassen. Erst wenn **konkrete Anhaltspunkte,** wie etwa ein bevorstehender
Umzug vorliegen, kann das Familiengericht Vorsorgemaßnahmen treffen, bis über
die Sorgerechtsfrage entschieden werden kann. Im Falle der beabsichtigten Auswanderung eines Elternteils wird der Erlass einer die Übersiedlung gestattenden einstweiligen Anordnung wegen des Verbots der Vorwegnahme der Hauptsache nur in selte-
nen Ausnahmefällen in Betracht kommen, weil die einstweilige Anordnung in diesem
Fall erhebliche Auswirkungen auf das Kind hat. Bei einer zum Zweck des Umzugs in
das Ausland zu treffenden Sorgerechtsentscheidung im Wege des einstweiligen
Rechtsschutzes ist im Hinblick auf die Vorläufigkeit „vorläufige Maßnahme", (49
Abs. 1 FamFG) zu berücksichtigen, dass mit einem Umzug Fakten geschaffen werden,
die sich auf das Kindeswohl gravierend auswirken können, und zudem durch die da-

---

1036   OLG Naumburg FamRZ 2009, 431; Eckebrecht/Schael § 2 Rn 179.
1037   OLG Zweibrücken NJW 2012, 162; Völker/Clausius § 1 Rn 79.
1038   OLG München FamRZ 1999, 1006.
1039   OLG München FamRZ 1999, 1006.

mit verbundene faktische Präjudizierung erheblich in Grundrechtspositionen des anderen Elternteils eingegriffen wird.[1040]

1. Internationale Zuständigkeit/Anwendbares Recht/Vorhandensein einer anzuerkennenden ausländischen Entscheidung

512 Bei jeglichem grenzüberschreitenden Bezugspunkt eines Falles, insbes. bei einer gemischtnationalen Ehe, wenn ein Beteiligter eine ausländische Staatsangehörigkeit oder seinen gewöhnlichen Aufenthalt im Ausland hat, sind zur Vermeidung eines Haftungsfalles vorab immer 3 Fragen zu beantworten.[1041]

- **Internationale Zuständigkeit:** Hier ist regelmäßig auf Art. 8 Abs. 1 Brüssel IIa-VO abzustellen, nämlich den gewöhnlichen Aufenthalt des Kindes;

- **Anwendbares Recht:** Es gelten die Vorschriften des KSÜ und zwar unabhängig davon, ob die internationale Zuständigkeit aus dem KSÜ selbst oder aus einer diesem vorrangigen Verordnung folgt.[1042]

- **Anzuerkennende ausländische Entscheidung.**

2. Oberster Maßstab im Fall eines geplanten Umzugs ins Ausland: Das Kindeswohl

513 In Fällen eines geplanten Umzugs eines Elternteils ins Ausland ist oberster Maßstab der gerichtlichen Entscheidung das Kindeswohl.[1043] Beabsichtigt bei gemeinsamer elterlicher Sorge der das Kind betreuende Elternteil, mit dem Kind in ein entferntes Land (hier: Mexico) auszuwandern, so ist Maßstab der Entscheidung über die Übertragung des **Aufenthaltsbestimmungsrechts** vornehmlich das Kindeswohl.[1044] Die **Gründe** des Elternteils für seinen Auswanderungswunsch sind nur insoweit bedeutsam, als sie sich nachteilig auf das Kindeswohl auswirken.[1045]

3. Motive für die Auswanderung werden nicht überprüft

514 Die Motive des Elternteils für seinen Auswanderungsentschluss stehen grundsätzlich genauso wenig zur Überprüfung des Familiengerichts wie sein Wunsch, in seine Heimat zurückzukehren. Verfolgt der Elternteil mit der Übersiedlung allerdings (auch) den Zweck, den **Kontakt** zwischen dem Kind und dem anderen Elternteil zu **vereiteln**, so steht die **Bindungstoleranz** des betreuenden Elternteils und somit seine Erziehungseignung in Frage.[1046]

4. Beiderseitige Elternrechte gem. Art. 6 Abs. 2 S. 1 GG

515 Für die Entscheidung sind zudem die beiderseitigen Elternrechte einzubeziehen, die durch Art. 6 Abs. 2 S. 1 GG geschützt sind.[1047] Für die **Auswanderung in ein fernes**

1040   OLG Nürnberg FamRZ 2011, 131.
1041   Völker mAnm. zu BGH FamRZ 2011, 796, S. 801.
1042   Völker FamRZ 2011, 801 f.
1043   BGH FamRZ 2011, 796 mAnm. Völker; BGH FamRZ 2010, 1060 mAnm. Völker; FamRZ 2010, 1065 mAnm. Coester FF 2010, 365 s. a. Rn. 339 ff..
1044   BGH FamRZ 2010, 1060 mAnm. Völker, FamRZ 2010, 1065.
1045   BGH FamRZ 2010, 1060; FamRZ 1990, 392.
1046   BGH FamRZ 2011, 796 mAnm. Völker; FamRZ 2010, 1060 Rn 23 f.
1047   BGH FamRZ 2010, 1060 Rn 20.

Land ist umstritten, welches Gewicht den einzelnen Aspekten des Kindeswohls beizumessen ist und welche Bedeutung den Elternrechten beider Eltern sowie der allgemeinen Handlungsfreiheit des auswanderungswilligen Elternteils für die Entscheidung
zukommt.[1048] Einerseits sind als gewichtige Gesichtspunkte des Kindeswohls

- die Erziehungseignung der Eltern; wenn mit der Auswanderung **für das Kind
  schädliche Folgen** verbunden sind, ist die Erziehungseignung des betreuenden Elternteils in Zweifel zu ziehen und es kann sogar ein Entzug des Sorgerechts ange-
  bracht sein,[1049]

- die Bindungen des Kindes,

- die Prinzipien der Förderung und der Kontinuität; bei einem ersichtlich unver-
  nünftigem Vorhaben, das mit nicht vertretbaren **Risiken** für das Kind verbunden
  ist, ergeben sich für die Kontinuität und die Qualität der Bindung zum Obhutsel-
  ternteil nachteilige Folgen, die gegen dessen **Erziehungseignung** sprechen und bei
  bestehender Erziehungseignung des anderen Elternteils regelmäßig den Ausschlag
  dafür geben werden, diesem das Sorgerecht zu übertragen,[1050]

- die Beachtung des Kindeswillens zu berücksichtigen.

Die einzelnen Kriterien stehen aber letztlich nicht wie Tatbestandsmerkmale kumula-   **516**
tiv nebeneinander. Jedes von ihnen kann im Einzelfall mehr oder weniger bedeutsam
für die Beurteilung sein, was dem Wohl des Kindes am besten entspricht.[1051]

Andererseits sind die durch Art. 6 Abs. 2 S. 1 GG gewährleisteten **Elternrechte beider**   **517**
Elternteile zu berücksichtigen.[1052] Die allgemeine **Handlungsfreiheit** des auswanderungswilligen Elternteils gem. Art. 2 Abs. 1 GG ist zunächst nur mittelbar betroffen,
indem er dadurch in seiner Freiheit beeinträchtigt wird, auswandern zu können und
gleichzeitig im bisherigen Umfang sein Elternrecht wahrzunehmen. Für die Entscheidung sind demnach nicht die allgemeine Handlungsfreiheit des auswanderungswilligen Elternteils und das Elternrecht des im Inland verbleibenden Elternteils gegeneinander abzuwägen, sondern die **beiderseitigen** Elternrechte.[1053] Allerdings ist die allgemeine Handlungsfreiheit des auswanderungswilligen Elternteils gleichwohl bedeutsam, indem sie die tatsächliche Ausgangslage für die Abwägung bestimmt. Denn für
die Beurteilung des Kindeswohls und die Abwägung der beiderseitigen Elternrechte
ist nicht davon auszugehen, dass der hauptsächlich betreuende Elternteil mit dem
Kind im Inland verbleibt, selbst wenn diese Möglichkeit mit dem Kindeswohl am
besten zu vereinbaren wäre. Tatsächlicher Ausgangspunkt muss vielmehr sein, dass
der Elternteil seinen Auswanderungswunsch in die Tat umsetzt.[1054] Es kommt aber
nicht darauf an, ob der Elternteil **triftige Gründe** für seinen Auswanderungsentschluss anführen kann, denn die Motive stehen grds. nicht zur Überprüfung des Fa-

---

1048 BGH FamRZ 2010, 1060 Rn 18, jeweils m.Nachw. aus der Rechtsprechung und Literatur.
1049 BGH FamRZ 2010, 1060 Rn 24; FamRZ 2008, 45 bei Verletzung der Schulpflicht; FamRZ 2010, 1213.
1050 BGH FamRZ 2010, 1060 Rn 24.
1051 BGH FamRZ 2010, 1062 Rn 19; FamRZ 1990, 392, 393.
1052 BVerfG FF 2009, 416.
1053 BGH FamRZ 2010, 1060 Rn 21.
1054 BGH FamRZ 2010, 1060 Rn 22.

miliengerichts.[1055] Der BGH stellt zur Auflösung des Konflikts im Grundrechtsdreieck zwischen beiden Eltern und dem Kind nur die **Alternativen** „Auswanderung mit dem Kind" und „Wechsel des Kindes zum bislang nicht betreuenden Elternteil" gegenüber und prüft dann, wie sich die Auswanderung auf das **Kindeswohl** auswirkt.[1056]

518   Erst innerhalb der rein kindeswohlorientierten Abwägung können die Motive für die Auswanderungsabsicht eine Rolle spielen.[1057]

5. Umgangsbeeinträchtigung führt nicht zu einer generellen Kindeswohlschädlichkeit

519   Einer Auswanderung mit dem Kind steht nicht ohne weiteres die gesetzliche Regelung in § 1626 Abs. 3 S. 1 BGB entgegen, das zum Wohl des Kindes idR Umgang mit beiden Elternteilen gehört. Auch wenn durch die Auswanderung der Umgang zwischen Kind und dem anderen Elternteil wesentlich erschwert wird, ergibt sich daraus allein weder eine generelle noch eine vermutete Kindeswohlschädlichkeit.[1058] Bei § 1626 Abs. 3 S. 1 BGB handelt es sich um die gesetzliche Klarstellung eines einzelnen – wenn auch gewichtigen – Kindeswohlaspekts. Dass dadurch die Bedeutung der Beziehung des Kindes zu beiden Elternteilen unterstrichen wird, verleiht diesem Gesichtspunkt aber noch **keinen generellen Vorrang** gegenüber anderen Kindeswohlkriterien.[1059]

520   Das Bedürfnis des Kindes nach einem **intensiven Umgang** mit beiden Elternteilen ist als Element des Kindeswohls in die vom Familiengericht zu treffende umfassende Abwägung einzubeziehen. Hierbei sind auch der Umfang der mit der Auswanderung verbundenen Beeinträchtigungen und die Folgen für das Kind und den Elternteil einzubeziehen.[1060] Welches Gewicht diesen Umständen für die Entscheidung letztlich zukommt, ist eine Frage des Einzelfalls.

6. Wohlverhaltensgebot enthält keine Sperrwirkung für Ortsveränderungen

521   Dem Wohlverhaltensgebot gem. § 1684 Abs. 2 BGB kommt auch im Hinblick auf die Aufrechterhaltung der Beziehungen zum Umgangselternteil nicht notwendig eine Sperrwirkung für solche Ortsveränderungen zu, die zu einer erheblichen Beeinträchtigung der Umgangskontakte führen.[1061] Verfolgt jedoch der Elternteil mit der Übersiedlung etwa (auch) den Zweck, den Kontakt zwischen dem Kind und dem anderen Elternteil zu vereiteln, steht die **Bindungstoleranz** des betreuenden Elternteils und somit seine **Erziehungseignung** in Frage.[1062]

1055 BGH FamRZ 2010, 1060 Rn 23; FamRZ 1990, 392, 393.
1056 Ausf. hierzu Völker FamRZ 2010, 1065; Völker/Clausius § 1 Rn 219; vgl auch Coester FF 2010, 365.
1057 Völker/Clausius § 1 Rn 219 mit einer Zusammenstellung der Kriterien, die bei der Abwägung zu berücksichtigen sind.
1058 BGH FamRZ 2010, 1060 Rn 25; FamRZ 1990, 392, 393.
1059 BGH FamRZ 2010, 1060 Rn 25.
1060 BGH FamRZ 2010, 1060 Rn 27; OLG München FamRZ 2009, 794 mAnm. Dollinger.
1061 BGH FamRZ 2010, 1060 Rn 26; FamRZ 1990, 392 (393).
1062 BGH FamRZ 2010, 1060 Rn 24.

7. Umfassende Abwägung

Der BGH betont,[1063] dass die Entscheidung des Familiengerichts nicht durch tatsäch- 522
liche oder rechtliche Vermutungen eingeengt ist, die im Zweifelsfall den Ausschlag
für oder gegen eine Auswanderung mit dem Kind geben könnten. Vielmehr ist die
Entscheidung stets aufgrund einer umfassenden Abwägung der im Einzelfall berühr-
ten Kindeswohlgesichtspunkte zu treffen. Insoweit wird auf die umfassende große
Kindeswohlprüfung unter Einbeziehung aller Lebensumstände, die unter D. II. 2. c)
Rn 214 ff. dargestellt ist, Bezug genommen.

Die Abwägung der für das Kind mit einer bestimmten Sorgerechtslage oder -regelung 523
verbundenen Vor- und Nachteile hat **auf der Grundlage der Alternativen** „Auswanderung mit dem Kind" und „Wechsel des Kindes zum bislang nicht betreuenden Elternteil" zu erfolgen. Zu fragen ist demnach, ob die Auswanderung mit dem Elternteil oder der Verbleib des Kindes beim weiter im Inland ansässigen Elternteil die **für
das Kindeswohl bessere Lösung** ist.[1064]

8. Das Aufenthaltsbestimmungsrecht allein erlaubt die rechtmäßige Auswanderung

Das Vorhaben eines Elternteils, mit dem Kind auszuwandern, obwohl der andere El- 524
ternteil dies ablehnt, lässt sich nur verwirklichen, wenn dem auswanderungswilligen
Elternteil das Aufenthaltsbestimmungsrecht als Bestandteil der Personensorge übertragen wird. Nach einer **Übertragung des Aufenthaltsbestimmungsrechts** ist dem Elternteil die Ausreise mit dem Kind erlaubt und kann die Verbringung des Kindes in
das Ausland durch den (insoweit) sorgeberechtigten Elternteil nur unter besonderen
Umständen rechtswidrig sein.[1065] Steht beiden Elternteilen das Aufenthaltsbestimmungsrecht gemeinsam zu, ist dagegen die Verbringung des Kindes in das Ausland
dann rechtswidrig, wenn sie vom mitsorgeberechtigten Elternteil abgelehnt wird. Das
gilt erst recht, wenn dem anderen Elternteil das Aufenthaltsbestimmungsrecht übertragen wurde.[1066] Grundsätzlich reicht also die Übertragung allein des Aufenthaltsbestimmungsrechts auf den auswanderungswilligen Elternteil aus, um diesem die recht-
mäßige Auswanderung zu ermöglichen.[1067] Völker zeigt auf, dass diese Rechtsprechung des BGH im Einklang mit der vom BVerfG gebilligten Auslegung des HKiEntÜ durch die Obergerichte steht und sich der Richter daher nunmehr auch bei der Erstellung von Widerrechtlichkeitsbescheinigungen nach Art. 15 HKiEntÜ auf festen
Untergrund bewegt.[1068] Entscheidungsmaßstab für die Übertragung des Aufenthaltsbestimmungsrechts ist der gleiche wie bei der umfassenden großen Kindeswohlprüfung unter Einbeziehung aller Lebensumstände[1069] sowie die **Elternrechte beider Eltern** aus Art. 6 Abs. 2 S. 1, aber auch nur diese.[1070]

1063 FamRZ 2010, 1063 Rn 28.
1064 BGH FamRZ 2010, 1060 Rn 28.
1065 BGH FamRZ 2010, 1060 Rn 16; vgl BGHSt FamRZ 1999, 651.
1066 BGG FamRZ 2010, 1060 Rn 60.
1067 Völker/FamRZ 2010, 1065.
1068 BGH FamRZ 2010, 720 mAnm. Stößer, 725; BVerfG FamRZ 1997, 1269; Völker FamRZ 2010, 157
      (162) mwN und praktischen Hinweisen.
1069 S.o. D. II. 2. c) Rn 214 ff..
1070 Völker FamRZ 2010, 1066.

9. Verbindliche Umgangsregelung

525 Nachdrücklich weist der BGH[1071] darauf hin, dass der Geltendmachung und Durchsetzung des Umgangsrechts nach der Auswanderung rechtliche und tatsächliche Grenzen gesetzt sind. Daher soll das Familiengericht darauf hinwirken, dass eine **verbindliche Umgangsregelung** getroffen wird. Diese kann unter der Bedingung geschlossen werden, dass das Aufenthaltsbestimmungsrecht dem auswanderungswilligen Elternteil übertragen wird. Dabei soll auch eine Einigung erzielt werden, wer die **Flugkosten** zu tragen hat. Gerade in grenzüberschreitenden Fällen ist es wichtig, dass die Umgangsvereinbarung gerichtlich gem. § 156 Abs. 2 FamFG gebilligt und damit **rechtlich bindend** wird. Bereits bei der Frage, ob das Aufenthaltsbestimmungsrecht dem auswanderungswilligen Elternteil übertragen werden kann, ist zu berücksichtigen, ob dieser bereit ist, sich an der Organisation und den Kosten des Umgangs im Rahmen seiner wirtschaftlichen Möglichkeiten zu beteiligen.[1072] Denn ein Umgangsverfahren im ferneren Ausland ist für den Umgangsberechtigten idR mit hohem, auch finanziellen Aufwand verbunden und stellt zugleich ein tatsächliches Durchsetzungshindernis dar.[1073] Wenn wegen der großen Entfernung der Umgang nur unter einem erheblichen **Zeit- und Kostenaufwand** ausgeübt werden kann, könnte der Umgang für den umgangsberechtigten Elternteil unzumutbar sein und damit **faktisch vereitelt** werden.[1074] In diesen Fällen muss geprüft werden, inwiefern der wegziehende bzw. auswandernde Elternteil anteilig am Holen und Bringen des Kindes zur Ausübung des Umgangsrechts zu verpflichten ist, um eine faktische Vereitelung des Umgangsrechts auszuschließen.[1075] Das BVerfG[1076] gibt den Gerichten auf, auch für die tatsächliche Umsetzung des Umgangsrechts Sorge zu tragen. Ausdrücklich weist das BVerfG darauf hin, dass gerade in Auslandsfällen **organisierte Flugreisen** des Kindes zum Umgangsberechtigten ermöglicht werden sollen, wobei die Möglichkeit der Begleitung durch Personal der Fluglinie zu berücksichtigen ist, wobei auch das Alter des Kindes, dessen bisherige Flugerfahrungen und die Flugdauer mitzuberücksichtigen sind.[1077]

II. Wechselmodell

1. Definition des Wechselmodells

526 Die Anordnung eines Wechselmodells kommt nur in Betracht, wenn die Kindeseltern in der Lage sind, ihre Konflikte einzudämmen, beide hochmotiviert und an den Bedürfnissen des Kindes ausgerichtet sind, kontinuierlich kommunizieren und kooperieren, Willens und in der Lage sind, sich über ein einheitliches Erziehungskonzept zu einigen und die Vorstellungen des jeweils anderen in der Frage der Erziehung zu tolerieren[1078] Beim Wechselmodell erfolgt die Betreuung des Kindes abwechselnd und für

---

1071 FamRZ 2010, 1060 Rn 52-55.
1072 Völker FamRZ 2010, 1067.
1073 Völker FamRZ 2010, 1067; BGH FamRZ 1990, 392; BVerfG FamRZ 2009, 1472.
1074 BVerfG FamRZ 2007, 105; 2002, 809.
1075 BVerfG FamRZ 2002, 809.
1076 BVerfG FuR 2006, 176.
1077 BVerfG FamRZ 2010, 109; Völker FamRZ 2010, 1067.
1078 OLG Hamm FamRZ 2012, 1883; OLG Köln FamRZ 2012, 1885.

ungefähr gleichlange zeitliche Phasen im Haushalt jeweils eines Elternteils, der in dieser Zeit für die Betreuung haupt- und eigenverantwortlich ist.[1079]

Bei einer Aufteilung von ca. 1/3 zu 2/3 liegt kein Wechselmodell mehr vor.[1080] Maßgebend ist, ob beide Elternteile trotz Trennung das Kind weiterhin in **Obhut** dh, bei keinem Elternteil der Schwerpunkt der tatsächlichen Förderung und Fürsorge liegt und keiner die Hauptverantwortung hat.[1081] Es ist **kein Wechselmodell**, wenn ein Elternteil die Hauptverantwortung für das Kind trägt und der andere Elternteil nur ein über das übliche Maß hinausgehendes Umgangsrecht innehat.[1082]   **527**

Die Praktizierung des Wechselmodells setzt voraus, dass die Eltern sich grds. einig sind. Erforderlich ist außerdem, dass die Eltern in der Lage sind, miteinander im Interesse des Kindes zu **kooperieren und zu kommunizieren**.[1083] Sie müssen sich dauerhaft über den Aufenthalt des Kindes und ein einheitliches Erziehungskonzept einigen[1084] und dürfen nur ein niedriges Konfliktpotential aufweisen;[1085] das Verhalten der Eltern muss an den Bedürfnissen des Kindes ausgerichtet sein und sie müssen die Vorstellungen des jeweils anderen Elternteils in der Frage der Erziehung tolerieren.   **528**

Probleme[1086] ergeben sich häufig daraus, dass der ständige räumliche Wechsel für das Kind eine erhebliche Belastung darstellt, weil es sich immer wieder auf den anderen Elternteil einstellen muss und es keine ausreichenden Zeiträume zur Verfügung hat, zu jedem Elternteil eine feste Beziehung aufzubauen; viele Kinder haben dabei das Gefühl ständig aus dem Koffer zu leben und wollen daher nach einiger Zeit nicht mehr hin- und herpendeln.[1087] Bei den Eltern entsteht häufig Streit im Zusammenhang mit der Unterhaltsregelung.   **529**

2. Rechtsfolgen des Wechselmodells

a) Keine Alleinvertretung bei der Geltendmachung von Kindesunterhalt

Steht die elterliche Sorge für ein Kind den Eltern gemeinsam zu, so kann der Elternteil, in dessen **Obhut** sich das Kind befindet, gem. § 1629 Abs. 2 S. 2 BGB Unterhaltsansprüche des Kindes gegen den anderen Elternteil geltend machen. Der Begriff der Obhut ist zwingende Voraussetzung für die Alleinzuständigkeit eines Elternteils trotz bestehender gemeinsamer Sorge. Die Obhut hat der Elternteil, bei dem der **Schwerpunkt** der tatsächlichen Fürsorge und Betreuung liegt.[1088] Das Kriterium des Schwerpunkts der tatsächlichen Betreuung versagt jedoch beim Wechselmodell, bei dem das Kind in wechselnden, ungefähr gleichlangen Phasen in den jeweiligen Haushalten der Eltern wohnt.[1089] Hier fällt keinem Elternteil (auch nicht für die jeweilige Phase, vor-   **530**

1079 BVerfG FF 209, 416; Anm. Coester FF 2010, 10.
1080 BGH FamRZ 2006, 1015.
1081 BGH FamRZ 2006, 1015; 2007, 707.
1082 BGH FamRZ 2006, 1015; 2007, 707; FA-FamR-Seiler Kap. 6 Rn 294.
1083 OLG Koblenz FamRZ 2010, 738; OLG Nürnberg FamRZ 2011, 1803.
1084 OLG Brandenburg FamRZ 2010, 213.
1085 OLG München FamRZ 2007, 753.
1086 Vgl Völker/Clausius § 1 Rn 246.
1087 Kaiser FPR 2008, 143 (148).
1088 BGH FamRZ 2007, 707, 708; 2006, 1015, 1016.
1089 BGH FamRZ 2006, 1015 (1016).

behaltlich der elterlichen Entscheidung für lange Phasen von mindestens ca.1/2 Jahr) die Alleinvertretung von Gesetzes wegen zu.[1090]

531 Der Elternteil, der den anderen für barunterhaltspflichtig hält, muss demzufolge beim Familiengericht beantragen, entweder gem. § 1628 die Entscheidung für die Geltendmachung von Kindesunterhalt ihm **allein zu übertragen** oder einen **Unterhalts-Ergänzungspfleger** zu bestellen.[1091]

b) Einschränkung der Handlungs- und Vertretungsermächtigungen nach § 1687

532 Nach § 1687 Abs. 1 S. 2 hat derjenige getrenntlebende Elternteil, bei dem sich das Kind mit Einwilligung des anderen Elternteils oder aufgrund einer gerichtlichen Entscheidung **gewöhnlich aufhält**, die Befugnis zur alleinigen Entscheidung in **Angelegenheiten des täglichen Lebens**. Beim Wechselmodell, bei dem das Kind in abwechselnden, ungefähr gleichlangen Phasen in den jeweiligen Haushalten der Eltern wohnt, versagt im Verhältnis zwischen den Eltern der Begriff des „gewöhnlichen Aufenthalts" und zwar auch für die jeweilige Phase, es sei denn die Phase ist mindestens ca. 1/2 Jahre lang.[1092] Das hat zur Folge, dass das abgestufte System von Handlungs- und Vertretungsermächtigungen auf die Stufen gem. S. 1 und S. 4 des § 1687 nebst dem **Notvertretungsrecht** gem. § 1687 Abs. 1 S. 5 verkürzt wird.[1093] Konsequenz davon ist, dass der Umfang der Alleinentscheidungsbefugnis für das sog Wechselmodell sich im Wesentlichen nach § 1687 Abs. 1 S. 4 richtet (gleichgestellt mit einem Umgangsberechtigten). Der Umfang ist nach den Vorstellungen des Gesetzgebers[1094] relativ gering und erfasst die Gestaltung des „Besuchs-"Aufenthalts des Kindes.[1095] Die Entscheidung zu gewöhnlichen ärztlichen Behandlungen von auftretenden Infektionskrankheiten fallen aber auch ohne die engen Voraussetzungen des § 1629 Abs. 1 S. 4 unter diese Befugnis.[1096] Bei längeren rechtmäßigen Aufenthalten des Kindes beim nicht betreuenden Elternteil erweitert sich die Zuständigkeit dieses Elternteils entsprechend den **Erfordernissen der Aufenthaltsdauer**.[1097]

c) Unterhalt/Unterhaltsvorschuss

533 Anders als bei einer Betreuung in unterschiedlichem Umfang, bei der es bei dem Grundsatz verbleibt, dass der in geringerem Umfang betreuende Elternteil bar- und der andere naturalunterhaltspflichtig ist,[1098] ist bei einer etwa gleichmäßigen Betreuung im Wechselmodell von einer **Barunterhaltpflicht beider Elternteile** auszugehen,[1099] jedoch ist **kein Elternteil** berechtigt, das Kind gegenüber dem anderen im Unterhaltsverfahren zu vertreten. Derjenige Elternteil, der den anderen für barunter-

---

1090 Johannsen/Henrich/Jaeger § 1629 Rn 6.
1091 BGH FamRZ 2006, 1015, 1016; Johannsen/Henrich/Jaeger § 1629 Rn 6.
1092 Johannsen/Henrich/Jaeger § 1687 Rn 7; Palandt/Thorn Art. 5 EGBGB Rn 10; nach aA entsteht ein gewöhnlicher Aufenthalt bei jeder Phase des Wechselmodells: Staudinger/Salgo Rn 15, was aber umstritten ist, weil damit der Begriff des gewöhnlichen Aufenthalts seine Konturen verliert.
1093 Johannsen/Henrich/Jaeger § 1687 Rn 7; Veit, Bamberger/Roth § 1687 Rn 15.
1094 BT-Drucks. 13/4899, 108.
1095 Johannsen/Henrich/Jaeger § 1687 Rn 8.
1096 OLG Zweibrücken, FamRZ 2001, 639, 641.
1097 Johannsen/Henrich/Jaeger § 1687 Rn 8; OLG Zweibrücken FamRZ 2001, 639 (641).
1098 BGH FamRZ 2007, 707.
1099 OLG Brandenburg FamRZ 2007, 1354; OLG Karlsruhe FamRZ 2006, 1225.

haltspflichtig hält, muss vielmehr für das Kind einen Unterhalts-Ergänzungspfleger bestellen lassen oder beim Familiengericht nach § 1628 BGB das Alleinentscheidungsrecht zur Geltendmachung von Kindesunterhalt beantragen.[1100] Umstritten ist, nach **welchem Einkommen** sich die Höhe des Unterhalts des minderjährigen Kindes richtet.[1101] Zum Teil wird vorgeschlagen, den **Bedarf** wie beim Volljährigen noch bei einem Elternteil lebenden Kind aus dem **zusammengerechneten Einkommen beider Eltern** zu ermitteln. Die Haftung der Eltern ergibt sich dann grds. anteilig nach § 1606 Abs. 3 S. 1 BGB. Dabei ist jedoch zu berücksichtigen, dass das Kind von jedem Elternteil bereits **Naturalunterhalt in gleichem Umfang** erhält, indem der in Natur gedeckte Anteil des Unterhaltsbedarfs geschätzt und auf den zuvor berechneten Haftungsanteil angerechnet wird.[1102] Nach aA[1103] wird die Barunterhaltsverpflichtung beider Elternteile direkt aus dem **hälftigen Tabellenunterhalt** abgeleitet, der sich nach dem **jeweiligen Einkommen** des Elternteils ergibt.[1104]

Ein Anspruch auf **Unterhaltsvorschuss** nach dem Unterhaltsvorschussgesetz besteht beim Wechselmodell für keinen Elternteil, weil das Kind nicht iSv § 1 Abs. 1 Nr. 2 UVG bei **einem** seiner Elternteile lebt.[1105] 534

d) Kindergeld

Die Eltern können in entsprechender Anwendung von § 64 Abs. 2 S. 2-4 EStG einen **Kindergeldberechtigten bestimmen**, wenn ein Kind in gleichwertigem Umfang in mehreren Haushalten aufgenommen ist, wie das beim Wechselmodell der Fall ist. Können sich die Eltern nicht einigen, kann eine **familiengerichtliche Bestimmung** des Kindergeldberechtigten erfolgen.[1106] Wird ein Kind getrenntlebender Eltern in annähernd gleichem Umfang in den Haushalten **beider Eltern** betreut, ist der Empfangsberechtigte des Kindesgeldes analog § 64 Abs. 2 S. 2-4 EStG zu bestimmen. Insofern ist auf Antrag eines Berechtigten auch eine Bestimmung durch das **Familiengericht** vorzunehmen. Der Einwand, annähernd gleiche Betreuungsanteile lägen tatsächlich nicht vor, ist nicht vom Familiengericht sondern allen von der **Familienkasse** und im nachfolgenden **finanzgerichtlichen** Verfahren zu klären.[1107] Liegt in Bezug auf die Wahrnehmung der elterlichen Sorge ein **echtes Wechselmodell** zwischen beiden Elternteilen vor, richtet sich der Streit zur Zuordnung des Kindergeldes nach **§ 64 Abs. 2 EStG**. Die Beurteilung, ob eine **gleichwertige Betreuung** durch beide Elternteile vorliegt, erfordert im Einzelfall schwierige tatsächliche Feststellungen und rechtliche Bewertungen. Es ist deshalb regelmäßig geboten, einem beteiligten Elternteil gem. § 78 Abs. 2 FamFG einen **Rechtsanwalt** beizuordnen[1108] 535

1100 BGH FamRZ 2006, 1015.
1101 Die unterhaltsrechtliche Abrechnung des Wechselmodells ist mit Berechnungsbeispielen ausführlich dargestellt von Bausch/Gutdeutsch/Seiler FamRZ 2012, 528; vgl auch Spangenberg FamRZ 2010, 125.
1102 OLG Düsseldorf FamRZ 2001, 1235.
1103 OLG Karlsruhe FamRZ 2006, 1225.
1104 Vgl Heiß/Born Kap. 3 Rn 720 a.
1105 Giers, Die Rechtsprechung zum Wechselmodel FamRB 2012, 385; VG Bayreuth-B 3 K 08.708 zitiert nach Giers.
1106 OLG München FamRB 2011, 303; Giers FamRB 2012, 383 (385).
1107 OLG Celle FamRZ 2012, 1963.
1108 OLG Frankfurt FamRZ 2012, 1886.

e) Sozialleistungen

536 Der betreuende Elternteil ist im Rahmen des Wechselmodells berechtigt, den **hälftigen Mehrbedarf wegen Alleinerziehung** gem. § 21 Abs. 3 SGB II geltend zu machen.[1109] Auch nur zeitweise betreute Kinder bilden mit dem jeweiligen Elternteil eine **temporäre Bedarfsgemeinschaft** iSv § 7 Abs. 3 Nr. 4 SGB II mit der Folge, dass dem betreffenden Kind für **jeden Tag**, an dem es bei dem anspruchsberechtigten Elternteil lebt, **Sozialgeld** in Gestalt der Regelleistungen für den Lebensunterhalt nach dem SGB II zustehen kann.[1110]

3. Keine gerichtliche Anordnung des Wechselmodells

537 Das Wechselmodell kann im Streitfall nicht richterlich angeordnet werden;[1111] auch wenn das Wechselmodell bislang **praktiziert** wurde, kann es nicht durch **gerichtliche Entscheidung beibehalten** werden.[1112] Denn das Aufenthaltsbestimmungsrecht **kann nur einem Elternteil** übertragen werden.

538 Es ist **nicht möglich**, gegen den Willen eines Elternteils das Wechselmodell **gerichtlich anzuordnen**[1113] und zwar auch dann nicht, wenn die gemeinsame Betreuung des Kindes im Rahmen eines Wechselmodells dem Kindeswohl am besten entsprechen würde.[1114] Die **Aufteilung der elterlichen Sorge** auf beide Elternteile in der Weise, dass die Elternteile **abwechselnd die Alleinsorge** nach periodischen Zeitabschnitten eines Wechselmodells, bei dem das Kind in abwechselnden ungefähr gleich langen Phasen in den jeweiligen Haushalten der Eltern lebt, kann **zulässigerweise nicht beantragt und gerichtlich auch mit Zustimmung des anderen Elternteils nicht angeordnet werden**. Denn § 1671 Abs. 1 macht die gerichtliche Sorgerechtsregelung davon abhängig, dass die Übertragung der elterlichen Sorge ganz oder teilweise auf den Antragsteller allein beantragt wird. Die beantragte Anordnung eines fortlaufend **periodischen Wechsels des Alleinsorgerechts** zwischen den Eltern erfüllt diese Voraussetzungen nicht.[1115] Davon zu unterscheiden ist ein für die Zukunft vorgesehener **einmaliger Wechsel** der Sorgerechtszuständigkeit. Wollen die Eltern die gerichtliche „Anordnung" oder Festlegung eines Wechselmodells, das ohnehin nur im grundsätzlichen Einvernehmen der Eltern kindeswohlverträglich praktiziert werden kann, erreichen, haben sie die Möglichkeit eine entsprechende elterliche **Umgangsvereinbarung** vom Familiengericht gem. § 156 Abs. 2 FamFG billigen zu lassen.[1116] Allerdings wird die **Umgehung** der klaren gesetzgeberischen Entscheidung, indem man das Umgangsrecht des anderen Elternteils so ausgestaltet, dass die Zeiträume während derer sich das

---

1109 BSG FamRZ 2009, 1214.
1110 BSG FamRZ 2009, 1997; Giers FamRB 2012, 383 (385).
1111 OLG Hamm FamFR 2012, 287; OLG Brandenburg 2009, 1759; OLG Nürnberg FamRZ 2011, 1803; OLG Hamm NJW 2012, 398; OLG Düsseldorf FamRZ 2011, 1154; OLG Koblenz FamRZ 2010, 738; Völker/Clausius § 1 Rn 246.
1112 OLG Brandenburg FamRZ 2011, 120; OLG Dresden FamRZ 2011, 1741; aA KG FamRZ 2012, 886; vgl Völker/Clausius § 1 Rn 246.
1113 OLG Brandenburg FamRZ 2009, 1759.
1114 OLG Düsseldorf FamRZ 2011, 1154.
1115 Johannsen/Henrich/Jaeger § 1671 Rn 19; OLG Stuttgart FamRZ 2007, 1266; str. vgl OLG Celle FamRZ 2008, 2053 und OLG Dresden FamRZ 2005, 125.
1116 Johannsen/Henrich/Jaeger § 1671 Rn 19.

Kind bei jedem seiner Elternteile aufhält, in ihrer Summe etwa gleich lang sind oder gar „das Aufenthaltsbestimmungsrecht in wöchentlichem Wechsel aufzuteilen", in Rechtsprechung und Literatur abgelehnt.[1117]

Da es beim Wechselmodell um den **Aufenthalt** des Kindes geht, handelt es sich um eine **Sorgerechtsangelegenheit** und nicht um eine Umgangsregelung.[1118] Ein **Antrag auf Einrichtung eines Wechselmodells** wird daher idR keinen Erfolg haben. Der Ausweg[1119] einen **Antrag auf Übertragung des Aufenthaltsbestimmungsrechts** zu stellen und in dem Verlauf des Verfahrens einen **Vergleich** anzustreben, der ein Wechselmodell beinhaltet, ist ebenso denkbar wie der Antrag „den Aufenthalt des Kindes iSd angestrebten Wechselmodells zu regeln" und **hilfsweise** eine entsprechende Ausgestaltung des Umgangsrechts zu beantragen.[1120] Letztlich handelt es sich dabei immer um eine Umgehung der oben aufgeführten gesetzlichen Vorgaben, deren Sinn sich nicht zurecht erschließt, weil das Gericht keinesfalls gegen den Willen des anderen Elternteils ein Wechselmodell anordnen kann und das Wechselmodell nur möglich ist, wenn sich die Eltern über die Praktizierung des Wechselmodells einig sind und sie in der Lage sind, miteinander zu kooperieren und zu kommunizieren. Dann aber steht der Praktizierung des Wechselmodells **ohne gerichtliche Regelung** nichts entgegen. 539

Da ein Betreuungswechselmodell familiengerichtlich nicht angeordnet werden kann,[1121] ist bei den oben genannten Anträgen grds. **einem Elternteil allein** das Aufenthaltsbestimmungsrecht zu übertragen, wobei zur Vermeidung einer dauernden Einbeziehung des Kindes in den elterlichen Konflikt durch im Wesentlichen gleich häufigen Kontakt zu beiden Elternteilen derjenige Elternteil zu bevorzugen ist, der sich **für einen klaren Lebensmittelpunkt** ausspricht.[1122] 540

4. Scheitern des praktizierten Wechselmodells

Solange die Eltern das Wechselmodell einvernehmlich praktizieren, sprechen der häufige Wechsel zwischen den beiden Elternteilen und die nicht eindeutige Zuordnung zu einem Haushalt nicht gegen das Kindeswohl und es besteht auch kein Anlass von Amts wegen etwa wegen Kindeswohlgefährdung tätig zu werden.[1123] Solange sich aus dem Wechselmodell keine Probleme ergeben, hat allerdings ein Antrag auf **Übertragung des alleinigen Sorgerechts** ebenso wenig Aussicht auf Erfolg, wie ein Antrag auf Übertragung des **Aufenthaltsbestimmungsrechts** auf einen Elternteil allein.[1124] Scheitert das praktizierte Wechselmodell und wird es vom anderen Elternteil nicht mehr mitgetragen, kann sich derjenige Elternteil, der sich für die Weiterführung des 541

1117 Völker/Clausius § 1 Rn 246; OLG Hamm FamFR 2012, 287; OLG Nürnberg FamRZ 2011, 1803; aA KG FamRZ 2012, 886.
1118 Vgl BVerfG FamRB 2009, 341; OLG Celle FamRZ 2008, 2053; OLG Brandenburg FamRZ 2009, 1683.
1119 Vorgeschlagen von Giers FamRB 2012, 383 (384/385).
1120 So Giers FamRB 2012, 384.
1121 OLG Koblenz FamRZ 2010, 738; OLG Stuttgart FamRZ 2010, 738; OLG Stuttgart FamRZ 2007, 1266.
1122 OLG München FamRZ 2007, 753; Schwab/Motzer Teil III Rn 48; FA-FamR/Maier Kap. 4 Rn 225.
1123 Giers FamRB 2012, 383.
1124 BVerfG FamRB 2009, 341; KG FamRZ 2006, 1626; Giers FamRB 2012, 383.

bislang praktizierten Wechselmodells ausspricht, **nicht auf das Kontinuitätsprinzip** berufen.[1125]

542 Ist ein Elternteil definitiv nicht mehr zur Fortsetzung des Wechselmodells bereit, ist das Wechselmodell im Ergebnis gescheitert und das Aufenthaltsbestimmungsrecht ist dann dem **bindungstoleranteren Elternteil** als **nächstbeste Lösung** zu übertragen, vorausgesetzt diese Übertragung ist mit den Sorgerechtskriterien Förderungsprinzip/ Förderung des Umgangs zum anderen Elternteil und zu weiteren Bezugspersonen/ Bereitschaft Beratungsangebote des JA anzunehmen/Bindungen des Kindes/Wille des Kindes in Einklang zu bringen.[1126]

543 Wurde in der Vergangenheit ein Wechselmodell im Wesentlichen beanstandungsfrei praktiziert und **entspricht** die Fortsetzung des Wechselmodells **dem Kindeswohl am besten**, so muss stets berücksichtigt werden, dass nach dem gem. § 1697 a BGB alles überstrahlenden Kindeswohl[1127] auch vom Gericht die **Fortsetzung des Wechselmodells** unterstützt werden muss. Dennoch ist es nicht zulässig, den Antrag des Elternteils, der das Wechselmodell beenden will, auf Regelung des Aufenthaltsbestimmungsrechts einfach mit der Begründung zurückzuweisen, dass die Beibehaltung des Wechselmodells dem Kindeswohl am besten entspricht und dadurch die **Fortsetzung** des Wechselmodells zu **erzwingen**.[1128]

544 In einem **Ausnahmefall** hat das KG[1129] ein Wechselmodell angeordnet, weil dieses im Hinblick auf das Kindeswohl geboten war und dem eindeutig geäußerten und belastbaren **Willen des Kindes**, das eindeutig erklärt hatte, es solle „alles so bleiben ..., wie es ist", entsprach.

III. Mutter-Kind-Heim statt Sorgerechts-Entzug

1. Gemeinsame Sorge verhindert notwendige Hilfe nach § 19 SGB VIII

545 Stellt sich nach Einholung eines kinderpsychologischen Sachverständigengutachtens im Rahmen eines Verfahrens wegen Kindeswohlgefährdung nach §§ 1666, 1667 BGB heraus, dass die einzige Alternative zur Herausnahme eines Kindes aus dem elterlichen Haushalt die Unterbringung der Mutter mit dem Kind in einem Mutter-Kind-Heim ist, wird gerade diese Hilfegewährung vom Jugendamt abgelehnt, wenn die Eltern die gemeinsame Sorge haben und mit dem Kind zusammen in einem Haushalt leben. Begründet wird dies regelmäßig damit, dass die Voraussetzungen des § 19 Abs. 1 S. 1 SGB VIII „... die allein für ein Kind unter 6 Jahren zu sorgen haben oder tatsächlich sorgen ..." nicht vorlägen. Hintergrund dieser Verfahren ist regelmäßig eine Familiensituation mit erheblichen Einschränkungen der Erziehungsfähigkeit beider Elternteile, insbesondere infolge von ausgeprägten Persönlichkeitsstörungen,

---

1125 FA-FamR Kap. 4 Rn 225.
1126 Vgl Völker/Clausius § 1 Rn 246, wo vorgeschlagen wird, das Aufenthaltsbestimmungsrecht auf den Elternteil zu übertragen, der das Wechselmodell fortsetzen will, unter Berufung auf OLG Düsseldorf FamRZ 2011, 1154.
1127 BVerfGE 56, 363; BVerfG FuR 2008, 338; OLG Saarbrücken FamRZ 2011, 1153; Völker/Clausius § 1 Rn 246.
1128 OLG Düsseldorf FamRZ 2011, 1154; KG FamRZ 2012, 886; Völker/Clausius § 1 Rn 246.
1129 FamRZ 2012, 886.

schwerer Suchterkrankung oder erhöhter Gewaltbereitschaft, die zu mangelnder Empathie für das Kind führen, wobei destruktive Kommunikationsformen wie ständige Beschimpfungen und Herabwürdigungen zur Tagesordnung gehören und die Mutter in der ihr aufgedrängten Opferrolle psychische Störungen wie Angst und Depression in teilweise behandlungsbedürftigen Ausmaß aufweist, sowie wegen der ständigen Gewaltbereitschaft des Vaters der Mutter ein Entkommen aus der Familiensituation nicht möglich erscheint. Dies wiederum führt dazu, dass eine Hilfegewährung nach § 19 SGB VIII abgelehnt wird.

2. Vorgabe des Gesetzes/Bundesverfassungsgerichts

a) Grundgesetz

Art. 6 Abs. 4 GG: „Jede Mutter hat Anspruch auf den Schutz und die Fürsorge der Gemeinschaft."   546

Daraus folgt, dass gerade in Fällen in denen offen ist, ob die Eltern der ihnen obliegenden Aufgabe der Erziehung ihres Kindes gewachsen sind, die Mutter zunächst **vorrangig ein Recht auf staatliche Unterstützung** bei der Erziehung ihres Kindes hat. Zu dieser staatlichen Unterstützung gehört auch der Anspruch auf Hilfe in einem Mutter-Kind-Heim nach § 19 SGB VIII. Dabei hat das Jugendamt sicherlich das Recht und die Pflicht zu überprüfen, ob die Erziehung und Betreuung so abläuft, dass das Wohl des Kindes gewahrt ist. Aber erst im Falle eines Scheiterns der Eltern kommt eine auf das Jugendhilferecht gestützte Trennung von Eltern und Kind in Betracht.[1130]   547

b) Bürgerliches Gesetzbuch

Wird das körperliche, geistige oder seelische Wohl des Kindes oder sein Vermögen gefährdet und sind die Eltern nicht gewillt oder nicht in der Lage, die Gefahr abzuwenden, so hat das Familiengericht die Maßnahmen zu treffen, die zur Abwendung der Gefahr erforderlich sind, § 1666 Abs. 1 BGB. Nach § 1666 Abs. 3 gehören zu den gerichtlichen Maßnahmen insbesondere „… 6. Die teilweise oder vollständige Entziehung der elterlichen Sorge.". Nach § 1666 a Abs. 1 gilt: „Maßnahmen, mit denen eine **Trennung des Kindes von der elterlichen Familie** verbunden ist, sind nur zulässig, wenn der Gefahr **nicht auf andere Weise**, auch nicht durch öffentliche Hilfen, begegnet werden kann."   548

Die Trennung des Kindes von der elterlichen Familie ist der stärkste vorstellbare Eingriff in das Elternrecht und nur unter strikter Wahrung des Grundsatzes der Verhältnismäßigkeit zulässig,[1131] dh nur dann, wenn mildere Mittel nicht ausreichen die Gefahr für das Kind abzuwenden. Vor der Trennung eines Kindes von den Eltern muss das Familiengericht prüfen, ob durch öffentliche Hilfen die Gefährdung des Kindes abgewendet werden kann.[1132] **Nur wenn dies nicht der Fall ist, ist die Trennung zulässig.**[1133] Wegen des **Vorrangs milderer Maßnahmen** darf daher vom Familienge-   549

1130   VG Aachen Beschluss vom 18.7.2007, Az: 2 L 234/07 Rn 13, Juris.
1131   BVerfG FamRZ 2009, 1897; BVerfG FamRZ 2012, 433.
1132   BayObLG FamRZ 1991, 1218.
1133   EGMR NJW 2003, 809.

richt keine Trennung des Kindes von der Familie angeordnet werden, wenn die Hilfegewährung in Form der Aufnahme in einem Mutter-Kind-Heim die Kindeswohlgefährdung abwenden kann.

c) Bundesverfassungsgericht

550 Wiederholt und nachhaltig hat das BVerfG[1134] darauf hingewiesen, dass Art. 6 Abs. 2 S. 1 GG den Eltern das Recht auf Pflege und Erziehung ihrer Kinder garantiert. Die Eltern können grundsätzlich frei von staatlichen Einkünften nach eigenen Vorstellungen darüber entscheiden, wie sie die Pflege und Erziehung ihrer Kinder gestalten und damit ihre Elternverantwortung gerecht werden wollen. In der Beziehung zum Kind muss aber das Kindeswohl die **oberste Richtschnur** der elterlichen Pflege und Erziehung sein. Der Schutz des Elternrechts, das Vater und Mutter gleichermaßen zukommt, erstreckt sich auf die wesentlichen Elemente des Sorgerechts. Soweit es um die **Trennung des Kindes von seinen Eltern** als dem stärksten Eingriff in das Elternrecht geht, ist dieser allein unter den Voraussetzungen des Art. 6 Abs. 3 GG zulässig. Danach dürfen Kinder gegen den Willen des Sorgeberechtigten nur aufgrund eines Gesetzes von der Familie getrennt werden, wenn die Erziehungsberechtigten versagen oder wenn die Kinder aus anderen Gründen zu verwahrlosen drohen.[1135] Nicht jede mögliche Beeinträchtigung des Kindeswohls berechtigt den Staat auf der Grundlage seines ihm nach Art. 6 Abs. 2 S. 2 GG zukommenden Wächteramtes, die Eltern von der Pflege und Erziehung ihres Kindes auszuschalten oder gar selbst diese Aufgabe zu übernehmen. Vielmehr kommt ein solcher Eingriff nur in Betracht, wenn das Kind bei einem Verbleiben in der Familie in seinem körperlichen, geistigen oder seelischem Wohl nachhaltig gefährdet ist.[1136] Diese sich unmittelbar aus Art. 6 Abs. 2 S. 1 und Abs. 3 GG ergebenden Anforderungen sind auch beim Erlass vorläufiger Eilmaßnahmen zu beachten. Die **hohen verfassungsrechtlichen Voraussetzungen** für die Trennung eines Kindes von seinen Eltern gegen deren Willen machen es im Rahmen der erforderlichen umfassenden Sachverhaltsaufklärung auch erforderlich, dass ein **psychologisches Sachverständigengutachten** eingeholt wird.[1137]

d) § 19 SGB VIII: Gemeinsame Wohnformen für Mütter/Väter und Kinder

551 Nach § 19 Abs. 1 SGB VIII[1138] sollen Mütter oder Väter, die **allein** für ein Kind unter 6 Jahren **zu sorgen haben oder tatsächlich sorgen**, gemeinsam mit dem Kind in einer geeigneten Wohnform betreut werden, wenn und solange sie aufgrund ihrer Persönlichkeitsentwicklung dieser Form der Unterstützung bei der Pflege und Erziehung des Kindes bedürfen. Die Betreuung schließt auch ältere Geschwister ein, sofern die Mutter oder der Vater für sie **allein** zu sorgen hat. Eine **schwangere Frau** kann auch **vor der Geburt** des Kindes in der Wohnform betreut werden.

1134   FamRZ 2012, 433 Rn 22; 2009, 1897; 2003, 285; 1991, 913; 1982, 567.
1135   BVerfG FamRZ 2012, 433 Rn 22.
1136   BVerfG FamRZ 2012, 433.
1137   BVerfG FamRZ 2009, 1897 Ziff. II 3.
1138   Ist der Vater der alleinsorgende Elternteil ist er gemäß § 19 Abs. 1 SGB VIII in gleicher Weise begünstigt wie die Mutter.

In der Hilfegewährung nach § 19 SGB VIII scheint – jedenfalls auf den ersten Blick –   552
entgegen zu stehen, wenn die Eltern **gemeinsam das Sorgerecht ausüben** oder gar in
einem Haushalt (verheiratet oder auch nicht) mit dem Kind zusammenleben. Kommt
das Gericht aber nach Einholung eines psychologischen Sachverständigengutachtens
zu dem Ergebnis, dass das Kindeswohl in diesem Familienverband so massiv gefährdet ist, dass eine **Herausnahme** des Kindes zur Abwendung der Gefährdung aus dem
bisherigen Familienverband/elterlichen Haushalt unvermeidbar ist, stellt das Gericht
damit gleichzeitig fest, dass das **gemeinsame Erziehungsmodell endgültig gescheitert
ist und eine gemeinsame Ausübung der Sorge das Wohl des Kindes gefährdet.**
Kommt das Familiengericht nach Einholung eines psychologischen Sachverständigengutachtens gleichzeitig zu dem Ergebnis, dass die Trennung des Kindes von **beiden
Elternteilen** vermeidbar wäre, wenn Mutter (Vater) gemeinsam mit dem Kind in einem Mutter-Kind-Haus aufgenommen werden, hat dies für die **Zukunft** automatisch
zur Konsequenz, dass im Mutter-Kind-Haus ein Elternteil **allein** für das Kind zu sorgen hat oder tatsächlich sorgen wird.

Damit liegen für die **Zukunft** auch die Voraussetzungen des § 19 Abs. 1 SGB VIII   553
vor.

Voraussetzung ist, dass die Mutter sowohl den Antrag auf Hilfe in einer gemeinsa-   554
men Wohnform für Mutter und Kind nach § 19 SGB VIII stellt und selbst bekundet,
dass sie in die Mutter-Kind-Einrichtung will, um dort allein für das Kind zu sorgen
und die weiteren **Voraussetzungen** der Vorschrift des § 19 SGB VIII vorliegen.

Sollte man sich dieser Auffassung nicht anschließen wollen, ist zu überprüfen, ob das   555
Familiengericht zur Wahrung des geringstmöglichen Eingriffs in die Elternrechte
nach folgender Alternativlösung vorzugehen hat.

3. Alternativlösung

a) Entzug des Mit-Sorgerechts des Vaters (der Mutter) nach § 1666 Abs. 1, Abs. 3   556
   Nr. 6 BGB (falls nicht ein übereinstimmender Vorschlag nach § 1671 Abs. 1 Nr. 1
   BGB erfolgt).

b) Verbot gegenüber dem Vater (der Mutter) gemäß § 1666 Abs. 1, Abs. 3 Nr. 3
   BGB, vorübergehend die Familienwohnung zu nutzen.

c) Das Kind verbleibt in der Obhut der nunmehr allein sorgeberechtigten Mutter
   (Vater. Der Mutter (dem Vater) wird **aufgegeben,** nach Trennung und Auszug des
   Vaters (der Mutter) Antrag auf Hilfe nach § 19 SGB VIII beim Jugendamt zu stel-
   len. Für den Fall, dass das Jugendamt den Antrag ablehnt:

d) Beim Verwaltungsgericht im Wege der **einstweiligen Anordnung** folgenden **Antrag** zu stellen:

> Das Jugendamt ... wird im Wege der einstweiligen Anordnung verpflichtet, der An-
> tragstellerin ab ... sowie dem Kind ... ab ... vorläufig Hilfe nach § 19 SGB VIII in der Mut-
> ter-Kind-Einrichtung ... zu bewilligen.

Bei dieser Vorgehensweise ist gewährleistet, dass die antragstellende Mutter zum einen **alleinerziehender** Elternteil ist und zum anderen das Kind auch tatsächlich alleine betreut. Das Hilfeangebot des § 19 SGB VIII steht der Alleinerziehenden in ihrer besonderen Lebenssituation zur Verfügung. Denn wenn ein Elternteil allein für das Kind sorgt, ist er Alleinerziehender, da nach § 1631 Abs. 1 BGB die Erziehung ein wesentlicher Bestandteil der Personensorge ist. Durch die Entfernung des Vaters aus der Wohnung ist die Voraussetzung des § 19 Abs. 3 SGB VIII „oder tatsächlich sorgen" darüber hinaus erfüllt. Entscheidend kommt es darauf an, wer das Kind tatsächlich – allein – erzieht. Diesem Elternteil kann auch ein Anspruch nach § 19 Abs. 1 SGB VIII eingeräumt werden. Da die Mutter nach Wirksamkeit der Sorgerechtsregelung und des Wohnungsvertretungsverbots der alleinerziehende Elternteil ist, ist sie auch **leistungsberechtigt.**

Bei dieser Alternativlösung geht jedoch wertvolle Zeit verloren, in der der Zustand der Kindeswohlgefährdung bestehen bleibt und in der bei sofortiger Hilfegewährung schon viel für die Persönlichkeitsentwicklung in Form der Unterstützung bei der Pflege und Erziehung des Kindes unternommen werden könnte. Vorzuziehen ist daher die Auffassung, wonach bei Feststellung des endgültigen Scheiterns des bisherigen gemeinsamen Erziehungsmodells davon auszugehen ist, dass für die **Zukunft** die Mutter im Mutter-Kind-Heim alleinerziehend im Sinn des § 19 SGB VIII ist.[1139] Dabei ist zu berücksichtigen, dass die Ausführungen nur diejenigen Fälle betreffen, in denen die Trennung des Kindes von den Eltern **alternativlos** ist, wenn die Hilfe der Betreuung in einem Mutter-Kind-Haus nicht gewährt wird. Die **Zielsetzung** der Hilfe liegt in der auf die Erziehungsfähigkeit bezogenen Persönlichkeitsentwicklung des alleinerziehenden Elternteils, wozu es auch gehört, sich und das Kind vor einem gewaltbereiten Partner zu schützen.[1140]

e) Nicht zielführend ist es in Fällen, in denen die Hilfegewährung nach § 19 SGB VIII die einzige Alternative zum Entzug des Sorgerechts ist, wenn das Familiengericht den Eltern die **elterliche Sorge nicht entzieht,** sondern stattdessen die Eltern anweist, Leistungen nach § 19 SGB VIII in einer Eltern-Kind-Einrichtung in Anspruch zu nehmen und einen entsprechenden Bewilligungsantrag zu stellen und den Eltern aufgibt, bei Ablehnung des Antrags durch das Jugendamt das Bestehen eines insoweit bestehenden Leistungsanspruchs vor dem Verwaltungsgerichts zu klären.[1141] Durch die Anweisung des Familiengerichts an die Eltern, einen Jugendhilfeantrag auf Bewilligung einer Unterbringung in einer Eltern-Kind-Einrichtung zu stellen, wird zwar in die dem Jugendamt durch § 36a SGB VIII eingeräumte Kompetenz der fachlich-inhaltlichen Steuerung des Hilfeprozesses für Kinder nicht eingegriffen. Sollte aber der Antrag der Eltern vom Verwaltungsgericht rechtskräftig abgelehnt werden, so geht die Entscheidung des Familiengerichts **ins Leere,** sodass sodann die Erforderlichkeit weiterer familiengerichtlicher

---

1139 Ist der Vater der alleinsorgende Elternteil ist er gemäß § 19 Abs. 1 SGB VIII in gleicher Weise begünstigt wie die Mutter.
1140 Wiesner/Struck, SGB VIII-Kommentar, § 19 Rn 9.
1141 OLG Oldenburg Beschluss vom 27.11.2007, Az: 4 WF 240/07, Quelle: Juris.

Heiß

Maßnahmen zu prüfen ist,[1142] mit der Folge, dass bei bestehender Risikolage bezüglich der Kindeswohlgefährdung viel Zeit verloren gegangen ist. Vor der entsprechenden Anweisung an die Eltern den Antrag nach § 19 SGB VIII zu stellen, muss jedenfalls sichergestellt sein, dass voraussichtlich die verwaltungsgerichtliche Prüfung zu einem entsprechenden Ergebnis führen wird.[1143]

4. Mutter-Kind-Heim-Betreuung für die schwangere Frau

Nach § 19 Abs. 1 S. 3 SGB VIII kann eine schwangere Frau auch vor der Geburt des   557
Kindes in einer geeigneten Wohnform betreut werden. Die Konflikt- und Notlage der Betroffenen besteht in der Regel schon vor der Geburt. Für die Entwicklung einer Mutter-Kind-Beziehung ist die Zeit vor der Geburt **ebenso bedeutsam wie die Zeit danach.** Deshalb ist die **frühzeitige Aufnahme** der Schwangeren in die Einrichtung notwendig.[1144] Mütter sollen möglichst schon vor der Geburt im Mutter-Kind-Heim aufgenommen werden, um sie in einer Aufnahme- und Trainingsphase unterteilten **Eingewöhnungsphase** mit der neuen Umgebung, den dort vorhandenen Hilfeangeboten und den Unterstützungsmöglichkeiten für die Geburt vertraut zu machen.[1145] Der Schwangeren soll Gelegenheit gegeben werden, in die Rolle einer jungen Mutter hineinzuwachsen, um ihr zum einen eine reale Chance zu geben, die geforderten Fähigkeiten für die Betreuung ihres Kindes zu entwickeln und zum anderen dem Jugendamt entsprechend seinem Wächteramt Gelegenheit zur Klärung zu geben, ob ein Zusammenleben mit Mutter und Kind nicht mit einer Gefährdung des Kindeswohls verbunden ist.

Im Rahmen eines Verfahrens zur Anordnung der **Pflegschaft für eine Leibesfrucht**   558
nach § 1912 BGB, wonach eine Leibesfrucht zur Wahrung ihrer künftigen Rechte einen Pfleger erhält, soweit diese einer Fürsorge bedarf, kann das Familiengericht dem Pfleger aufgeben, einen Antrag nach § 19 SGB VIII zu stellen bzw bei Ablehnung eine **einstweilige Anordnung** beim Verwaltungsgericht mit folgendem Inhalt zu beantragen: Das Jugendamt … wird im Wege der einstweiligen Anordnung verpflichtet, der Schwangeren … ab dem … sowie dem noch zu gebärenden Kind ab dem Tag der Niederkunft vorläufig Hilfe nach § 19 SGB VIII in der Mutter-Kind-Einrichtung … zu bewilligen.

5. Abgrenzung Frauenhaus/Mutter-Kind-Heim

Zielsetzung der Frauenhäuser ist, Frauen, die in schweren Konfliktsituationen mit ih   559
ren Partnern leben für diese und ggf ihre Kinder eine zeitlich befristete Zuflucht zur Klärung der Situation zu bieten. Sofern der Schwerpunkt der Leistung in der Hilfestellung für die Mütter und ihrem Schutz vor Übergriffen des Partners besteht, ist die Hilfe von Frauenhäusern in Anspruch zu nehmen, für die im Allgemeinen der **örtliche Träger der Sozialhilfe** zuständig ist.

1142   OLG Oldenburg Beschluss vom 27.11.2007, Az: 4 WF 240/07, Quelle: Juris.
1143   S.o. H. III. 3. a) bis d.) Rn 556.
1144   Wiesner/Struck, SGB VIII-Kommentar § 19 Rn 6.
1145   VG Aachen Beschluss vom 18.7.2007, Az: 2 L 234/07, Quelle: Juris.

560 Zielsetzung der Leistungsangebote nach § 19 SGB VIII ist, Mütter und Väter zu **befähigen**, mit ihren Kindern selbständig und eigenverantwortlich zu leben. Die Hilfe liegt in der auf die Erziehungsfähigkeit bezogenen Persönlichkeitsentwicklung, wobei der Elternteil unterstützt werden soll, eine schulische und/oder berufliche Perspektive zu entwickeln. Im Vorfeld der Aufnahme einer Ausbildung bzw Berufstätigkeit kann es um die Einübung der Gestaltung eines regelmäßigen Tagesablaufs gehen. Auf der Grundlage intensiver persönlicher Betreuung und der zwischenmenschlichen Beziehung zu dem Fachpersonal der Einrichtung wird hier versucht, zur **Stabilisierung und Verselbständigung der Frauen** beizutragen. Durch das alltägliche Zusammensein der Fachkräfte mit den Bewohnerinnen, durch praktische Einübung, Anleitung und Anregung bei der Bewältigung alltäglicher Aufgaben wird schrittweise eine Verselbständigung der Mütter angestrebt.[1146]

561 Je größer die Entwicklungsdefizite und die aktuellen Problemlagen der – oftmals sehr jungen – Mütter bzw Väter sind, desto geringer ist ihre Erziehungskompetenz ausgeprägt. Deshalb benötigen die **Kinder** besondere elementarpädagogische und kompensatorische **Förderangebote**, um den Mangel auszugleichen und eine altersgemäße Entwicklung zu sichern.[1147]

562 Diese Leistungsangebote nach § 19 SGB VIII werden in der Regel durch die Frauenhäuser für misshandelte Frauen und Kinder nicht abgedeckt, sodass keine Konkurrenz zwischen den Leistungen besteht.

I. Grenzüberschreitende Sorgerechtsfälle

563 Bei jedem grenzüberschreitenden Sorgerechtsfall, insbes. wenn ein Beteiligter eine ausländische Staatsangehörigkeit oder seinen gewöhnlichen Aufenthalt im Ausland hat, sind vorab 3 Fragen zu prüfen:[1148]

(1) Internationale Zuständigkeit,

(2) anwendbares Recht,

(3) Vorhandensein einer anzuerkennenden ausländischen Entscheidung.

564 Art. 21 EGBGB ist die einschlägige Vorschrift des deutschen internationalen Privatrechts, wobei zu beachten ist, dass gem. Art. 3 Abs. 2 EGBGB **völkerrechtliche Vereinbarungen**,[1149] soweit sie unmittelbar anwendbares innerstaatliches Recht geworden sind, den Vorschriften des EGBGB vorgehen.[1150]

565 Folgende bi- und multilateralen Übereinkünfte sind zu berücksichtigen:

- **Brüssel IIa VO**

- Haager Kindesentführungsübereinkommen **HKÜ**

1146 Wiesner/Struck, § 19 Rn 9 ff.
1147 Wiesner/Struck, § 19 Rn 10 a.
1148 Völker FamRZ 2011, 801.
1149 Martiny, Elterliche Verantwortung und Sorgerecht im ausländischen Recht, insbes. beim Streit um den Kindesaufenthalt FamRZ 2012, 1765.
1150 BGH FamRZ 1993, 316; FamRZ 1993, 1053.

Heiß

- Übereinkommen über die Anerkennung oder Vollstreckung von Entscheidungen über das Sorgerecht für Kinder und die Wiederherstellung des Sorgeverhältnisses, **ESÜ**

- Haager Übereinkommen über die Zuständigkeit der Behörden und das anzuwendende Recht auf dem Gebiet des Schutzes von Minderjährigen **MSA**

- Haager Übereinkommen über die Zuständigkeit, das anzuwendende Recht, die Anerkennung, Vollstreckung und Zusammenarbeit bzgl der elterlichen Verantwortung von Maßnahmen zum Schutz von Kindern **KSÜ**, das weitgehend das MSA abgelöst hat, außer im Verhältnis zur Türkei

- Das **deutsch-iranische Niederlassungsabkommen**, das die Anwendung des iranischen Heimatrechts anordnet, wenn alle Beteiligten ausschließlich die iranische Staatsangehörigkeit haben

- Das internationale Familienrechtsverfahrensgesetz **IntFamRVG**, regelt die Ausführung der Brüssel IIa VO, des HKÜ, des KSÜ und des ESÜ

Die **internationale Zuständigkeit** in Sorge- und Umgangsrechtsverfahren ist der Reihe nach nachfolgenden Vorschriften zu prüfen: **566**

(1) Brüssel IIa VO

(2) KSÜ

(3) MSA

(4) Deutsch-iranisches Niederlassungsabkommen

(5) Nationales deutsches Recht §§ 98, 99 FamFG

Übersichtliche, zielführende Prüfungsschemen für grenzüberschreitende Sorge-, Umgangs- und Kindesentführungsfälle finden sich praxisgerecht aufbereitet und am praktischen Fallaufbau orientiert bei **Völker/Clausius, Sorge- und Umgangsrecht in der Praxis**, 5. Aufl. § 11, wobei sämtliche angesprochenen Rechtsquellen unter § 14 abgedruckt sind, jeweils mit Angabe eines Links zur Internetseite, sodass der jeweilige Stand der Vertragsstaaten nachgesehen werden kann. Zur Vertiefung wird auf die dort angegebenen Literatur- und Entscheidungshinweise verwiesen, ebenso auf Martiny, Elterliche Verantwortung und Sorgerecht im ausländischen Recht, insbes. beim Streit um den Kindesunterhalt FamRZ 2012, 1765 ff **567**

Die maßgebenden internationalen Übereinkommen sind in **Palandt**, Anhang zu Art. 24 EGBGB abgedruckt und die maßgeblichen internationalen Verfahrensvorschriften finden sich übersichtlich bei **Thomas/Putzo**, Kommentar zur Zivilprozessordnung, 33. Aufl. 2012. **568**

§ 3
Psychologische Sicht auf das gemeinsame Sorgerecht

569 Begegnen sich Juristen und Psychologen, wird vor allem bei der Diskussion um familiengerichtliche Aspekte rasch deutlich, dass von unterschiedlichen Konzepten gesprochen wird, die häufig nur schwer „übersetzbar" sind. Beispielsweise macht es für Juristen einen erheblichen Unterschied, ob Eltern die Ehe formal geschlossen haben oder nicht. Für Psychologen ist dieser Aspekt völlig irrelevant, dagegen aber von Bedeutung, ob Eltern zusammengelebt haben oder nicht. Juristen sprechen von Elternrechten und vertreten diese, da ihre Mandanten meistens die Eltern sind. Psychologen sprechen dagegen von den Bedürfnissen der Kinder. Beide Berufsgruppen sprechen von „Bindung", meinen aber unterschiedliche Dinge damit. Diese Liste könnte noch um viele weitere Beispiele verlängert werden, in der die unterschiedlichen Blickwinkel deutlich werden. Weiter erschwert wird die Kommunikation zwischen den Berufsgruppen durch unterschiedliche Erwartungen an die Präzision der Schlussfolgerungen. Juristen wollen beispielsweise wissen, ob ein Elternteil erziehungsfähig ist oder nicht, ob eine Sorgerechtsregelung zu befürworten oder abzulehnen ist. Psychologen antworten, dass jemand in Teilbereichen eingeschränkt erziehungsfähig ist, oder dass eine bestimmte Sorgerechtsregelung in manchen Aspekten wahrscheinlich für das Kind dienlich ist, in anderen wieder nicht.

570 Im nachfolgenden Kapitel soll der Stand der Forschung verdeutlicht werden, mit dem psychologische Sachverständige arbeiten und der ihren Empfehlungen zugrunde liegt. Damit soll ein Beitrag dazu geleistet werden, nicht nur den Begriff „Kindeswohl" in familiengerichtliche Auseinandersetzungen einzubringen, sondern den Fokus aller daran Beteiligten auf die tatsächlichen Bedürfnisse der betroffenen Kinder zu lenken.

A. Allgemeine Grundlagen

571 Schaut man sich die naturgeschichtliche Evolution an, sieht man, dass die Versorgung des Nachwuchses immer intensiver wird, je weiter entwickelt eine Art ist. Säugetiere sorgen überwiegend paarweise oder in Familienverbänden für ihren Nachwuchs. Dies macht insofern Sinn, als sowohl die damit verbundene Arbeit geteilt wird und der Schutz für den Nachwuchs effizienter ist, als auch Ersatz vorhanden ist, wenn ein erwachsener Versorger ausfällt. Im menschlichen Zusammenleben erfolgt die Betreuung von Kindern seit einigen Jahrtausenden in Familienverbänden, die sich zunehmend verkleinern. Im nördlichen Mitteleuropa besteht eine Familie mittlerweile vor allem aus einem Elternpaar, das sich die Aufgaben teilt, und dem Nachwuchs. Lange Zeit war dabei die Kinderbetreuung vor allem Frauensache, die Absicherung der Ernährung und der Schutz vor äußeren Feinden Männersache.

I. Soziale Veränderungen und geschlechtsspezifische Rollen

572 Durch die großen europäischen Kriege waren Männer in der ersten Hälfte des 20. Jahrhunderts in den Familien wenig präsent. Dadurch veränderte sich die Rollenver-

teilung, die Frauen übernahmen gezwungenermaßen auch die Aufgabe, die Familie zu schützen und materiell zu erhalten. Die so angestoßene Entwicklung führte mit zunehmender Verbesserung der Ausbildung und in der Folge davon der potenziell möglichen finanziellen Unabhängigkeit der Frauen zur Neudefinition der geschlechterspezifischen Rollen. Mittlerweile treten Frauen mehr aus der Familie heraus, gehen nach der Geburt eines Kindes früher wieder arbeiten, während sich Männer häufiger aktiv am Familienleben beteiligen. Demnach hat sich nicht nur das Frauenbild gewandelt, sondern komplementär dazu auch das Männerbild.

Von den Soziologen wird dieser Rollenwandel unter anderem auf die bessere Ausbildungssituation von Frauen und damit verbunden eine wachsende Gleichstellung auf dem Arbeitsmarkt zurückgeführt, außerdem werden Frauen als Fachkräfte benötigt. Von einer faktischen Gleichberechtigung ist dennoch noch lange nicht auszugehen, wie die jährlichen Statistiken zur Frauenquote in Führungspositionen, zum durchschnittlichen Einkommen und Rentenbezug von Männern und Frauen deutlich machen. **573**

Parallel zur finanziellen Unabhängigkeit der Frauen nahm die Bedeutung der Eheschließung ab. Insbesondere in den Städten ist in Deutschland das Zusammenleben von Eltern und Kindern ohne formale Eheschließung Normalität geworden.[1] Im Jahr 2011 lebte in Deutschland knapp die Hälfte der Bevölkerung in einem Familienverband mit mindestens zwei Generationen.[2] Entsprechend verändert sich auch langsam der Familienbegriff, unter dem mittlerweile von einem Großteil der Bevölkerung auch Alleinerziehende mit ihren Kindern verstanden werden. Die Akzeptanz von gleichgeschlechtlichen Partnern mit ihren Kindern als Familienverband ist bisher noch vergleichsweise gering.[3] Auch vom Gesetzgeber wird der Familienbegriff mittlerweile ausgedehnt.[4] **574**

II. Erwartungen an Elternschaft

Vor allem in den letzten 50 Jahren waren außerdem erhebliche Veränderungen in den gesellschaftlichen Erwartungen an Frauen und Männer in ihrer Funktion als Eltern zu beobachten. **575**

Die Aufgabe von Eltern wird in der Philosophie definiert als historisch und kulturell bedingte Verpflichtung zur emotionalen, liebenden Zuwendung, Ernährung, Anteilnahme an der Entwicklung, Bereitstellung notwendiger Güter, Sicherung und Schutz der sich entwickelnden Persönlichkeit, Förderung der kindlichen Interessen, Vermittlung von moralischen, kulturellen und ideellen Werten und Förderung der Mündigkeit eines Kindes.[5] Im Zuge der Konsolidierung demokratischer Staatsformen wird weiter verlangt, dass das Ziel der Kindererziehung sein sollte, Kinder zu selbstbe- **576**

---

1 Bundesministerium für Familie, Senioren, Frauen und Jugend, 2012.
2 Bundesministerium für Familie, Senioren, Frauen und Jugend (BMFSFJ): www.bmfsfj.de
   http://www.bpb.de/nachschlagen/zahlen-und-fakten/soziale-situation-in-deutschland/61594/eltern-und-kinder.
3 Institut für Demoskopie Allensbach: Monitor Familienleben 2012.
4 Für einen Abriss der historischen Entwicklung s. bspw Schwab, 2007.
5 Lohmann, 2010.

wussten, rücksichtsvollen, leistungsfähigen und verantwortungsvollen Mitglieder der Gesellschaft heranzubilden.

577 Elternschaft beinhaltet eine Vielzahl von unterschiedlichen Aufgaben wie physische Versorgung, Erfüllung sozio-emotionaler Funktionen wie emotionale Verfügbarkeit, Trost und Beziehungsarbeit, instruktive Funktionen, Verwaltungs- und Organisationsaufgaben, Förderung der Entwicklung, Aufsicht, finanzielle Absicherung usw..[6] In der heutigen deutschen Gesellschaft herrscht die Ansicht vor, dass zu diesen Aufgaben beide Elternteile beitragen können, wobei die Rollenaufteilung von den individuellen Voraussetzungen, den jeweiligen Rollenerwartungen, sozialen und beruflichen Gegebenheiten, aber auch vom persönlichen Interesse am Kind abhängt. „Allgemein von Bedeutung für eine positive Entwicklung des Kindes sind elterliche Wärme, Fürsorge und Nähe, unabhängig davon, ob diese Eigenschaften von Müttern oder Vätern verwirklicht werden."[7]

III. Die Rolle von Vätern

578 In Deutschland haben seit den 1980er Jahren Männer zusehends weniger die Ernährer- als mehr Erziehungsfunktion eingenommen. So waren 1980 etwa 10 % der Männer bei der Geburt ihrer Kinder dabei, mittlerweile sind es etwa 90 %. Gleichzeitig dazu veränderten sich die Rollenvorstellungen.[8] Heute gehören Kinderwagen schiebende, auf dem Spielplatz sitzende oder Windeln einkaufende Männer zum alltäglichen Stadtbild. Allerdings wandeln sich die tradierten Stereotype nur langsam: Männer sind nach Volksmeinung weiterhin über ihre Berufstätigkeit und ihr Einkommen qualifiziert, Frauen über ihre Mutterschaft. Umso schwerer gestaltet sich die Umsetzung des Wunsches von Vätern, mehr Zeit mit ihren Kindern verbringen zu können. Fakt ist, dass in Deutschland auch heute über 90 % der Kleinkinder überwiegend von ihren Müttern betreut werden. Für Kinder, die im Jahr 2010 geboren wurden, haben 96,2 Prozent der Mütter Elterngeld bezogen und 25,3 Prozent Väter, wobei nur ein Bruchteil davon (etwa 6 %) tatsächlich über mindestens ein Jahr die Versorgung der Kinder übernahm und sich die meisten auf die zwei Partnermonate als quasi „verlängerten Urlaub" beschränkten.[9]

579 Obwohl sich also die Haltung gegenüber Frauen im Allgemeinen verändert hat, sind die gesellschaftlichen Ansprüche an Mütter dagegen weitgehend gleich geblieben: „Mütter sollen immer noch aufopfernd, hilfsbereit, uneitel, gesund, sauber, belastbar, jung, aber nicht kindisch, adrett und vorwiegend auf das Kind bezogen sein",[10] aber auch zum Familieneinkommen beitragen und dem Arbeitsmarkt zur Verfügung

---

6 Fthenakis, 1999.
7 Laucht, 2003, S. 237.
8 S. z. B. Janzen, 2010.
9 Bundesministerium für Familie, Senioren, Frauen und Jugend (BMFSFJ): www.bmfsfj.de
   http://www.bpb.de/nachschlagen/zahlen-und-fakten/soziale-situation-in-deutschland/61594/eltern-und-kinder.
10 Kauer, 2010, S. 23.

stehen. Die frühe Betreuung von Kindern in Tageseinrichtungen und Tagespflege wird zunehmend gesellschaftlich akzeptiert und politisch forciert.[11]

Etwa 70 % der Mütter minderjähriger Kinder erledigen (nach Angaben beider Geschlechter) die Familienarbeit auch heute weitgehend allein, selbst bei Vollzeit berufstätigen Müttern geben 51 % an, die Familienarbeit im Wesentlichen allein zu erledigen, ohne dass sich die Beteiligung der Väter in den letzten Jahren verstärkt hätte. Reicht die Zeit nicht für alle Aufgaben aus, sparen Mütter an Zeit für sich selbst, bei der Hausarbeit und ihren Sozialkontakten, während an der Zeit für den Partner und für die Kinder zuletzt gespart wird. Väter setzen dagegen überwiegend andere Prioritäten und sparen zugunsten der Berufstätigkeit an der Zeit für die Partnerin oder für die Kinder. Dies ist nicht nur auf Zwänge der Arbeitswelt zurückzuführen: Nur 23 % der befragten Väter äußerten, sich mehr Zeit für die Familie zu wünschen. Erfreulicherweise fühlen sich die meisten Frauen für ihre Leistungen für Familie und Haushalt durch ihren Partner anerkannt. Aber sowohl Mütter als auch Väter klagten über eine mangelnde gesellschaftliche Anerkennung.[12]

580

Auch was das Engagement für die Pflege eines Kindes in Zeiten erhöhter Anforderung angeht, ist die aktive Beteiligung von Vätern beispielsweise an Arztbesuchen und Krankenpflege (inklusive Beurlaubung von der Arbeit zur Pflege eines kranken Kindes) nur für eine Minderheit selbstverständlich, wobei das Engagement zu Beginn der Elternschaft höher ist und mit der Zeit sinkt. Höheres Engagement für ihren Nachwuchs ist bei den Vätern zu beobachten, die einen eigenen Kinderwunsch hatten, bereits während der Schwangerschaft positiv zum Kind eingestellt waren und das Kind als Bereicherung ihres Lebens wahrnehmen.[13]

581

Das Ausleben der aktiven Vaterschaft scheint demnach noch kein selbstverständlicher Bestandteil männlicher Biografien zu sein. Männer wünschen sich vor allem mehr Anerkennung ihres spezifischen Beitrags zur Kinderbetreuung und ziehen sich da zurück, wo sie von der Gesellschaft und von ihren Partnerinnen auf Kritik stoßen.[14]

582

Nachdem jahrhundertelang die Frage nach der „guten Mutter" (versus der „Rabenmutter") gestellt wurde und es in der psychologischen und pädagogischen Forschung unzählige Operationalisierungen dieses Konzepts gibt, ist die Frage nach einem „guten Vater" relativ neu. Früher war ein guter Familienvater gleichgestellt mit einem Mann, der seine Familie finanziell absichert. So stellte beispielsweise der Focus[15] die Frage „Bin ich ein guter Vater?" gleich mit einem Selbsttest ins Internet.

583

Seit wenigen Jahrzehnten wurde der Blick der Forschung auf die Rolle des Vaters in der kindlichen Entwicklung gelenkt. Mittlerweile unterscheidet man je nach emotionaler Einstellung gegenüber den Kindern unterschiedliche „Vätertypen": Etwa

584

---

11 http://www.bmfsfj.de/RedaktionBMFSFJ/Abteilung2/Pdf-Anlagen/Geburten-und-geburtenverhalten-in-D,property=pdf,bereich=bmfsfj,sprache=de,rwb=true.pdf.
12 Institut für Demoskopie Allensbach: Monitor Familienleben 2012.
13 Bambey & Gumpinger, 2007.
14 S. u. a. Döge, 2007.
15 Focus Nr. 25 (2005.).

20-30 % der jungen Väter schätzen sich in aktuellen Umfragen demnach als „egalitär"[16] ein, d.h. sie bemühen sich um eine ausgewogene Rollenverteilung mit der Mutter und um starke emotionale Verbundenheit mit den Kindern, auch wenn die teilweise in der Realität nicht umgesetzt wird. Wichtig ist dabei weniger die tatsächliche Rollenverteilung als die Tatsache, dass die Geburt der Kinder für diese Männer eine wichtige Veränderung in ihrem Leben darstellt. Für die restlichen Vätertypen spielt die Beschäftigung mit den Kindern eine eher randständige Rolle in ihrer Selbstdefinition und Lebensplanung.[17]

585   Hinzu kommen die verschiedenen Formen von „Vaterschaft": Neben dem biologischen Vater unterscheidet man als weitere wichtige Ausprägungsformen den sozialen und den gesetzlichen Vater.[18] Durch die aktuelle Diskussion über die Regelung des Sorgerechts wird die Rolle des biologischen Vaters teilweise romantisiert und gegenüber beispielsweise dem sozialen Vater, der mit dem Kind zusammenlebt, idealisiert[19] und bevorzugt, was nicht unbedingt dem Erleben des Kindes entsprechen muss.

586   Ein männliches Rollenmodell in der sozialen Umgebung eines Kindes hat eine wichtige Bedeutung bei der Entwicklung kognitiver Fähigkeiten, vor allem für Jungen. Bei ihnen hängen vor allem nach Veränderungen im familiären Gefüge, wie beispielsweise einer Trennung der Eltern, die gelungene psychische Anpassung an die neue Situation, emotionale Stabilität und soziale Kompetenzen mit hohem väterlichem Engagement zusammen. Geschlechtsspezifische Unterschiede in der Interaktion von Vätern und Müttern mit ihren Kindern können eine Bereicherung der kindlichen Erfahrungswelt sein. So regen Väter Kinder stärker physisch an, fördern ihre Risikobereitschaft und fordern ihr Selbstvertrauen stärker. Dadurch kann die sozio-emotionale Entwicklung, vor allem in der Spielbeziehung, damit auch soziale Kompetenzen und eine effektive emotionale Selbstregulation positiv beeinflusst werden.[20] Eine weitere Bedeutung erhält der Vater als Erweiterung der Mutter-Kind-Beziehung zur Triade, das heißt, um den Schritt aus einer Symbiose hin zu einer sozialen Gruppe zu fördern.

587   Nicht anders als in der Mutter-Kind-Beziehung ist die Qualität der Vater-Kind-Beziehung, vor allem in den ersten Lebensmonaten, maßgeblich davon abhängig, wie viel Zeit der Vater dem Kind zugewandt verbringt und wie feinfühlig er auf dessen Signale eingeht.[21]

588   Positive Auswirkungen vom Zusammenleben mit dem Vater ergeben sich allerdings nur, wenn die Qualität der Vater-Kind-Beziehung gut ist. Ist ein Vater zwar zeitlich verfügbar, aber wenig engagiert oder wenig am Kind interessiert, hat dies langfristig eine erheblich negative Auswirkung auf die Persönlichkeitsentwicklung des Kindes. Weiter spielen Verhalten, psychische Störungen und pathologische Persönlichkeitsmerkmale von Vätern eine Rolle bei der Entwicklung von aggressivem, delinquentem

---

16   ZB Bambey & Gumbinger, 2006.
17   Von der Lippe & Fuhrmans, 2010.
18   Le Camus, 2001.
19   Beispielsweise Balloff, 2005.
20   Für einen Überblick s. Kindler & Grossmann, 2008.
21   Grossmann & Grossmann, 2004.

und antisozialem Verhalten sowie später von alkoholbedingten Störungen.[22] Außerdem bewirken väterliche Persönlichkeitsfaktoren wie fehlende Fürsorglichkeit und Feindseligkeit eine instabile und negative Kind-Vater-Beziehung.[23] Weitere negative Auswirkungen der Anwesenheit eines Vaters ergeben sich beim Kind beispielsweise durch eine unsichere Bindungsrepräsentation des Vaters: Bindungsabwertende Väter belasten die Bindungsentwicklung des Kindes. In verschiedenen Untersuchungen zeigte sich außerdem eine wesentlich stärker auf das Geschlecht des Kindes bezogene Interaktion der Väter, die größeres Engagement für Söhne als für Töchter aufbringen. Väter sind weiter eher für ältere Kinder als für jüngere ansprechbar und ziehen sich stärker zurück, wenn ein Kind krank oder behindert ist, was sich jeweils negativ auf das Selbstbild und Selbstbewusstsein der weniger beachteten Kinder auswirkt. Außerdem erwies sich in den Untersuchungen das Engagement von Vätern für ihre Kinder als labiler, da es stärker durch die Zufriedenheit mit der Partnerschaft beeinflusst wird – bei partnerschaftlichen Konflikten oder Trennungen ziehen sich Väter eher von den Kindern zurück als Mütter. Auch beruflicher Stress wirkt sich ausgesprochen negativ auf das Engagement von Vätern für ihre Kinder aus.[24] Weiter ist bekannt, dass die Beteiligung von Vätern an der Versorgung von Kindern vor allem die Erstgeborenen betrifft, bei Zweitvaterschaft lassen die väterlichen Betreuungsaktivitäten häufig wieder nach.[25]

IV. Wenn Eltern sich trennen

Mit den eingangs skizzierten gesellschaftlichen Veränderungen ergab sich auch eine **589** steigende Tendenz von Paaren, sich ungeachtet gemeinsamer Kinder zu trennen, wenn die Unzufriedenheit mit der Beziehung zu groß geworden ist. Erleichtert wird dies unter anderem auch dadurch, dass das alleinige Aufziehen eines Kindes durch den Wegfall strikter religiöser Vorgaben leichter geworden ist. Alleinerziehende oder ledige Mütter werden nicht mehr gesellschaftlich geächtet und es gibt umfassende öffentliche Unterstützung, zum Beispiel mehr Angebote zur frühen Kinderbetreuung, Unterhaltszahlungen oder Unterhaltsvorschussleistungen. Durch diese Perspektiven ist mittlerweile das Eintreten einer Schwangerschaft nicht mehr damit verbunden, dass das Elternpaar dazu gezwungen ist, zusammenzubleiben.

Eine weitere moderne Familienform besteht aus Paaren, die sich bewusst dafür ent- **590** scheiden, nicht zusammenzuleben, sogenannte „living apart together"-Beziehungen. In Untersuchungen hat sich gezeigt, dass diese Paare weniger unproduktives Konfliktverhalten erleben als zusammenlebende Paare, jedoch weniger „demoralisiert" sind als alleinerziehende Mütter, die keinen Partner haben.[26]

Im Jahr 2011 wurde in Deutschland etwa jede dritte Ehe geschieden, davon waren **591** 148.239 Kinder betroffen. Etwa 10.000 Scheidungen wurden nicht einvernehmlich

---

22 Laucht, 2003.
23 Kindler, 2002.
24 Für einen Überblick s. Kindler & Grossmann, 2008.
25 Bacher & Wilk, 2000, zitiert nach Laucht, 2003.
26 Traub, 2005.

beantragt.[27] Wie viele nicht-verheiratete Eltern sich im gleichen Zeitraum trennten, ist nicht bekannt. Insgesamt erweist sich die Lebensgemeinschaft von Eltern ohne Trauschein jedoch nicht als instabiler als die mit Eheschließung.[28]

592 Im Jahr 2011 gab es in Deutschland 2,69 Millionen alleinerziehende Mütter und Väter, was 22,9 Prozent aller Familienhaushalte ausmacht. Davon waren 90,1 Prozent Mütter (mit steigender Tendenz, davon die meisten mit einem Kind) und 9,9 Prozent Väter (im Trend etwa gleichbleibend).[29]

593 Aus psychologischer Sicht wird immer wieder darauf hingewiesen, dass es wichtig ist, sich vor Augen zu halten, dass die Trennung von Eltern oder das Aufwachsen eines Kindes bei einem Elternteil nicht das „Ende der Familie" bedeutet, sondern eine Umstrukturierung des Familienlebens, die sich je nach zur Verfügung stehenden Ressourcen mehr oder minder positiv oder negativ auf die Entwicklung von Kindern auswirken kann.[30] Ebenso ist ein Ende der partnerschaftlichen Beziehung nicht zwingend mit einem Ende der gemeinsamen Verantwortung für die Kinder gleichzusetzen.

594 Bei Männern kommt es häufiger als bei Frauen zur Weigerung, überhaupt die Verantwortung für ihr Kind zu übernehmen. Dies würde neben der Anerkennung der Abstammung beinhalten, es zu betreuen, zu schützen, zu versorgen und sonstige Verpflichtungen wie Unterhaltszahlungen zu erfüllen.[31] Von der gesetzlichen Lage her ist dies in Deutschland nur unverheirateten Männern möglich. Tatsächlich ergaben Untersuchungen bei unverheirateten jungen Vätern- im Unterschied zu verheirateten Männern – eingeschränktes Engagement, geringe finanzielle Unterstützung des Kindes, weniger Beschäftigung mit dem Kind und mit dem Alter des Kindes abnehmende Partizipation an der Erziehung und Betreuung,[32] was u.a. auch mit der männlichen Zufriedenheit auf der Ebene der Paarbeziehung zusammenhängt.[33]

595 Etwa ein Viertel der Väter kommt in Deutschland nicht oder nur ungenügend ihren Unterhaltsverpflichtungen nach,[34] wobei bekannt ist, dass die Übernahme auch finanzieller Verantwortung häufig mit einer emotional engeren Vater-Kind-Beziehung einhergeht. Etwa 30 % der befragten Männer gaben in einer Studie an, damit zufrieden oder sogar darüber erleichtert zu sein, nach der Trennung nicht mehr die Kinder bei sich zu haben.[35]

596 Die Abwesenheit des Vaters im Alltag kann auf der Basis der vorliegenden Forschungsdaten nicht per se als negativ für die Entwicklung von Kindern angesehen werden. Die oft festgestellten belasteten Entwicklungsverläufe von Kindern getrennter Eltern sind auf ein multifaktorielles Bedingungsgefüge zurückzuführen, in dem

---

27 Statistisches Bundesamt 2012.
28 Jurczyk & Walper, 2010.
29 http://www.bpb.de/nachschlagen/zahlen-und-fakten/soziale-situation-in-deutschland/61581/alleinerziehen-de.
30 Walper & Gerhard, 2003.
31 Le Camus, 2001.
32 Fthenaiks, 1999.
33 Blesken, 1998.
34 Dusolt, 2011.
35 Amendt, 2006.

chronischer Streit eine zentrale Rolle spielt. Auch mangelnde Kontakte zum Vater sind nicht generell mit einer negativen Entwicklung der Kinder in Zusammenhang zu bringen.[36] Kinder, die bei einem Elternteil oder in einer „Patchwork"-Familie aufwachsen, zeigen langfristig gesehen keine oder nur geringfügige Beeinträchtigungen ihrer Entwicklung[37] im Vergleich zu Kindern, die bei einem harmonischen Elternpaar leben, sofern sie emotional und finanziell gut versorgt sind.

Zwischen Kindern, die bei der Mutter leben oder solchen, die im Wechselmodell von beiden Elternteilen betreut werden, scheint es langfristig keine wesentlichen Unterschiede zu geben. Ohnehin scheinen sich die Familien mit der Zeit eigene, den individuellen Bedürfnissen besser entsprechende Modelle zu erarbeiten. So veränderte sich in einer amerikanischen Studie die ursprüngliche gerichtliche Vereinbarung in etwa einem Drittel der Fälle nach Abschluss des Gerichtsverfahrens in den Folgejahren, wodurch die Passung zwischen Betreuung und Bedürfnissen der Kinder verbessert wurde, was wiederum zu einer besseren Bewältigung der Lebenssituation führte.   597

Über die Entwicklung von Kindern alleinerziehender Väter gibt es bisher noch keine methodisch fundierten Langzeitstudien, da dieses Phänomen noch zu jung ist, beziehungsweise die Erziehungsarbeit häufig an Dritte wie neue Partnerinnen oder Großeltern delegiert wird. Erste Untersuchungen ergaben bei den Kindern, die beim Vater lebten, schwierigere Entwicklungsverläufe, vor allem bei den Mädchen, wobei nicht eindeutig ist, ob die Probleme der Kinder bereits im Vorfeld bestanden oder Folge der Betreuungsform sein könnten.[38]   598

B. Das Kindeswohl bei Sorgerechtsstreitigkeiten

Der Begriff „Kindeswohl" ist nicht nur unklar definiert und wird je nach Interesse des Benutzers gebraucht,[39] er ist darüber hinaus auch von dem, was der Gesetzgeber darunter versteht, ständigen Veränderungen unterworfen. So dient er einerseits als Kontrast zu „kindeswohlgefährdend", andererseits sind damit normative Vorstellungen verbunden, beispielsweise über den am besten geeigneten Erziehungsstil. „Generell besteht zur Zeit die Tendenz, die Lebenswelt des Kindes zur Befriedigung von Erwachsenenrechten weitgehend aufzuspalten – auch das wird mit dem Kindeswohl begründet, mit dem sich diverse Interessen anderer Personen maskieren".[40]   599

Letztlich verbirgt sich hinter dem Begriff die Frage: Was braucht ein Kind an familiären Rahmenbedingungen, um sich gesund entwickeln zu können?   600

In den folgenden Ausführungen wird „kindeswohldienlich" definiert als beitragend zu einer gesunden Entwicklung eines Kindes bis hin zu einem zufriedenen, beziehungsfähigen und lebenstüchtigen Erwachsenen. Grundannahme ist, dass die tatsäch-   601

---

36 Walper & Gerhard, 2003.
37 Walper, 2005.
38 Johnston, 1995.
39 S. Dettenborn, 2001.
40 Schwab, 2007, S. 5.

lichen Bedürfnisse von Kindern sich nicht unterscheiden, gleichgültig ob sie bei Eltern aufwachsen, die getrennt oder zusammen leben.

602 Diese Voraussetzungen sind beispielsweise:

- Gewährleistung einer kontinuierlichen und verlässlichen emotionalen Versorgung;

- Kontakt zu mehreren, Halt gebenden, emotional verfügbaren Bezugspersonen, möglichst beiderlei Geschlechts;

- Möglichkeit zu emotional positiven, Selbstwert und Selbstwirksamkeit des Kindes bestätigenden Erlebnissen;

- stabile Lebensbedingungen wie Wohnung, Nahrung, Kleidung;

- altersgemäße außerfamiliäre soziale Bezüge;

- Förderung der Selbständigkeit und Entwicklung (beispielsweise durch Schule und Berufsausbildung);

- möglichst wenig Konfrontation mit schweren Belastungen wie chronische Konflikte oder das Miterleben von Gewalt im familiären Umfeld, Beziehungsabbrüche, seelische Verletzungen durch nahestehende Personen usw.;

- ausreichende ärztliche und therapeutische Versorgung;

- Schutz vor physischer Bedrohung und Verletzungen.

603 Abweichend von der Situation ehelich geborener Kinder ergibt sich bei der derzeitigen Rechtslage in Deutschland bei Kindern unverheirateter Eltern allerdings die Notwendigkeit, das Ausmaß der Verantwortungsübernahme durch den Vater zu formalisieren. Dies ist Anlass zu einer Vielzahl von Konflikten, die ein erhebliches Ausmaß an zeitlichen und finanziellen Ressourcen beispielsweise der öffentlichen Hand und Anbietern von Jugendhilfemaßnahmen binden. Die Frage nach der Regelung des Sorgerechts ergibt sich bei Elternpaaren zu verschiedenen Zeitpunkten ihrer gemeinsamen Beziehungsgeschichte, beispielsweise vor Planung einer Schwangerschaft, im zeitlichen Zusammenhang mit der Geburt des Kindes, bei Anerkennung der Vaterschaft, vor wesentlichen, das Kind betreffenden Entscheidungen sowie im Zusammenhang mit der Trennung der Eltern. Konfliktverschärfend sind Unklarheiten und Vermischungen wie die Gleichsetzung von Sorgerecht, Umgangsrecht und Informationsrecht.

604 Die Anzahl aller in Deutschland lebender Eltern, die auch nach einer Trennung das Sorgerecht für die Kinder gemeinsam ausüben, ist mittlerweile auf etwa 80 % gestiegen. Nahezu die Hälfte der nicht sorgeberechtigten Eltern hat nach der Trennung keinen Kontakt zu den Kindern,[41] wobei die Ursachen hierfür noch nicht ausreichend geklärt sind.[42] Demgegenüber bricht bei etwa 25-40 % der Familien insgesamt der Kontakt zwischen Kindern und dem nicht betreuenden Elternteil innerhalb von drei

---

41 Füchsle-Voigt, 2004.
42 Walper & Gerhard, 2001.

Castellanos

Jahren nach der elterlichen Trennung ab,[43] unabhängig von der bestehenden Sorgerechtsregelung.

Bisher gibt es kaum ausreichend empirische und nach wissenschaftlichen Kriterien valide Forschung zu den Auswirkungen der unterschiedlichen Sorgerechtsarrangements auf die kindliche Entwicklung – zumal die unterschiedlichen Modelle erst seit relativ kurzer Zeit existieren und auch in der Forschung häufig eine Konfundierung zwischen Sorgerecht und Kontakt des Kindes zum nicht-betreuenden Elternteil besteht (englisch: *joint custody* versus *joint physical custody*, beispielsweise Betreuung in Form eines Wechselmodells). Außerdem können bei diesem Forschungsthema Kausalzusammenhänge nur schwer herausgearbeitet werden. So wird ein gemeinsames Sorgerecht eher bei den Eltern vereinbart, die ohnehin kooperativ zusammenarbeiten, und deren Kinder in der Folge eine positivere Entwicklung durchlaufen. Aber kooperieren die Eltern miteinander, weil sie das gemeinsame Sorgerecht haben oder haben sie das gemeinsame Sorgerecht, weil sie miteinander kooperieren? Bei gering konflikthaften Familien wird insgesamt häufiger ein gemeinsames Sorgerecht nach der Trennung angestrebt, so dass eine Konfusion zwischen der Qualität der Elternbeziehung nach der Trennung und der Sorgerechtsentscheidung vorliegt. Noch schwieriger stellt sich die Datenerhebung dar, wenn es nicht um Kinder geht, deren Eltern sich scheiden lassen, sondern um solche, deren Eltern nicht verheiratet waren bzw. möglicherweise auch nie zusammengelebt haben, da diese erst dann in Erscheinung treten, wenn die Streitigkeiten innerfamiliär nicht mehr zu lösen sind. Dadurch werden all die Familien nicht beachtet, die aus eigener Kraft zu einer Kompromissbildung in der Lage sind. Mehrere Jahre nach der Trennung geben etwa 20 % der Mütter an, dass die Kommunikation mit dem Kindsvater positiv verlaufe und der Vater sich mehr für das Kind engagiere als zu Zeiten familiären Zusammenlebens. Etwa 70 % der Befragten gaben aber auch an, der getrennt lebende Elternteil sei aus unterschiedlichen Gründen auf Elternebene eine Quelle für Stress, in 50 % ging dies mit Konflikten auf Paarebene einher.[44]

Aus einzelnen Studien lässt sich dennoch die Tendenz herauslesen, dass ein gemeinsames Sorgerecht und eine etwas bessere Adaption von Kindern nach der elterlichen Trennung in Zusammenhang stehen könnten,[45] wobei das elterliche Konfliktniveau in den Studiendesigns selten berücksichtigt wurde.[46]

Konsens besteht nahezu in allen in den vergangenen drei Jahrzehnten durchgeführten Studien: Als ausschlaggebend für eine altersgemäße, gesunde Entwicklung der Kinder nach einer elterlichen Trennung gilt die Fähigkeit der Eltern, Konflikte untereinander konstruktiv zu lösen und im Zusammenhang damit die psychische Stabilität der Eltern, eine qualitativ gute Eltern-Kind-Beziehung und die finanzielle Absicherung der Kinder.[47] Dem gegenüber ist die formale Festlegung des Sorgerechts in ihren Auswir-

605

606

607

---

43 Dusolt, 2011.
44 Bretherton & Page, 2004.
45 Bausermann, 2002.
46 Kindler & Fichtner, 2008.
47 Walper, 2005.

kungen auf die Entwicklung der Kinder sekundär. Zumal die juristische Ausübung des Sorgerechts und die Qualität der Eltern-Kind-Beziehung bzw. der Bindungsentwicklung des Kindes an die Eltern gänzlich unterschiedliche Dinge sind.

I. Wann dient ein gemeinsames Sorgerecht aus psychologischer Sicht dem Kind?

608 Die zu Beginn der Diskussion um verschiedene Arrangements der elterlichen Sorge gelegentlich geäußerte Befürchtung, dass im Vergleich zur alleinigen Sorgerechtsausübung durch einen Elternteil größere Loyalitätskonflikte der Kinder ausgelöst werden könnten, hat sich bisher nicht pauschal bestätigt.[48]

609 Auch das häufig vorgebrachte Argument, die juristische Festlegung des gemeinsamen Sorgerechts festige in den Augen des Kindes die Beziehung zu den Eltern, ist kaum nachvollziehbar. Die Frage nach der formalen Gestaltung des Sorgerechts spiegelt mit Sicherheit kein primäres Bedürfnis der Kinder wider. Bis zum Ende des Grundschulalters dürfte nur der Anteil der Kinder, der mit entsprechenden Streitigkeiten der Eltern konfrontiert wurde, auf die Frage „welcher Elternteil hat das Sorgerecht für dich?" korrekt Antwort geben können bzw. überhaupt den Begriff verstehen. Außerdem zeigt die Erfahrung, dass Kinder auch an Eltern gebunden bleiben und deren elterliche Autorität anerkennen, selbst wenn diesen beispielsweise aufgrund massiver Beeinträchtigungen ihrer Erziehungsfähigkeit das Sorgerecht entzogen wird, solange die bestehende Eltern-Kind-Beziehung tragfähig ist,.

610 Die Vorteile einer gemeinsamen Sorgerechtsausübung können vielfältig sein: Eltern können sich die Verantwortung teilen und haben nicht mehr das Gefühl, mit Problemen des Kindes allein gelassen zu sein, was wiederum einer subjektiven oder objektiven Überforderung entgegenwirken kann. Die Einbindung des zweiten Elternteils kann den hauptversorgenden Elternteil hinsichtlich der finanziellen und zeitlichen Sorge für das Kind entlasten.[49] Wenn ein Elternteil ausfällt, ist Vorsorge für eine den Bedürfnissen des gemeinsamen Kindes entsprechende Versorgung getroffen, was insbesondere chronisch kranke Eltern beruhigen kann. Das Kind bekommt ein Vorbild hinsichtlich seiner sexuellen Identitätsbildung, des Führens einer funktionalen Paarbeziehung, konstruktiver Entscheidungsfindung und Konsensbildung vorgelebt, was sich positiv auf seine sozialen Kompetenzen auswirken kann. Die Stärken und Schwächen der beiden Elternteile können sich ergänzen und damit Defizite eines einzelnen Elternteils ausgeglichen werden (beispielsweise Kenntnisse über das deutsche Schulsystem, sprachliche Fertigkeiten, berufsbedingtes Wissen wie medizinische Vorkenntnisse, wenn ein Elternteil einen Heil- oder Pflegeberuf ausübt, zeitliche Verfügbarkeit). Im aktuellen gesellschaftlichen Konsens gilt es weiter als förderlich für die Identitätsbildung, wenn Kinder mit sämtlichen kulturellen und familiären Wurzeln Kontakt haben. Die Aufrechterhaltung von Umgangskontakten mit getrennt lebenden Eltern wird durch deren Einbezug in die elterliche Sorge gefördert.

---

48 Walper & Gerhard, 2001.
49 Fthenakis, 1999.

Die Basis für jede Form von Sorgerechtsregelung ist das Vorliegen einer grundsätzli- 611
chen Erziehungsfähigkeit bei dem Sorgerechtsinhaber bzw. dem das Sorgerecht be-
gehrenden Elternteil oder zumindest das Fehlen von Faktoren, welche die Erziehungsfähigkeit gravierend einschränken.

Für eine dem Kind dienliche Ausübung des gemeinsamen Sorgerechts getrennt leben- 612
der Eltern sind folgende Voraussetzungen zu erfüllen (die bei zusammenlebenden Eltern stillschweigend als gegeben angenommen werden):

■ Beide Elternteile müssen willens sein, aktiv Verantwortung für das Kind zu übernehmen – desinteressierte Eltern schaden dem Kind. Dies setzt beispielsweise
 auch eine aktive Teilnahme an der schulischen Entwicklung oder an laufenden
 Therapien oder Fördermaßnahmen des Kindes voraus.

■ Beide Elternteile müssen regelmäßig intensiven, emotional positiven Kontakt zum
 Kind haben, um dessen Bedürfnislage einschätzen zu können.

■ Umgekehrt muss insbesondere das schon ältere Kind zu beiden Elternteilen positiv ausgestaltete Beziehungen unterhalten und diese als Autoritätsfiguren anerkennen.

■ Beide Elternteile müssen fähig sein, sich auf die Belange des Kindes zu konzentrieren – dies setzt auch voraus, dass sie von ihren eigenen Gefühlen gegenüber dem
 (Ex-)Partner ausreichend abstrahieren können.

■ Beide Elternteile müssen die Bedeutung des jeweils anderen für das Kind anerkennen (sogenannte Bindungstoleranz) und dies auch dem Kind gegenüber zum Ausdruck bringen.

■ Es muss eine prinzipielle Einigkeit über die in der Kindererziehung angestrebten
 Ziele bestehen, wobei sich die Eltern gegenseitig nicht in erzieherische Maßnahmen einmischen und diese dadurch unterwandern.

■ Zwischen beiden Elternteilen muss eine konstruktive Kommunikation möglich
 sein. Sie müssen dazu fähig sein, sich über anstehende Entscheidungen sachlich
 auseinanderzusetzen und in einer angemessenen Zeit eine Lösung zu vereinbaren.

■ Beide Elternteile müssen innerhalb einer relativ kurzen Zeitspanne füreinander erreichbar sein.

Eine *gemeinsame Sorgerechtsausübung* wird aus psychologischer Sicht empfohlen, 613
wenn beide Elternteile aktiv engagiert sind, mit dem Kind zusammen in einem Haushalt leben, oder wenn die Betreuung des Kindes in einem sogenannten Wechselmodell
erfolgt, wobei für beide Elternteile nachgewiesen sein muss, dass sie sich kontinuierlich in die Betreuung und Erziehung des Kindes einbringen und tatsächlich bis vor
Kurzem Verantwortung getragen haben oder aktuell tragen. Bei Fortbestehen einer
von beiden Seiten als positiv wahrgenommenen Partnerschaft zwischen den Eltern ist
anzunehmen, dass keine nachvollziehbaren Gründe dagegen sprechen, das Sorgerecht
gemeinsam auszuüben, selbst wenn die Eltern nicht zusammenleben. Ein einseitiges
Sorgerecht konsolidiert ein Machtgefälle in der Partnerschaft, das seinerseits zu einer
schweren Belastungsprobe werden kann. Weiter sollte die gemeinsame Sorgerechts-

ausübung in den Fällen erwogen werden, wo eine objektivierbare Überforderung des bis dahin allein sorgeberechtigten Elternteils besteht und zwischen den Eltern einvernehmliche Absprachen zu seiner Entlastung getroffen werden können.

614 Durch ein gemeinsames Sorgerecht können in diesem Kontext vor allem organisatorische Belange wie Abholung von Schule oder Kindergarten, Urlaubsreisen ins Ausland, Arztbesuche usw. vereinfacht werden. Eine Verschlechterung der Betreuung des Kindes ist bei diesen Rahmenbedingungen nicht zu erwarten, da hier quasi nur juristisch bestätigt wird, was faktisch ohnehin gelebt wird.

615 Auch wenn aufgrund einer akuten Trennungssituation vermehrt Konflikte auftreten, können Eltern durchaus in der Lage sein, das Sorgerecht zugunsten des Kindes gemeinsam auszuüben, wenn ihnen im Vorfeld ein konstruktiver Austausch hinsichtlich der Belange und Bedürfnisse des gemeinsamen Kindes möglich war und die Konflikte daher als vorübergehenden anzusehen sind.

616 Die Übertragung von *Teilen des Sorgerechts* auf den zweiten Elternteil dient – nicht anders als bei geschiedenen Eltern – dann der Entwicklung des Kindes, wenn er Kompetenzen einbringt, die der andere Elternteil nicht hat, oder in Teilbereichen eine adäquatere Versorgung des Kindes sicherstellt und sich die Eltern bei ansonsten intakter Kommunikationsfähigkeit nur in diesem Punkt nicht einig werden können. Dies könnte beispielsweise der Fall sein, wenn ein Elternteil religiös bedingt Bluttransfusionen ablehnt, obwohl die medizinische Notwendigkeit dazu besteht, oder er aufgrund seines eigenen Bildungshintergrunds besser in der Lage ist, Entscheidungen über die schulische Förderung des gemeinsamen Kindes zu treffen. Bei gemeinsamer Ausübung von Teilbereichen kann zudem der erzielte Konsens zwischen den Eltern in den Blickpunkt geraten und damit zur Befriedung beitragen, da dadurch das Engagement beider Elternteile gewürdigt wird.

617 Es kann jedoch nicht prinzipiell davon ausgegangen werden, dass Eltern positiv kooperieren, nur weil sie das gemeinsame Sorgerecht haben, „und selbst eine Kooperation der Eltern impliziert noch nicht, dass sie das Wohl der Kinder im Blick haben – vielleicht haben sie nur eine ‚faire' Lösung gefunden, durch die sich kein Elternteil benachteiligt fühlt und die ihnen ein gerichtliches Verfahren erspart."[50]

II. Wann erscheint die gemeinsame Sorgerechtsausübung aus psychologischer Sicht kontraindiziert?

618 Eine gemeinsame Sorgerechtsausübung kann für das Kind auch Nachteile mit sich bringen. So können chronische Konflikte zwischen den Eltern verstärkt und die Kinder mit Gewalt konfrontiert werden. Eltern können sich gegenseitig in ihren Erziehungszielen und Methoden unterminieren,[51] was zur Folge hat, dass beide in den Augen des Kindes an Autorität und Glaubwürdigkeit verlieren und dadurch das Kind für beide pädagogisch nicht mehr erreichbar ist. Die Konkurrenz zwischen den Eltern kann zu erheblichen Loyalitätskonflikten und einer Bindungsverunsicherung des Kin-

---

50 Kostka, 2005, S. 94-95.
51 Kindler & Fichtner, 2008.

Castellanos

des führen, bis hin zum Kontaktabbruch zu einem Elternteil. Das Kind bekommt ein Vorbild für destruktive, häufig auch aggressive Problemlösestrategien, was sich negativ auf seine sozialen Kompetenzen auswirken kann. Durch häufige Anrufungen von Gerichten, anwaltliche Konsultationen usw. werden nicht zuletzt die materiellen und zeitlichen Ressourcen der Familie geschwächt.

Im Jahr 2011 wurden in Deutschland 688.993 Familienverfahren erstinstanzlich geregelt; nicht ganz 5 % davon gingen auf dem Beschwerdeweg in die nächste Instanz.[52] Es ist davon auszugehen, dass es sich dabei um die Familien mit dem höchsten Konfliktpotenzial handelt, insbesondere solche, deren Streitigkeiten langanhaltend sind.

619

Aus der psychologischen Scheidungsforschung resultiert die gesicherte Erkenntnis, dass nicht eigentlich Streit der Eltern den größten negativen Einfluss auf die Entwicklung der Kinder hat, sondern deren langfristig nicht gelöste Konflikte. Dies beginnt meist schon lange vor der tatsächlichen Trennung, wenn Kinder die zunehmende Gereiztheit der Eltern miteinander im Alltag wahrnehmen. Dabei müssen die Konflikte nicht offen vor den Kindern ausgetragen werden, um von diesen wahrgenommen zu werden. Je nach Entwicklungsphase nehmen die Kinder dabei in unterschiedlicher Weise Möglichkeiten wahr, schlichtend in den Streit einzugreifen, beschuldigen sich selbst als Streitverursacher und Gegenstand der Auseinandersetzung.[53] So gilt das Ende einer konflikthaften Beziehung als Protektivfaktor für die Entwicklung von Kindern.[54]

620

Bei partnerschaftlichen Konflikten reduzieren sich die Aufmerksamkeit und erzieherischen Kompetenzen der Eltern für das Kind. Die Eltern-Kind-Interaktion beider Elternteile wird qualitativ beeinträchtigt, die Eltern stehen dem Kind emotional weniger zur Verfügung, zeigen eine Tendenz zur Überbehütung und zur Parentifizierung, das heißt Rollenumkehr in der Eltern-Kind-Beziehung, und bringen den Kindern weniger emotionale Wärme entgegen.

621

Ausgehend von etwa einem Viertel der sich trennenden Elternteile, die einen hohen Grad an Feindseligkeit und Uneinigkeit über alltägliche Versorgungsangelegenheiten der Kinder über einen Zeitraum von mehr als zwei oder drei Jahren pflegen, muss man bei etwa 10 % aller Eltern, die sich trennen, von einem dauerhaften Anhalten der Konflikte ausgehen. Diese Eltern sind häufig über Jahre in schwer lösbare, hartnäckige gerichtliche und außergerichtliche Streitigkeiten verwickelt, nehmen den anderen Elternteil feindselig wahr, können höchstens minimal übereinstimmend kommunizieren, kritisieren den anderen Elternteil vor den Kindern, missbrauchen die Kinder als Botschafter negativer Mitteilungen an den anderen Elternteil, es kommt in Gegenwart der Kinder zu körperlichen Auseinandersetzungen oder verbalen Beschimpfungen zwischen den Eltern, sie können von der eigenen Emotionalität kaum Abstand nehmen.[55] Eine Eskalation der Konflikte und mangelnde Fähigkeiten, diese

622

---

52 Statistisches Bundesamt 2012.
53 Gödde & Walper, 2001.
54 Booth & Amato, 2001.
55 Johnston & Roseby (1997.).

langfristig aufzulösen, sind zu erwarten, wenn die finanziellen und emotionalen Investitionen in die Partnerschaft sehr hoch waren, das subjektive Gefühl der Ohnmacht nach der Trennung lange andauert und viele weitere Personen wie Familienmitglieder, Freunde und Nachbarn als Bündnispartner in die Konflikte einbezogen wurden und werden.[56]

623   Die chronischen Konflikte zeichnen sich durch eine Kombination von juristischen Auseinandersetzungen, Beibehaltung von Streit über alltägliche Erziehungsmethoden, ausgedrückte Feindseligkeit, verbale Angriffe, physische Bedrohung und intermittierende Gewaltanwendung aus. Bei einer gemeinsamen Betreuung der Kinder und gemeinsamer Sorgerechtsausübung werden bei dieser Dynamik die Konflikte noch verstärkt, was wiederum mit einem erhöhten Ausmaß an psychischer Belastung und Verhaltensauffälligkeiten der Kinder einhergeht. Es ist davon auszugehen, dass die in eine solche Dynamik verstrickten Eltern nur mit einem erheblichen Aufwand an therapeutischer und juristischer Intervention in der Lage sein werden, angemessene Kommunikationsformen zu erarbeiten. Von Beratern wird bei solchen Streitmustern gelegentlich als die positivste zu erzielende Entwicklung die gänzliche Einstellung der Kommunikation angesehen.[57]

624   Bei der oben beschriebenen Form der emotionalen Verstrickung spricht man von Hochkonfliktfamilien. Charakteristischerweise findet man bei den Eltern beispielsweise eine Einengung des Blickfeldes und der Flexibilität, die Festschreibung des früheren Partners auf ein ausschließlich negatives Bild und seine Wahrnehmung nicht aufgrund seines tatsächlichen Verhaltens, sondern über ein „inneres Skript". Häufig werden eigene biographische Verletzungen wiederbelebt und das Kind zur Stabilisierung des eigenen Selbstwerts instrumentalisiert.[58]

625   Hochstrittigkeit entsteht allerdings nur da, wo beide Interaktionspartner dieselben oder ähnliche Streitmuster pflegen, insbesondere unflexibles Beharren auf eigenen Vorstellungen und geringe Kompromissbereitschaft. Diese Kommunikationsprozesse sind häufig nicht erst während oder nach der Trennung entstanden, sondern bereits lange davor. Veränderungen hiervon können durchaus erzielt werden, aber erst nach aufwändigem und zähem Beratungsprozess, der besondere Anforderungen an die beteiligten Fachgruppen stellt.[59] Hochkonflikthafte Eltern lösen auch kleinere Fragen häufig mit Anrufung eines Gerichts, wie zum Beispiel halbstundenweise Veränderungen der Umgangsregelung. Bei ihnen bestehen häufig Persönlichkeitsstörungen oder auffällige Persönlichkeitsausprägungen, ein erhöhtes Maß an Selbstbezogenheit bzw. Kränkbarkeit, ein verringertes Ausmaß an Einfühlungsvermögen und defizitäre soziale Kompetenzen.[60]

626   Die Themen der Auseinandersetzungen können vielfältig sein, von materiellen Dingen über Bewertungs- oder Normkonflikte (z.B. Erziehungsstil), wetteifern um Aner-

---

56 Krause, 2003.
57 Johnston, 1995.
58 Weber, zitiert nach Krause, 2003.
59 Spindler, 2008.
60 Kindler & Fichtner, 2008.

Castellanos

kennung oder Zuneigung des Kindes, bis hin zu einer dysfunktionalen Ablösung zwischen den Partnern (beispielsweise inwiefern die Paarbeziehung tatsächlich beendet ist). [61]

Nach der Trennung der Partner tendieren die Konflikte dazu, kompromissloser ausagiert zu werden als während der Zeit der Beziehung, wobei sich der Streit zusehends auf das Kind fokussiert. Untersuchungen haben darüber hinaus gezeigt, dass das Streitverhalten von Eltern in Gegenwart der Kinder destruktiver ist (negativere Emotionen, mehr verbale Angriffe und Beleidigungen) als wenn die Kinder nicht präsent sind. Im Zusammenhang mit elterlichen Streitigkeiten – und zwar unabhängig davon, ob diese unmittelbar vor dem Kind ausgetragen werden, wie es häufig vor oder nach Umgangskontakten der Fall ist, oder ob das Kind in der akuten Streitsituation abwesend ist – entwickeln die Kinder in erhöhtem Ausmaß Verhaltensauffälligkeiten und sind erzieherisch für beide Elternteile weniger erreichbar, das Selbstwertgefühl sinkt, die schulischen Leistungen ebenso. Kinder aus chronisch streitenden Elternbeziehungen haben darüber hinaus selbst ein erhöhtes Risiko, später in vergleichbare Beziehungsdynamiken zu geraten und mit eigenen Partnern Konflikte ähnlich destruktiv anzugehen. Kinder von hoch streithaften Eltern können sich von den negativen Effekten erholen, sobald sich die Eltern trennen, jedoch nur unter der Voraussetzung, dass durch die Trennung auch die Konflikte beendet werden.[62] Bleibt das Konfliktniveau nach der Scheidung erhalten, ist langfristig eine zielführende Kommunikation hinsichtlich erzieherischer Fragen äußerst unwahrscheinlich.[63] Folge davon sind eine erhöhte Belastung der Kinder und daraus resultierende Loyalitätskonflikte.[64] Häufig weichen Kinder dann auf andere Personen wie Geschwister oder Großeltern aus, um sich dort die von ihnen benötigte Zuwendung und emotionale Wärme zu holen. Auch bei den Eltern zeigt diese Form von Konfliktdynamik erhebliche Folgen: Sie entwickeln beispielsweise Anpassungsstörungen mit depressiver Symptomatik, fallen aus sozialen Netzwerken heraus und empfinden erhöhte Feindseligkeit gegenüber anderen.

Besonders negativ wirken sich nach den vorliegenden Forschungsergebnissen die Konflikte auf die Kinder aus, die hochfrequent und intensiv sind und das Kind betreffende Themen zum Inhalt haben. Dies ist darauf zurückzuführen, dass sie durch einen direkten Einbezug die emotionale Sicherheit des Kindes gefährden und die erzieherischen Kompetenzen der Eltern unterminieren.[65] Als Folge von Elternstreit finden sich bei Kindern in erhöhtem Ausmaß psychische Störungen wie Angst und Depression. In der klinischen Psychologie liegen tragfähige Nachweise vor, dass chronischer Elternstreit bei Kindern durch den dadurch ausgelösten, existenziellen Stress einer der wichtigsten Risikofaktoren für die kindliche Entwicklung ist[66] und von Entwick-

627

628

---

61 Dettenborn, 2001.
62 Clarke-Stewart & Brentano (2007.).
63 Walper & Gerhard, 2003, S. 99.
64 Balloff, 2005, S. 212.
65 Für eine Übersicht s. Walper & Gerhard, 2003.
66 Petermann, Niebank, Scheithauer, 2004.

lungsstörungen und Schulleistungsschwächen über psychische Erkrankungen bis hin zu Regulations- oder Gedeihstörungen (wie Minderwuchs) führen kann.[67]

629 Eine gemeinsame Ausübung des Sorgerechts getrennt lebender Eltern kann unter folgenden Bedingungen dem Kind schaden:

- Erhebliche Einschränkungen der Erziehungsfähigkeit eines Elternteils, insbesondere in Folge von ausgeprägten Persönlichkeitsstörungen, schwerer Suchterkrankung oder erhöhter Gewaltbereitschaft, die zu einer belasteten Eltern-Kind-Interaktion und mangelnder Empathie für das Kind führen.[68]

- Desinteresse eines Elternteils am Kind, Ablehnung von Kontakt mit diesem oder fehlende Erreichbarkeit.

- Fehlende oder – vor allem bei Jugendlichen – negative, respektlose Beziehung des Kindes zu einem der Elternteile bzw. anhaltende Ablehnung dieses Elternteils durch das Kind. Fehlen einer kooperativen Basis zwischen dem Kind und einem Elternteil.

- Starke Streitzentriertheit der Eltern, so dass eigene Gefühle gegenüber dem (Ex-)Partner die Wahrnehmung von Belangen des Kindes überlagern. Destruktive Kommunikationsformen wie ständige Beschimpfungen und Herabwürdigungen.

- Schwere oder wiederholte Gewalt gegen den Partner oder das Kind während der Beziehung oder nach der Trennung, da dabei von einer erhöhten Rückfallgefahr auszugehen ist. Die Einbindung des gewalttätigen Elternteils ins Sorgerecht erhält das kindeswohlschädigende Klima aus Angst und Gewalt aufrecht und hat dadurch gravierende Folgen auf die psychische Gesundheit des Kindes und dessen Bindungserleben.[69] Gleiches gilt für sexuellen Missbrauch des Kindes durch einen Elternteil.

- Vernachlässigung des Kindes durch einen Elternteil, wenn diese auf eine missachtende Haltung gegenüber dem Kind zurückzuführen ist.[70]

- Gegenseitige Abwertung der Eltern, die auch dem Kind mitgeteilt wird. Aktiver Einbezug des Kindes in die elterlichen Streitigkeiten, beispielsweise als „Spion", der dann in gerichtsanhängigen Auseinandersetzungen als Zeuge benannt wird.

- Grundlegende Uneinigkeit über die in der Kindererziehung angestrebten Ziele.

- Gravierende Verletzung von getroffenen Vereinbarungen oder Gerichtsbeschlüssen durch einen Elternteil.

- Missbräuchliche Ausübung des Sorgerechts durch einen Elternteil, beispielsweise um den anderen Elternteil zu diskreditieren, bereits getroffene Entscheidungen umzuwerfen, um Vorteile hinsichtlich der Unterhaltszahlungen oder Umgangskontakte zu erhalten oder wenn der Antrag auf gemeinsames Sorgerecht nur ge-

---

67 Papoušek et al. (2010.).
68 Laucht, 2003.
69 Kindler & Fichtner, 2008.
70 S. zB Fidgor, 2011 für Österreich.

Castellanos

stellt wurde, um den anderen in dessen Lebensplanung zu behindern, ohne selbst Interesse an einer tatsächlichen Verantwortungsübernahme zu haben.

■ Negative Prognose bezüglich der zukünftigen Kooperationsfähigkeit zwischen den Eltern, beispielsweise aufgrund mehrerer gescheiterter Vermittlungsversuche durch Beratungsstellen, Mediatoren oder Jugendamtsmitarbeiter. Absehbarkeit einer Vielzahl von weiteren gerichtlichen Auseinandersetzungen.

Die Alleinübertragung von zumindest dem Aufenthaltsbestimmungsrecht auf einen Elternteil erscheint vor allem dann empfehlenswert, wenn die Eltern sich nicht über den Lebensmittelpunkt des Kindes einig sind.[71]   630

Eine Abneigung des Alleinsorgeberechtigten, nunmehr gemeinsame Entscheidungen treffen zu müssen, ohne dass weitere, das Kind betreffende Gründe oder eine gravierende Störung der Elternbeziehung vorliegen, ist keine ausreichende Argumentation, um bei anhaltendem Engagement für das Kind und ausreichender Erziehungskompetenz den zweiten Elternteil aus dem gemeinsamen Sorgerecht auszuschließen, da dies nicht das Wohlergehen des Kindes, sondern nur das des Sorgeberechtigten betrifft.   631

Bei Auseinandersetzungen um die elterliche Sorge sollte generell zunächst überprüft werden, ob die dahinter liegende Motivation nicht aus Streitigkeiten wegen der Gestaltung der Umgangskontakte resultiert. In diesem Fall würde eine Veränderung des Sorgerechts eher zu einer Verschärfung der Konflikte beitragen, da es an der eigentlichen Problematik nichts ändert und die Streitfront zwischen den Eltern vergrößert, was sich wiederum negativ auf die Befindlichkeit des Kindes auswirkt. Vor allem, wenn der betreuende Elternteil erziehungsfähig ist und bisher Hauptbezugsperson des Kindes war, muss aus psychologischer Sicht vor Veränderungen des Sorgerechts, die möglicherweise zu Bindungsabbrüchen und damit verbundenen Folgeproblemen führen, eindringlich abgeraten werden, sofern diese nicht auf eine gravierende Gefährdung des Kindes in anderen Bereichen (nicht nur in der Frage der Umgangskontakte zum getrennt lebenden Elternteil) zurückzuführen sind.   632

C. Diagnostisches Vorgehen bei der Begutachtung zur Frage der gemeinsamen Sorgerechtsausübung

Ein Sachverständigengutachten wird in der Regel dann in Auftrag gegeben, wenn die beteiligten Richter, Anwälte oder Jugendamtsmitarbeiter zu der Überzeugung gelangen, mit dem ihnen zur Verfügung stehenden Wissen und juristischen Vorgehensweisen das Ausmaß des Konfliktniveaus nicht mehr zu erfassen, beziehungsweise keine wirklich dem Kind dienliche Lösung mit den Eltern erarbeiten zu können.[72] Als zwingend erforderlich wird eine Begutachtung meist dann empfohlen, wenn die Erziehungsfähigkeit eines Elternteils ersichtlich eingeschränkt ist (beispielsweise mit der Frage, ob der andere Elternteil dieses Defizit ausgleichen kann), wenn eine hochkon-   633

---

71   Huber, 2010.
72   Dettenborn, 2000.

flikthafte Elternbeziehung oder pathologische Eltern-Kind-Beziehung erkennbar ist oder wenn sich ein Elternteil der Diskussion des Themas aus Willkür verweigert.

634 Die Erwartung an den Sachverständigen ist häufig, er solle die Konflikte lösen, die bereits seit Jahren schwelen oder eskaliert sind. Zumindest soll der Sachverständige am Ende eine eindeutige Ja/Nein-Antworten zu den gestellten Fragen geben. Diese Erwartung der Juristen muss aufgrund der empirischen Vorgehensweise der Psychologie zwangsläufig enttäuscht werden, da Psychologen mit Wahrscheinlichkeiten operieren, insbesondere wenn es um Prognoseerstellungen geht, wie es bei der Einschätzung von familiärer Dynamik der Fall ist.[73]

635 Die Beauftragung für die Begutachtung ergeht in der Regel an einen in der juristischen Sprache als „Familienpsychologe" oder „Kinderpsychologe" bezeichneten Diplompsychologen bzw. Master of Arts in Psychologie. In der psychologischen Fakultät finden sich beide Begriffe nicht, es wird unterschieden zwischen Arbeitsschwerpunkten in der forensischen (d.h. im Zusammenhang mit Gerichtsbarkeit stehenden) Psychologie, Entwicklungspsychologie (d.h. auf die Bedürfnisse und Normalität menschlicher Entwicklung bezogen), Sozialpsychologie (d.h. Dynamik in sozialen Verbänden wie Familien) oder Klinischen Psychologie (d.h. auf psychische Erkrankungen und deren Therapie bezogen), die sämtlich von Nutzen für die Beantwortung der hier diskutierten Fragestellung sind. Von Vorteil für die Erstellung eines Gutachtens ist ebenfalls eine fundierte therapeutische Ausbildung, da darin das Werkzeug zur Diagnostik und Behandlung von Psychopathologie auf individueller oder systemischer Ebene enthalten ist.

636 Neben dem Fachwissen über menschliches Erleben, über Entstehen und Veränderung zwischenmenschlicher Konflikte und die psychischen Bedürfnisse von Kindern bringt der Sachverständige vor allem etwas mit, das den anderen beteiligten Fachpersonen meistens fehlt: Die Zeit, sich ausführlich mit jedem einzelnen Familienmitglied zu beschäftigen und dazu beizutragen, dass diese sich gesehen und verstanden fühlen.

637 Wesentlich für das gutachterliche Vorgehen ist der Einbezug mehrerer Datenquellen und mehrerer Messzeitpunkte, um beispielsweise von der Tagesform (insbesondere bei den Kindern) abstrahieren zu können. Als Datenquellen stehen die Beobachtung des Verhaltens der einzelnen Familienmitglieder in der Einzel- und Familiensituation, Beobachtung des Gesprächsverhaltens (verbale Angaben und nonverbale Daten), Einsatz von psychodiagnostischen Verfahren (Fragebogen, strukturierte Verhaltensbeobachtung, Interviewleitfäden, projektive Verfahren, Entwicklungstests usw.), Befragung beteiligter Fachpersonen zu spezifischen Themen, Analyse der Gerichtsakten zur Verfügung. Je nach Fragestellung wird diese Datenbasis ergänzt durch weitere Befunde wie labortechnische Diagnostik. Die einzelnen Daten müssen nicht immer von dem gerichtlich beauftragten Sachverständigen persönlich erhoben werden, sondern können – was beispielsweise bei Entwicklungsdiagnostik oder laufenden Thera-

---

73 Dettenborn, 2001.

pien sinnvoll ist – bei beteiligten Fachpersonen wie Diagnostikern aus den sozialpädiatrischen Zentren, Entwicklungsambulanzen, Kliniken o. ä. angefordert werden.

Bisher bestand aus juristischer Sicht ein Unterschied in der Begutachtung von Familien, die sich nach einer Ehe trennen (mit der Fragerichtung: Was würde das Kind gewinnen, wenn die Eltern nicht gemeinsam das Sorgerecht haben?) und von nichtehelich geborenen Kindern (mit der Fragerichtung: Was würden die Kinder gewinnen, wenn die Eltern das Sorgerecht gemeinsam ausüben würden?). Für Psychologen stellen sich, unabhängig vom Zivilstand der Eltern, die Bedürfnisse der Kinder gleich dar, da es keine Anhaltspunkte dafür gibt, dass die beiden Gruppen unterschiedliche Entwicklungen durchlaufen.   **638**

Insofern ist vom Sachverständigen auch bei der Frage nach der Gestaltung des Sorgerechts nicht verheirateter Eltern zu verlangen, dass er die üblichen Vorgehensweisen und Kriterien für die Erstellung eines Gutachtens beachtet, wie sie in entsprechenden Standardwerken ausführlich dargestellt werden und Teil seiner Ausbildung sind.[74]   **639**

Insbesondere gilt es zunächst abzuklären, ob bei beiden Elternteilen eine grundlegende Erziehungsfähigkeit gegeben ist[75], verstanden als Fähigkeit, in einer der gesunden Entwicklung des Kindes dienlichen Weise Verantwortung für das Kind zu übernehmen. Dabei werden unterschiedliche Teilaspekte untersucht, von der psychischen Gesundheit über die Fähigkeit, körperliche und emotionale Bedürfnisse des Kindes zu erkennen, erzieherisch angemessen auf sie einzugehen und das Kind zu versorgen,[76] die Beziehungsfähigkeit des Elternteils und seine Fähigkeit, das Kind seinen individuellen Anlagen und Interessen entsprechend zu fördern und in seiner seelischen, sozialen und kognitiven Entwicklung zu unterstützen. Weiter ist die Einschätzung von aus dem elterlichen Verhalten entstehenden Gefährdungsmomenten von Bedeutung.[77]   **640**

Insbesondere erfordern folgende Punkte Beachtung und entsprechendes diagnostisches Vorgehen: **641**

Auf Elternebene   **642**

- ■ Verhalten der Eltern in den Untersuchungssituationen, das Anhaltspunkte für psychopathologisches Erleben wie Wahrnehmungsstörungen, formale und inhaltliche Denkstörungen, Umgang mit Stressoren usw. geben kann.

- ■ Persönliche Vorgeschichte der Eltern, darin u.a. eigene Bindungserfahrungen, Umgang mit Konflikten, Rollenerwartungen, erzieherische Vorbilder, ethischer Hintergrund und damit verbundene Wertvorstellungen, eigene Persönlichkeitsentwicklung, berufliche und soziale Integration, Suchtverhalten, klinische Anamnese mit der Frage nach psychischen Störungen, die das Verhalten der Probanden in der aktuellen Situation sowie ihre Einstellungen gegenüber dem Kind maßgeblich beeinflussen.

---

74 Beispielsweise Salzgeber, 2005; Westhoff & Kluck, 2008; Zuschlag, 2006.
75 Castellanos & Hertkorn, im Druck
76 Dettenborn & Walter, 2002.
77 Steinmetz und Lewand, 2004.

■ Familiäre Vorgeschichte, u.a. vorherige Partnerschaften, vorherige Kinder und Beziehungsgestaltung zu diesen, Entstehung und Grundlagen der Partnerschaft, Rollenverständnis und Arbeitsaufteilung, Entstehung der Beziehungsprobleme, beschwichtigende und eskalierende Faktoren für Konflikte, Rolle des Kindes bei Konflikten, Reaktionen des Kindes darauf, Verlauf der Trennung, psychische und soziale Entwicklung der Betroffenen seit der Trennung, Bewältigungsstil, Konfliktdynamik und Konfliktlösestrategien.[78]

■ Erwartungen der Eltern und Rolle des Kindes für sie, wie z.B. Erwartungen an Elternschaft, Erwartungen an das Kind, Entwicklungsverlauf und besondere Bedürfnisse des Kindes, Wissen über kindliche Entwicklung, Wissen über Besonderheiten des betroffenen Kindes.

■ Bei getrennt lebenden Eltern die Bereitschaft, die auf diese Situation bezogenen besonderen kindlichen Bedürfnisse zu erkennen und adäquat damit umzugehen, zum Beispiel es dem Kind zu ermöglichen, zum jeweils anderen Elternteil eine unbeschwerte Beziehung zu führen.

■ Haltung gegenüber der aktuellen familiären Konfliktsituation und Fähigkeit zur Kompromissbildung bzw. Kooperationsbereitschaft.[79] Dahinter steckt u.a. die Frage nach der Fähigkeit der Eltern, ihren Kindern im Sinne eines „emotion coaching"[80] ein Modell dafür zu bieten, wie emotionale Beziehungen gepflegt und zwischenmenschliche Konflikte gelöst werden können, sowie das Ausloten auch außergerichtlicher Einigungsmöglichkeiten.

643 Auf Kindebene

■ Kognitiver und sprachlicher Entwicklungsstand des Kindes und beim Kind bestehende psychopathologische Symptome, auch Verbalisationsfähigkeit im Ausdruck eigener Wünsche, Spielstil, Charakter und Temperament, Gefühlskontrolle vs. Spontaneität, die meist im Rahmen einer spielbasierten Untersuchung erhoben werden.

■ Bindungserleben und Reaktionen des Kindes in der aktuellen familiären Konfliktsituation.

■ Je nach Fragestellung und Alter des Kindes der ausgedrückte Kindeswille, dieser wird meist als Ausdruck der vom Kind erlebten Bindungen gewertet und daher als zentrales Kriterium des Kindeswohls angesehen.[81] Dabei ist darauf zu achten, dass das Kind zwar in die Entscheidungsfindung einbezogen wird, ihm aber subjektiv und objektiv nicht die Last der Verantwortung für das familiäre Geschehen aufgebürdet wird und es eine Entscheidung treffen soll, zu der die Eltern selbst nicht in der Lage sind. Weiter sollte beachtet werden, dass eine juristische Regelung des Sorgerechts, wie bereits ausgeführt, kein primäres Bedürfnis des Kindes ist, sofern damit nicht eine Veränderung der Betreuungsbedingungen einhergeht.

---

78 S. zB Dettenborn, 2001.
79 Dettenborn, 2008.
80 Gottman et al., 1997.
81 Dettenborn, 2001.

Castellanos

In der familiären Interaktion   644

- Verhalten der Eltern gegenüber dem Kind, insbesondere Feinfühligkeit, Empathie im konkreten Umgang mit dem Kind, Altersangemessenheit, Entwicklungsförderlichkeit, Erziehung im Sinne von Anregungen und Grenzsetzungen, Erziehungsstil, aus denen sich Schlussfolgerungen hinsichtlich der erzieherischen Kompetenzen ziehen lassen.

- Umgang der Eltern mit den Bedürfnissen des Kindes im aktuellen Trennungs- oder Konfliktgeschehen, beispielsweise bei Übergaben im Rahmen von Umgangskontakten.

- Verhalten des Kindes in der Interaktion mit beiden Elternteilen, Reaktion auf Trennungen und Widervereinigungen beispielsweise im Rahmen von Umgangskontakten, Ausgestaltung der Beziehung zu beiden Elternteilen und anderen wichtigen Familienmitgliedern wie (Halb-)Geschwistern.

- Wenn die Durchführung eines gemeinsamen Gesprächs des Sachverständigen mit beiden Elternteilen möglich ist (was bei sehr hohem Konfliktniveau und/oder Gewaltbereitschaft eines Elternteils nicht der Fall ist): Verhalten der Eltern zueinander, Verhandlungsbereitschaft und Kooperationswillen gegenüber dem anderen Elternteil, Flexibilität oder rigides Beharren auf den eigenen Vorstellungen.

Sonstiges   645

- Erfassung von Umfeldfaktoren wie die berufliche Situation, Betreuungsmöglichkeiten für das Kind, neue Partnerschaften und deren Einfluss auf das familiäre Geschehen, Unterstützung durch soziale Netzwerke, finanzielle Nöte, sonstige Stressoren, Nähe zu notwendigen schulischen oder therapeutischen Angeboten.

- Erfassung der familiären Ressourcen.

Über dem ganzen diagnostischen Vorgehen stehen zwei zentrale Fragen: Was braucht   646
das betroffene Kind für eine gesunde Weiterentwicklung, und was hindert die Eltern daran, eine Lösung zu finden, die den Bedürfnissen des Kindes entspricht?

Für die aus den erhobenen Daten resultierenden Empfehlungen des Sachverständigen   647
ist neben dem aktuellen Stand der Familie auch die Vorgeschichte, insbesondere hinsichtlich Gestaltung der Paarbeziehung und der Eltern-Kind-Beziehung vor dem Sorgerechtsantrag mit entscheidend. Dies impliziert einen Zusammenhang zwischen dem Engagement eines Elternteils in der Vergangenheit und dessen Einbezug in die Zukunftsgestaltung des Kindes: Je mehr Kontakt das Kind mit beiden Elternteilen hatte, je mehr sich diese aktiv und verantwortlich an der Kindererziehung beteiligt haben, umso wichtiger ist es, beide in das Sorgerecht einzubeziehen. Allerdings ist zu berücksichtigen, dass vor allem bei Vätern aus ihrem Verhalten gegenüber ihren Kindern während des Bestehens der Partnerschaft nur eingeschränkt Vorhersagen bezüglich ihres Engagements nach der Trennung von der Kindsmutter getroffen werden können. Ein Teil der Väter stellt den Kontakt zu den Kindern gänzlich ein, andere intensivieren ihn. Bei der Einschätzung des Engagements für das Kind ist daher vor allem

auf die Qualität der mit dem Kind verbrachten Zeit und der daraus resultierenden Vater-Kind-Beziehung zu achten.

648 Letztlich ist für die Empfehlung des psychologischen Sachverständigen entscheidend, dass sich die Versorgungssituation des Kindes durch die zu treffende Sorgerechtsregelung verbessert oder zumindest nicht verschlechtert. Im Fokus sollte dabei die Bedürfnislage des Kindes stehen, nicht die der Eltern, auch wenn sich deren Befindlichkeit wiederum auf die Betreuung des Kindes, die emotionalen Ressourcen der Eltern und den Umgang mit dem Kind auswirken.

D. Interventionen und Lösungsvorschläge

649 Schätzungen zufolge sind in Deutschland etwa 10 % der Trennungen von Paaren mit Kindern so strittig, dass ein gerichtliches Eingreifen notwendig ist[82] und die etwa 80 % der Ressourcen von Beratungsstellen verbrauchen. Von diesen wiederum sind etwa 10 % hochstrittig oder so komplex, dass das Hinzuziehen eines Sachverständigen für erforderlich erachtet wird. Die aktuelle Beschäftigung des Bundestages mit der Rechtslage ist vor allem auf diese hochstrittigen, gerne auch medienwirksamen, familiären Konstellationen zurückzuführen. Aus psychologischer Sicht sollte eine zukünftige juristische Regelung jedoch nicht auf diesem 1 % der hochpathologischen, hochkonflikthaften und destruktiven Familien in der Gesamtbevölkerung basieren, sondern sich an dem allgemeinen gesellschaftlichen Kontext und den Erkenntnissen der psychologischen Forschung[83] orientieren. Im Umkehrschluss kann nämlich gefolgert werden, dass etwa 95-99 % aller Eltern, die sich trennen, hinsichtlich der Sorgerechts- und Umgangsregelung konsensfähig sind.

650 Eine steigende Anzahl nicht verheirateter Eltern entscheidet sich für die Abgabe gemeinsamer Sorgerechtserklärungen ohne Einbezug des Gerichts (nach einer Befragung im Jahr 2010 62 %),[84] von denen die meisten längere Zeit eine gemeinsame Partnerschaft hatten, einen höheren Bildungsgrad aufwiesen und in Großstädten lebten. Vor allem diejenigen Eltern lehnen eine übereinstimmende Sorgeerklärung ab, die nicht zusammenlebten, sich vom anderen Elternteil getrennt oder niemals eine Partnerschaft mit dem anderen Elternteil geführt haben. Die Nicht-Abgabe einer gemeinsamen Sorgerechtserklärung ist jedoch nicht immer auf mangelnde Mitwirkung der Mütter zurückzuführen (wie häufig angenommen wird). Etwa 10 % der Väter gaben an, die Elternschaft nicht zu wünschen und etwa 15 % gaben an, kein Interesse an einer gemeinsamen Sorgerechtsausübung zu haben. Die beiden letzten Zahlen liegen in der Allgemeinbevölkerung wahrscheinlich höher, da an den entsprechenden Studien in der Regel eher die Personen teilnehmen, die am Thema interessiert sind. Weiter zeigte sich, dass die Partnerschaftssituation und die Bereitschaft zur Ab-

---

82 Weber et al., 2004.
83 S. beispielsweise Diskussionsforum Transfer psychologischer Erkenntnisse in Gesellschaft und Politik in der Zeitschrift Psychologische Rundschau (2011.).
84 Jurczyk & Walper, 2010.

Castellanos

gabe von Sorgeerklärungen im Gegensatz zum Erziehungsverhalten der Eltern und deren Coparenting geringe Auswirkungen auf das Verhalten des Kindes hat.[85]

Die Regelung der elterlichen Sorge in krisenhaften Phasen der Trennung kann durchaus problematisch sein, da sie der langfristigen Entwicklung der Familie möglicherweise nicht gerecht wird. Die Bewältigung von persönlichen Krisen durchläuft mehrere Phasen, die letztlich bei den meisten Menschen zu einem Aussöhnen und positiver Neuorientierung führen.[86]   651

Wie bereits weiter oben dargestellt, sind chronische Konflikte zwischen den Eltern ein wesentlicher Faktor, der die kindliche Entwicklung beeinträchtigt und psychische, emotionale und soziale Fehlentwicklungen fördert. Insofern sollte oberstes Ziel die Entlastung der Kinder und die – wie auch immer geartete – Befriedung der familiären Konflikte sein. Hierbei kann das Durchlaufen einer Zwischensequenz helfen, beispielsweise einer fachkompetenten Beratung, ehe eine abschließende Entscheidung hinsichtlich des Sorgerechts getroffen wird. Dadurch kann besser abgeschätzt werden, ob die Eltern in der Lage sind, eine angemessene Kommunikation zueinander aufzubauen oder ob die Konflikte weiter persistieren.[87]   652

Die gelegentlich ausgesprochene Empfehlung, dass die Eltern von Gericht, Rechtsanwälten, Sachverständigen und Beratungsstellen „quasi klammerartig" auf eine Kooperation gedrängt werden sollen,[88] macht dagegen wenig Sinn. Bis eine Familie mit ihrem Konflikt bei Gericht vorstellig wird, ist häufig schon viel Zeit vergangen. Dennoch – oder gerade deswegen – ziehen sich Beratungs-, Mediations- und Problemlösungsprozesse oft lange hin. Dabei kann es auch zu Konflikt verschärfenden Auswirkungen des Mediationsprozesses kommen, was sich beispielsweise in Abbrüchen der Beratung niederschlägt.[89] Eine Mediation oder Beratung ist sinnvoll, um vor, während und nach einer Trennung die Eltern bei der Neuadaption und Neudefinition ihrer Aufgaben und Rollen zu unterstützen und vor allem das Konfliktniveau von den Kindern fernzuhalten. Nicht geeignet ist eine therapeutische Arbeit oder Mediation, wenn in der Vorgeschichte Gewalt und ernsthafte Bedrohungen bestanden, einer der Elternteile eine gravierende psychische Erkrankung hat oder akut süchtig ist. In diesen Fällen kann höchstens eine parallele Beratung der Eltern erfolgen.[90] Dabei sollte sich der Beratende auf die Bedürfnisse des Kindes fokussieren und darauf, diese den Eltern nahezubringen.[91] Dies geschieht zunächst in einer eher direktiven Vorgehensweise, bei sich beruhigender Konfliktlage wird die Verantwortung an die Eltern zurückgeben. Ebenso können Gruppenprogramme für getrennte Eltern dazu beitragen, wieder einen Blick für die Bedürfnisse ihrer Kinder zu entwickeln und einen individuellen Mediations-/Beratungsprozess vorbereiten.[92] Wesentlich ist es, mit den Eltern zu   653

---

85 Jurczyk & Walper, 2010.
86 Krause, 2003.
87 Rohmann, 1998.
88 Füchsel-Voigt, 2004, mit Verweis auf das „Cochemer Modell".
89 Fischer, 2011.
90 Johnston & Roseby (1997).
91 Spengler, 2011.
92 Walper & Langmeyer, 2008.

erarbeiten, was für Auswirkungen ihr eigenes Verhalten auf Bindungsaufbau und -repräsentation des Kindes hat und damit auf seine Entwicklung.[93] Insofern sollte bei Hochkonflikteltern eher die Reflexion des eigenen Verhaltens im Vordergrund einer Beratung stehen als die Suche nach einer Lösung der Sorgerechtsfrage. Wichtig ist außerdem, das Kind von Schuldgefühlen über die Trennung der Eltern und das Scheitern bei der Vermittlung zwischen diesen zu entlasten und dadurch eine Reduktion der negativen Folgen einer elterlichen Trennung zu bewirken. Deswegen sollten die Kinder hochstrittiger Eltern ebenfalls in einen Beratungsprozess eingebunden werden.[94]

654 Sowohl für den Gesetzgeber als auch für die beteiligten Gerichte, Jugendämter oder beauftragten Sachverständigen sollte das Wohlergehen der betroffenen Kinder handlungsleitend sein, beispielsweise was die Beruhigung der elterlichen Streitigkeiten und eine Verminderung der Loyalitätskonflikte eines Kindes angeht.[95] Manche den Konflikt schürenden Fragestellungen müssen akut geregelt werden und können nicht auf eine mögliche positive Entwicklung in der Zukunft vertröstet oder auf unbestimmte Zeit verschoben werden.

655 Auch für die Zeit, in der therapeutisch, beratend oder mediativ mit der Familie gearbeitet wird, muss daher juristisch und formal ein Modus gefunden werden, wie mit Regelungsbedarf umgegangen wird, um zusätzliche Frustrationen zu vermeiden. Analog zu Entscheidungen, die die Zuweisung des alleinigen Sorgerechts ablehnen, wenn als Argument von einer der Parteien vorgebracht wird, dass in ferner Zukunft Konflikte stattfinden könnten, muss bei hochstrittigen Eltern die elterliche Sorge zugunsten des Kindes und seiner aktuellen Bedürfnissen zügig geregelt werden, wenn bereits Vermittlungsversuche in der Vergangenheit gescheitert sind. Auch eine vorsorgliche Übertragung der gemeinsamen Sorge bei in hoch konflikthaftes Geschehen verstrickten Eltern, in der Hoffnung, dass sich diese unter dem dann gegebenen Sachzwang „schon zusammenraufen" würden, dient nicht einer Entlastung des Kindes.

656 Ein zentraler Punkt zur Auflösung des Konfliktniveaus ist es, die hinter den gestellten Anträgen lauernden Ängste und Wünsche der Eltern zu identifizieren. Häufig findet sich eine Konfusion von Umgangsrecht und Sorgerechtsregelung. Die betroffenen Elternteile befürchten, den Kontakt zu ihren Kindern zu verlieren, wenn sie kein Sorgerecht innehaben. Ebenso befürchten Eltern gelegentlich, ohne Sorgerecht nicht über die Entwicklung des Kindes auf dem Laufenden gehalten zu werden oder verbinden eine Sorgerechtsbeteiligung mit der Hoffnung, dass das Kind dann bei ihnen lebt. Bei solchen Problemstellungen ist eine fundierte Aufklärung über alternative Wege, die eigentliche Intention zu befriedigen (wie beispielsweise das Informationsrecht auszuüben), häufig konfliktreduzierend.[96]

657 Eine weitere, oft geäußerte Befürchtung ist, dass das Kind im Falle des Versterbens des allein Sorgeberechtigten in eine Pflegefamilie oder ein Kinderheim kommt, ohne

---

93 Spangler, 2003.
94 Hirsch, 2001.
95 Dettenborn, 2001.
96 S. beispielsweise Huber, 2010 oder Heilemann, 2011.

Castellanos

dass der zweite leibliche Elternteil als möglicher Vormund und Betreuungsperson in Betracht gezogen wird. Eine Aufklärung darüber, dass dies nicht der Fall ist, wenn der zweite Elternteil Interesse am Kind zeigt und erziehungsfähig ist, könnte hier zur Beruhigung beitragen.

Aus der Praxis zeigt sich außerdem, wie wichtig es ist, bei den betroffenen Eltern das Bewusstsein dafür zu wecken, dass zu jedem Zeitpunkt eines gerichtsanhängigen Verfahrens die Möglichkeit besteht, die Konflikte außergerichtlich zu lösen. Häufig haben Antragsteller die Befürchtung, den eingeschlagenen Weg „bis zur bitteren Neige" weitergehen zu müssen, auch wenn sie dies im Zuge der Auseinandersetzung mit der Thematik gar nicht mehr wünschen. Außergerichtliche, einvernehmliche Lösungen tragen wiederum mit größerer Wahrscheinlichkeit mehr zur Zufriedenheit und langfristigen Beilegung der Konflikte bei als eine richterliche Entscheidung, da sie transparenter, aktiv mitgestaltet und daher für alle Beteiligten leichter zu akzeptieren und verbindlicher sind.[97]   **658**

Wesentlich zur Deeskalation trägt außerdem eine frühzeitige Klarstellung bei, auf welche faktischen Entscheidungen sich das gemeinsame Sorgerecht auswirkt: So ist den meisten Elternteilen beispielsweise nicht bekannt, dass von einer gemeinsamen Sorgerechtsausübung nur Entscheidungen von *erheblicher* Auswirkung betroffen sind, d.h. die nur schwer oder gar nicht abzuändernde Auswirkungen auf die Entwicklung des Kindes haben. Dazu gehören zum Beispiel die Wahl der Kindertagesstätte und Schule, Religionsausübung, Berufswahl, medizinische Eingriffe, soweit sie mit der Gefahr von erheblichen Komplikationen und Nebenwirkungen verbunden sind, Vermögenssorge für das Kind und Handlungen, die das Persönlichkeitsrecht des Kindes berühren, wie Veröffentlichungen von Fotos des Kindes. Mitsorgeberechtigte Väter können aber nicht über den Wohnort der Mutter mitbestimmen, was häufiges Motiv für das strittige Begehren des Sorgerechts ist.[98] Eine solche Aufklärung könnte das Konfliktpotenzial erheblich vermindern und für beide Parteien der Fragestellung die Brisanz nehmen, wenn klar wird, wie begrenzt die tatsächlichen Auswirkungen eines gemeinsamen Sorgerechts auf den Alltag sind, solange die Eltern getrennt leben und das Kind einen Hauptwohnsitz hat.   **659**

Psychologische Sachverständige beugen sich derzeit häufig dem Druck der Rechtslage, der Interessenverbände und juristischen Auseinandersetzungen und empfehlen ein gemeinsames Sorgerecht, obwohl dies lediglich an den Interessen der Eltern orientiert ist und nicht an denen des Kindes (ähnlich stellt sich die Situation bei der Frage der Umgangsregelung dar).   **660**

Gemeinsames Sorgerecht getrennt lebender Eltern kann sowohl Konflikte schüren als auch das Konfliktniveau senken. Konflikte werden verschärft, weil die Eltern gezwungen sind, sich häufiger zu begegnen und Entscheidungen einvernehmlich zu treffen. Die Ablehnung einer Beteiligung am Sorgerecht stellt allerdings nicht zuletzt eine   **661**

---

97 Dettenborn, 2000.
98 S. Möller, 2011.

schwere Kränkung für Eltern dar[99] und kann zur Erhöhung der Reizbarkeit und querulatorischem Verhalten beitragen, mit der Absicht, auch das Selbstwertgefühl des anderen Elternteils zu verletzen.

662 Aus psychologischer Sicht erscheint eine einzelfallbezogene, am tatsächlichen Kindeswohl (nicht den Interessen der Eltern) orientierte Sorgerechtsregelung wichtig. Pathologisches Streitverhalten der Eltern ist nach jahrzehntelanger Forschung als eine objektive Gefährdung des Kindeswohls anerkannt.[100] Die häufig geäußerte Illusion, dass das Kind davon nichts mitbekomme, ist bereits für Kinder im Mutterleib beziehungsweise Neugeborene widerlegt: Kinder von Müttern, die während der Schwangerschaft vermehrt negativem Stress ausgesetzt waren, hatten ein niedrigeres Geburtsgewicht, häufiger als andere Babys Ekzeme und zeigten Verzögerungen in der motorischen Entwicklung sowie später häufiger Verhaltensprobleme.[101] Von zentraler Bedeutung für Kinder aller Altersstufen ist es daher, vor ständigen, unlösbaren Konflikten zwischen den Eltern beschützt zu werden. Die beste Sorgerechtslösung ist daher die, welche die Kinder vor chronischen Konflikten der Eltern – insbesondere auch vor Gewalttätigkeit – bewahrt. Bei hochkonflikthaften Eltern ist daher eine Strategie zu wählen, die Berührungspunkte der Eltern minimiert[102] und damit ein sogenanntes „Disengagement" zu betreiben.[103]

663 Streiten Eltern hochkonflikthaft, sollte das Sorgerecht durch denjenigen Elternteil ausgeübt werden, der auch die Folgen der damit verbundenen Entscheidungen tragen muss, in der Regel derjenige, der die engere Beziehung zum Kind unterhält und dieses hauptsächlich betreut.

664 Sind sich Eltern dagegen über die Formalisierung der Sorgerechtserklärung unsicher, sollte eine frühzeitige und umfassende, schriftliche Aufklärung der Eltern über die Vor- und Nachteile sowie Konsequenzen eines gemeinsamen Sorgerechts, beispielsweise bei Geburtsanmeldung im Standesamt erfolgen. Besteht dann Uneinigkeit, bietet sich eine Beratung beim Jugendamt oder in einer Erziehungsberatungsstelle an, um offene Fragen zu klären und zwischen den Eltern zu vermitteln.

665 Betrachtet man die verschiedenen Gesetzesvorlagen, fällt zunächst einmal auf, dass zwischen den beiden Elternteilen eine Ungleichlage besteht: Väter können sich aussuchen, ob sie das Sorgerecht und die damit verbundenen Pflichten übernehmen wollen, Mütter nicht. Dies kann nur zu Konflikten führen. Ebenso besteht nach wie vor noch keine vollständige Gleichstellung von ehelich und unehelich geborenen Kindern, da sich bei ehelich geborenen Kindern die Frage nicht (mehr) stellt, ob beide Elternteile das Sorgerecht innehaben.

666 Eine Gleichbehandlung und eine Sorgerechtsregelung, die von Geburt des Kindes an als gesellschaftlich vorgegebene Norm besteht und von der nur begründet Abstand genommen werden kann, könnte hier Abhilfe schaffen. Dies könnte beispielsweise

---

99 Barth-Richtarz, 2012.
100 Kindler & Fichtner, 2008.
101 Herschkowitz & Herschkowitz, 2004.
102 Johnston, 1995.
103 Kindler & Fichtner, 2008, S. 141.

ein automatisches Sorgerecht für alle in der Geburtsurkunde eingetragenen leiblichen Elternteile sein, wobei das Aufenthaltsbestimmungsrecht auf den Elternteil alleine übertragen werden sollte, der das Kind in Zukunft hauptsächlich betreuen wird. Eine weitere Möglichkeit wäre, dass beide Elternteile bei der Geburt oder standesamtlichen Anmeldung des Kindes ihren Wunsch, das Sorgerecht auszuüben, aktiv befürworten müssen. Letzteres würde möglicherweise auch der Gefahr der frühen Kindstötung im Rahmen der Diskussion um anonyme Geburten entgegenwirken, da die Mütter, die nicht willens oder in der Lage sind, das Sorgerecht für ihre Kinder auszuüben und denen in oftmals als schmerzhaft und demütigend empfundenen Gerichtsverfahren nach § 1666 BGB die Erziehungsfähigkeit aberkannt wird, durch eine solche Regelung entlastet werden könnten. Dem steht allerdings eine relativ große Gruppe von Männern gegenüber, die kein Interesse an ihren Kindern haben: Beispielsweise erkennen 10 % der Väter die Vaterschaft nicht an.[104] Bei dieser Gruppe ist nicht davon auszugehen, dass eine automatische Sorgerechtsausübung sinnvoll und dem Kindeswohl zuträglich ist.

Zum Abschluss soll nochmals hervorgehoben werden, dass die Bereitschaft der Eltern, kooperativ zusammenzuarbeiten und das gemeinsame Kind von elterlichen Konflikten zu entlasten sowie sich an der finanziellen Absicherung des Kindes zu beteiligen, für das Wohl des Kindes erheblich wichtiger ist als die formale Ausgestaltung des Sorgerechts. Die beste Entwicklung durchlaufen Kinder, deren Eltern miteinander kooperieren, sich austauschen und gegenseitig unterstützen, unabhängig vom legalen Status und Zivilstand.[105] Die Qualität der Eltern-Kind-Beziehung und die psychische Stabilität der Eltern spielen eine herausragende Rolle im Vergleich zu den juristischen Sorgerechtsarrangements.[106] Für die Erlebenswelt von Kindern ist es völlig irrelevant, wer **Rechte** hat, aber überlebensnotwendig, wer seinen **Pflichten** gegenüber dem Kind nachkommt. **667**

„Nicht die Sorgerechts*struktur* ist für das Wohlergehen des Kindes und dessen erfolgreiche Bewältigung der Trennungs- und Scheidungsprobleme wesentlich, sondern die *Qualität* der Eltern-Kind-Beziehung und die *Qualität* der Besorgung elterlicher und familiärer Aufgaben".[107] **668**

---

104 Statistisches Bundesamt (2012). Statistiken der Kinder- und Jugendhilfe 2011.
105 Clarke-Stewart & Brentano, 2007.
106 Johnston, 1995.
107 Kaltenborn, 2001, S. 507.

§ 4
Jede Familie wird auf ihre eigene Weise glücklich

669 In § 1 wurden einige Familiengeschichten aus dem gerichtlichen Alltag skizziert. Hier werden diese nochmals aufgegriffen, an ihrem Beispiel die Vor- und Nachteile einer gemeinsamen Sorgerechtsausübung diskutiert und berichtet, welche individuellen Lösungen für diese Familien und mit ihnen erarbeitet wurden.

I. Flüchtige Bekanntschaft

670 Frau A und Herrn B verbindet lediglich ein flüchtiger Urlaubsflirt. Der Kontakt zwischen Vater und Kind wird erst im zweiten Lebensjahr des Kindes langsam aufgebaut, als der Vater den Sorgerechtsantrag stellt.

671 Bei Frau A und Herrn B sprechen folgende Gründe *für* eine gemeinsame Sorgerechtsausübung:

- Herr B äußert Interesse an einer Mitübernahme der Verantwortung für das Kind.
- Er hat Kontakt zum Kind, allerdings bisher nicht intensiv.
- Zwischen den Eltern gab es bisher keinen Streit.

672 Gleichzeitig sprechen bei Frau A und Herrn B folgende Gründe *gegen* eine gemeinsame Sorgerechtsausübung:

- Herr B hat zwar Kontakt zum Kind, jedoch noch in zu geringem Ausmaß, als dass von einer gewachsenen Bindung auszugehen ist. Die Kompetenzen von Herrn B, kindliche Bedürfnisse wahrzunehmen und angemessen darauf zu reagieren, sind allen Beteiligten noch unbekannt.
- Es kann noch nicht abgeschätzt werden, inwiefern zwischen den Eltern eine grundlegende Einigkeit über die in der Kindererziehung angestrebten Ziele besteht.

Die Eltern können sich im Rahmen einer Mediation durch den Sachverständigen letztlich darauf einigen, zunächst die Umgangskontakte von Herrn B mit dem Kind auszuweiten und zu festigen und die Regelung des Sorgerechts noch zurückzustellen. Dadurch hat Frau A Zeit, Vertrauen in das Engagement von Herrn B aufzubauen und Herr B Gelegenheit, sich selbst zu prüfen, inwiefern er als noch sehr jugendlicher Vater tatsächlich Verantwortung für sein ihm bis dahin fast unbekanntes Kind übernehmen möchte und kann.

II. Nach längerer Partnerschaft

673 Die Trennung von Frau C und Herrn D erfolgt konfliktfrei, nach mehreren Jahren des Zusammenlebens und der gemeinsamen Betreuung des Kindes. Einziger Streitpunkt ist die Beteiligung des Vaters am Sorgerecht.

674 Bei Frau C und Herrn D sprechen folgende Gründe *für* eine gemeinsame Sorgerechtsausübung:

Castellanos

- Beide Elternteile sind willens, aktiv Verantwortung für das Kind zu übernehmen und haben dies in den vergangenen Jahren getan.

- Beide Elternteile hatten während der Zeit des Zusammenlebens regelmäßig emotional positiven Kontakt zum Kind und pflegen diesen auch nach der Trennung.

- Das Kind hat zu beiden Elternteilen positiv ausgestaltete Beziehungen.

- Beide Elternteile sind in der Lage, sich auf die Belange des Kindes zu konzentrieren und diese in den Vordergrund zu stellen, beispielsweise bei der Ausgestaltung der Umgangskontakte zwischen dem Kind und dem Vater. Sie kommunizieren häufig miteinander und können tragfähige Vereinbarungen treffen, Streit gibt es nur um die Frage des Sorgerechts.

- Beide Elternteile erkennen die Bedeutung des anderen für das Kind an und sind sich prinzipiell einig über die in der Kindererziehung angestrebten Ziele.

Bei Frau C und Herrn D sprechen folgende Gründe *gegen* eine gemeinsame Sorgerechtsausübung: **675**

- Das Interesse von Herrn D an einer Beteiligung am Sorgerecht wird vor allem mit seinen eigenen biographischen Erfahrungen begründet und konnte nicht mit Gründen, die das gemeinsame Kind mit Frau C betreffen, untermauert werden.

- Herr D tendiert dazu, eine körperliche Erkrankung von Frau C und deren Folgen auf ihre Erziehungsfähigkeit in unrealistischer Weise zu dramatisieren. Ebenso sind seine vorgebrachten Argumente in der Antragsstellung wenig realitätsnah und tragen zur Streiteskalation bei.

Faktisch üben Frau C und Herr D die elterliche Sorge bereits gemeinsam aus, da sie   **676** auch nach der Trennung die wichtigsten Entscheidungen über Belange des Kindes gemeinsam treffen. Eine Veränderung der formalen Sorgerechtsregelung erscheint nicht zwingend notwendig, aber auch nicht den Interessen des Kindes entgegenstehend, da sich durch beide Varianten vermutlich nichts an der Versorgung des Kindes ändert. Da beide Elternteile nicht in der Lage sind, eine außergerichtliche Lösung zu treffen – beide erhoffen sich bei der abschließenden Anhörung vom Richter die Bestätigung ihrer jeweiligen Ausgangspositionen – einigen sie sich mit Vermittlung durch den Familienrichter auf ein gemeinsames Sorgerecht, wobei Frau C das alleinige Aufenthaltsbestimmungsrecht übertragen bekommt, um den eindeutigen Lebensmittelpunkt des Kindes verbindlich zu regeln.

III. Chronische Streitbeziehung

Frau E und Herr F streitet sich bereits während der Schwangerschaft auf hohem Niveau, wobei der Vater unter vielen anderen Anträgen auch den auf gemeinsames Sorgerecht stellt.   **677**

Bei Frau E und Herrn F sprechen folgende Gründe *für* eine gemeinsame Sorgerechtsausübung: **678**

- Beide Elternteile sind willens, aktiv Verantwortung für das Kind zu übernehmen.
- Beide Elternteile haben regelmäßig Kontakt zum Kind.
- Das Kind hat zu beiden Elternteilen positiv ausgestaltete Beziehungen.

679 Bei Frau E und Herrn F sprechen folgende Gründe *gegen* eine gemeinsame Sorgerechtsausübung:

- Bei Herrn F bestehen erhebliche Einschränkungen der Erziehungsfähigkeit in Folge einer ausgeprägten Persönlichkeitsstörung, er stellt eigene Bedürfnisse in den Vordergrund und zeigt erhebliche Einschränkungen in seiner Empathie für das Kind.
- Zwischen den Eltern beziehungsweise dem leiblichen und dem sozialen Vater des Kindes besteht eine ausgeprägte Streitbeziehung und destruktive Kommunikation, inklusive wiederholter Gewaltanwendung auch in Gegenwart des Kindes.
- Herr F wertet die Erziehungsfähigkeit, Fürsorge und erzieherischen Kompetenzen von Frau E ab, zum Teil in unrealistischem Ausmaß, und diskreditiert sie im Kindergarten, bei Arztbesuchen usw.

680 Die zukünftige Kooperationsfähigkeit zwischen Frau E und Herrn F ist aufgrund der Vorgeschichte in anzunehmender Weise negativ. Bisher fand aber kein systematisches Beratungs- und Vermittlungsangebot statt. Daher wird mit den Eltern als Zwischenlösung vereinbart, einen Teil der elterlichen Sorge, in der die Kompetenzen der Kindsmutter tatsächlich wenig ausgeprägt sind (vorschulische und schulische Förderung) probeweise gemeinsam auszuüben und die hierfür notwendigen Entscheidungen in einer Elternberatung an der örtlichen Erziehungsberatungsstelle zu treffen. Für diese Zeit ruht das Verfahren zur Regelung der elterlichen Sorge beim Familiengericht.

IV. Außereheliche Beziehung

681 Zwischen Frau G und Herrn H bestand keine wirkliche Paarbeziehung, da die Begegnung für ihn lediglich eine flüchtige, außereheliche Affäre bedeutet. Er zieht sich mit Bekanntwerden der Schwangerschaft zurück und lehnt Kontakte mit dem Kind ab. Die Mutter stellt den Antrag auf gemeinsames Sorgerecht, um den Vater hierzu zu verpflichten.

682 Bei Frau G und Herrn H sprechen keine Gründe *für* eine gemeinsame Sorgerechtsausübung.

683 Bei Frau G und Herrn H sprechen folgende Gründe *gegen* eine gemeinsame Sorgerechtsausübung:

- Desinteresse des Vaters am Kind.
- Kein Kontakt zwischen Vater und Kind.
- Die Anträge von Frau F wurden offensichtlich nur gestellt, um die Ehe von Herrn H zu gefährden und nicht aufgrund tatsächlicher Bedürfnisse des Kindes.

- Negative Prognose bezüglich der zukünftigen Kooperationsfähigkeit zwischen den Eltern, da die Versuche, Kommunikation zu erzwingen, lediglich auf Ressentiments von Frau E zurückzuführen sind.

Das Verfahren wird mangels Teilnahme von Herrn G eingestellt. In der Folge wird aber ein Verfahren zur Überprüfung der Erziehungsfähigkeit von Frau H in die Wege geleitet. **684**

V. Kindeswohlgefährdung

Frau I und Herr J haben keine Paarbeziehung geführt, Herr J hatte auf eigenen Wunsch bisher keinen Kontakt zum Kind. Als die Mutter durch eine schwere psychische Störung nicht mehr erziehungsfähig ist, stellt sich die Frage, ob der leibliche Vater die Verantwortung für das Kind übernehmen kann. **685**

Bei Frau I und Herrn J sprechen folgende Gründe *für* eine gemeinsame Sorgerechtsausübung: **686**

- Beide Elternteile erkennen die Bedeutung des jeweils anderen für das Kind an, auch wenn zwischen Vater und Kind kein Kontakt besteht.
- Zwischen beiden Elternteilen ist eine konstruktive Kommunikation möglich.

Bei Frau I und Herrn J sprechen folgende Gründe *gegen* eine gemeinsame Sorgerechtsausübung: **687**

- Erhebliche Einschränkungen der Erziehungsfähigkeit von Frau I, die dazu führen, dass sie über lange Zeiträume hinweg nicht die Verantwortung für das Kind übernehmen kann, der Vater müsste daher die Entscheidungen alleine treffen.
- Desinteresse von Herrn J am Kind, Ablehnung von Kontakt mit diesem, so dass er die tatsächlichen Bedürfnisse des Kindes nicht einschätzen kann.
- Fehlende Beziehung des Kindes zum Vater.

Während der Klinikaufenthalte wird das Kind von Frau I und Herrn J von den Großeltern mütterlicherseits betreut, die mit Vollmacht der Kindsmutter und in Rücksprache mit dieser notwendige Entscheidungen treffen. Obwohl die Erziehungsfähigkeit von Frau I schwerwiegend eingeschränkt ist und voraussichtlich noch lange Zeit bleiben wird, ist eine an den tatsächlichen Bedürfnissen des Kindes orientierte Betreuung sichergestellt. Eingriffe in das Sorgerecht sind daher nicht zwingend notwendig, dennoch wurden die Großeltern als Vormund benannt. **688**

Stichwortverzeichnis

Die Zahlen bezeichnen die Randnummern.